LA REVISIÓN CONSTITUCIONAL DE SENTENCIAS EN VENEZUELA

Hernando H. Barboza Russian

LA REVISIÓN CONSTITUCIONAL DE SENTENCIAS EN VENEZUELA

Colección Biblioteca Allan R. Brewer-Carías,
Instituto de Investigaciones Jurídicas de la
Universidad Católica Andrés Bello Nº 21

2024

Colección Biblioteca Allan R. Brewer-Carías, Instituto de Investigaciones Jurídicas de la Universidad Católica Andrés Bello

1. Allan R. Brewer-Carías (Editor), *Elecciones y democracia en América Latina: el desafío autoritario-populista. América Latina: debates sobre la democracia. 80 años de Dieter Nohlen*, Coloquio Iberoamericano No 200, Max Planck Institute for Comparative Public Law and International Law, Heidelberg, 11 septiembre 2019, (Prólogo: Armin von Bogdandy), Max Planck Institute for Comparative Public Law and International Law - Instituto de Investigaciones Jurídicas de la Universidad Católica Andrés Bello, Editorial Jurídica Venezolana, 2020, pp. 322.

2. Luis Fraga Pittaluga, *Arbitraje tributario nacional e internacional* (Prólogo: Allan R. Brewer-Carías), Editorial Jurídica Venezolana, 2020, pp. 168.

3. Rafael Simón Jiménez Tapia y Emilio J. Urbina Mendoza, *El comiso autónomo y la extinción de dominio en la lucha contra la corrupción*, Editorial Jurídica Venezolana, 2020, pp. 262.

4. José Ignacio Hernández, *Aspectos jurídicos de la crisis humanitaria de migrantes y refugiados en Venezuela. Documentos fundamentales*, Editorial Jurídica Venezolana, 2021, pp. 220.

5. Carlos Reverón Boulton, *Derechos humanos en la literatura y cine venezolano*, Editorial Jurídica Venezolana Caracas 2021, 434 pp.

6. Allan R. Brewer-Carías, *Reflexiones ante las Academias de América Latina. Sobre historia, derecho y constitucionalismo*, Editorial Jurídica Venezolana, Caracas 2021, 378 pp.

7. Allan R. Brewer-Carías, *La demolición de la autonomía e independencia del Poder Judicial en Venezuela 1999-2021*, Editorial Jurídica Venezolana, Caracas 2021, 612 pp.

8. Allan R. Brewer-Carías, *Estudios sobre el Estado Comunal o Estado del Poder Popular*, Editorial Jurídica Venezolana, Caracas 2021, 528 pp.

9. Allan R. Brewer-Carías, *La muerte de una Constitución. La experiencia del proceso constituyente de Venezuela de 1999, es encadenado por unas sentencias de la Corte Suprema de Justicia del 19 de enero de 1999* (Con trabajos de Eduardo Jorge Prats, Alessandro Pace, Georges Liet-Vaux, y de Juan Manuel Raffalli, Ramón Guillermo Aveledo, Víctor Hernández Mendible, Carlos Luis Carrillo Artíles, Ricardo Antela Garrido, Lolymar Hernández Camargo, Michael Núñez Torres y Rafael Estrada Michel, Jaime Grimaldo Lorent, Ricardo Combellas, Jesús María Casal H., Tulio A. Álvarez, Eduardo Piacenza, Carlos García Soto, Gustavo Grau Fortoul, José Ignacio Hernández y Miguel J. Mónaco), Caracas 2021, 690 pp.

10. Allan R. Brewer-Carías, *Reflexiones ante la Academia de Ciencias Políticas y Sociales. Sobre proceso político y constitucionalismo*, Editorial Jurídica Venezolana, Caracas 2021, 614 pp.

11. Allan R. Brewer-Carías, *Reflexiones ante la Academia de Ciencias Políticas y Sociales. Sobre derecho e historia*, Editorial Jurídica Venezolana, Caracas 2021,444 pp.

12. Allan R. Brewer-Carías, *Reflexiones ante las Academias españolas. Sobre historia y constitucionalismo*, Editorial Jurídica Venezolana, Caracas 2021, 238 pp.

13. Allan R. Brewer-Carías, *Constitución de plastilina y vandalismo constitucional. La ilegítima mutación de la Constitución por el Juez Constitucional al servicio del autoritarismo*, Editorial Jurídica Venezolana, Caracas 2022, 642 pp. 6.

14. Allan R. Brewer-Carías, *Proyectos de Ley en materias de derecho público*, Editorial Jurídica Venezolana, Caracas 2022, 1190 pp.

15. Allan R. Brewer-Carías, *Arbitraje en el Sector Público y Arbitraje Internacional de Inversión*, Estudios (Prólogo de J. Eloy Anzola y Presentación de Jaime Rodríguez Arana y Alejandro Canomico) Ius Publicum Innovatio, Spin-off Universidade da Coruña, Editorial Jurídica Venezolana, Caracas 2023, 560 pp.

16. Eduardo García de Enterría, Roland Drago, Massimo Severo Giannini, Antonio Jiménez Blanco, José Guillermo Andueza, Allan R. Brewer-Carías, *La competencia como condición de validez de los actos administrativos* (El caso de las "acciones de tesorería" del Banco de Venezuela), Con un apéndice sobre El amparo cautelar contencioso administrativo, Caracas 2023, 242 pp.

17. Allan R. Brewer-Carías, *Mis Estudios en la Revista de Administración Pública (1964-2022)* (Presentación: Tomás Ramón Fernández), Editorial Jurídica Venezolana, 2023 400 pp.

18. Allan R. Brewer-Carías, *Propiedad Privada y Derecho Administrativo*, Editorial Jurídica Venezolana, Caracas 2023, 832 pp.

19. Allan R. Brewer-Carías, *International Investment Arbitration and Venezuelan Law. Legal Opinions on State's Consent for Arbitration, Public Interest Contracts, Mining Concessions, Administrative Silence, Revocation of Administrative Acts, Reversion of Assets in Concessions and Expropriation Proceeding*, Editorial Jurídica Venezolana, 2023, 994 pp.

20. Allan R. Brewer-Carías, *Kakistocracia Depredadora e Inhabilitaciones Políticas: El Falso Estado de Derecho en Venezuela*, Editorial Jurídica Venezolana, Caracas 2023, 474 pp.

21. Hernando H. Barboza Russian, *La revisión constitucional de sentencias en Venezuela*, Editorial Jurídica Venezolana, Caracas 2024, 466 pp.

Impreso por: Lightning Source, an INGRAM Content company
para Editorial Jurídica Venezolana International Inc.
Panamá, República de Panamá.
Email: ejvinternational@gmail.com

Portada: Alexander Cano

Diagramación, composición y montaje
por: Mirna Pinto, en letra Time New Roman, 12
Interlineado exacto 13, Mancha 19 x 12,5

AGRADECIMIENTOS

A quienes les he privado del tiempo para dedicarlo a esta investigación, con especial cariño, a mi esposa, mis tres hijos y a TRAVIESO EVANS;

Al extraordinario abogado y amigo José Manuel GUANIPA por su apoyo siempre;

A la Dra. Sofía ANNESE por su invaluable apoyo en la recopilación jurisprudencial;

Al Dr. Jesús María CASAL, mi profesor de vieja data, tutor y uno de los abogados más brillantes que he conocido, por la paciencia que me ha tenido con este trabajo y por sus palabras de aliento en continuarlo;

A Elizabeth PIRELA por su apoyo en la organización bibliográfica.

A todos los que lo han hecho posible;

GRACIAS, ¡¡¡TOTALES!!!

RESUMEN

La revisión constitucional de sentencias logró transformar el sistema de justicia constitucional en Venezuela, pasando de un sistema mixto de control constitucional a un sistema verdaderamente integral, en el cual la revisión de sentencias ha permitido dar sentido, coherencia y uniformidad a la protección constitucional. Si bien su incorporación vino a complementar a uno de los sistemas latinoamericano más antiguos de protección y garantía de la Constitución; también trajo como consecuencia que el órgano encargado de ejercer esta atribución, la Sala Constitucional, se haya erigido como una autoridad sin precedentes en el orden jurídico venezolano. La Sala Constitucional, ante la ausencia de regulación legislativa, ha delineado un peligroso camino por el cual ha transitado durante más de veinte años, en el cual ha dejado claramente establecido que ella, como último y máximo intérprete constitucional, no tiene límite alguno en el ejercicio de sus funciones y, en el caso de la revisión de sentencias, la ha considerado como una potestad absolutamente discrecional y respecto a la cual no está obligada a pronunciarse; explicando que no puede entenderse esta figura como un derecho del justiciable. Así, la razón de este libro es realizar un análisis crítico de la revisión constitucional de sentencias y presentar argumentos que conllevarían a desmontar parte de esos caracteres que la Sala Constitucional le ha atribuido a dicha figura, presentando una alternativa para que pueda ser considerada como un recurso del justiciable, sin que ello le suprima su principal finalidad que es la coherencia y uniformidad del sistema.

El estudio del Derecho,
es la verdadera garantía del justiciable.

ÍNDICE GENERAL

CAPÍTULO I

CONSIDERACIONES PRELIMINARES SOBRE EL SISTEMA DE JUSTICIA CONSTITUCIONAL VENEZOLANO

CAPÍTULO II

ORIGEN Y ANTECEDENTES DE LA REVISIÓN CONSTITUCIONAL DE SENTENCIAS EN VENEZUELA

CAPÍTULO III

LA REVISIÓN CONSTITUCIONAL DE SENTENCIAS EN OTRAS LEGISLACIONES

CAPÍTULO IV

OBJETO, ALCANCE, CARACTERES Y NATURALEZA DE LA REVISIÓN CONSTITUCIONAL DE SENTENCIAS

CAPÍTULO V

TRÁMITE JURISPRUDENCIAL Y LEGAL PARA EL EJERCICIO DE LA REVISIÓN

A MODO DE PRESENTACIÓN DEL LIBRO DE HERNANDO BARBOZA RUSSIAN SOBRE LA REVISIÓN CONSTITUCIONAL DE SENTENCIAS

Allan R. Brewer-Carías

Profesor emérito, Universidad Central de Venezuela

Este libro tiene por objeto estudiar el proceso de la revisión constitucional de sentencias por parte de la Jurisdicción Constitucional en Venezuela, el cual, como bien lo afirma su autor, Hernando Barboza Russian, tal como se estableció en la Constitución, se podía considerar como una institución "inédita en la historia constitucional venezolana y no tiene equivalente en el derecho comparado."

Se trata, en efecto, de uno de los procesos constitucionales del sistema de justicia constitucional venezolano,[1] conocido como la "revisión constitucional de sentencias" que, como competencia atribuida a la Sala Constitucional del Tribunal, el profesor Barboza analiza detallada y sistemáticamente, y con toda la maestría necesaria desde la perspectiva tanto del derecho constitucional como del derecho procesal.

---

[1] Véase sobre ello Allan R. Brewer-Carías, *Derecho Procesal Constitucional. Instrumentos para la Justicia Constitucional*, Tercera edición ampliada (Con prólogo de Jesús María Alvarado A.), Colección Centro de Estudios de Derecho Procesal Constitucional, Universidad Monteávila, No. 2, Caracas 2014; *La Justicia Constitucional (Procesos y Procedimientos Constitucionales)*, Editorial Porrúa/ Instituto Mexicano de Derecho procesal Constitucional, México 2007; *El sistema de Justicia Constitucional en la Constitución de 1999 (Comentarios sobre su desarrollo jurisprudencial y su explicación, a veces errada, en la Exposición de Motivos)*, Editorial Jurídica Venezolana, Caracas 2000; *El sistema mixto o integral de control de la constitucionalidad en Colombia y Venezuela*, Universidad Externado de Colombia (Temas de Derecho Público Nº 39) y Pontificia Universidad Javeriana (Quaestiones Juridicae Nº 5), Bogotá 1995.

Y nadie mejor armado para haber acometido este estudio presentado como Tesis para optar al Título de Magíster en la Universidad Católica Andrés Bello, que Hernando Barboza, dada sus credenciales académicas tanto las iniciales, al haberse graduado de abogado con mención *summa cum laude en la* Universidad Rafael Urdaneta de Maracaibo, como posteriores, al haber obtenido el título de Magíster, también con mención *summa cum laude*, en Derecho Constitucional en la Universidad Católica Andrés Bello y de Especialista también *summa cum laude* en Derecho Procesal en la misma Casa de Estudios. De allí la maestría con la cual maneja el tema, en el marco de las instituciones del derecho constitucional y del derecho procesal que domina.

La obra está dividida en cinco partes, en las cuales sucesivamente, y partiendo de fijar la conceptualización del tema en el marco del sistema de justicia constitucional venezolano (*primera parte*), estudia los antecedentes de la institución, con particular referencia al proceso de incorporación de la revisión constitucional de sentencias en la Constitución (*segunda parte*); la comparación de la novedosa figura constitucional procesal de la revisión de sentencias en el país, con figuras que pueden guardar algunas semejanzas en otros países (*tercera parte*); para luego abordar el difícil tema de la naturaleza de la revisión constitucional, con referencias a su objeto, alcance, finalidad y carácter (*cuarta parte*); concluyendo con el estudio del tema de la revisión de sentencias desde el punto de vista procesal o adjetivo y su tratamiento tanto en la ley como en la jurisprudencia (*quinta parte*).

Hernando Barboza me ha hecho el honor de solicitarme que escribiera esta Nota de presentación sobre su libro, lo cual he aceptado con todo gusto, a cuyo efecto, en homenaje al autor, como suelo hacer en las Presentaciones que he hecho de otros libros, me referiré al tema de la obra recordando, como lo destaca el autor, en su libro, la cierta responsabilidad que tuve como miembro de la Asamblea Nacional Constituyente, en haber formulado ante la misma un escrito de fecha 31 de octubre de 1999, sobre el régimen de la justicia constitucional a establecerse en el proyecto de Constitución:

> "también debería atribuirse a la Sala Constitucional una competencia para conocer de un recurso extraordinario de revisión que pueda intentarse contra las sentencias de última instancia en las cuales se resuelvan cuestiones constitucionales relativas a las leyes, de conocimiento discrecional por la Sala. En esta forma, en materia de cuestiones de constitucionalidad, la Sala Constitucional de la Suprema Corte,

a su juicio, podría tener la última palabra en estas materias y en los casos en los que estime necesario estatuir con fuerza de precedente y uniformizar la jurisprudencia."[2]

Se trataba, por tanto, de una propuesta para establecer un recurso extraordinario de revisión de sentencias en materia constitucional que podía interponerse ante la Sala Constitucional, siguiendo la orientación que en la materia se podía identificar en el derecho comparado, particularmente en los sistemas mixtos o integrales de control de la constitucionalidad,[3] que, como el venezolano, combinan el método difuso con el método concentrado de control de constitucionalidad. En dichos sistemas se habían venido previendo mecanismos extraordinarios para la revisión de sentencias dictadas por los tribunales de instancia en materia constitucional, atribuyéndose el conocimiento de tales recursos de revisión a la Jurisdicción Constitucional, como órgano de control concentrado de constitucionalidad.

Esa propuesta plasmada en ese escrito de octubre de 1999, tuvo su origen en la discusión final que se desarrolló en la Comisión Constitucional de la Asamblea Constituyente el mes anterior, en septiembre de 1999, sobre el conjunto de normas relativas a la justicia constitucional, en la cual planteamos nuestra propuesta sobre este recurso de revisión constitucional de sentencias, incorporando dentro de las sentencias que podían ser objeto la revisión, además de las dictadas en ejercicio del control difuso de constitucionalidad, a las sentencias dictadas en los juicios de amparo constitucional. De aquella discusión resultó finalmente la norma del artículo 336.10 de la Constitución, en el cual se atribuyó a la Sala Constitucional, competencia para:

"10. Revisar las sentencias de amparo constitucional y de control de constitucionalidad de leyes o normas jurídicas dictadas por los tribunales de la República, en los términos establecidos por la ley orgánica respectiva."

---

[2] Véase Allan R. Brewer-Carías, *Debate Constituyente (Aportes a la Asamblea Nacional Constituyente)*, Fundación de Derecho Público, Caracas 1999, Tomo III, p. 105.

[3] Para ese momento era el caso, por ejemplo, de Colombia en la Constitución de 1991. Véase Allan R. Brewer-Carías, *Constitutional Protection of Human Rights in Latin America. A Comparative Study of Amparo Proceedings*, Cambridge University Press, 2009, pp. 397-415.

Así fue sancionado el proyecto constitucional, así fue que se probó en el referendo de diciembre de 1999, y así fue como se publicó el texto de la Constitución en la *Gaceta Oficial* No. 36860 del 30 de diciembre de 1999. Luego vino, como bien lo advierte el autor, la irregular "republicación" del texto de la Constitución en *Gaceta Oficial* No. 5453 Extra de 24 de marzo de 2000, con la cual ilegítimamente se le hicieron cambios sustanciales a muchas normas constitucionales, entre ellas esta referida a la revisión de sentencias al agregarse la frase de que las sentencias que podían revisarse eran solo las "definitivamente firmes," que es lo que ha guiado el desarrollo de la institución desde entonces, en la práctica. La expresión, como lo ha sostenido la Sala Constitucional, apunta a las sentencias dictadas cuando se "han agotado todas las instancias judiciales posibles o se han vencido los lapsos para poder acudir a ellas, pues el numeral 10 del artículo 336 constitucional [...] no intenta de manera alguna crear una tercera instancia en los procesos de amparo constitucional o de control de constitucionalidad de leyes o normas jurídicas."[4]

Ahora bien, la propuesta se concibió, tal como lo expusimos en 1999:[5] Primero, como resultado de la interposición de un "recurso extraordinario de revisión." "Extraordinario," porque se trataba de una vía procesal que se configuraba como una excepción al principio de la cosa juzgada que acompaña a las sentencias definitivamente firmes. "Recurso," pues la potestad de la Sala Constitucional solo se podía ejercer cuando una de las partes en el proceso judicial específico donde se había dictado la sentencia, asumiera la iniciativa de formular la petición o solicitud de revisión ante la Sala, como parte interesada. Ello descartaba totalmente la posibilidad de que la Jurisdicción Constitucional pudiera revisar sentencias, de oficio, es decir, sin instancia de parte, por la sola iniciativa quizás, por ejemplo, de alguno de sus Magistrados. Y "revisión," porque la potestad de la Jurisdic-

---

4   Véase sentencia de la Sala Constitucional N° 93 del 06-02-2001 (Caso: "Corpoturismo"), citada en sentencia de la Sala de 04-05-2007 (Caso Nelson Mezerhane), Exp. 07-0353).

5   Véase Allan R. Brewer-Carías, *Debate Constituyente (Aportes a la Asamblea Nacional Constituyente)*, Fundación de Derecho Público, Caracas 1999, Tomo III, p. 105. Véase igualmente lo expuesto en: Allan R. Brewer-Carías, "La metamorfosis jurisprudencial y legal del recurso extraordinario de revisión constitucional de sentencias en Venezuela" en Eduardo Andrés Velandia Canosa (Director Científico). *Derecho procesal constitucional.* Tomo III, volumen III. VC Editores Ltda. y Asociación Colombiana de Derecho Procesal Constitucional, Bogotá 2012, p. 269-304.

ción Constitucional quedaba limitada a revisar la sentencia objeto del recurso, desde el punto de vista estrictamente constitucional, no pudiendo convertirse el mismo en otra nueva instancia en el proceso ya concluido.

Segundo, el objeto del recurso extraordinario de revisión, es decir, las sentencias que podían ser revisadas por la Sala Constitucional debían ser las sentencias definitivas y firmes de última instancia, que no podían ser objeto de recurso judicial alguno, pero con la especificidad de que debían ser dictadas en procesos en los cuales "se resolvieran cuestiones constitucionales relativas a las leyes." Es decir, las sentencias objeto del recurso extraordinario de revisión, sólo podían ser "sentencias constitucionales" dictadas por la jurisdicción ordinaria, en las cuales se plantearan y resolvieran cuestiones de constitucionalidad de las leyes, como son precisamente las dictadas en los juicios de amparo, que son de contenido esencialmente constitucional, y las dictadas por cualquier juez cuando para la decisión del caso concreto sometido a su consideración, ejerciera el método difuso de control de constitucionalidad de las leyes, y resolviera desaplicar una ley que estima inconstitucional, aplicando preferentemente la Constitución.

Tercero, como de acuerdo con el artículo 335 de la Constitución, todas y cada una de las Salas del Tribunal Supremo de Justicia, y no sólo la Sala Constitucional, "garantizará la supremacía y efectividad de las normas y principios constitucionales;" y "será el máximo y último intérprete de esta Constitución y velará por su uniforme interpretación y aplicación," por supuesto, en el ámbito de sus respectivas competencias judiciales, la concepción del recurso extraordinario de revisión ante la Sala Constitucional se formuló apuntando a que las sentencias sujetas a revisión eran las dictadas por los tribunales de instancia, y no pensando que las sentencias dictadas por las otras Salas del Tribunal Supremo o por la Sala Plena, que pudieran dictar en su respectivo carácter de "máximo y último intérprete de esta Constitución," en materia constitucional, es decir, en materia de amparo o ejerciendo el control difuso de constitucionalidad.

Cuarto, si bien la iniciativa para dar lugar a la revisión de sentencias, conforme al principio dispositivo, se colocaba en cabeza de una parte interesada, que debía haber sido parte en el proceso judicial donde se dictó la sentencia, quien tenía derecho a ejercer el recurso extraordinario de revisión ante la Sala Constitucional, ésta, sin embargo, no estaba obligada a oír el recurso, teniendo la potestad discrecional de decidir oírlo o no, según su apreciación sobre el tema constitucional planteado, la necesidad de formular una interpretación constitucional o propugnar a la uniformización de la jurisprudencia constitucional.

Lo anterior fue precisamente lo que se resumió en el contenido de la norma del artículo 336.10 de la Constitución de 1999, al asignar a la Sala Constitucional competencia "revisar las sentencias definitivamente firmes de amparo constitucional y de control de constitucionalidad de leyes o normas jurídicas dictadas por los tribunales de la República, en los términos establecidos por la ley orgánica respectiva."

Ahora bien, habiéndose previsto este recurso extraordinario por primera vez en el ordenamiento jurídico en la propia Constitución de 1999, que fue publicada en diciembre de ese año, lo primero que se planteó respecto del mismo, como lo estudia detenidamente Barboza en su excelente libro, fue el tema de los efectos temporales de la norma constitucional, para determinar si la potestad de revisión y el recurso respectivo sólo se podían intentar contra sentencias dictadas con posterioridad a la entrada en vigencia de la misma, o también se podría ejercer contra sentencias de amparo o las dictadas en materia de control difuso de constitucionalidad emitidas antes del 31 de diciembre de 1999. La Sala Constitucional en sentencia No. 1257 de 7 de octubre de 2009 (Caso: *Consorcio Precowayss*), resumió la jurisprudencia pacífica que tenía establecida desde 2001, en el sentido de la revisión constitucional, dado la garantía de la irretroactividad, solo se podía aplicar a decisiones dictadas durante la vigencia de la nueva Constitución,[6] siendo la excepción solo en "circunstancias en que la propia Constitución permite la retroactividad de una norma jurídica" (sentencia No. 1.695 del 12 de septiembre de 2001 (caso: *Jesús Ramón Quintero*), como sería el caso de una sentencia de carácter penal en la cual se favorezca al reo (sentencia No. 1.760 del 25 de septiembre de 2001 (caso: *"Antonio Volpe González"*).

En la Constitución, al preverse la potestad revisora de la Sala Constitucional, como ocurrió en todos los casos de las competencias que le fueron asignadas en el mismo artículo 336, no indicó expresamente que se trataba de una competencia de la Sala Constitucional que debía ejercer cuando se formulara ante la misma un recurso extraordinario, es decir, que debía iniciarse a instancia de parte interesada. Ello, en realidad, era innecesario, pues se derivaba de la redacción general de la norma en la cual, se da por sentado el principio dispositivo del proceso que es la regla en el ordenamiento jurídico, siendo excepcional la previsión de la potes-

---

[6]   Véase en *Revista de Derecho Público*, No. 120, Editorial Jurídica Venezolana, Caracas 2009.

tad de oficio asignada a la Sala Constitucional, lo cual sólo se establece en el artículo 336.6 para la revisión "aun de oficio," de la constitucionalidad de los decretos que declaren estados de excepción.

Por tanto, esta potestad revisora de sentencias constitucionales asignada a la Sala Constitucional, como lo propusimos a la Asamblea Nacional Constituyente,[7] se concibió para ser ejercida mediante el ejercicio de un recurso extraordinario, es decir, a instancia de parte interesada, que en estos casos es una de las parte en el proceso respectivo donde se hubiese dictado la sentencia, con la precisión, sin embargo, de que el mismo es siempre del conocimiento discrecional por parte de la Sala Constitucional, principio con el cual discrepa el autor de este libro considerando, entre otras cosas, que "todavía el sistema de justicia constitucional venezolano no está preparado para una absoluta discrecionalidad al momento de decidir sobre si se revisa o no un determinado caso."

La propuesta tal como la formulamos, sin embargo, al insistir en el carácter discrecional de la potestad de la Sala tenía por objeto evitar que se pudiera abrir una vía de recurso que pudiera considerarse como de obligatoria admisión y decisión por la Sala, contra todas las sentencias referidas, lo cual sería imposible de manejar por la multitud de casos en los cuales podría interponerse. Por ello, la doctrina que la propia Sala dejó sentada, en sentencia No. 727 de 8 de abril de 2003, en el sentido de que la norma constitucional al establecer la competencia de la Sala de revisión de sentencias no ha creado "una tercera instancia en los procesos cuyas decisiones son sometidas a revisión." La norma lo que dispone es "una potestad estrictamente excepcional y facultativa para la Sala Constitucional que, como tal, debe ejercerse con la máxima prudencia en cuanto a la admisión y procedencia de recursos de revisión de sentencias definitiva-

---

[7] En cierta forma, el recurso es similar al denominado *writ of certiorari* del sistema norteamericano, contraste que hace Hernando Barbosa en su Tesis. *V.* Allan R. Brewer-Carías, *Judicial Review in Comparative Law, op. cit.,* p. 141. Véase los comentarios de Jesús María Casal, *Constitución y Justicia Constitucional*, Caracas 2000, p. 92.

mente firmes,"[8] destinado a "mantener la uniformidad a la interpretación de la norma y principios constitucionales."[9]

En el marco conceptual anterior, como la misma Sala Constitucional lo sostuvo, dicha revisión constitucional tampoco se configuró como:

"un recurso ordinario concebido como medio de defensa ante las violaciones o injusticias sufridas a raíz de determinados fallos, sino una potestad extraordinaria y excepcional de esta Sala Constitucional cuya finalidad es mantener la uniformidad de los criterios constitucionales en resguardo de la garantía de la supremacía y efectividad de las normas y principios constitucionales, lo cual reafirma otro valor como lo es la seguridad jurídica. (Sentencia No. 1725/2003 del 23 de junio, recaída en el caso: Carmen Bartola Guerra); por lo tanto, no hay ninguna duda sobre el carácter eminentemente discrecional de la revisión y con componentes de prudencia jurídica, estando por tanto destinada a valorar y razonar normas sobre hechos concretos a fin de crear una situación jurídica única e irrepetible.[10]

En todo caso, era claro de la norma constitucional del artículo 336.10, que la misma le atribuyó a la Sala Constitucional la potestad para revisar las sentencias indicadas en la norma "en los términos establecidos por la ley orgánica respectiva," lo que exigía que la ley fuera la que estableciera los términos conforme a los cuales se debía realizar la revisión constitucional de sentencias. Sin embargo, estando en la previsión constitucional consagrado una potestad de la Sala Constitucional de revisar sentencias, por supuesto, a instancia de parte, apenas entró en vigencia la Constitución, se comenzaron a ser ejercer y a admitir por la Sala las peticiones, aún en ausencia de la ley reguladora del Tribunal Supremo o de la Jurisdicción Constitucional. Por ello, hasta 2004 cuando se dictó la Ley Orgánica del Tribunal Supremo,[11] fue la propia Sala Constitucional la que

---

[8]   Caso: Revisión de la sentencia dictada por la Sala Electoral en fecha 21 de noviembre de 2002, en *Revista de Derecho Público*, No 93-96, Editorial Jurídica Venezolana, Caracas 2003.

[9]   Véase sentencia de la Sala Constitucional N° 365 del 10-05-2010 (Caso: Fernando Pérez Amado; Revisión de sentencia de la Sala de Casación Penal del Tribunal Supremo de Justicia), en *Revista de Derecho Público*, N° 122, Editorial Jurídica Venezolana, Caracas 2010, pp. 189 ss.

[10] *Id.*

[11] Véase Ley Orgánica del Tribunal Supremo de Justicia en *Gaceta Oficial* N° 37.942 de 20-5-2004.

fue construyendo progresivamente, mediante su labor interpretativa, los contornos de este recurso extraordinario de revisión y el alcance de su potestad revisora.

En esta forma, luego de una intensa labor jurisprudencial, ya para finales de 2000, como consecuencia de las sentencias Nos. 1, 2, 44 y 714 de ese mismo año, la Sala resumió el conjunto de reglas o condiciones que debía presentar una sentencia para que procediera dicho recurso, así como los principios procesales que debían guiar la potestad revisora, en la siguiente forma:

"1°) La sentencia que se pretenda someter a revisión debe haber cumplido con la doble instancia, bien sea por la vía de la apelación o de la consulta, por lo cual no debe entenderse como una nueva instancia.

2°) La revisión constitucional se admitirá sólo a los fines de preservar la uniformidad de la interpretación de normas y principios constitucionales o cuando exista una deliberada violación de preceptos de ese rango, lo cual será analizado por la Sala Constitucional, siendo siempre facultativo de ésta su procedencia.

3°) Como corolario de lo anterior, a diferencia de la consulta, el recurso de revisión constitucional no procede *ipso iure*, ya que éste depende de la iniciativa de un particular, y no de la del juez que dictó la decisión, a menos que la propia Sala Constitucional de oficio así lo acuerde, tomando en cuenta siempre la finalidad del recurso."[12]

En esta sentencia, por supuesto, la Sala confirmaba el carácter de "recurso" que originaba la revisión constitucional, que la sentencia calificó como "recurso de revisión constitucional" precisando que la revisión constitucional de sentencias nunca podía proceder ni siquiera *ipso iure*, por remisión de la sentencia por el juez que hubiese dictado la decisión, "ya que dependía de la iniciativa de un particular," con lo cual ratificaba el principio dispositivo en la materia.

La Sala Constitucional, por otra parte, en sentencia posterior No. 1259 de 7 de octubre de 2009, al referirse a los "interesados en solicitar la revisión de alguna sentencia definitivamente firme" estableció la doctrina

---

[12] Véase sentencia de la Sala Constitucional 02-11-2000 (Caso: Roderick A. Muñoz P. vs. *Juzgado de los Municipios Carache, Candelaria y José Felipe Márquez Cañizales de la Circunscripción Judicial del Estado Trujillo*), en *Revista de Derecho Público*, N° 84, Editorial Jurídica Venezolana, Caracas, 2000, p. 367.

de que "inexorablemente" deben estar asistidos o debidamente representados por un abogado para la interposición del escrito contentivo de dicha solicitud, debiendo ello constar en su contenido y consignar, junto al libelo, en el caso de apoderados, el documento debidamente otorgado que acredite la representación para esa causa, con el fin de verificar dicho carácter, de conformidad con lo previsto en el aparte quinto del artículo 19 de la Ley Orgánica del Tribunal Supremo de Justicia.[13]

Por otra parte, en cuanto a los requisitos procesales para la admisibilidad del recurso interpuesto por parte interesada, la Sala Constitucional, en sentencia No. 227 del 16 de marzo de 2009, exigió que "quien pide una revisión de sentencia debe presentar copia certificada del fallo a revisarse, no pudiendo suplirse ello, ni siquiera por la vía del artículo 429 del Código de Procedimiento Civil, ya que en materia de revisión no hay contraparte que controle lo aportado por el solicitante."[14]

Ahora bien, como antes se ha indicado, el objeto del recurso extraordinario de revisión ante la Sala Constitucional que se previó expresamente en la Constitución se refirió a dos tipos de sentencias nada más, dictadas en materia constitucional, en casos "de amparo constitucional y de control de constitucionalidad de leyes o normas jurídicas dictadas por los tribunales de la República" (art. 336.10), previsión que por su naturaleza extraordinaria, podía considerarse como de interpretación restrictiva.

---

[13] Véase sentencia de la Sala Constitucional No. 1259 de 07-10-2009 (Caso: *Agropecuaria La Auxiliadora S.A.*), en *Revista de Derecho Público,* N° 120, Editorial Jurídica Venezolana, Caracas 2009. En igual sentido la sentencia de la misma Sala No. 324 de 06-05-2010 (Caso: Jhonathar Monterola vs. Caribbean SPA, S.A.), en *Revista de Derecho Público,* N° 122, Editorial Jurídica Venezolana, Caracas 2010, pp. 185 ss.

[14] Véase sentencia en el caso Sonia Herminia Gómez y otros; Revisión de sentencia de la Sala Político Administrativa, en *Revista de Derecho Público,* N° 117, Editorial Jurídica Venezolana, Caracas, 2009, pp. 167 ss.

La Sala Constitucional, sin embargo, en tiempos muy tempranos comenzó a mutar el texto constitucional, produciéndose lo que califiqué como una "metamorfosis"[15] del recurso de revisión, calificado por Barboza en su libro, como un proceso de "desnaturalización" del mismo, mediante el cual – indica en su Tesis –:

"la Sala Constitucional amplió el alcance de la revisión constitucional para revisar no solo los fallos de control difuso y amparo, sino cualquier sentencia (sea definitivamente firme o no, de cualquier tribunal y tiempo) que contraríe a la Constitución, lo cual puede hacer incluso de oficio. […]

Agregando que la Sala Constitucional no ha respetado el parámetro definido en la Constitución:

"y ha considerado que ella puede revisar sentencias de cualquier tribunal (incluyendo otras Salas, entre ellas, a la Sala Plena) y materia (no limitada a amparos y control difuso), lo cual puede hacer no solo a instancia de parte, sino también de oficio; llegando a revisar sentencias no solo definitivamente firmes sino también interlocutorias, sean de este régimen constitucional o del anterior."

Y en efecto, en esa orientación, la Sala comenzó mediante la sentencia No. 93 de 6 de febrero de 2001 (Caso: *Olimpia Tours and Travel vs. Corporación de Turismo de Venezuela*), a ampliar su propia competencia revisora, agregando como objeto de revisión otras sentencias distintas a las dictadas en materia de amparo o de control difuso de constitucionalidad, y dictadas como fuere indicado por Barboza, no sólo por los tribunales de instancia, sino por las otras Salas del propio Tribunal Supremo, afirmando su potestad para revisar, además de estas, las siguientes:

"3. Las sentencias definitivamente firmes que hayan sido dictadas por las demás Salas de este Tribunal o por los demás tribunales o juzgados del país apartándose u obviando expresa o tácitamente alguna interpretación de la Constitución contenida en alguna sentencia dictada por esta Sala con anterioridad al fallo impugnado, realizando un errado control de constitucionalidad al aplicar indebidamente la norma constitucional.

---

[15] Véase Allan R. Brewer-Carías, "La metamorfosis jurisprudencial y legal del recurso extraordinario de revisión constitucional de sentencias en Venezuela" en Eduardo Andrés Velandia Canosa (Director Científico). *Derecho procesal constitucional.* Tomo III, volumen III. VC Editores Ltda. y Asociación Colombiana de Derecho Procesal Constitucional, Bogotá 2012, p. 269-304.

4. Las sentencias definitivamente firmes que hayan sido dictadas por las demás Salas de este Tribunal o por los demás tribunales o juzgados del país que de manera evidente hayan incurrido, según el criterio de la Sala, en un error grotesco en cuanto a la interpretación de la Constitución o que sencillamente hayan obviado por completo la interpretación de la norma constitucional. En estos casos hay también un errado control constitucional."[16]

Para esta ampliación o "desnaturalización," la Sala Constitucional, luego de analizar la garantía del debido proceso en relación con la revisión extraordinaria de sentencias definitivamente firmes, en esa misma sentencia No. 93 de 6 de febrero de 2001 (Caso: *Olimpia Tours and Travel vs. Corporación de Turismo de Venezuela*), fundó la extensión de su potestad revisora en relación con sentencias que -por supuesto a juicio de la propia Sala- "se aparten del criterio interpretativo de la norma constitucional que haya previamente establecido la Sala," para lo cual se formuló para decidir, simplemente, las siguientes preguntas:

"¿Puede esta Sala, de conformidad con lo establecido en la Constitución, revisar las sentencias definitivamente firmes diferentes a las establecidas en el numeral 10 del artículo 336 de la Constitución que contraríen el criterio interpretativo que esta Sala posee de la Constitución?" […]

¿Cómo puede esta Sala ejercer esa potestad máxima de interpretación de la Constitución y unificar el criterio interpretativo de los preceptos constitucionales, si no posee mecanismos extraordinarios de revisión sobre todas las instancias del Poder Judicial incluyendo las demás Salas en aquellos casos que la interpretación de la Constitución no se adapte al criterio de esta Sala?

Las respuestas a las preguntas, considerando que "sería inútil la función integradora y de mantenimiento de la coherencia o ausencia de contradicciones en los preceptos constitucionales ejercida por esta Sala, si ésta no poseyera la suficiente potestad para imponer el carácter vinculante de sus interpretaciones establecido expresamente en el artículo 335 de la Constitución o que no pudiera revisar sentencias donde es evidente y grotesca la errónea interpretación," fue que "las demás Salas del Tribunal

---

[16] Véase sentencia de la Sala Constitucional No. 93 de 06-02-2001, (Caso: *Olimpia Tours and Travel vs. Corporación de Turismo de Venezuela),* en *Revista de Derecho Público,* No. 85-88, Editorial Jurídica Venezolana, Caracas, 2001, pp. 414-415.

Supremo de Justicia y los demás tribunales y juzgados de la República están obligados a decidir con base en el criterio interpretativo que esta Sala tenga de las normas constitucionales."[17]

La Sala Constitucional, por otra parte, en sentencia No. 727 de 8 de abril de 2003 continuó ampliando el universo de sentencias que podían ser objeto del recurso extraordinario de revisión, indicando que además de las sentencias de amparo constitucional y las sentencias de control difuso de constitucionalidad de leyes o normas jurídicas fundamentadas en un errado control de constitucionalidad, también pueden ser objeto del recurso de revisión:

"(iii) Las sentencias que de manera evidente hayan incurrido, según el criterio de la Sala, en un error grotesco en cuanto a la interpretación de la Constitución o que sencillamente hayan obviado por completo la interpretación de la norma constitucional y

(iv) Las sentencias que hayan sido dictadas por las demás Salas de este Tribunal o por los demás juzgados del país apartándose u obviando, expresa o tácitamente, alguna interpretación de la Constitución que contenga alguna sentencia de esta Sala con anterioridad al fallo que sea impugnado."[18]

Dicha sentencia No. 93 del 6 de febrero de 2001 (caso: *"Corpoturismo"*), fue de tal importancia que con posterioridad, en los casos de revisión de sentencias, al analizar su propia competencia, la Sala hizo en general referencia a esa sentencia en la cual "determinó su potestad extraordinaria, excepcional, restringida y discrecional, de revisar" sentencias, llegando incluso en 2007 a estimar que también podían ser objeto de revisión constitucional las sentencias de naturaleza interlocutoria, incluidos los proveimientos cautelares, sólo cuando pusieran fin al proceso.[19]

De esa "desnaturalización" del proceso de revisión constitucional previsto en la Constitución, que el profesor Barboza destaca, con razón, en su

---

[17] Véase en *Revista de Derecho Público*, No. 82, Editorial Jurídica Venezolana, Caracas 2001, pp. 412-414.

[18] Véase la sentencia en el Caso: Revisión de la sentencia dictada por la Sala Electoral en fecha 21 de noviembre de 2002, en *Revista de Derecho Público*, No. 93-96, Editorial Jurídica Venezolana, Caracas 2003.

[19] Véase la sentencia de Sala Constitucional de 04-05-2007 (Caso Nelson Mezerhane), Exp. 07-0353)

libro, deriva la decisión de la Sala de incluir entre las sentencias sujetas al mismo a las dictadas por las demás Salas del Tribunal Supremo, contrariando el principio de que siendo todas las Salas parte del Tribunal Supremo, sus sentencias no pueden ser revisadas por ninguna otra instancia judicial superior que no existe.[20]

Por lo demás, debe insistirse en lo que observa Barboza, que es que de acuerdo con el artículo 335 de la Constitución todas las Salas del Tribunal Supremo y no solo la Sala Constitucional tienen como competencia garantizar "la supremacía y efectividad de las normas y principios constitucionales," pudiendo considerarse a todas como "el máximo y último intérprete de la Constitución" con competencia para velar "por su uniforme interpretación y aplicación" (art. 335).

Es decir, como lo apreció la propia Sala Constitucional, en sentencia No. 158 de 28 de marzo de 2000 (Caso: *Microcomputers Store S.A.*) todas las Salas, "conservan el mismo grado jerárquico y todas representan en el ámbito de sus competencias al Tribunal Supremo de Justicia como máximo representante del Poder Judicial.[21] Lo que confirma que las atribuciones indicadas en la primera parte del artículo 335 de la Constitución no son solo de la Sala Constitucional como se ha llegado a apreciar,[22] por lo que contrariamente a lo afirmado por la propia Sala Constitucional, la misma no tiene "el monopolio interpretativo último de la Constitución,"[23] salvo cuando emita decisiones interpretativas vinculantes, que requieren de decisión expresa.[24]

El avance en contrario de la Sala en el proceso de desnaturalización del proceso de revisión constitucional de sentencias, que la llevó a extenderlo hasta las dictadas por las otras Salas, incluso excedió la

---

[20] Véase los comentarios de Jesús María Casal, *Constitución y Justicia Constitucional, op. cit.,* p. 110.

[21] Véase en *Revista de Derecho Público*, No. 81, Editorial Jurídica Venezolana, Caracas, 2000, p. 109.

[22] Véase en José Vicente Haro G., "La justicia constitucional en Venezuela y la Constitución de 1999" en *Revista de Derecho Constitucional*, Editorial Sherwood, N° 1, Caracas, sep-dic. 1999, pp. 137 y 146.

[23] Véase la sentencia N° 1374 de 09-11-2000, en *Revista de Derecho Público*, N° 84, Editorial Jurídica Venezolana, Caracas, 2000, p. 267.

[24] Véase Allan R. Brewer-Carías, "Comentarios sobre la ilegítima "Exposición de Motivos" de la Constitución de 1999 relativa al sistema de justicia constitucional", en *Revista de Derecho Constitucional*, N° 2, Enero-Junio 2000, Caracas 2000, pp. 47-59.

"sugerencia" que se incluyó en forma totalmente contraria a la Constitución en la "extraña" "Exposición de Motivos de la Constitución" de 2000, como con razón la califica Barboza, en el sentido de que "la ley" era la que debía "consagrar un mecanismo de carácter extraordinario mediante el cual la Sala Constitucional pueda revisar los actos o sentencias de las demás Salas del Tribunal Supremo de Justicia que contraríen la Constitución o las interpretaciones que sobre sus normas o principios haya previamente fijado la Sala Constitucional."[25] La Sala, sin embargo, anticipándose a la emisión de la respectiva ley, y sustituyendo a la Asamblea Nacional, procedió como "legislador positivo" a regular el objeto del proceso constitucional de revisión de sentencias, para lo cual no tenía competencia.[26]

El otro avance "desnaturalizador" de la Sala Constitucional en relación con la revisión constitucional, por otra parte, también se manifestó en el hecho de que, a pesar de que, como dijimos anteriormente, la misma es una competencia de la Sala atribuida en la Constitución en el marco de los procesos constitucionales, de los cuales solo puede conocer instancia de parte, conforme al principio dispositivo, sin embargo, comenzó a decidir que de los mismos podía conocer de oficio. Así lo hizo en su jurisprudencia inicial, como una muestra más de la patología constitucional que se ha observado en el país,[27] evidenciada en la expansión sin base legal e igualmente como "Legislador positivo" de las actuaciones de oficio de la Sala,[28]

---

[25] La Sala Constitucional, sin embargo, ignorando que de acuerdo a dicha "Exposición" supuestamente debía eso ser labor del legislador, desarrolló desde el inicio, con base en la "sugerencia," su potestad para revisar de manera extraordinaria sentencias incluso dictadas por las otras Salas. Véase las sentencias de 09-03-2000 (Caso: *José Alberto Zamora Quevedo*), de 07-06-2000 (Caso: *Mercantil Internacional, C.A.*), y N° 93 de 06-02-2001 (Caso: *Olimpia Tours and Travel vs. Corporación de Turismo de Venezuela*), en *Revista de Derecho Público*, N° 85-88, Editorial Jurídica Venezolana, Caracas 2001, pp. 408.

[26] Véase Allan R. Brewer-Carías, *Constitutional Courts As Positive Legislators*, Cambridge University Press, New York 2011.

[27] Véase Allan R. Brewer-Carías, *La patología de la Justicia Constitucional*, Tercera edición ampliada, Fundación de Derecho Público, Editorial Jurídica Venezolana, 2014.

[28] Véase Allan R. Brewer-Carías, "Régimen y alcance de la actuación judicial de oficio en materia de justicia constitucional en Venezuela", en *Revista JURÍDICA*, N° 4, Centro de Investigaciones Jurídicas Dr. Aníbal Rueda, Universidad Arturo Michelena, Valencia, julio-diciembre 2006, pp. 13-40; y en *Estudios Constitucionales. Revista Semestral del Centro de Estudios Constitucionales*, Año 4, No. 2, Universidad de Talca, Santiago, Chile 2006, pp. 221-250.

en la antes mencionada sentencia No. 93 de 6 de febrero de 2001 (Caso: *Olimpia Tours and Travel vs. Corporación de Turismo de Venezuela*), en la cual la Sala, dando al traste con el principio dispositivo, dispuso que poseía "la potestad discrecional" de revisar sentencias *"de oficio o a solicitud de la parte afectada."* "siempre y cuando lo considere conveniente para el mantenimiento de una coherencia en la interpretación de la Constitución en todas las decisiones judiciales emanadas por los órganos de administración de justicia."[29]

El legislador, posteriormente, al dictar la Ley Orgánica del Tribunal Supremo de Justicia de 2004,[30] la cual no solo tuvo "una redacción bastante desafortunada" como destaca Barboza en su libro, sino que sin duda puede afirmarse que ha sido la ley peor redactada en toda la historia de la legislación venezolana,[31] legalizó la inconstitucionalidad en una norma relativa al ejercicio del control difuso de la constitucionalidad por los tribunales (artículo 5, párrafo 4°), en la cual se afirmó que respecto de la sentencia que se dictare como consecuencia de ese control, la Sala podía proceder "de oficio o a instancia de parte," a revisar la sentencia y avocarse "a la causa para revisarla cuando ésta se encuentre definitivamente firme." Ello, por supuesto, desmoronó definitivamente el principio de la cosa juzgada que quedó a merced de los Magistrados de la Sala Constitucional sin que pudiera existir control alguno sobre el órgano controlante.

La Ley Orgánica de 2004, además de la positivización de la actuación de oficio, también reguló expresamente la potestad que se había auto atribuido la Sala para revistar constitucionalmente las sentencias de las otras Salas (artículo 5, párrafo 1°,4); aún cuando solo:

> "cuando se denuncie fundadamente la violación de principios jurídicos fundamentales contenidos en la Constitución de la República Bolivariana de Venezuela, Tratados, Pactos o Convenios Internacionales suscritos y ratificados válidamente por la República, o que haya sido

---

[29]   Véase en *Revista de Derecho Público*, N° 85-88, Editorial Jurídica Venezolana, Caracas, 2001, pp. 415.

[30]   Véase Ley Orgánica del Tribunal Supremo de Justicia en *Gaceta Oficial* No. 37.942 de 20-5-2004

[31]   Véase lo expuesto sobre dicha Ley en Allan R. Brewer-Carías, *Ley Orgánica del Tribunal Supremo de Justicia. El Tribunal Supremo de Justicia y los procesos y procedimientos constitucionales y contenciosos administrativos*, Colección Textos Legislativos, N° 28, Editorial Jurídica Venezolana, Caracas 2004, 352 pp. Tercera edición corregida y aumentada, 2007.

dictada como consecuencia de un error inexcusable, dolo, cohecho o prevaricación; asimismo podrá avocarse al conocimiento de una causa determinada, cuando se presuma fundadamente la violación de principios jurídicos fundamentales contenidos en la Constitución de la República Bolivariana de Venezuela, Tratados, Pactos o Convenios Internacionales suscritos y ratificados válidamente por la República, aun cuando por razón de la materia y en virtud de la ley, la competencia le esté atribuida a otra Sala".

Sobre esta nueva competencia, la propia Sala Constitucional se hizo eco de inmediato, de manera que, por ejemplo, en sentencia No. 1.854 de 28 de noviembre de 2008, haciendo referencia a una previa sentencia de No. 325, del 30 de marzo de 2005 (caso: *"Alcido Pedro Ferreira y otros"*), considerando que, en virtud de la entrada en vigencia de la Ley Orgánica del Tribunal Supremo de Justicia, existía la posibilidad de revisar:

> "la sentencias dictadas por las demás Salas integrantes del Tribunal Supremo de Justicia cuando se denuncien: i) violación de principios jurídicos fundamentales contenidos en la Constitución de la República Bolivariana de Venezuela, Tratados, Pactos o Convenios Internacionales suscritos y ratificados válidamente por la República y ii) cuando estas sentencias se hayan dictado con ocasión de: a) error inexcusable, b) dolo, c) cohecho o d) prevaricación y, el último supuesto legal (artículo 5, cardinal 16 de la Ley Orgánica del Tribunal Supremo de Justicia), que se limitó a reproducir lo establecido en el artículo 336, cardinal 10 constitucional, el cual ha sido objeto de un desarrollo exhaustivo por esta Sala en la referida sentencia N° 93/01, entre otras."[32]

En todo caso, la inconstitucionalidad de la referida norma de la Ley de 2004 en nuestro criterio, era múltiple: Primero, porque la Constitución no permitía que una Sala del Tribunal Supremo pudiera revisar las sentencias de otras Salas del mismo Tribunal, ya que todas son iguales, y no podía, por tanto, la Sala Constitucional, revisar las sentencias de las otras Salas y menos las sentencias de la Sala Plena en cuyas decisiones participan todos los Magistrados del Tribunal Supremo, incluyendo los de la Sala Constitucional; y segundo, porque la Constitución sólo permitía a

---

[32] Véase Caso: *Jesús Ángel Barrios Mannucci;* "Revisión decisión Sala de Casación del Tribunal Supremo de Justicia", en *Revista de Derecho Público*, No. 116, Editorial Jurídica Venezolana, Caracas 2008, pp. 242 y ss.

la Sala Constitucional revisar las sentencias definitivamente firmes de amparo y de control difuso de la constitucionalidad, y ninguna otra más.[33]

Con posterioridad se sancionó la Ley Orgánica del Tribunal Supremo de Justicia de 2010,[34] en cuya redacción, como lo destaca con precisión el profesor Barboza en su libro, participaron activamente los Magistrados de la propia Sala Constitucional, llevando al derecho positivo toda la doctrina que se había venido estableciendo por la propia Sala al margen de la Constitución y en ausencia de legislación sobre la materia, estableciéndose en la norma del artículo 25.10 de la Ley de 2010, como competencia general de la Sala Constitucional, sin relación alguna con sentencias de amparo o en las cuales se efectúe el control difuso como lo exige la Constitución, el:

"10. Revisar las sentencias definitivamente firmes que sean dictadas por los Tribunales de la República, cuando hayan desconocido algún precedente dictado por la Sala Constitucional; efectuado una indebida aplicación de una norma o principio constitucional; o producido un error grave en su interpretación; o por falta de aplicación de algún principio o normas constitucionales".

A esta competencia se sumó la indicada en el artículo 25, ordinales 11 y 12 de la misma Ley de 2010, para:

"11. Revisar las sentencias dictadas por las otras Salas que se subsuman en los supuestos que señala el numeral anterior, así como la violación de principios jurídicos fundamentales que estén contenidos en la Constitución de la República Bolivariana de Venezuela, tratados, pac-

---

[33] Véase Allan R. Brewer-Carías, "La metamorfosis jurisprudencial y legal del recurso extraordinario de revisión constitucional de sentencias en Venezuela" en Eduardo Andrés Velandia Canosa (Director Científico). *Derecho procesal constitucional*. Tomo III, volumen III. VC Editores Ltda. y Asociación Colombiana de Derecho Procesal Constitucional, Bogotá 2012, p. 269-304.

[34] Véase Ley Orgánica del Tribunal Supremo de Justicia en *Gaceta Oficial* No. 39.483 de 09-08-2010. Véase sobre esta Ley: "Introducción General al Régimen del Tribunal Supremo de Justicia y de los procesos y procedimientos constitucionales y contencioso electorales," en el libro Allan R. Brewer-Carías y Víctor Hernández Mendible (Coordinadores), *Ley Orgánica del Tribunal Supremo de Justicia. El Tribunal Supremo de Justicia y los procesos y procedimientos constitucionales y contenciosos electorales,* Editorial Jurídica Venezolana, Colección Textos legislativos No. 48, Caracas 2010, pp. 9-164.

tos o convenios internacionales suscritos y ratificados válidamente por la República o cuando incurran en violaciones de derechos constitucionales.

12. Revisar las sentencias definitivamente firmes en las que se haya ejercido el control difuso de la constitucionalidad de las leyes u otras normas jurídicas, que sean dictadas por las demás Salas del Tribunal Supremo de Justicia y demás Tribunales de la República".

En esta forma, el Legislador, en 2010, terminó de regularizar en las normas anteriores, sin fundamento constitucional, por supuesto, la amplísima competencia de revisión que la Sala Constitucional se había ido auto atribuyendo, a las cuales se agregaba la única norma de carácter procesal que se incorporó en la materia (art. 35), normas todas las cuales se conservaron luego en la reforma de la Ley Orgánica de 2022.

Durante diez años, por tanto, desde que se sancionó la Constitución de 1999 hasta que se sancionó la Ley Orgánica de 2010, el proceso de revisión constitucional de sentencias sufrió lo que hemos llamado una "metamorfosis" o como lo ha calificado el autor de esta obra, una evidente "desnaturalización," de manera que:

Primero, el carácter exclusivamente de recurso que tenía la vía procesal de revisión constitucional, sujeta a la iniciativa de parte interesada, fue cambiado completamente, asumiendo la Sala Constitucional progresivamente poderes de oficio para revisar sentencias.

Segundo, las sentencias objeto de la revisión constitucional fue progresivamente ampliado, eliminándose la concepción constitucional restringida que sólo y exclusivamente se refiere a las sentencias dictadas en juicios de amparo o por los jueces con ocasión de ejercer el método difuso de control de constitucionalidad de las leyes, asumiendo la Sala Constitucional la revisión de todo tipo de sentencia, lo que se reguló en la Ley Orgánica del Tribunal Supremo, aun cuando conservando el motivo de revisión sólo respecto de cuestiones constitucionales.

Tercero, mediante el desarrollo jurisprudencial de la potestad de revisión constitucional de sentencias por parte de la Sala Constitucional, extendiéndola a las sentencias dictadas por las otras Salas del Tribunal Supremo, incluyendo la Sala Plena, en la cual participan los propios Magistrados de la Sala Constitucional.

Todos estos temas, y muchos otros más son analizados con todo detenimiento, en su desarrollo jurisprudencial, por el profesor Hernando Barboza en esta excelente e instructiva obra que he tenido el gusto de Presentar, y que todos quienes estudiamos esta materia tenemos que agradecerle que la haya escrito.

Trabajos como éste, constituyen auténticas Tesis de postgrado que, por lo tanto, bien pueden servir de parámetro para lo que es optar por un título académico tan importante como el magíster universitario, y así, contribuir a que algunas "universidades" que últimamente en el país han comenzado a repartir a discreción e irresponsablemente títulos de postgrado sin mayores exigencias, entiendan realmente de qué se trata el trabajo académico.

New York, mayo 2024

A MANERA DE INTRODUCCIÓN

Puede afirmarse que Venezuela ha sido uno de los primeros países del continente americano en tener una Constitución, así como en incorporar un sistema de justicia constitucional a su ordenamiento jurídico. Sin embargo, esa antigüedad no se ha traducido necesariamente en madurez, y hoy, más de doscientos años después, se siguen dando pasos que no parecieran representar los centenarios que se tienen.

La constituyente de 1999 fue una oportunidad de lujo para capitalizar esa experiencia, y así aprovechar a la excelente generación de juristas que ha tenido Venezuela. Era una idea que no nació de un proyecto político o plan de gobierno de un par de años antes, no, se trató de un proceso que venía desarrollándose y que, por las características caribeñas y latinoamericanas, no había podido concretarse.

Esta idea fue tomada por quiénes proponían un cambio y llevada a ejecución, pero no de la manera que se venía estudiando y desarrollando, sino, con el apremio de quien pretende un borrón y cuenta nueva para comenzar a gobernar.

Así, lamentablemente, la improvisación, la premura y los delirios de grandeza que todo lo empañan, se llevaron parte de esa gran oportunidad de construir el modelo constitucional que Venezuela demandaba.

No obstante, no todo fue negativo ni la oportunidad se perdió por completo. Por más que se fue formado bajo el texto de la Constitución de 1961 y que no se está de acuerdo con la forma en que se desechó esa noble Constitución para dar paso a la actual; no puede discutirse que la Constitución de 1999 representa un importante avance frente al texto anterior. Ese avance, a pesar de todo, lleva necesariamente a reflexionar sobre cómo habría sido la Constitución de 1999 si el poder constituyente hubiera tenido el tiempo suficiente para cumplir con su misión, además, si ese poder no se hubiera conformado, en su mayoría, por personas que no tenían la menor idea de la tarea que tenían entre manos.

Pero como quiera que Venezuela siempre ha sido una tierra bendita, hubo grandes juristas y luchadores quienes pudieron, en la medida de sus posibilidades y beneficiados porque era un proyecto político también incipiente e inmaduro que había conquistado mentes brillantes, guiar una buena parte del debate y de los puntos aprobados. ¡Qué triste sería si ese proceso constituyente hubiera ocurrido unos cinco o diez años más tarde!

Es innegable el desarrollo constitucional en materia de derechos humanos, así como el avance logrado con el tema del carácter supremo y normativo de la Constitución. Algunas dificultades también en el camino, como la extraña Exposición de Motivos, la modificación normativa del texto aprobado en referendo mediante la reimpresión en gaceta; así como la construcción de una Sala Constitucional, con rasgos y funciones de un Tribunal Constitucional.

Como elemento favorable de ese cambio constitucional, se tiene el sistema de justicia constitucional que, en el pasado, era una especie de sistema paralelo o mixto, pero no integral, por cuanto no existía un elemento cohesionador entre las dos formas de control (concentrado y difuso).

Una de las herramientas proveídas por la Constitución para el ejercicio del control constitucional es el mecanismo conocido como la revisión constitucional de sentencias que está previsto en su artículo 336.10.

En las páginas siguientes se hará un análisis crítico de la revisión constitucional de sentencias. Será un análisis crítico en virtud de que el legislador venezolano en más de veinte años del ejercicio de su función legislativa, luego de entrada en vigencia la Constitución, no ha dictado una ley que establezca los parámetros desde los cuales se ha de ejercer esta competencia. Todo lo cual llevó a que la propia Sala Constitucional, sujeto encargado de ejercerla y aplicarla, estableciera las pautas para ello. Por tanto, el análisis versará sobre cuál ha sido la evolución de la revisión constitucional de sentencias en manos de dicha Sala.

Es cierto que la Ley Orgánica del Tribunal Supremo de Justicia ha establecido ciertas regulaciones sobre el particular, el primero de los textos dictados (2004) tuvo una regulación poco feliz si así puede decirse y, el segundo (2010) que está replicado en el vigente (2022), básicamente lo que hizo fue recoger la actuación de la Sala Constitucional y legalizarla; por lo que, tales normas no han cumplido el fin de guiar y servir de contención a la actuación de la Sala.

Como se explicará, la revisión constitucional de sentencias, tal como está establecida en la Constitución, es inédita en la historia constitucional venezolana y no tiene equivalente en el derecho comparado. No obstante, sí se nutre de algunas características que otros ordenamientos aplican como política judicial; tal es el caso del *writ of certiorari*.

Para lograr ese análisis crítico de la revisión constitucional de sentencias se ha decidido organizar la investigación en cinco partes o capítulos. En el primer capítulo, se hará una contextualización del tema, esto es, se abordará lo relativo al sistema de justicia constitucional venezolano, resaltando algunos tópicos como lo son la supremacía constitucional, el carácter normativo de la constitución y la interrelación de estos conceptos con las nociones de democracia, Estado de Derecho y Estado constitucional; pasando también por analizar si la Sala Constitucional es realmente el último y máximo intérprete de la Constitución.

Los capítulos segundo y tercero versarán sobre los antecedentes de la revisión constitucional en el ordenamiento venezolano, con especial referencia a cómo fue el proceso para su incorporación en la Constitución y qué era lo que reposaba en la mente de los constituyentes. Así como lo relativo al estudio y comparación de otras figuras que pueden guardar algunas semejanzas con la revisión constitucional, entre ellas, se analizará el *writ of certiorari* americano, el recurso extraordinario argentino, el amparo alemán, el amparo español y, por último, al mecanismo más cercano geográficamente, como lo es, la revisión de sentencias de tutela de Colombia.

El capítulo cuarto versará sobre uno de los temas más difíciles al tratar la revisión constitucional de sentencias, este es, el relativo a su naturaleza. Para ello, se hará un estudio del objeto, alcance, finalidad de la revisión y sobre si esta debe ser considerada como una facultad y, en caso afirmativo, qué tipo de facultad o, si, por el contrario, esta es verdaderamente un recurso del justiciable que la Sala Constitucional debe atender y resolver.

El último capítulo presentará un estudio del tratamiento que la ley y la jurisprudencia le han dado al trámite procedimental. Se explicarán las instituciones relativas a este tema, como lo son, las causales de inadmisibilidad, el despacho saneador, la posibilidad de decretar medidas cautelares, el desistimiento, la perención, entre otros, para, finalmente, abarcar lo relativo a los efectos de la sentencia y, especialmente, el impacto de la revisión constitucional de sentencias en la cosa juzgada que protege a cada sentencia firme y que es una herramienta destinada a brindar seguridad jurídica.

La revisión constitucional de sentencias constituye el día a día de la Sala Constitucional y del sistema de justicia constitucional venezolano. Cada año son anuladas un número importante de sentencias por violar el orden público constitucional. Razón por la cual, se aspira a que dicha investigación pueda servir de soporte a las correcciones que en el futuro se le puedan hacer a este mecanismo, así como para quienes lo ejerzan o sean parte de él. Hoy día la revisión constitucional de sentencias es uno de los temas emblemáticos en el campo del derecho procesal constitucional; lo cual justifica su estudio.

Conforme a las ideas expuestas, se espera que este libro pueda convertirse en una herramienta de consulta eficaz para los ciudadanos y, especialmente, para los abogados en ejercicio, que persigan la protección de la seguridad jurídica frente a la aplicación de la revisión constitucional de sentencias. Igualmente se persigue que constituya una fuente de consulta para legisladores y operadores de justicia que tengan como misión dictar un orden normativo que respete la seguridad jurídica y garantice la protección de la Constitución.

La idea es que al final de la lectura de estos capítulos, el lector pueda formarse una idea de qué es la revisión constitucional de sentencias, para qué sirve, cómo debe ejercerse, así como tener claro en qué supuestos la Sala Constitucional se excede en el ejercicio de tal atribución.

Se ha delimitado el estudio a las sentencias emblemáticas que, sobre la revisión constitucional, ha dictado, claro está, la Sala Constitucional, así como a las dictadas desde 2017 hasta la primera mitad de 2022[35].

Esta investigación es de corte monográfico documental a un nivel descriptivo, por esto, se ha tomado como base una amplia revisión bibliográfica constituida por autores especializados en materia procesal-constitucional, con aplicación de técnicas de análisis de contenido para realizar la interpretación y el estudio requerido.

---

[35]   Con alguna excepción.

CAPÍTULO I

CONSIDERACIONES PRELIMINARES SOBRE EL SISTEMA DE JUSTICIA CONSTITUCIONAL VENEZOLANO

Después de más de veinte años de su entrada en vigencia, puede decirse que la Constitución de la República Bolivariana de Venezuela, a pesar de algunos desaciertos en su aplicación e interpretación, ha venido a robustecer la sólida trayectoria del sistema de justicia constitucional venezolano que inició, si a la era republicana se refiere, en la Constitución Nacional de 1811.

Muestra de lo anterior, son los diversos métodos de control constitucional con los cuales actualmente cuenta el sistema de justicia venezolano, para garantizar la validez y vigencia de esta. Tal es el caso, de la Revisión Constitucional de Sentencias prevista en el artículo 336. 10 de la mencionada carta magna.

Ahora, antes de iniciar el estudio detallado, más no exhaustivo y menos definitivo, de este mecanismo de control constitucional, es conveniente realizar algunas precisiones sobre el sistema de justicia venezolano, el cual iniciará con la precisión terminológica (entre justicia[36] y

---

[36] <<La justicia posee varias facetas, ya que representa un *valor superior* del ordenamiento jurídico y el *fin y fundamento* primordial del Derecho; un *criterio* para la solución de controversias; un *sistema* orgánico encargado de su administración; una *función (o servicio)* de carácter *público*, y el punto de referencia de un *conjunto* de derechos humanos. Su condición de valor superior del ordenamiento es reconocida por algunas Constituciones, lo cual implica que los tribunales y demás órganos del poder público han de procurar la realización de la justicia tanto como sea posible en el ámbito de sus atribuciones. Al mismo tiempo, ella es fin y fundamento primordial del Derecho, pues éste persigue la recta ordenación de la conducta humana. Igualmente, es un criterio que permite dirimir conflictos, dando a cada uno lo que le corresponde, y una potestad que ejerce el Estado a través de un sistema orgánico, como expresión de sus funciones inderogables>>. Ver, Jesús María Casal Hernán-

jurisdicción constitucional), con la finalidad de aclarar la inclinación o el favorecimiento de utilizar uno u otro término; pasando por establecer la relación entre la supremacía constitucional, el control o justicia constitucional, los principios democráticos y el Estado de derecho y; finalizando, con una breve referencia al sistema de justicia venezolano, esto es, destacando los rasgos que definen al sistema de justicia constitucional venezolano.

No obstante, igualmente se considera pertinente referir que cuando se hace referencia al control de la constitucionalidad, no solamente se trata del texto constitucional (con sus normas, valores, principios) sino que también comprende aquellas normas que, estando fuera del texto constitucional tienen la misma fuerza normativa que el texto constitucional[37], lo cual se conoce como el bloque de la constitucionalidad[38], al cual se dedicarán las próximas líneas previas al estudio de las precisiones a las que se ha hecho referencia en el párrafo anterior.

---

dez, *Aspectos conceptuales del Acceso a la Justicia en Acceso a la Justicia: La universidad por la vigencia efectiva de los Derechos Humanos* (Caracas, Fundación Konrad Adenauer Stiftung; Universidad Católica Andrés Bello, 2006), 35-36.

[37] Respecto a los tratados sobre derechos humanos, algunos prefieren tratarlos como supraconstitucionales. Sin embargo, se considera que, para el autor de esta obra, los tratados internacionales sobre derechos humanos *suscritos y ratificados por Venezuela, tienen jerarquía constitucional* y prevalecen en el orden interno cuando sus normas sean más favorables, por lo que, no deben ser considerados supraconstitucionales. De hecho, si la norma constitucional resulta más favorable, deberá aplicarse esta con preferencia al tratado.

[38] Se ha dicho que la teoría del bloque de constitucionalidad apareció en Francia en los años setenta. Así lo dice Monrroy Cabra al indicar que: <<Expresa Louis Favoreu que el Consejo Constitucional francés utilizó la noción bajo el nombre de "principios y reglas de valor constitucional" entendiendo por tales "el conjunto de normas situadas en el nivel constitucional, cuyo respeto se impone a la ley">>. Ver, Marco Monroy Cabra, *La interpretación constitucional* (Bogotá: Ediciones Librería del Profesional, 2002), 149. No obstante lo anterior, Claudia Nikken, sostiene que <<La expresión "bloque de la constitucionalidad" fue utilizada por primera vez en Francia, por el Profesor C. Emeri, quien, al comentar la decisión del Consejo constitucional del 21 de noviembre de 1969 relativa al reglamento de la Asamblea nacional, señaló que, "a justo título uno puede sorprenderse de que la Alta jurisdicción construya así un verdadero 'bloque de la constitucionalidad' compuesto por la Constitución y las ordenanzas del artículo 92 que establecen 'los principios de organización del parlamentarismo limitado'">>. Ver, Claudia Nikken, *Consideraciones sobre las fuentes del derecho constitucional y la interpretación de la Constitución* (Caracas: Editorial Jurídica Venezolana, 2018), 69.

BIDART CAMPOS entiende por bloque de constitucionalidad <<un conjunto normativo *que parte de la constitución,* y que añade y contiene disposiciones, principios y valores que son materialmente constitucionales *fuera del texto de la constitución escrita*>>. Señala el autor que en ese bloque suele encontrarse a los tratados internacionales, al derecho consuetudinario, a la jurisprudencia, entre otros. Y además señala que <<sirve para acoplar elementos útiles en la *interpretación* de la constitución, y en la *integración* de los vacíos normativos de la misma[39]>>.

El profesor DUQUE CORREDOR al referirse al tema del bloque de la constitucionalidad ha puntualizado lo siguiente:

> Lo cierto es que hoy en día existen ordenamientos jurídicos que no sólo tienen por fuente principal una Constitución escrita, sino también leyes con valor constitucional por su contenido y alcance. Estas leyes las denomina Germán Bidart Campos *"leyes constitucionales"*, entendidas no como leyes compatibles con la Constitución sino por su ubicación en un plano jerárquicamente equiparable al Texto Fundamental. Desde este punto de vista, al igual de lo que sucede con los acuerdos internacionales, estas leyes constitucionales son fuentes directas del derecho constitucional (…) El tema lo introdujo en el derecho constitucional el constitucionalista alemán Carl Schmitt, al planear la tesis que existen leyes que si bien están integradas a la Constitución, se diferencian de ella en que pueden ser dictadas por el poder legislativo, aunque contengan modificaciones al Texto Fundamental, sin necesidad de seguir la vía de la reforma constitucional (…) En efecto, siguiendo la doctrina comparada *"bloque de la constitucionalidad"* son las declaraciones, principios y normas, no solo internas, sino también internacionales, a las que la propia Constitución otorga relevancia y valor de nivel constitucional y que, por tanto, son el fundamento y el parámetro de control de la constitucionalidad[40].

IGNACIO DE OTTO, por su parte indica que se trata de un <<conjunto de normas que no forman parte de la Constitución, que tienen un rango inferior a ella y son, por tanto, del mismo rango que la norma cuya

---

[39] Germán Bidart Campos, *Manual de la Constitución reformada* (Buenos Aires: EDIAR, 1998/2003), https://www.academia.edu/28542453/Bidart_Campos_German _J_Manual_de_la_Constituci%C3%B3n_Reformada_Tomo_1_pdf , 8-9

[40] Román Duque Corredor, *Temas constitucionales: Temario de derecho constitucional y de derecho público* (Bogotá: Legislación Económica, 2008) 60-61, 215.

inconstitucionalidad pueden provocar>>. Al referirse sobre la razón de este bloque, sostiene que su existencia es el resultado de que en el texto constitucional se haya optado por introducir el criterio de distribución u organización de competencias <<en la ordenación de las fuentes (…) dando lugar así al fenómeno de las normas interpuestas, esto es, normas a las que la Constitución atribuye la virtualidad de condicionar la creación de otras que, sin embargo, son de su mismo rango>>[41].

Por su parte CLAUDIA NIKKEN, al comentar sobre este tema ha indicado lo siguiente:

La idea de "bloque de constitucionalidad" está estrechamente vinculada con la interpretación auténtica de la constitución, es decir, con la interpretación de la cual resulta un acto cuya anulación no está prevista en el ordenamiento jurídico (…) En los Estados que se han dotado de constituciones escritas y rígidas, la noción formal de constitución prima sobre cualquier otra concepción. Ahora bien, es posible que, entre normas que formalmente no están incluidas en la constitución, existan algunas que materialmente se compadezcan con ella. Así, si hay normas cuyo valor constitucional es fácilmente constatable, existen otras cuyo igual valor no puede ser deducido más que a través de la interpretación. Es entonces a través de la interpretación que resulta posible determinar en qué consiste la constitución de un Estado determinado o, en otros términos, el "bloque de la constitucionalidad" del mismo. El bloque de la constitucionalidad es producto de la interpretación constitucional o, lo que viene a ser lo mismo, una de las funciones de la interpretación (auténtica) de la constitución es la construcción del bloque de la constitucionalidad, la *definición de la constitución*. En concreto, esa función consiste en A) determinar las normas escritas y no escritas que tienen valor constitucional; B) incorporar las normas pertinentes de derecho internacional al ordenamiento constitucional y; C) definir los ámbitos de rigidez y flexibilidad del ordenamiento constitucional (…) El primer elemento … es la Constitución…incluido su preámbulo[42]. Ella está indisolublemente vinculada con el régimen de transición adoptado por la Asamblea Nacional Constituyente durante la discusión del texto, y luego con el es-

---

[41] Ignacio de Otto, *Derecho constitucional: Sistema de fuentes* (Barcelona: Editorial Ariel, 2001), 94-95.

[42] Este como contentivo de criterios orientadores donde reposa la identidad de la nación.

tablecido después de la sanción referendaria de la Constitución, pero antes de su promulgación, e incluso después (…) Se incluyen … las leyes de revisión constitucional (enmiendas y reformas) (…), las constituciones de los estados y la Ley Orgánica del Poder Público Municipal, al menos en cuanto se refiere a la distribución del poder público a ese nivel y al ejercicio del poder legislativo (…) se incluyen igualmente (…) los tratados relativos a organizaciones supraestatales o supranacionales y, eventualmente, algunos actos normativos adoptados por dichos órganos (…) En materia de derechos humanos, se integran al bloque los tratados ratificados por la República, con expreso rango supraconstitucional[43], y en general todo instrumento internacional sobre derechos humanos que pueda definir y regular derechos inherentes a la persona (…) los principios (y valores) constitucionales (…) Por último, encontramos la jurisprudencia complementaria de la Constitución, sea que emane del Tribunal Supremo de Justicia –y en particular de la Sala Constitucional-, o bien que emane de tribunales supraestatales –e incluso de órganos supranacionales no concebidos como judiciales, pero que tienen por función interpretar de manera auténtica los tratados que regulan su funcionamiento, como el caso del Comité de Derechos Humanos de la ONU–[44].

Si bien las precisiones teóricas pueden considerarse suficientes y, sin pretender desviar el estudio del presente capítulo de esas nociones generales sobre el sistema de justicia venezolano a un estudio detallado del bloque de la constitucionalidad, llama poderosamente la atención que, en Venezuela, pareciera que el concepto del bloque de la constitucionalidad es lo que diga la Sala Constitucional que es.

Así, en SSC 01/2013, de 08 de enero de 2013, esta Sala se pronunció sobre el alcance de este concepto, sosteniendo que <<[d]e dicha norma [25.17 LOTSJ 2010] se concluye que esta Sala es competente para señalar el sentido y alcance de las reglas y principios contenidos en el texto constitucional *o en las normas o textos que la propia Sala entienda que forman parte del llamado bloque de la constitucionalidad*[45]>>. Como puede apreciarse, dicho bloque será lo que la Sala considere que es dicho bloque.

---

[43] Como se ha dicho, en opinión de quien redacta, no son supraconstitucionales.

[44] Nikken, *Consideraciones…*, 68-69, 142-144.

[45] SSC 01/2013, de 08 de enero.

Habiendo ofrecido un panorama de lo que ha de entenderse por el bloque de la constitucionalidad, se procederá a desarrollar lo atinente al sistema de justicia constitucional venezolano.

JURISDICCIÓN O JUSTICIA CONSTITUCIONAL

La profundización en el estudio del Derecho ha traído como corolario la organización de las diversas áreas de su estudio y, con ello, la pretendida división de las ramas tradicionales de este, creando, cada vez con más frecuencia, nuevas clasificaciones que sirven para dar un tratamiento más especializado al área que se estudia. Dicha labor, lejos de considerarse banal, constituye un verdadero esfuerzo por transmitir organización a la tarea de profundización antes referida.

Sin embargo, no siempre estas clasificaciones son necesarias o adecuadas, pues, muchas veces responden a una aparente especialidad que, si se mira con detalle, no existe. Por ejemplo, es usual leer o escuchar que se clasifique al proceso atendiendo a los diversos procedimientos de los cuales se trate, por ejemplo, Proceso Penal, Proceso Civil, Mercantil, Laboral, entre otros; cuando en el fondo, lo diferente son las instituciones sustanciales que, mediante el proceso se tutelan (civil, laboral, mercantil), pero cuya división o especialización, no tiene mayor repercusión en las instituciones procesales que pretenden clasificar.

El concepto de acción, jurisdicción y proceso, que en palabras de NICETO ALCALÁ-ZAMORA Y CASTILLO constituyen un trípode desvencijado[46], son conceptos que no ameritan clasificación, sin embargo, esta surge de lo complejo o abstracto que ha resultado su estudio. Indica el autor en referencia:

El proceso, que juntamente con la acción y la jurisdicción, constituye, según parece[r] bastante generalizado, uno de los tres conceptos fundamentales de nuestra disciplina, dista mucho –y lo mismo sucede con los dos mencionados junto a él- de haber alcanzado su elaboración definitiva. La imprecisión que los rodea, podría reflejarse, a mi entender, jugando con los verbos *ser* y *estar*, en los siguientes términos: del proceso sabemos dónde está, pero no lo que es, si una relación o situación jurídica, etc.; de la jurisdicción conocemos lo que es,

---

46 Niceto Alcalá-Zamora, *Proceso autocomposición y autodefensa* (México: Editorial Jurídica Universitaria, 2003) 48.

pero no donde está, si en el derecho procesal o en el constitucional, y la acción ignoramos lo que es, pugna entre las teorías abstractas y las concretas, y dónde está, si en el campo del derecho material o en el del derecho procesal[47].

Por su parte, ORTIZ ORTIZ[48] señala que usualmente <<se distingue entre el *proceso penal*, el *proceso civil, mercantil, agrario, tránsito, etc.* [pero] [e]n realidad tal diferenciación parte de un error: no advertir la diferencia en el *proceso* y el *procedimiento*>> luego afirma, <<el proceso constituye una unidad en la cual converge la acción con la jurisdicción mientras que el procedimiento es la manifestación exterior del proceso, esto es, el conjunto de reglas, fases, formas específicas en que cada materia (civil, penal, mercantil, agraria, etc.) se manifiesta>>.

En este sentido, no se busca analizar si la clasificación o el término de Derecho Procesal Constitucional o Derecho Constitucional Procesal[49], son adecuados o no, lo que se persigue es precisar si, a los fines de este estudio, debe utilizarse el término justicia constitucional, jurisdicción constitucional o ambos, y con ello explicar las razones de utilizarlos como sinónimos o de la preferencia por uno u otro.

Sobre las definiciones de justicia constitucional, el profesor CANOVA GONZÁLEZ ha definido a la justicia constitucional como <<la actividad de control de constitucionalidad de las leyes y otros actos de igual jerarquía o, de actos de rango inferior que sea realizada por órganos jurisdiccionales especiales o a través de medios procesales igualmente especiales>>[50]. En otro trabajo, el mismo autor, también sostuvo lo siguiente:

Al menos tres conceptos diferentes son usualmente comprendidos bajo el término de justicia constitucional; o de algún otro similar, verbigracia: defensa de la Constitución, control de constitucionalidad, jurisdicción

---

[47]   Alcalá-Zamora, *Proceso...*, 48.

[48]   Rafael Ortiz-Ortiz, *Teoría general del proceso* (Caracas: Editorial Frónesis, 2004), 42.

[49]   Tesis expuesta por el maestro mexicano Fix-Zamudio. Ver, Ernesto Blume Fortini, <<El derecho procesal constitucional>>, en *I Congreso internacional de derecho procesal constitucional: Los retos del derecho procesal constitucional en Latinoamérica en homenaje al Dr. Román Duque Corredor*, vol. II, Coord. Gonzalo Pérez Salazar y Luis Petit Guerra (Caracas: Ediciones Funeda, 2011), 28.

[50]   Véase, Antonio Canova González, <<Rasgos generales de los modelos de justicia constitucional en el Derecho Comparado: (3) Europa Actual>>, *Revista de Derecho Constitucional*, n.º 7 (2003): 84.

constitucional o, como también se ha calificado más recientemente, procurando un término más técnico, Derecho Procesal Constitucional (...) se entiende por justicia constitucional (...) *toda la actividad jurisdiccional de defensa de las normas y principios constitucionales frente a las leyes o actos de similar jerarquía o frente a cualquier otro acto, hecho u omisión provenientes de entes públicos o personas privadas, sea desempeñada por cualquier tribunal, especial u ordinario, aunque, en el supuesto último cuando dicho control de constitucionalidad se efectúe por medios especiales, es decir, por alguno que tenga por fin exclusivo o principal tal defensa*[51].

En relación al término jurisdicción constitucional hay quienes lo han definido como el conjunto de mecanismos, del que se vale un orden constitucional, para garantizar la vigencia de la Constitución[52].

Respecto a la distinción entre jurisdicción constitucional y justicia constitucional y sobre la preferencia de utilizar uno u otro se han pronunciado los profesores BREWER CARÍAS y CHAVERO, en los términos siguientes:

De todo lo anterior resulta, en todo caso, que la expresión "justicia constitucional" es un concepto material que equivale a *control judicial de la constitucionalidad de las leyes y demás actos estatales,* el cual ha sido ejercido en nuestro país, siempre, por todos los tribunales pertenecientes a todas las Jurisdicciones, es decir, por todos los órganos que ejercen el Poder Judicial. En cambio, la expresión *"Jurisdicción Constitucional"* es una noción orgánica que tiende a identificar a un órgano específico del Poder Judicial que tiene, en forma exclusiva, la potestad de anular *ciertos actos estatales* por razones de inconstitucionalidad, en particular, las leyes y demás actos con rango de ley o de ejecución directa e inmediata de la Constitución (...) La noción de justicia constitucional, por tanto, es distinta a la de Jurisdicción Constitucional. En consecuencia, es errada la apreciación que ha hecho la Sala Constitucional en su sentencia Nº 129 de 17-03-2000, cuando señaló que: La Sala Constitucional tiene atribuida competencia *para ejercer la jurisdicción constitucional, es decir, la potestad de juzgar y*

---

[51]   Antonio Canova González, *El modelo iberoamericano de justicia constitucional: Características y originalidad* (Caracas, Ediciones Paredes, 2012) 21,26.

[52]   Orlando Tovar Tamayo, *La jurisdicción constitucional* (Caracas: Academia de Ciencias Políticas y Sociales, 1983), 22-23.

hacer ejecutar lo juzgado en materia constitucional. No es posible, en efecto, identificar la Jurisdicción Constitucional con "la potestad de juzgar en materia constitucional" que equivaldría a justicia constitucional[53].

Por su parte, CHAVERO sostuvo:

El término *justicia constitucional* suele utilizarse para referirse al género, esto es, a la función jurisdiccional encargada de defender o hacer valer la Constitución, la cual, al menos en nuestro ordenamiento jurídico se encuentra encomendada a *todos los jueces* de la República. Por ello, cuando un tribunal de primera instancia conoce de un amparo constitucional, se entiende que se encuentra ejerciendo labores de justicia constitucional (...) Por su parte, el término *jurisdicción constitucional* suele considerarse como la especie dentro del género, es decir, cuando esa labor de justicia constitucional es realizada por el tribunal o el grupo de tribunales que los ordenamientos jurídicos han encargado para la defensa de la Constitución (...) Por ello, podría decirse, entonces, que en Venezuela no tiene sentido distinguir los términos justicia y jurisdicción constitucional, pues todos los tribunales tienen competencias para la defensa de la Constitución, en el ámbito de sus respectivas competencias[54].

Como puede apreciarse, la noción de justicia constitucional está relacionada con la labor de control de la constitucionalidad[55], esto es, el trabajo de juzgar si algún acto es contrario o no a la Constitución y, por su parte, el término jurisdicción constitucional, hace referencia a la competencia orgánica, esto es, al órgano al cual le es atribuida esta tarea.

Por su parte BELLO MÁRQUEZ, recoge la opinión de FIX ZAMUDIO y ALVARADO ANDRADE, de la siguiente manera:

---

[53] Allan Brewer-Carías, *La Constitución de 1999: Derecho constitucional venezolano* (Caracas: Editorial Jurídica Venezolana, 2004), 885.

[54] Rafael Chavero Gazdik, *El control constitucional de las decisiones judiciales* (Caracas: Editorial Jurídica Venezolana, 2018), 30-32,31,32.

[55] <<Se trata, en definitiva, de la búsqueda de uno (o más) procesos que garanticen la vigencia de las normas constitucionales, en especial algunas de ellas que establecen derechos y garantías para los ciudadanos, tratando de que dicha defensa se persiga aun frente al propio legislador>> Enrique Véscovi, *Los recursos judiciales y demás medios impugnativos en Iberoamérica* (Buenos Aires: Ediciones Depalma, 1988), 382-383.

El autor HÉCTOR FIX ZAMUDIO citado por DOMINGO GARCÍA BELAUNDE señala que prefiere utilizar el término *justicia constitucional,* por dos razones: en primer lugar, una de orden axiológico, ya que se orienta hacia un valor muy alto, como es el norte del derecho, y en segundo lugar, técnico, pues justicia es aplicable a todos los jueces, órganos o instituciones, mientras que al hablar de *jurisdicción constitucional* debemos entender, en rigor, que nos referimos a la existencia de un tribunal especializado en estos temas. La justicia constitucional según JESÚS MARÍA ALVARADO ANDRADE, es un sistema judicial encargado de garantizar la supremacía constitucional mediante el control jurisdiccional de todos los actos del Estado a fin de adaptarlos o circunscribirlos a lo que expone la Constitución en tanto emanación de la voluntad del constituyente originari[o], así como la protección de los derechos y garantías de los ciudadanos en sus relaciones con sus semejantes[56].

Ahora bien, si se asume la idea o la tesis de la unidad de la jurisdicción, entendida esta como la potestad-deber que tiene el Estado, la cual ejerce a través de los órganos jurisdiccionales, para la tutela de intereses jurídicos, resultará complejo clasificarla.

Usualmente, es confundida la noción de jurisdicción con la noción de competencia, entendida esta última como aquella porción del poder jurisdiccional que ejerce un determinado juez. Por ello, todos los jueces tienen jurisdicción y competencia, la jurisdicción que ejerce cada uno es la misma, sin embargo, lo que puede variar es su competencia. Tanta jurisdicción tiene el juez del juzgado más recóndito del país como la que tiene el presidente de la Sala Plena del Tribunal Supremo de Justicia (en su labor de juzgamiento), lo que varía entre ellos (además de sus funciones administrativas en este caso que se escogió al presidente de una Sala) es la competencia objetiva del órgano al cual pertenecen. Es por ello, que no resulta apropiado referirse a la jurisdicción como jurisdicción civil, penal, constitucional, pues, la jurisdicción es la misma, lo que varía entre estos elementos es la medida o porción de la actividad jurisdiccional que ejercen.

Por tanto, en Venezuela, todo juez tiene competencias constitucionales (que pueden ser generales o exclusivas) y, por tanto, ejerce la denomi-

---

[56] Antonio Bello Lozano Márquez, *Lecciones de derecho procesal constitucional* (Caracas: Mobilibros, 2012), 41-42.

nada justicia constitucional. Término este que se preferirá, en el desarrollo de este estudio, antes que al de jurisdicción constitucional y, si llegare a usarse este último, debe entenderse referido a la competencia en materia constitucional.

LA SUPREMACÍA CONSTITUCIONAL

La organización jurídica del Estado venezolano responde a un sistema piramidal[57], si puede así decirse, cuya cúspide, en principio, es la Constitución nacional, así como toda aquella normativa que es revestida con este rango constitucional.

Este principio sobre el cual descansa la jerarquía del orden jurídico se le conoce como supremacía constitucional y está contenido en el artículo 7 del texto constitucional que dispone: <<*La Constitución es la norma suprema y el fundamento del ordenamiento jurídico. Todas las personas y los órganos que ejercen el Poder Público están sujetos a esta Constitución*>>[58].

---

[57] <<Hans Kelsen, al exponer la teoría de la *pirámide jurídica*, ideada por Merk, explica: "La norma que determina la creación de otra es superior a esta; la creada de acuerdo con tal regulación, es inferior a la primera. El orden jurídico, especialmente aquél cuya personificación constituye el Estado, no es, por tanto, un sistema de normas coordinadas entre sí, que se hallasen, por así decirlo, una al lado de la otra, en un mismo nivel, sino que se trata de una verdadera jerarquía de diferentes niveles de normas. La unidad de estas se halla constituida por el hecho de que la creación de una norma –la de grado más bajo-, se encuentra determinada por otra –de grado superior-, cuya creación es determinada, a su vez, por otra todavía más alta (…) La estructura jerárquica del orden jurídico de un Estado puede expresarse toscamente en los siguientes términos: supuesta la existencia de la norma fundamental, la Constitución representa el nivel más alto dentro del derecho nacional">>. Ver, Vladimiro Naranjo Mesa, *Teoría constitucional e instituciones políticas* (Bogotá: Editorial Temis, 2014), 399. <<Un orden jurídico no es un sistema de normas yuxtapuestas y coordinadas. Hay una estructura jerárquica y sus normas se distribuyen en diversos estratos superpuestos. La unidad del orden reside en el hecho de que la creación –y por consecuencia la validez- de una normar está determinada por otra norma, cuya creación, a su vez, ha sido determinada por una tercera norma>>. Hans Kelsen, *Teoría pura del derecho: Introducción a la ciencia del derecho* (Editorial Reflexión), 147.

[58] Constitución 1999, de 30 de diciembre (Gaceta Oficial núm. 36.860 de 30 de diciembre de 1999, reimpresa en Gaceta Oficial núm. 5.453 de 24 de marzo de 2000 y enmendada el 15 de febrero de 2009 y publicado el nuevo texto en Gaceta Oficial núm. 5.908 de 19 de febrero de 2009).

Si bien el referido artículo 7 recoge el principio en cuestión, también debe tenerse presente lo dispuesto, entre otros, en los artículos 25, 131, 334 y 335 del mismo texto constitucional que lo refuerzan y materializan[59].

Ahora, pero ¿qué puede entenderse por supremacía constitucional? ¿se justifica democráticamente la imposición, sin limitaciones, del texto constitucional? ¿el control constitucional forma parte de esa supremacía? Estas, entre otras interrogantes que pueden surgir, procurarán ser abordadas en los párrafos siguientes.

Sobre lo que debe entenderse por supremacía constitucional ANDUEZA, en sus Apuntes de Derecho Constitucional, sostiene que:

La constitución escrita o consuetudinaria es la ley suprema del Estado. La supremacía de la constitución consiste en que el orden jurídico en su plenitud está condicionado por las normas constitucionales y que ninguna autoridad dentro del Estado tiene más poderes que los que la constitución le confiere. La supremacía de la constitución se entiende en dos sentidos: A) Supremacía material y B) Supremacía

---

[59]   <<Artículo 25: Todo acto dictado en ejercicio del Poder Público que viole o menoscabe los derechos garantizados por esta Constitución y la ley es nulo; y los funcionarios públicos y funcionarias públicas que lo ordenen o ejecuten incurren en responsabilidad penal, civil y administrativa, según los casos, sin que les sirvan de excusa órdenes superiores. *Artículo 131*: Toda persona tiene el deber de cumplir y acatar esta Constitución, las leyes y los demás actos que en ejercicio de sus funciones dicten los órganos del Poder Público. *Artículo 334*: Todos los jueces o juezas de la República, en el ámbito de sus competencias y conforme a lo previsto en esta Constitución y en la ley, están en la obligación de asegurar la integridad de esta Constitución. En caso de incompatibilidad entre esta Constitución y una ley u otra norma jurídica, se aplicarán las disposiciones constitucionales, correspondiendo a los tribunales en cualquier causa, aún de oficio, decidir lo conducente. Corresponde exclusivamente a la Sala Constitucional del Tribunal Supremo de Justicia, como jurisdicción constitucional, declarar la nulidad de las leyes y demás actos de los órganos que ejercen el Poder Público dictados en ejecución directa e inmediata de esta Constitución o que tengan rango de ley, cuando colidan con aquella. *Artículo 335*: El Tribunal Supremo de Justicia garantizará la supremacía y efectividad de las normas y principios constitucionales; será el máximo y último intérprete de esta Constitución y velará por su uniforme interpretación y aplicación. Las interpretaciones que establezca la Sala Constitucional sobre el contenido o alcance de las normas y principios constitucionales son vinculantes para las otras Salas del Tribunal Supremo de Justicia y demás tribunales de la República>>. Artículos todos de la Constitución antes citada.

formal. <u>SUPREMACÍA MATERIAL</u> Es propia de todo tipo de constitución ya sea escrita o consuetudinaria. Por supremacía material de la constitución se entiende que el contenido de la norma constitucional tiene valor superior a todas las demás leyes (normas jurídicas) y ello fundamentalmente proviene de que la Constitución emana del poder constituyente. <u>SUPREMACÍA FORMAL</u> Es propia de las Constituciones escritas y muy especialmente de las Constituciones rígidas, es decir, de aquellas constituciones para cuya reforma se requiere un procedimiento diferente al procedimiento empleado en la elaboración de la ley formal (ordinaria): de esta distinción resulta que la supremacía material en principio es absoluta, en cambio la formal es relativa, ya que de ella depende la mayor o menor rigidez de la constitución[60].

Por su parte, el profesor DUQUE CORREDOR sobre la supremacía constitucional ha indicado lo siguiente:

[L]a supremacía constitucional es un principio básico del constitucionalismo moderno y parte de la idea de la superioridad de la Constitución. Es decir, frente a ella otras normas pierden valor o le están sometidas (...) Ahora bien, por supremacía de la Constitución se entiende también que ésta es la ley fundamental y que es la base de toda la estructura política y jurídica del Estado; o también, por la ley suprema o texto fundamental del Estado, puesto que es la ley de leyes que está por encima de todas las normas jurídicas y que, a su vez, es la fuente de todas las normas jurídicas y del ordenamiento jurídico[61].

RIVAS QUINTERO, al realizar el análisis de este principio y citando a otros autores comenta lo siguiente:

Bidart Campos señala que: "la Constitución es suprema, y por ser suprema obliga normativamente a que las ulteriores normaciones jurídicas se ajusten a sus disposiciones, so pena de reputarlas *anticonstitucionales* y, por ende, afectadas de nulidad. Agrega dicho autor que: "La imposición de la constitución como suprema obliga a los órganos de creación de normas derivadas a restringir su actividad dentro de los límites señalados por la constitución; de allí que ésta

---

[60]   José Guillermo Andueza, *Apuntes de derecho constitucional* (Caracas: Editorial Inquietud, 1978), 96.

[61]   Duque Corredor, *Temas...*, 91.

debe ser escrita, para que tales competencias conozcan sin lugar a dudas las previsiones normativas que han de respetar y obedecer". La Constitución como norma suprema dentro del Estado representa no sólo el nivel más alto dentro del derecho –como dice Sánchez Agesta– sino que la Constitución como norma fundamental expresa y determina el marco de competencia de los órganos y podemos agregar también que consagra y garantiza los derechos y garantías ciudadanas. J. Xifra indica que la Constitución como ley suprema del Estado, supone que todo el ordenamiento jurídico se encuentra condicionado por las normas constitucionales, y que ninguna autoridad estatal tiene más poderes que los que le reconoce la Constitución, pues de ella depende la legitimidad de todo el sistema de normas e instituciones que componen aquel ordenamiento[62].

GARCÍA DE ENTERRÍA, citado por GOZAÍNI, respecto a la supremacía constitucional, indica lo siguiente:

García de Enterría ha señalado que la supremacía de la Constitución se fundamenta en varias razones. Primero, porque ella define el sistema de fuentes formales del Derecho, de modo que sólo por dictarse conforme a lo dispuesto por la Constitución, una ley será válida o un reglamento vinculante. En este sentido, es la primera de las normas de producción, la norma *normarun*, la fuente de las fuentes. Segundo, porque en la medida en que la Constitución es la expresión de una intención funcional, configuradora de un sistema entero que en ella se basa, tiene una pretensión de permanencia o duración, lo que parece asegurarle una superioridad sobre las normas ordinarias carentes de una intención total tan relevante, limitada a objetos muchos más concretos, todos singulares dentro del marco globalizador y estructural que la Constitución ha establecido[63].

Se tiene entonces que la Constitución, tal como ha dicho GARCÍA DE ENTERRÍA, no es cualquier norma, es la primera, la que se sobrepone e

---

[62] Alfonso Rivas Quintero, *El Estado: Estructura y valor de sus instituciones* (Valencia: 2008), 196.

[63] Osvaldo Gozaíni, *Introducción al derecho procesal constitucional* (Santa Fe: Rubinzal-Culzoni Editores, 2006), 107-108.

impera sobre las otras, que las une y concierta, les da significado, rige su interpretación y les da su lugar en el ordenamiento jurídico[64].

Para algunos, el carácter rígido y escrito de la Constitución, es fundamental para hablar de una verdadera supremacía del texto fundamental. Sobre la necesaria rigidez, apunta BREWER CARÍAS:

> Siendo la ley suprema, la garantía de dicha supremacía se manifiesta en dos aspectos: en primer lugar, en que la Constitución tiene en sí misma un poder derogatorio respecto de todas las normas anteriores a su entrada en vigor que contradigan sus postulados; y, en segundo lugar, en que todos los actos estatales dictados por los órganos del Estado con posterioridad a su entrada en vigencia y que contradigan sus postulados se consideran nulos. La supremacía implica, además, que las normas constitucionales, tanto las relativas a la organización y funcionamiento del Estado como las relativas a las garantías y derechos constitucionales, tienen una vigencia permanente, no pudiendo ser alteradas ni suspendidas, salvo en circunstancias excepcionales que la propia Constitución regula como sucede con los estados de excepción. Esta supremacía implica, además, rigidez constitucional en el sentido de que el texto constitucional es inmutable mediante los mecanismos ordinarios de formación de las leyes, siendo sólo modificables mediante los procedimientos de revisión constitucional (poder constituyente derivado) que la Constitución prevé expresamente con participación popular, reservándole al pueblo el poder constituyente originario. Por último, la supremacía constitucional otorga a la Constitución el carácter de fuente de interpretación de todo el ordenamiento jurídico conforme a sus normas[65].

Sobre el necesario carácter escrito de la Constitución, IGNACIO DE OTTO sostiene:

> Esa sujeción de la creación de normas a otras normas superiores a ella no se cumple simplemente con la existencia de una Constitución escrita que regule la estructura y funcionamiento de los órganos del Estado. Ciertamente el establecimiento de una norma suprema, por

---

[64]   Nelson Rodríguez García, <<Breves observaciones sobre el valor normativo de la Constitución y sus reflejos en el derecho administrativo>>, en *Libro homenaje a Nectario Andrade Labarca*, ed. por Fernando Parra Aranguren (Caracas: Tribunal Supremo de Justicia, 2004), 496.

[65]   Brewer-Carías, *La Constitución...*, 128-129.

encima de los órganos superiores del Estado, se hace mediante la promulgación de un texto escrito, la llamada Constitución escrita, con el nombre de Constitución o cualquier otro, pero sólo hay Constitución como norma cuando el ordenamiento establece que el cumplimiento de esos preceptos es obligado y, en consecuencia, que su infracción es antijurídica. Sólo entonces cabe decir que hay Constitución y que la Constitución escrita es norma, la suprema norma (...) La existencia de una Constitución escrita, en un texto unitario o en varios, como ha ocurrido en ocasiones, es sin embargo una técnica prácticamente obligada para el establecimiento de una norma suprema en el ordenamiento. Cuando existe ese tipo de texto, algo casi universal hoy, la diferencia entre normas sobre la que la Constitución se basa se hace inequívoca y adquiere una certeza que no tendría si se hubiese de operar con costumbres, principios inducidos de la práctica o simplemente textos dispersos fruto de la acumulación histórica (...) Al recurrir a esta técnica es la simple forma constitucional la que lleva aparejada la supremacía: todo lo que esté incluido en la Constitución o se incluya en el futuro tiene esa cualidad[66].

En la misma corriente se sitúa BENJAMÍN BURGOS quien, sobre este tema, opina lo siguiente:

En los términos aludidos, queda claro entonces, que la Supremacía Constitucional deja supuesta una gradación jerárquica del orden jurídico, que de esta manera resulta escalonado en planos distintos, los más altos subordinan a los inferiores y todo el conjunto debe estar subordinado a la Constitución. El principio de Supremacía se relaciona con la teoría del Poder Constituyente y con la tipología de la Constitución escrita y rígida, y ello es así, puesto que la Constitución es establecida por el Poder Constituyente, de lo que se desprende que el poder constituido o Poder del Estado (Legislativo-Ejecutivo y Judicial) no puede ni debe sublevarse contra tal Constitución proveniente de un "poder" distinto al "constituido"[67].

CALCAÑO DE TEMELTAS, al tratar el tema del control constitucional (garante de la supremacía constitucional) también se inclina por la necesidad de una Constitución escrita al indicar que dentro de los elemen-

---

tos del control constitucional el <<primero consiste en la existencia de una **Constitución escrita,** pues de lo contrario obviamente no habría control constitucional alguno[68]>>.

No obstante, no todos opinan que sea necesaria una Constitución escrita para garantizar su supremacía. En este sentido ORLANDO TOVAR ha opinado que la justicia constitucional supone un conjunto de normas supremas, escritas o consuetudinarias, que sirven de paradigma a una legislación ordinaria. Y ha afirmado que <<creemos que no es necesaria la existencia de una Constitución escrita o de una Constitución rígida, bastando sólo la idea de una legislación superior[69]>>.

La supremacía[70], como se verá, va más allá de la existencia de un texto escrito o no, pues, por muy escrita y rígida que sea la Constitución, poco suprema será si no existen los medios o remedios destinados a garantizar su fuerza normativa y suprema. No obstante, si un orden jurídico acepta como Constitución un acuerdo no escrito y este tiene preponderancia real y efectiva (porque hay mecanismos destinados para que así suceda) sobre el resto del ordenamiento jurídico, pues, no existirá duda alguna de la supremacía de dicha norma fundamental. Aunque lo menos complejo y tradicional sea que dicho acuerdo sea recogido en algún texto como garantía de su existencia.

Ahora bien, lo que sí es principal para hablar de supremacía es la rigidez del cuerpo que se considere como Constitución o como quiera que se le llame, pues, si su contenido podrá ser mutado cada vez que se halle en conflicto con alguna situación concreta, entonces, evidentemente no tendrá carácter normativo y mucho menos supremacía.

Es de considerar que el principio de supremacía constitucional se encuentra más vigente que nunca, toda vez que este constituye un esfuerzo

---

[68]   Josefina Calcaño de Temeltas, <<El control de la Constitucionalidad>>, en *La Constitución de 1999* (Caracas: Academia de Ciencias Políticas y Sociales, 2000), 107.

[69]   Tovar Tamayo, *La jurisdicción...*, 24.

[70]   <<Se trata de un principio nodal para los sistemas constitucionales modernos, como señala LINARES QUINTANA, "el principio de la supremacía de la Constitución constituye el más eficiente instrumento técnico hasta hoy conocido para la garantía de la libertad, al imponer a los poderes constituidos la obligación de encuadrar sus actos en las reglas que prescribe la Ley Fundamental">>. Chavero Gazdik, *El control...*, 17-18.

por civilizar la convivencia bajo un mismo Estado, pues, un Estado (si pudiera llamarse así) sin orden y sin jerarquía, no sería otra cosa que una convivencia prehistórica. No puede perderse de vista que el Derecho, a fin de cuentas, es la mejor herramienta que, hasta ahora, ha conseguido el hombre para lograr vivir en sociedad. Por lo que todo esfuerzo por mantener un equilibrio no debe ser desechado sin antes tener un sustituto que resulte más eficaz en dicha tarea.

Sin embargo, no todos consideran vigente o actual a este principio. GOZAÍNI, por su parte, opina que dicho principio responde a un tiempo histórico superado, porque a su decir, <<anida en ese concepto un destino permanente donde la ley se iguala con la certidumbre y la seguridad jurídica, y en la cual la Constitución es la ley de leyes, pero siempre rígida e invulnerable[71].

A diferencia de lo que opina el autor, parece apetecible un mundo repleto de seguridad jurídica, de certidumbre y de orden. El carácter rígido e invulnerable del texto constitucional, no significa que sea pétreo y que no pueda (en un marco también de equilibrio, ponderación y control) ser adaptado a los nuevos tiempos.

Por ello, la idea de supremacía del texto constitucional es inherente a este, aunque no esté expresamente así regulado por él, pues, si lo que se persigue es dar una coherencia a un orden jurídico mediante la organización jerárquica de este, no es posible que dicho cometido se logre sin que exista una norma suprema (comprendiendo dentro de ella aquellas otras regulaciones que pudiendo no estar dentro del cuerpo normativo gozan de la misma autoridad). Claro está que tal supremacía sería inexistente, aun cuando se recoja en un texto constitucional, si realmente no existen mecanismos eficaces para garantizar o hacer patente dicha supremacía.

Por esta razón, se abordará de seguidas lo relativo a la justicia constitucional como garantía de la supremacía, el carácter normativo de la Constitución y la supremacía como fuente indispensable del Estado de Derecho o, en términos más modernos, del Estado Constitucional.

---

[71] Gozaíni, *Introducción...*, 108.

LA SUPREMACÍA Y LA JUSTICIA CONSTITUCIONAL: CARÁCTER NORMATIVO DE LA CONSTITUCIÓN

Como es bien sabido, las normas jurídicas (que conforman una gran parte del Derecho) son esencialmente violables y, por otro lado, tenemos que la conducta humana es incoercible, esto es, no se pude obligar al ser humano a cumplirlas contra su voluntad. De allí nos viene la idea de las famosas garantías jurisdiccionales, que se convierten en la caja roja de emergencia que indican: *en caso de incendio rompa el vidrio.*

Es decir, un ordenamiento jurídico espera que la gran mayoría de los destinatarios de las normas las acaten y las cumplan, pero siempre existe una alta posibilidad de que un gran número de estos no lo haga, por lo que, tal orden jurídico tiene que contar con las herramientas necesarias para garantizar el cumplimiento de tales normas (o al menos la reparación por equivalente cuando aquello no se posible) para reestablecer el orden que pretende conservar. De lo contrario, se trataría de un caos y no podría decirse que existe un orden que cumplir. Por tanto, las normas no pueden quedarse en la concepción teórica de su obligatoriedad, sino que será necesario que esa obligatoriedad se pueda materializar.

Es conveniente tener claro que el incumplimiento del Derecho, no necesariamente se relaciona con la intención de violar una norma jurídica, una parte de los casos obedece a su desconocimiento (a pesar de la presunción de que es conocido por todos), en otros, a temas de interpretación. Por ejemplo, cada quien interpreta un contrato de una manera y quizá ninguna de las interpretaciones sea maliciosa o descabellada, de hecho, ambas partes pueden tener serios argumentos para mantener su posición, pero posiblemente, en el crisol judicial, alguno de ellos esté en franca violación del orden jurídico.

Lo mismo ocurre con la Constitución que, al ser una especie de super-ley que ocupa el vértice de la pirámide normativa[72], tiene una pluralidad de intérpretes (todos los ciudadanos, el legislador, los tribunales[73]) y debe ser acatada por todos.

---

[72]   Enrique Álvarez Conde, *Curso de derecho constitucional: El Estado constitucional, el sistema de fuentes, los derechos y libertades* (Madrid: Editorial Tecnos, 1999), 154.

[73]   Román Duque Corredor, *Curso de derecho procesal constitucional: Técnica de interpretación constitucional* (Caracas: Fundación Alberto Adriani, 2020), 16.

Por tanto, si esta no contara con un mecanismo destinado a garantizar su cumplimiento y su adecuada interpretación, estaría vacía de contenido o, al menos, resultaría ineficaz.

Del carácter normativo de la constitución

Tiempo atrás que la Constitución ha dejado de ser vista como una mera organización del Estado y una lista de deseos de lo que ese Estado quiere alcanzar[74], hoy poco se discute sobre su supremacía y sobre el carácter normativo de esta, lo cual pasa, claro está, porque se garantice lo que ella pregona. Como bien apunta JESÚS ALVARADO la Constitución de hoy en día no es una "hoja de papel" en los términos peyorativos de Ferdinand Lasalle, tampoco es un documento lleno de preceptos sin ninguna referencia finalista y mucho menos un documento que sirva a los intereses del déspota de turno, sobre el cual los "titulares ocasionales del poder" consigan a través de cauces "constitucionales" su perpetuidad en el mismo[75].

Lejos de ser un retrato de deseos, la Constitución es el primer instrumento, jerárquicamente hablando, que está destinado no solo a organizar el Estado sino a someterlo para que este Estado, a través de sus gobiernos, no cercenen la libertad del pueblo, al cual también somete la Constitución. Triste sería que las Constituciones se conviertan en trajes a la medida de quienes ejercen funciones de gobierno o que obedezcan a las

---

[74] <<Mauro Cappelletti, profundo estudioso de este tema, expresa que en la evolución de la defensa de los derechos proclamados por el jusnaturalismo, hemos pasado por tres períodos: el primero, el de la mera afirmación (programática) de esos derechos que aparece al incorporarse en las constituciones modernas; el segundo, radica en el carácter rígido que van adoptando esas constituciones que se imponen como orden normativo de Derecho positivo, incluyendo las garantías; y el tercero, que según el maestro, sería el de "concretizar el jusnaturalismo". O sea, transformar la imprecisión y falta de efectividad de estas fórmulas en una efectiva, dinámica, y permanente concretización a través de la obra del *juez constitucional*, designando a esta como la "jurisdicción constitucional de la libertad". Aparece así la creación en las propias constituciones de órganos especializados a este fin, o el simple reconocimiento de esta facultad a los jueces ordinarios en virtud del principio connatural de la supremacía constitucional>>. Véscovi, *Los recursos...*, 383.

[75] Jesús Alvarado Andrade, <<Sobre el "derecho constitucional" en Venezuela>>, en *Anuario de derecho público*, n.º 3 (Caracas: Funeda, 2011), 33-34.

élites de las que escribía SARTORI[76]. Por ello se comparte la afirmación del profesor HERNÁNDEZ BRETÓN sobre que la Constitución debe ser <<incómoda>>[77].

Hoy día los golpes de estado no ocurren únicamente cuando un grupo armado sale a las calles para tomar el poder, ahora usualmente son más sofisticados y conllevan la manipulación del texto constitucional (desde el ejercicio del poder) para que este pierda su razón de ser y se convierta en lo que quien lo manipula desea, dejando la Constitución de ser incómoda para quien ejerce estas prácticas o se beneficia de ellas.

Volviendo al carácter normativo de la Constitución señala el profesor DUQUE CORREDOR lo siguiente:

Modernamente las Constituciones han dejado de ser "documentos políticos" o "catálogos de las reglas fundamentales del Estado. Se les ha dotado de "carácter normativo". Sobre este tema son importantes los trabajos del profesor E. García de Enterría, por ejemplo La Constitución como Norma" contenida en la Obra *"La Constitución Española de 1978* (Civitas, Madrid, 1981, páginas 95 a 158). Sin embargo, aun antes ya se había llegado a admitir que las normas reguladoras de la formación y funcionamiento de los órganos del Estado y de sus relaciones, es decir, la parte orgánica de las Constituciones podrían considerarse Derecho. Pero, no así su parte dogmática contentiva de principios programáticos y de algunos derechos o libertades públicas. Se les consideraba solamente como principios de orientación para los órganos del Estado, pero sin atribuirles carácter vinculante. Se creía que, con la distribución del Poder entre las diferentes ramas de los poderes públicos, era suficiente para garantizar la libertad. Los jueces no aplicaban la Constitución para resolver casos concretos y no existía la jurisdicción constitucional.

---

[76] Giovanni Sartori, ¿Qué es la democracia? trad. por Tribunal Federal Electoral (Buenos Aires: Alfaguara, 2003).

[77] [U]na característica fundamental de cualquier Constitución debe ser la de ser efectivamente "incómoda" y eso es lo que ha debido ser siempre el texto de 1999: Lo suficientemente incómodo para quien ejerce el gobierno, tan suficientemente molesto, que no le permita hacer lo que le plazca, tan suficientemente incómoda la Constitución para que el individuo, protegido, se sienta cómodo con esa incomodidad. Ver, Eugenio Hernández-Bretón, <<Una Constitución incómoda>>, en *Temas constitucionales: Planteamientos ante una reforma,* (Caracas: Funeda, 2007), 145.

Por el contrario, las Constituciones modernas son actos del cuerpo social constituido para el ejercicio de la función constituyente y no de una simple representación del pueblo o de la Nación para determinado período de gobierno. Además, no se limitan a regular la organización del Estado, sino que son proyectos de ordenación permanentes de la vida social, estableciendo las bases y los principios fundamentales de los ordenamientos jurídicos (civiles, mercantiles, penales, procesales, laborales, etc.) y que contienen además abundantes normas de regulación de la actividad económica y social; e igualmente, crean sistemas e instituciones de control y someten la vida social a una serie de valores y señalan a los Estados fines superiores que condicionan axiológicamente todo el ordenamiento jurídico y que condiciona la legitimidad del ejercicio de los poderes públicos. Esto es el constitucionalismo moderno o neoconstitucionalismo (…) En este orden de ideas, dicen Santiago Sánchez González y Pilar Mellado Prado, en su obra "La Constitución Democrática Española y sus Fuentes", que *"Las Constituciones han dejado de ser exclusivamente el marco jurídico de gobierno en el ámbito estatal y se han convertido en compilaciones de normas básicas reguladoras del Estado y de la Sociedad"* (…) Son, pues, las Constituciones normas jurídicas alegables ante los tribunales, que obligan a los poderes públicos y a los ciudadanos, como se proclaman en los artículos 7 y 131 de la Constitución venezolana, y de cuya integridad están encargados todos los tribunales. Esto implica que el Poder Judicial tiene como su función principal aplicar la Constitución e interpretar y aplicar las leyes según los preceptos y principios constitucionales[78].

Tal como lo señala el profesor, las Constituciones de hoy en día no son aquellos documentos que están guardados en alguna parte y que operan como una carta de navegación que usa el capitán de la embarcación para orientarse en el rumbo que ha de tomar, no, la Constitución debe ser más como el remolcador que lleva a un barco a puerto seguro dentro de un complejo canal de navegación, no es optativa para quien está en función de gobierno, ni para los ciudadanos, ni para el juez que ha de interpretarla y aplicarla, es la norma de normas, si no se obedece a ella ¿a cuál otra se obedecerá? Como bien lo apunta DWORKIN sobre el carácter normativo de la Constitución <<[l]a cuestión capital no es ahora

---

[78]   Duque Corredor, *Temas…*, 81-82.

saber qué poder posee la Constitución sino cómo debe ejercerse ese vasto poder[79]>>.

Por su parte FERRAJOLI sobre el control que ha de ejercer la Constitución sobre los otros poderes se inclina por la <<defensa firme del papel normativo de las constituciones como sistemas de límites y de vínculos, lo más precisos posibles, tanto para la legislación como para la jurisdicción y, por ello, en este sentido, como complemento del Estado de Derecho[80]>>.

Es de destacar, para evitar confusiones, que la Constitución no solo es un compendio de límites para los órganos del Estado, esta va más allá[81], es la que establece las pautas de actuación de sus órganos con miras a delinear la libertad de los ciudadanos, proteger sus derechos fundamentales y procurar su convivencia en un sistema democrático. Sobre el rol de la Constitución y de sus custodios AHUMADA: expresa lo siguiente:

> Si la Constitución fuera sólo la norma que distribuye el poder y le fija límites, la labor de un tribunal constitucional podría reducirse a la comprobación de que los términos del reparto de poder se mantienen y los límites para su ejercicio no se transgreden. Efectivamente, pueden existir dudas interpretativas en cuanto a la precisión de tales límites, y sólo esto ya justificaría para los Tribunales Constitucionales el status de intérpretes supremos de la Constitución. Sin embargo, las Constituciones actuales son algo más. No sólo marcan límites, o imponen barreras al poder, sino que establecen pautas para la acción de los poderes públicos en el desempeño de las responsabilidades que les son encomendadas. En este sentido, la realización de la Constitución,

---

[79] Ronald Dworkin, *El imperio de la justicia: De la teoría general del derecho, de las decisiones e interpretaciones de los jueces y de la integridad política y legal como clave de la teoría y práctica* (Barcelona: Editorial Gedisa, 2008), 252.

[80] Luigi Ferrajoli y Juan Ruiz Manero, *Dos modelos de constitucionalismo: Una conversación* (Madrid: Editorial Trotta, 2012), 91.

[81] <<La convicción de los iberoamericanos, como pone de relieve Piza Escalante, de que solo en la Constitución está depositada la soberanía y que ahí descansa la supervivencia misma de la democracia, del Estado de Derecho, de la libertad y de los derechos fundamentales de cada uno de los componentes de la sociedad conduce, sin mucho cuestionamiento, a entender la defensa de la Constitución como una necesidad cardinal, una misión en la que deben unir esfuerzo los poderes públicos y los mismos ciudadanos por todos los medios disponibles>>. Canova González, *El modelo...*, 78.

su efectivo cumplimiento, no se agota en la "no vulneración"; actuar con fidelidad a la Constitución no es simplemente no actuar contra ella, sino conforme a ella. Es esta exigencia de cumplimiento "activo" de la Constitución que compromete a todos los vinculados por ella, la que convierte la tarea de vigilar y custodiar la Constitución, de asegurar su vigencia, en algo más complicado[82].

BIDART CAMPOS, sobre el carácter normativo de la Constitución, indica lo siguiente:

> La constitución formal o escrita es jurídica, es normativa, contiene *normas jurídicas*. Por eso cabe decir que es "derecho": el *derecho de la constitución*. De esta juridicidad que se predica de todo el texto constitucional –incluido su preámbulo y sus disposiciones transitorias – se desprende la llamada *fuerza normativa*. La constitución posee en sí misma fuerza o vigor normativos, lo que significa que es exigible, obligatoria, aplicable y vinculante. Y lo es para todos, para los gobernantes y para los particulares. La fuerza normativa del derecho de la constitución no quiere decir que sus normas consigan por sí solas y automáticamente el cumplimiento debido. Las normas por sí mismas no disponen de tal capacidad para lograr que las conductas se ajusten a la descripción que de ellas hacen aquellas normas, pero su fuerza normativa obliga a que se adopten todos los condicionamientos necesarios –de toda clase –para alcanzar ese resultado. En suma, la fuerza normativa está en las normas del derecho de la constitución, pero se dirige a realizarse en la *dimensión sociológica* de las conductas. Es decir, apunta a alcanzar la efectividad de las normas escritas en la *vigencia sociológica*[83].

Como bien lo señala SASTRE ARIZA, la Constitución hoy día es una norma <<sustantiva que expresa un consenso entre posiciones plurales que han de respetarse y, por tanto, armonizarse por parte de todos los operadores jurídicos[84]>>. Tan sustantiva y normativa resulta que, en

---

[82]   Marian Ahumada Ruiz, <<¿Hay alternativas a la *judicial review?*>>, en *Instrumentos de tutela y justicia constitucional: Memoria del vii congreso Iberoamericano de derecho constitucional*, coord. por Juan Vega Gómez y Edgar Corzo Sosa (México: Instituto de Investigaciones Jurídicas, 2002), 20-21.

[83]   Bidart Campos, *Manual de la Constitución reformada...*, 9.

[84]   Santiago Sastre Ariza, *Ciencia jurídica positivista y neoconstitucionalismo* (Madrid, McGraw-Hill, 1999), 130.

Venezuela, cualquier ciudadano que considere que está sometido a una lesión de uno de sus derechos constitucionales puede acudir a un órgano jurisdiccional y solicitar la tutela de su derecho constitucional y, con ello, el restablecimiento de la situación jurídica delatada como infringida.

En referencia a la doctrina local el profesor COMBELLAS ha resaltado que, como consecuencia de la supremacía y la rigidez que reviste a una Constitución, esta <<tiene aplicación directa, una obligación en la que deben concurrir para su efectivo cumplimiento, no exclusivamente los órganos y autoridades del Poder Público, pues comporta un deber de todos>>, donde los jueces encargados de la justicia constitucional se convierten en <<los defensores por excelencia de la *Lex Superior*[85]>>.

MOLINA GALICIA ya haciendo referencia a la Constitución nacional ha expresado lo siguiente:

> El constituyente venezolano ha querido excluir la burla del sistema de libertades que resultaba de la técnica de hacer proclamaciones enfáticas de derechos cuya efectividad quedaba condicionada a leyes de desarrollo posterior que, o bien no llegaban a ser dictadas o cuando se dictaban regulaban a su arbitrio el ámbito y la forma para el ejercicio de esos derechos, abstracta y retóricamente proclamados. A fin de evitar estas situaciones se consagró expresamente en el artículo 7 de la Constitución de 1999, el principio de primacía constitucional (...) La concepción misma de la fuerza normativa de la Constitución, exige a su vez la existencia de: *"garantías"* que aseguren eficazmente su cumplimiento. La fuerza normativa de la Constitución, su eficacia, dependen de sus propias garantías[86].

Queda así expresado que el carácter normativo es connatural al de la aceptación de la Constitución como cabeza del orden jurídico de un Estado. En el caso venezolano, pasaron algunos años para darse cuenta de

---

[85] Ricardo Combellas, *Derecho constitucional: Una introducción al estudio de la constitución de la República Bolivariana de Venezuela* (Caracas: McGraw-Hill, 2001), 233.

[86] René Molina Galicia, *Reflexiones sobre una nueva visión constitucional del proceso, y su tendencia jurisprudencial. ¿Hacia un gobierno judicial?* (Caracas: Ediciones Paredes, 2008), 31, 34.

que no todas las normas en ella contenida eran programáticas[87], y que las relativas a los derechos fundamentales tenían aplicación inmediata[88].

LA JUSTICIA CONSTITUCIONAL COMO GARANTÍA DE LA SUPREMACÍA

El control de la constitucionalidad, entendido este como la justicia constitucional a la que anteriormente se hizo referencia, viene a constituir el remedio a la transgresión del carácter normativo y, como se ha dicho, es garantía del principio de supremacía de toda Constitución[89]. Una Constitución que no prevea los remedios o los controles necesarios para asegurar su integridad y operatividad, sería un instrumento vacío, cuya obligatoriedad estaría entredicha[90].

---

[87] <<El principio de supremacía constitucional se nutre, a su vez, de la idea de una Constitución como norma jurídica concreta y directa, la cual surge con el cambio de paradigma experimentado en estos textos normativos, pues durante mucho tiempo se consideró que las normas constitucionales sólo eran programáticas y abstractas>>. Chavero Gazdik, *El control...*, 20.

[88] Entre la Constitución de 1961 y la primera sentencia de la Corte Suprema de Justicia (SPA de 20 de octubre de 1983) que otorgó vigencia al amparo diferente al *habeas* corpus, transcurrieron más de 20 años. Y con ello todavía la ley demoró otros años en llegar (septiembre de 1988). Si bien existían unas sentencias de instancia que previamente ventilaron el tema, fue a partir de esa sentencia que se comprendió que no todas las normas previstas en la Constitución eran programáticas.

[89] <<Como se sabe, la justicia constitucional en todo Estado de Derecho modernamente se sostiene sobre la base de la supremacía y la fuerza o valor normativo de la Constitución. Se razona, en síntesis, que la Constitución es la norma de mayor jerarquía que (...) sólo consigue su vigencia a través de su *fuerza normativa* o su capacidad de operar en la vida histórica de forma determinante o reguladora. Siendo así y dado su carácter normativo, ella sólo puede tener completa eficacia en la medida en que sea garantizada jurisdiccionalmente. A esa garantía jurisdiccional o "defensa" de la Constitución se le ha denominado "control jurisdiccional de la constitucionalidad" y tiene por objeto, básicamente, controlar la constitucionalidad de las leyes y otros actos dictados por los Poderes Públicos, así como proteger los Derechos Fundamentales de los ciudadanos (...)>> Véase, José Haro, <<La justicia constitucional en Venezuela y la constitución de 1999>>, *Revista de Derecho Constitucional*, n.º 1 (1999): 138.

[90] En cierta forma puede decirse que la Constitución es sólo norma jurídica desde que su inviolabilidad es tutelada judicialmente (...) tal atributo de superioridad es simplemente virtual, si la propia Constitución no la dota de órganos que efectivamente puedan imponer esta superioridad y declararla, relegando así las normas inferiores que la contraríen a la no existencia. Gustavo Planchart Manrique, <<Reflexiones

ARAGÓN REYES, al referirse al control como elemento indispensable del carácter normativo de la Constitución, expresaba lo siguiente:

Efectivamente, el control es un elemento inseparable del concepto de Constitución si se quiere dotar de operatividad al mismo, es decir, si se pretende que la Constitución se "realice", en expresión, bien conocida de Hesse; o, dicho en otras palabras, si la Constitución es norma y no mero programa puramente retórico. El control no forma parte únicamente de un concepto "político" de Constitución, como sostenía Schmitt, sino de un concepto jurídico, de tal manera que sólo si existe control de la actividad estatal puede la Constitución desplegar su fuerza normativa y sólo si el control forma parte del concepto de Constitución puede ser entendida esta como norma (...) Sólo es Constitución "normativa" la Constitución democrática y sólo a partir de ella puede configurarse el Estado constitucional como forma política o el Estado de Derecho como Estado constitucional. De ahí que sólo en el Estado constitucional así concebida la teoría del control se presente como parte inseparable de la teoría de la Constitución, precisamente porque ambos términos, control y Constitución, se encuentran allí indisolublemente enlazados[91].

Es cierto que la Constitución está sometida también a un control social que puede desembocar en cambios constitucionales, pero este control social no es suficiente ni eficiente para garantizar su efectiva aplicación[92];

---

sobre el control de la constitucionalidad y la interpretación constitucional>> en *Trabajo de incorporación a la Academia de Ciencias Políticas y Sociales*. Consúltese en: http://acienpol.abcdonline.info/bases/biblio/texto/boletin/1990/BolACPS_1990_66_119_120_19-49.pdf, 11.

[91] Manuel Aragón Reyes, *Constitución y control del poder: Introducción a una teoría constitucional del control* (Bogotá: Universidad Externado de Colombia, 1999), 15-17.

[92] <<Si bien la unidad del fin permite atribuir un sentido unívoco al control y considerarle, por ello válidamente, como elemento inseparable del concepto de Constitución, la pluralidad de medios a través de los cuales ese control se articula, la diversidad de objetos sobre los que puede recaer y el muy distinto carácter de los instrumentos e institutos en que se manifiesta impiden sostener un concepto único de control. No se trata de que existan clases de control, que ello es obvio y no repugnaría, por sí solo, a la unidad conceptual, sino de que, por imperativos analíticos, la heterogeneidad de los medios de control es tan acusada que obliga a la pluralidad conceptual (...) Efectivamente, el control del poder se manifiesta, en el Estado constitucional, a través de una multiplicidad de formas que poseen caracteres muy diferenciados (...)>>. Aragón Reyes, *Constitución...*, 57-58.

por ello se hace necesaria la justicia constitucional; esto es, todo el sistema diseñado para la protección y defensa de la Constitución mediante, sin exhaustividad, la anulación, revocación, desaplicación o cesación de los actos, hechos u omisiones contrarios a esta, procurándose una certeza y uniformidad en su interpretación. En el mismo sentido se ha pronunciado PRIETO SANCHÍS al indicar:

> Se ha identificado la superioridad con la justicia constitucional: la existencia de una Constitución como norma suprema reclama como corolario indispensable la presencia de una garantía jurisdiccional. Pero ésta no es una opinión pacífica y algunos sugieren que es perfectamente viable una Constitución sin justicia constitucional (…) como escribe Cruz Villalón, la supremacía constitucional <<puede ser una realidad sustentada en la opinión pública, en el ejercicio de las libertades públicas, en la conciencia de la legitimidad...>> (…) Así como la rigidez no parece ser una condición de la supremacía, sino de la perdurabilidad, la justicia constitucional se muestra como una exigencia ineludible o, cuando menos, como un elemento cualificador de la Constitución, no ya como norma suprema, sino sencillamente como norma. Ciertamente, el establecimiento de una justicia constitucional no puede verse como una <<necesidad lógica>> o inexorable derivada de la mera existencia de una Constitución (…) Pero los no juristas, y creo que todos, comprendemos mejor el problema diciendo que en ese caso la Constitución carece de fuerza normativa; es simplemente un documento político[93].

No se comparte su opinión sobre la rigidez constitucional y la supremacía tal como antes se explicó, no obstante, su afirmación sobre la necesidad de la justicia constitucional como garante de la supremacía y normatividad se suscribe plenamente. Sobre la justicia constitucional como garantía de la supremacía de la Constitución venezolano, el maestro BREWER CARÍAS diáfanamente explica lo siguiente:

> En efecto, siendo la Constitución norma suprema y el fundamento del ordenamiento jurídico (art. 7); dicha supremacía no tendría efectividad sino fuera por la existencia de un sistema de justicia constitucional para garantizarla. De allí que el artículo 334 de la Constitución atribuya a todos los jueces, en el ámbito de sus competencias y

---

[93] Luis Prieto Sanchís, *Justicia constitucional y derechos fundamentales* (Madrid: Editorial Trotta, 2003), 155-156.

conforme a lo previsto en la Constitución y la ley, la obligación <<de asegurar la integridad de la Constitución>>. En consecuencia, la justicia constitucional como competencia judicial para velar por la integridad y supremacía de la Constitución, corresponde a todos los jueces en cualquier causa o proceso que conozcan (...) y no solo al Tribunal Supremo de Justicia. Este, sin embargo, en forma particular, tiene expresamente como competencia garantizar <<la supremacía y efectividad de las normas y principios constitucionales>>, correspondiéndole ser <<el máximo y último intérprete de la Constitución>> y velar <<por su uniforme interpretación y aplicación>> (art. 335); y, en particular, ejercer la jurisdicción constitucional (arts. 266, ord. 1° y 336)[94].

Más adelante se tratará sobre quién es el máximo y último intérprete de la Constitución y si esta interpretación es privativa o no de la Sala Constitucional. Por ahora solo puede anunciarse en palabras del profesor CASAL que <<la garantía de la supremacía e integridad de la Constitución en modo alguno puede ser entendida como una tarea privativa de la Sala Constitucional[95]>>. Igualmente se comentará si estas Cortes, Tribunales o Salas constitucionales tienen poderes ilimitados o tienen un poder limitado, pues, como bien lo apunta el profesor CANOVA GONZÁLEZ, la justicia constitucional requiere una institucionalidad dentro de la cual ha de ser ejercida[96].

El profesor CHAVERO al referirse al tema de la justicia constitucional como garantía de la supremacía constitucional, opina lo siguiente:

> Lógica consecuencia de la supremacía constitucional es atribuirle a algún órgano la potestad de defenderla, pues de lo contrario esta su-

---

94   Brewer-Carías, *Historia...*, 238.

95   Jesús María Casal, <<Los actuales desafíos de la justicia constitucional en Venezuela>>, en *Jurisdicción constitucional, democracia y estado de derecho* (Caracas: Universidad Católica Andrés Bello, 2009), 212.

96   <<No hay duda, y experiencias en Derecho Comparado abundan, de que la justicia constitucional está destinada a funcionar en situaciones de normalidad institucional y bajo la vigencia de una democracia pluralista. De lo contrario, aun cuando se reconozca el carácter normativo y superior de la Constitución, el efecto práctico del sistema jurisdiccional para su defensa será bastante restringido y su legitimidad cuestionada en todo momento>>. Véase, Canova González, <<Rasgos generales de los modelos de justicia constitucional en el Derecho Comparado: (3) Europa Actual>>, 75.

premacía quedaría a la buena voluntad del gobernante o los órganos de poder. Por ello, los ordenamientos jurídicos consagran, con sus respectivas peculiaridades, medios de defensa de la supremacía constitucional, creando mecanismos e instituciones especializados para cumplir con la tarea de encarrilar a todos los operadores jurídicos por la vía de la Constitución (...) Por ello, el Poder Judicial ha pasado a ser una pieza clave en la defensa de la Constitución y de la democracia. En este sentido, afirma GARCÍA DE ENTERRÍA que no hay derecho sin juez, el "juez es una pieza absolutamente esencial en toda la organización de Derecho y esto no es una excepción en el Derecho Público cuando se trata de la observancia del Derecho por la Administración"[97].

Sobre la importancia del Tribunal Constitucional, en este caso el alemán, NORBERT LÖSING, en su artículo denominado *la jurisdicción constitucional como contribución al estado de derecho*, cita el prefacio del libro publicado con ocasión al XXV aniversario del Tribunal Constitucional Federal Alemán, en el cual se indicó que:

> No es concebible una Ley Fundamental en la que desapareciera el Tribunal Constitucional, con sus amplias competencias, sin que aquella sufriera una reforma en su esencia. El Tribunal Constitucional se ha evidenciado como el más importante garante del respeto para el resto de los órganos estatales al Derecho Constitucional[98].

Por tanto, no será objeto de discusión o análisis la necesidad de un órgano constitucional como cúspide de la justicia constitucional que a su vez es la garante de la normatividad y supremacía constitucional.

Para concluir sobre la justicia constitucional como soporte o garantía de la supremacía, se hará referencia a lo expuesto por BENJAMÍN BURGOS y RAFAEL RENGIFO.

---

[97] Chavero Gazdik, *El control...*, 23-25.

[98] El mismo autor también ha señalado que <<el nacimiento de la Jurisdicción Constitucional exige la aceptación previa de la idea de la supremacía constitucional (...) El principio de supremacía de la Constitución se asienta en el carácter normativo de la Constitución, que hace de esta, no un conjunto de principios programáticos, sino una verdadera norma jurídica>>. Norbert Lösing, <<La jurisdicción constitucional como contribución al estado de derecho>>, en *Jurisdicción constitucional, democracia y estado de derecho* (Caracas: Universidad Católica Andrés Bello, 2009), 59, 69.

El primero indica de estos autores señala que:

[U]n sistema jurídico-político que se precie de tal debe establecer un remedio para restablecer la Supremacía violada; o lo que es lo mismo según Sagües, al decir que poco vale el principio de supremacía constitucional si no se planifica un aparato de control de esa supremacía; esto es, una magistratura constitucional, que opere como órgano de control y procesos constitucionales, mediante los cuales pueda efectivizarse realmente la superioridad de la Constitución, cuando es infringida por normas y actos de los poderes constituidos[99].

Por su parte el segundo sostiene que:

Este principio de la supremacía se erige así en una de las garantías más importantes del sistema constitucional, garantía sustancial que requiere lógicamente de otras garantías formales o procesales que en última instancia configuran la revisión o el control judicial que asegure su plena vigencia y respeto, primordialmente por parte de los órganos estatales, sin perjuicio de vedar también comportamientos individuales y sociales que puedan violar dicha supremacía, porque, como bien lo señalaba Esteban Echeverría, "en torno de la Constitución las normas gravitan como los astros en torno al sol"(…) Esta garantía sustancial de la supremacía constitucional requiere indispensablemente un sistema de control que la asegure con todo, haciendo respetar esa concatenación jerárquica de normas a partir de la Constitución respecto de toda la normativa infraconstitucional, tantos en sus aspectos procedimentales de sanción, como de los contenidos normativos de sus textos (…) por lo que podemos concluir, esquemáticamente, que *Supremacía constitucional + Control Judicial = Racionalización del poder*[100].

Partiendo de la idea de que no es posible concebir la supremacía ni el carácter normativo de la Constitución sin que existan mecanismos o sistemas que los garanticen, cabe preguntarse si ese control o justicia constitucional, tiene realmente una verdadera legitimación democrática que permita su existencia más allá del fin que persigue. Esto es, ¿es justo, legítimo o al menos democrático, que se procure garantizar a ultranza el

---

[99]   Burgos, *Curso…*, 51.

[100] Rafael Rengifo Camacaro, <<Tribunales constitucionales II: Naturaleza jurídica de la Sala Constitucional del Tribunal Supremo de Justicia >>, *Revista de Derecho*, n.º 16 (2005): 220-221.

carácter normativo o superior de un texto constitucional del cual quizá la mayoría de la población actual no fue tomada en cuenta en su dictado[101]?

LA LEGITIMIDAD DEMOCRÁTICA DE LA JUSTICIA CONSTITUCIONAL

No será objeto de este estudio, como tampoco lo ha sido en todo lo tratado en el presente capítulo, el siquiera intentar agotar lo relativo a la justicia constitucional, pues, solo se procura exponer algunas ideas de la doctrina que permitan refrescar algunos conceptos, definiciones y tendencias sobre un tema que es preámbulo al estudio de uno de los tantos mecanismos con que cuenta el control de la constitucionalidad para la defensa del texto fundamental como lo es la revisión constitucional de sentencias. La misma suerte del limitado análisis correrá este punto en concreto.

El profesor CASAL, en varias de sus obras, ha tratado este tema con suficiente claridad y con la profundidad necesaria para quien desee

---

[101] Apunta Prieto Sanchís: <<Tal vez la objeción más básica y fundamental que puede hacerse a la Constitución en nombre de la democracia se resume en estas preguntas ¿por qué o con qué legitimidad las generaciones pasadas pueden imponer sus decisiones sobre las futuras?, ¿qué justificación existe para que quienes hicieron una Constitución hace treinta o doscientos años limiten o condicionen lo que los hombres de nuestro tiempo quieran acordar?, ¿no equivale esto a dar preferencia al mundo de los muertos sobre el de los vivos?; y más aún, prescindiendo de las generaciones que se suceden en el tiempo, ¿tiene algún sentido que nosotros mismos nos autoimpongamos obligaciones?, ¿qué alcance puede reconocerse a los compromisos que un sujeto, el poder constituyente, se hace ante sí mismo? Lo cierto es que la preocupación que encierran estos interrogantes no es nueva, sino que fue sentida desde los albores del movimiento constitucional y revolucionario que dio vida al Estado liberal (...) Tal vez el origen de esta objeción o dificultad <<contramayoritaria>>, a la pretensión de extender las cadenas de Ulises al futuro de las comunidades políticas, pueda encontrarse en una mimética traslación de los atributos de la vieja soberanía absoluta, *legibus solutus,* a la nueva noción de soberanía popular: si la soberanía monárquica se había postulado siempre como un poder absoluto, ilimitado e inagotable, así había de ser el poder constituyente del pueblo. Con la consecuencia de que, si el soberano ostentaba la cualidad de *legibus solutus*, esto es, la cualidad de no venir sometido o condicionado por las leyes civiles que él mismo había dictado, otro tanto debía suceder con el pueblo; ninguna Constitución es capaz de vincular a su propio autor, el pueblo, porque el poder de éste es, por definición, permanente y sin restricciones>>. Prieto Sanchís, *Justicia...,* 140.

ahondar en estas ideas. Razón por la cual, se presenta parte de su exposición en los párrafos siguientes:

> Es sobradamente conocida la frase del juez Charles Evans Hughes, según la cual "vivimos bajo una Constitución; pero la Constitución es lo que los jueces dicen que es". También es célebre la afirmación de que "entre los jueces y la Constitución no se interpone ni una hoja de papel". Estas son expresiones reveladoras de la importancia que tiene la protección e interpretación judicial en el destino y significación de las Constituciones, lo cual cobra mayor relevancia cuando se trata de la intervención de la máxima instancia de la justicia Constitucional (…) La garantía última de la supremacía y fuerza normativa de las normas constitucionales ha sido encomendada a órganos jurisdiccionales, los cuales, si son instituidos como Cortes o Tribunales Constitucionales, pueden situarse fuera del Poder Judicial. De cualquier modo, la naturaleza jurisdiccional de su función determina que se encuentren sometidos al Derecho y al método jurídico, con todo lo que ello implica. Con gran tino se ha señalado que los límites de la jurisdicción constitucional son los de la interpretación constitucional, pues los máximos guardianes de la constitucionalidad no pueden actuar como demiurgos que establecen, según su valoración subjetiva, las reglas supremas de la convivencia política. Su tarea está, más bien, ceñida jurídicamente, en la medida en que deben interpretar y aplicar un Derecho dado (…)[102].

La significación democrática de la justicia constitucional se hace patente en los estudios focalizados en el análisis del rol o función político-institucional de los tribunales constitucionales, que confirman la incidencia de la justicia constitucional sobre la dinámica democrática general, con un balance especialmente favorable en procesos de transición a la democracia. No se trata de que la jurisdiccional constitucional active o logre autónomamente cambios sociales o estructurales, sino de que impone un sello propio en el abordaje de las controversias existentes en el espacio público y en su canalización argumentativa, y puede ayudar a inclinar la balanza en una u otra dirección en situaciones de bloqueo o fractura entre sectores políticos

---

[102] Jesús María Casal, *Constitución y justicia constitucional* (Caracas: Universidad Católica Ándrés Bello, 2014), 279-280, 284.

preponderantes. Ello pone de relieve la conexión democrática aludida y la importancia de robustecerla (…)[103].

Una discusión que siempre permanece, en alguna medida, abierta es la de la compatibilidad de la Democracia con la Jurisdicción Constitucional y, especialmente, con el control judicial de la constitucionalidad de las leyes (…) Como telón de fondo de este relativo pendular se encuentra la innegable tensión que la existencia de la justicia o Jurisdicción Constitucional introduce en la Democracia, ya que la aspiración de hacer prevalecer la voluntad de la mayoría se enfrenta, a menudo, con las barreras que los jueces competentes erigen en defensa de la Constitución. La Constitución es también expresión de la soberanía popular y es la que prevé la Jurisdicción Constitucional, pero ello no basta para desechar el argumento contramayoritario (…) interesa subrayar que la tensión antes mencionada adquiere quizás menor tirantez si el concepto de Democracia es visto de una manera integral, al tiempo que la labor de la Jurisdicción Constitucional es sometida a los límites que el principio democrático demanda (…) Las objeciones democráticas contra la Jurisdicción Constitucional planteadas desde ambos lados del Atlántico no pueden ser desechadas simplemente mediante la invocación del carácter democrático de la Constitución en que la Jurisdicción Constitucional encuentra fundamento, pues, como ha afirmado Ferreres en la doctrina española, la monarquía no se convierte en institución democrática desde la óptica de su estructura objetiva por haber sido contemplada en una Constitución que cuente con legitimidad democrática (…) En definitiva, la cuestión se reconduce a la de los confines de la Jurisdicción Constitucional y a la necesidad de que los jueces constitucionales no invadan la libertad política del legislador, haciendo prevalecer sus opiniones o valores personales sobre las decisiones adoptadas por órganos democráticos y representativos[104].

Puede apreciarse que el órgano que ejerce la competencia constitucional, llámese Tribunal, Corte o Sala, no puede obrar como si no tuviera

---

[103] Jesús María Casal, *La justicia constitucional y las transformaciones del constitucionalismo* (Caracas, Universidad Católica Andrés Bello, Fundación Konrad Adenauer, 2015), 102.

[104] Jesús María Casal, <<Algunos cometidos de la jurisdicción constitucional en la democracia>>, en *Jurisdicción constitucional, democracia y estado de derecho* (Caracas: Universidad Católica Andrés Bello, 2009), 111-112, 122-123

cauce alguno para su actuación, este no puede actuar como si viviera la poesía de Antonio Machado << Caminante, son tus huellas el camino y nada más; caminante, no hay camino, se hace camino al andar. Al andar se hace el camino[105]>>. Pues no, tal como lo afirma el profesor Casal <<la cuestión se reconduce a la de los confines de la Jurisdicción Constitucional y a la necesidad de que los jueces constitucionales no invadan la libertad política del legislador, haciendo prevalecer sus opiniones o valores personales sobre las decisiones adoptadas por órganos democráticos y representativos>>[106].

Si bien es cierto que el propio texto constitucional, con su peso democrático, es quien prevé y contempla la justicia constitucional para garantizar esa supremacía, no es menos cierto que quien ejerce la función jurisdiccional en el campo constitucional no puede perder la legitimación en el ejercicio del poder, pues ello atentaría contra el principio democrático sobre el cual descansa el Estado constitucional.

Por su parte el profesor Duque Corredor, al tratar el tema de la legitimidad democrática de la justicia constitucional, ha expresado:

> En el desafío de la democracia la jurisdicción constitucional es la garantía de las garantías democráticas y el instrumento del equilibrio entre el Derecho, la voluntad popular y el poder (…) Esta jurisdicción modernamente tiene la función de arbitrar los límites entre el poder absoluto de la mayoría, su ejercicio disciplinado y la garantía del contenido esencial de los derechos fundamentales. Al igual que el de evitar que el Derecho se convierta en un paradigma que termine con la voluntad popular, expresada consensualmente en los valores superiores y derechos fundamentales consagrados en la Constitución (…) Siendo, en este orden de ideas, los tribunales constitucionales los que dicen la última palabra en el ámbito del Estado Democrático de Derecho, porque sus decisiones no están sujetas a un control democrático posterior, estos tribunales son el único juez de su propia autoridad. Y, por tanto, de ellos depende también la legitimidad democrática de su misma actuación.

---

[105] Antonio Machado, acceso el 02 de marzo de 2023, https://www.espoesia.com/poesia/antonio-machado/caminante-no-hay-camino-antonio-machado/

[106] Casal, <<Algunos cometidos de la jurisdicción constitucional en la democracia>>, 123.

Por ello, como lo expresó *Dieter Grimm*, en las actuaciones de los tribunales constitucionales existe un "riesgo democrático", por lo que la legitimidad democrática debe ser también el límite del super-poder de los tribunales constitucionales[107].

Por su parte el alemán NORBERT LÖSING, al tratar la relación entre los tribunales constitucionales y la democracia ha comentado:

Asimismo, en América Latina e incluso en el lejano Oriente se puede observar la creación de tribunales constitucionales en momentos de retorno a la Democracia o de intentos de fortalecimiento de la misma. Para el caso de Latinoamérica escribe Eguiguren Praelie: De todos modos, por encima de cualquier objeción a la "pureza" teórica del sistema resultante o a las deficiencias en el funcionamiento práctico de la Jurisdicción Constitucional surgida en los países Latinoamericanos que han adoptado tribunales constitucionales, tenemos la convicción de que la instauración de dichos tribunales ha sido –en la gran mayoría de los casos– expresión de una sincera y genuina esperanza de que su accionar contribuya a fortalecer la vigencia del Estado de Derecho, la supremacía de la Constitución y la protección de los derechos fundamentales[108].

La razón de la existencia de tribunales constitucionales o de jueces que ejerzan la justicia constitucional está justificada y, mientras ese gran poder se ejerza con prudencia y con el verdadero ánimo de proteger la Constitución y no de usar a esta como herramienta para otros fines, la justicia constitucional será también un garante de la democracia, pero, si ello cambia y el ejercicio de ese poder (que es más bien un deber) se desnaturaliza, se convertirá en su verdugo. El problema no es el sistema o su fundamento, sino, como siempre, de quien está encargado de aplicarlo o dirigirlo. Es en estos momentos cuando pareciera que la inteligencia artificial (fría y dura) pudiera sustituir la voluntad e inteligencia de algunos cuyo corazón se ha dejado corromper por una realidad temporal.

---

[107] Román Duque Corredor, <<Desafíos de la democracia en Venezuela (el derecho de resistir la violación del estado de derecho): Legitimidad democrática y jurisdicción constitucional>>, en *Libro homenaje a la Academia de Ciencias Políticas y Sociales en el centenario de su fundación 1915-2015* (Caracas: Academia de Ciencias Políticas y Sociales, 2015), 670-671.

[108] Norbert Lösing, <<La jurisdicción constitucional como contribución al estado de derecho>>, 60.

Sobre estos límites que han de tener los tribunales constitucionales, como juntas de dilatación o balanceador de cargas entre la democracia y la justicia constitucional, vale la pena resaltar lo indicado por el profesor DUQUE CORREDOR quien ha sostenido:

A los tribunales constitucionales como árbitros del juego democrático les corresponde la grave responsabilidad de hacer compatible la democracia con el constitucionalismo, puesto que les compete asegurar la vigencia de la Constitución como limitación del poder. Es decir, equilibrar "la tensión latente entre la voluntad mayoritaria y la voluntad superior expresada en la Constitución". Esta voluntad superior está expresada por el constituyente al consagrar la supremacía constitucional y los valores superiores del ordenamiento jurídico del Estado, entre ellos la primacía de los derechos fundamentales (…) En efecto, esa supremacía y la inalienabilidad de los derechos fundamentales y su primacía, son límites a la voluntad popular y a sus órganos representativos, para cuya protección se establece el control de la constitucionalidad de los actos legislativos y políticos de los poderes del Estado y las cláusulas pétreas constitucionales inmodificables, como límites al ejercicio abusivo de la representación [de la] voluntad popular y al ejercicio de la soberanía popular misma. Por esto, el autor brasilero, que ha venido citando [Binebojm, Gustavo], considera la jurisdicción constitucional como "una instancia del poder contra mayoritario" por cuanto su función es anular los actos dictados, mayoritariamente, por los poderes popularmente electos, contrarios a esos valores y derechos fundamentales que son la base de la legitimidad democrática del ejercicio del poder (…) La garantía de los valores y principios superiores y la primacía de los derechos humanos, constitucionalmente consagrados, son los factores de la legitimidad del régimen democrático, por lo que cuando los tribunales constitucionales cumplen con ese deber de anular o extinguir actos contrarios a esos valores y derechos, intervienen en pro y no en contra de la democracia. De allí que la jurisdicción constitucional es a la vez muro de protección de la legitimidad de la democracia y su fuente principal. Pero, por otro lado, esa misma legitimidad democrática es así mismo la limitación del poder jurisdiccional de los tribunales constitucionales, en el sentido de que no pueden constituirse en otra instancia autoritaria del poder abusivo de la mayoría, ni en su cómplice o en su verdugo. Es así, que las decisiones de los tribunales constitucionales que sobrepasen ese límite, porque no respetan o desconocen el consenso social logrado en la consagración constitucional de los valores superiores y de la primacía de los derechos humanos y, por ende, su inalienabilidad, y que no garanticen el respeto a los derechos de las minorías, o que asfixien la competencia de los otros jueces en estas materias; son fuentes del ejercicio antidemocrático del poder y no de la legitimidad democrática que es el equilibrio entre la democracia y el Estado de Derecho. En estos casos de patología constitucional, en palabras de Gustavo Binebojm, los tribunales constitucionales dejan de ser el último intérprete de la Constitución para constituirse en intérpretes tiránicos de la Constitución, "transformándose en una instancia autoritaria y deslegitimada del poder"[109].

Asimismo, sostuvo:

Lo cierto es que a pesar de los riesgos que supone la interpretación judicial de las normas constitucionales ésta es necesaria en los sistemas de Estado de Derecho. Lo importante es que los jueces tengan presente que su papel de guardianes de la Constitución es para servir precisamente a ésta y a los ciudadanos y no a los gobiernos. Vale la pena citar las palabras que respecto de este papel expresa Francisco Rubio Llorente, en el sentido que el control judicial de la constitucionalidad es consustancial a la concepción del Derecho que impera hoy en el mundo occidental y quizá en todo el mundo, según la cual el ordenamiento jurídico positivo ha de apoyarse en un conjunto de principios formales y materiales, de valor universal, formulados como derechos subjetivos del ser humano que toda Constitución digna de ese nombre ha de consagrar[110].

Por su parte el profesor CASAL apunta:

[R]esulta innegable que la Constitución fija límites a la jurisdicción constitucional. Entre los jueces y la Constitución se establece una peculiar relación, en la cual los primeros son, a la vez, *guardianes* y artífices de la constitucionalidad. Son sus guardianes, porque deben ampararla para asegurar su supremacía y vigencia efectivas, preservándola de las lesiones o amenazas. Y al mismo tiempo son inevitablemente sus *artífices*, pues para mantener su vigor han de adaptarla a las cambiantes circunstancias, prescindiendo con frecuen-

---

[109] Duque Corredor, <<Desafíos de la democracia en Venezuela (el derecho de resistir la violación del estado de derecho): Legitimidad democrática y jurisdicción constitucional>>, 671-673.

[110] Duque Corredor, *Temas...*, 89-90.

cia de la intención del constituyente o de la interpretación puramente literal. En su rol de guardianes están obligados a ser fieles al contenido de la norma constitucional; mientras que en su desempeño como artífices necesariamente la recrean[111].

Y, en lo que respecta al caso venezolano, indicó:

Se mantuvieron [en la Constitución de 1999] los rasgos fundamentales del sistema venezolano de justicia constitucional, que se sigue distinguiendo por su carácter mixto o integral, es decir, por la convivencia entre los principales instrumentos del control concentrado de la constitucionalidad y el control difuso, al igual que por la preponderancia del amparo como medio de protección constitucional. Pero se especializó la máxima instancia de la justicia constitucional y se le confirieron nuevas atribuciones, algunas de ellas dirigidas a ordenar o racionalizar el funcionamiento de mecanismos tradicionales de ese sistema (...) Pese a sus bondades, la regulación de la justicia constitucional contenida en la Constitución de 1999 adolece en la actualidad, a la luz de la evolución jurisprudencial, de un significativo desajuste respecto del efectivo funcionamiento institucional, especialmente en lo que atañe a la definición del estatus de la Sala Constitucional dentro del Tribunal Supremo de Justicia (...) Se prefirió esta opción (Sala Constitucional) a la implantación de un Tribunal Constitucional, como órgano externo a la más alta instancia judicial ordinaria y superior a ella dentro de su ámbito de atribuciones, lo cual hacía probable la previsión de mecanismos procesales tendientes a la revisión de sentencias dictadas por aquella (...) Desde un primer momento se planteó, sin embargo, el interrogante de si la Sala Constitucional podía anular o revisar sentencias emanadas de otras Salas del Tribunal Supremo de Justicia con base en el numeral 10 del artículo 336 de la Constitución. Algunos estimamos que la respuesta debía ser negativa, pues la mencionada primacía de la Sala Constitucional no la convierte en órgano de revisión de las sentencias proferidas por las Salas hermanas del Máximo Tribunal, del cual forma parte. El artículo 335 de la Constitución, frecuentemente invocado para justificar tal potestad revisora, ciertamente prevé, dentro de determinados límites, el especial efecto vinculante de la jurisprudencia de la Sala Constitucional, pero ello no autoriza a esta Sala a imponer su criterio constitu-

---

[111] Casal, *Constitución...*, 279-280.

cional en cualquier caso y por cualquier vía (…) La Sala Constitucional siguió, desde el inicio de su jurisprudencia, esta segunda posición, llevándola hasta extremos probablemente insospechados por los defensores de esta marcada supremacía de la Sala Constitucional. Prescindiendo de los detalles de esta evolución jurisprudencial, lo cierto es que ha desembocado en una Sala Constitucional que se ha atribuido poderes muy superiores a los de cualquier Tribunal o Corte Constitucional, lo cual, en lo concerniente a sus relaciones con las otras Salas del Tribunal Supremo de Justicia, ha suscitado serios conflictos. Esto conduce a replantear, como uno de los desafíos de nuestra justicia constitucional, el diseño institucional de la jurisdicción constitucional (…) por lo que cabe pensar en la posibilidad de instaurar franca y definitivamente un Tribunal o Corte Constitucional en Venezuela, superando así la ambigua situación en la que nos encontramos (…) Era previsible que la creación de la Sala Constitucional repercutiera en el ejercicio del control difuso y del amparo constitucional, en razón de la facultad de revisión de sentencias que en estas materias contempla la Carta Magna (art. 336, núm. 10). También era de esperar que el efecto vinculante atribuido a la jurisprudencia constitucional de esa Sala tuviera una incidencia en la labor de los jueces ordinarios hasta entonces desconocida. Pero la fuerza centrípeta posiblemente derivada de estas innovaciones no estaba dirigida a menoscabar la pluralidad y riqueza del sistema de justicia constitucional, sino, por el contrario, a dotarlo de mayor armonía y unidad de sentido dentro de la diversidad (…) No obstante, la Sala Constitucional tiende en su jurisprudencia a menospreciar la función que han de desempeñar los órganos judiciales ordinarios para la garantía de la integridad de la Constitución y, de manera correlativa, a ampliar sobremanera su propio ámbito de actuación[112].

También tratando el caso de la Sala Constitucional del Tribunal Supremo de Justicia de Venezuela, el profesor DUQUE CORREDOR expresó:

El sistema actual de justicia constitucional en Venezuela, por su funcionamiento, ha pasado de ser jurisdicción constitucional concentrada, originalmente previsto en la Constitución, al de una concentración de todo el orden jurisdiccional. La Sala Constitucional, en ver-

---

[112] Casal, <<Los actuales desafíos de la justicia constitucional en Venezuela>>, 202-206, 219-220.

dad, es un Poder dentro del Poder Judicial, que concentra la jurisdicción en Venezuela, al extenderse, a mi juicio, equivocadamente, la calificación de interpretación vinculante a todas sus decisiones, por, las interferencias de sus competencias revisoras y de avocamiento sobre todas las decisiones y competencias constitucionales de las otras Salas, de la Sala Plena del Tribunal Supremo del país, del resto de los tribunales de la jurisdicción ordinaria y de las jurisdicciones especiales[113].

Refiriéndose al activismo judicial de la Sala Constitucional del Tribunal Supremo de Justicia, tal como lo señala UROSA, no existe norma alguna de la que se pueda extraer el activismo judicial del cual es protagonista la Sala Constitucional, esto es, <<no existe precepto alguno que permita el ejercicio de esa jurisdicción normativa que se ha utilizado como argumento para el ejercicio de potestades normativas de la Sala Constitucional[114]>>.

Por el contrario, tal como lo menciona la autora, el sistema de justicia constitucional es lo suficientemente completo para echar mano a la creación una *jurisdicción normativa* que lejos de robustecer el sistema, lo que hace es socavar los principios democráticos que sirven de base al Estado constitucional[115].

---

[113] Duque Corredor, *Temas...*, 256.

[114] <<De esta manera, ante la integralidad del sistema de justicia constitucional venezolano, (...) no hay necesidad alguna de ejercicio de jurisdicción normativa, pues los mecanismos de control expresamente establecidos en la ley (...) dan solución suficiente a los casos de omisiones legislativas y vacíos legislativos>>. Daniela Urosa Maggi, *La Sala Constitucional del Tribunal Supremo de Justicia como legislador positivo* (Caracas: Academia de Ciencias Políticas y Sociales, 2011), 194-195

[115] También es conveniente recordar lo indicado por el profesor Casal sobre el carácter vinculante de las interpretaciones que realiza la Sala Constitucional: <<La eficacia vinculante de las interpretaciones constitucionales originadas en un tribunal o Sala Constitucional no debe conducir al desconocimiento del papel que han de cumplir los jueces ordinarios en la construcción del Derecho Constitucional y en la adaptación de criterios fijados por la más alta instancia de la justicia constitucional. Tampoco debe coartar abusivamente la libertad política y la facultad de configuración normativa del parlamento, como espacio institucional democrático-representativo por excelencia>>; todo lo cual es un límite que debe tener claro quien ejerce la competencia constitucional. Casal, *La justicia...*, 155.

Por tanto, no se trata de que la justicia constitucional carezca de un soporte democrático, por el contrario, la pretendida instauración de un Estado racional, cultural y democrático al que se refería HÄBERLE y que configuraría el anhelado Estado constitucional[116], no sería posible sin un sistema de justicia constitucional eficaz. Sin embargo, lo que no está permitido, al menos que lo que se busque sea socavar las bases de ese Estado, es construir un poder constitucional sin límites, que pueda ya no interpretar ponderadamente el texto constitucional y garantizar su protección; sino que se convierta, dicho poder, en el propio texto constitucional, pues, sin importar lo que esté escrito (y que se creía rígido) será él quien establecerá las normas que habrán de regir. Difícilmente esto ocurra sin que además se lesionen derechos fundamentales y sus mecanismos de protección, los cuales gradualmente se irán vaciando de contenido. Tal como apunta NORBERT LÖSING ya la justicia constitucional, como sistema, no es puesta en duda de manera importante; en cambio, sí debe tenerse como prioritario lo relativo a los límites de la misma, <<[l]ímites que están formados por las competencias enumeradas, el parámetro de control reducido a la Constitución y el ordenamiento procesal de la actuación del Tribunal>>[117].

El tema de los límites al ejercicio del poder por quien ejerce la justicia constitucional recuerda aquella afirmación de BOBBIO <<sólo el poder puede crear derecho y sólo el derecho puede limitar el poder>>[118].

En el prólogo del libro de UROSA antes citado, el profesor BREWER CARÍAS, escribió sobre este tema en los términos siguientes:

En todos los países democráticos del mundo, los jueces constitucionales tienen como función primordial el interpretar y aplicar la Constitución con el fin de preservar y garantizar su supremacía, particularmente cuando ejercen el control de la constitucionalidad o de la convencionalidad de las leyes, así como cuando garantizan la vigencia del principio democrático y la efectividad de los derechos fundamentales, rol en el cual también asumen el papel de adaptar la Constitución cuando los cambios sociales y el tiempo así lo requieren (...)

---

[116] Peter Häberle, *El Estado constitucional*, intro. Diego Valadés, Trad. Héctor Fix Fierro (México: Universidad Autónoma de México, 2003).

[117] Norbert Lösing, <<La jurisdicción constitucional como contribución al estado de derecho>>, 102.

[118] Combellas, *Derecho...*, 6.

86

En todos los sistemas, en todo caso, el principio básico que se puede identificar es que los jueces constitucionales, al cumplir su papel, siempre tienen que estar subordinados a la Constitución, sin que puedan invadir el campo del Legislador o el del poder constituyente. Lo contrario equivaldría, como lo ha afirmado Sandra Morelli, a desarrollar un "totalitarismo judicial irresponsable" (...) Es decir, los jueces constitucionales pueden ayudar al Legislador a llevar a cabo sus funciones; sin embargo, no pueden sustituirlo ni promulgar leyes, ni poseen base política discrecional alguna para crear normas legales o disposiciones que no puedan ser deducidas de la Constitución misma[119].

LA SUPREMACÍA CONSTITUCIONAL COMO FUNDAMENTO DEL ESTADO DE DERECHO: EL ESTADO CONSTITUCIONAL

No cabe duda que la supremacía constitucional, como principio o política destinada a garantizar la fuerza normativa de la Constitución, constituye una de las bases de lo que se conoce como Estado de Derecho o, en una evolución de este, el Estado constitucional. Como apunta BENJAMÍN BURGOS al referirse a la supremacía constitucional <<es principio fundamental de todo Estado de Derecho, sea de tipo monárquico o republicano, unitario o federal. En el fondo, no es sino respeto a la ley: supremacía de la Constitución y no de los hombres o funcionarios encargados de aplicarla>>[120].

En el mismo sentido se pronuncia BREWER CARÍAS al sostener que ello <<conduce a la previsión, en el propio texto constitucional, de un conjunto de sistemas para la protección y garantía de esa supremacía constitucional que, sin duda, constituye uno de los pilares fundamentales el constitucionalismo contemporáneo y del Estado de Derecho>>[121].

Así, pensar en un Estado sometido a la ley (entiéndase a la Constitución como la ley fundamental) sin la existencia de una jerarquía normativa (supremacía) ni de los controles o mecanismos destinados a garantizar esa jerarquía, resulta inviable.

---

[119] Allan Brewer-Carías, prólogo a *La Sala Constitucional del Tribunal Supremo de Justicia como Legislador Positivo*, de Daniela Urosa Maggi (Caracas: Academia de Ciencias Políticas y Sociales, 2011), 12, 14-15.

[120] Burgos, *Curso...*, 47, 49.

[121] Allan Brewer-Carías, *Historia constitucional de Venezuela* (Caracas: Editorial Alfa, 2008), 237.

Ahora, como se ha explicado, los excesos de aquellos destinados a aplicar o administrar ese sistema de controles, también puede comportar un socavamiento de los fundamentos del Estado.

La distinción entre Estado de Derecho y Estado constitucional es bastante limitada, en ese sentido, se considerará al Estado constitucional como una evolución del Estado de Derecho. Sin perjuicio de que puedan ser tratados como sinónimos, partiendo de la idea de que ambas figuran comportan el sometimiento del Estado (en todas sus formas de organización) al imperio de la ley o, mejor dicho, al imperio de la Constitución y la ley; bastando que el ser humano, como ser racional, sea su soporte o que se persiga la consolidación democrática a través de la Constitución, para que se esté en presencia del Estado constitucional al que se refería HÄBERLE[122].

Cónsono con lo anterior, es lo expresado por NORBERT LÖSING al sostener que:

> Estado de Derecho, además de poder ser la descripción de una situación concreta en un momento determinado, es un conjunto de reglas y valores en constante desarrollo (...) Ni el concepto del Estado de Derecho ni el mismo principio han sido, o son, pétreos. La idea de lo que es un Estado de Derecho está sometida a una constante evolución y, por ello, es de imposible definición definitiva. Desde el Estado liberal de Derecho, pasando por el Estado republicano de Derecho, el Estado democrático Derecho hasta el Estado social de Derecho, se reflejan en las terminologías utilizadas en las conquistas de cada época. Más simple parece hablar del Estado constitucional de Derecho, ya que su constante evolución se refleja en las reformas y las mutaciones de las Constituciones, o, simplemente del Estado de Derecho, pues hoy se sobreentiende que se trata, sobre todo, de un Estado constitucional de Derecho[123].

RIVAS QUINTERO, en su obra EL ESTADO, se pasea por este análisis:

> Cuando nos referimos al ***Estado Constitucional*** aludimos a la organización política donde se establece una estructura orgánica para funcionamiento institucional, conforme a una distribución de compe-

---

[122] Häberle, *El Estado...,* 116, 122.

[123] Norbert Lösing, <<La jurisdicción constitucional como contribución al estado de derecho>>, 61.

tencias, asignadas a los órganos mediante la voluntad soberana del pueblo, quien además debe contar permanentemente con una Asamblea o Congreso que lo represente, con la posibilidad de poder intervenir directamente en determinados asuntos de la vida nacional, y donde coexistan mecanismos para lograr el equilibrio de poderes, pues sin una división expresa en el texto constitucional no podría alcanzarse el "pedestal granítico sobre el que se funda el edificio del Estado Constitucional" que dice J. Xifra. Este autor indica que: la existencia de limitaciones o restricciones *efectivas* a la acción gubernamental, constituye la característica propia del Estado constitucional, pero tales limitaciones reflejan una cuestión de grado, pues en la práctica es imposible descubrir gobiernos basados en la carencia absoluta de restricciones y gobiernos en que la restricción sea completa (…) En mi opinión hay casi una identificación entre Estado de Derecho y Estado Constitucional, si es que entendemos como Estado Constitucional aquel que aparece diseñado bajo un esquema de derechos y garantías ciudadanas, de separación y equilibrio de poderes, lo cual esboza la sumisión del Estado de Derecho que el mismo produce. Hemos indicado que el Estado de Derecho, es aquel que consagra los mecanismos tendentes a regular su propia autolimitación, lo que hace básicamente a través de la Constitución (…) Bidart Campos al referirse al tema, indica estar en desacuerdo que Estado Constitucional y Estado de Derecho sean términos equivalentes. En efecto, señala: "Nos parece que la sinonimia no es feliz, aunque todo depende del significado que se atribuya al Estado de Derecho. Creemos que la imagen del Estado de Derecho en su interpretación liberalista –que es la originaria y la dominante– postula esencialmente la limitación del Estado por su propia voluntad; el Estado labora su propia regulación, el Derecho positivo, y se da así una autolimitación". Jellinek (citado por Bidart) expresa que "el Estado, se liga por su propia voluntad al derecho que crea. "La inclusión y el acatamiento del Estado respecto al derecho se logra por la espontánea decisión de aquél de someterse a los límites jurídicos que él mismo formula." (…) El Estado Constitucional consiste en un orden jurídico cuya suprema finalidad es la libertad humana –tiene, pues, un contenido substancial–, estado de derecho implica la autosujeción a la legalidad –que puede tener cualquier contenido–."[124].

---

[124] Rivas Quintero, *El Estado...,* 187-189.

Por su parte el profesor DUQUE CORREDOR al definir al Estado de Derecho y diferenciarlo del Estado social y del constitucional indica que:

> *Estado de Derecho* no es solo la sujeción de los poderes públicos a la Constitución y a la ley, sino la posibilidad de controlar efectivamente la constitucionalidad y el funcionamiento institucional de los poderes público[s], para darle operatividad a la Constitución, Y *Estado de Justicia* es el orden justo y equilibrado que debe generar la institucionalidad del Estado de Derecho en la sociedad, principalmente a través del respeto de la dignidad de la persona y de la garantía universal y preeminencia de los Derechos Humanos. El Estado como expresión moral de lo público, noción ésta que se acerca a la configuración del *Estado Constitucional* de Peter Häberle[125].

Sobre los rasgos definitorios de un Estado constitucional, GARCÍA PELAYO, referido por SASTRE ARIZA, indica que seis rasgos lo definen, esto serían: 1. División de Poderes (1.a División entre poder constituyente y poderes constituidos / 1.b Existencia de un <<cuarto poder>> que tiene asignada la función de llevar a cabo la jurisdicción constitucional / 1.c Las decisiones del Parlamento deben ajustarse a los límites y contenidos establecidos por la Constitución); 2. El Estado constitucional organiza el sistema de competencias de una manera peculiar (en él es posible distinguir entre competencia fundamental del Estado y competencias en el Estado); 3. Primacía de la Constitución sobre la ley; 4. Sumisión a la Constitución de la totalidad de los poderes públicos; 5. La justiciabilidad constitucional (la existencia de una jurisdicción constitucional posibilita el paso del Estado legal de Derecho al Estado constitucional de Derecho) y; 6. Jurisdicción constitucional y política (si bien las decisiones de la jurisdicción constitucional no son políticas, sin embargo, tienen una importante significación política)[126].

Por su parte el profesor COMBELLAS, señala que son cuatro las exigencias funcionales de índole jurídico-política, que dan sentido al desarrollo de la justicia constitucional, fundamental en el Estado constitucional de derecho; tales serían:

---

[125] Duque Corredor, *Temas...*, 385.
[126] Sastre Ariza, *Ciencia...*, 132-133.

1º. La Constitución y el orden de valores a la que ella sirve, requiere de una institución de defensa, el *Hüter der Verfassung,* que asegura su salvaguardia, y que corresponde en el Estado constitucional de derecho a la justicia constitucional (...) 2º. La justicia constitucional, además, aclara y precisa los conceptos constitucionales, y de manera especial los conceptos jurídicos indeterminados (...) 3º. La justicia constitucional asume una importante función integradora en el sistema político, en la medida en que impide que la pluralidad no signifique el desencadenamiento de fuerzas centrífugas desintegradoras, al asegurar la unidad estatal gracias al despliegue de elementos integrativos. Así, integra la Constitución con el resto del ordenamiento jurídico del Estado, al impregnarlo de unidad de sentido (...) 4º. La justicia constitucional evita la tendencia a la esclerosis del texto constitucional, al mantenerlo vivo y actual, dada su función de adaptación, gracias a la jurisprudencia creativa, a los inevitables cambios que impone el paso inexorable del tiempo. La justicia constitucional retrasa la reforma constitucional hasta los límites en que ésta se convierte en una necesidad, y promueve así la formación, dada la vocación de durabilidad de toda Constitución, del "sentimiento constitucional". Tal como lo ha enfatizado Cappelletti: *"Las constituciones tienen una vida propia e incluso las constituciones con mayor solera no pueden cerrarse como torres de marfil, aparte del hecho de que sus redactores no tenían conocimiento de los problemas que están surgiendo en las sociedades modernas (e incluso de aquellos problemas que sólo ahora están siendo reconocidos por la sociedad). Creo que sea esta la función final de la jurisdicción constitucional: mantener viva la Constitución*[127].

Para concluir sobre este aspecto merece la pena transcribir lo dicho por el autor colombiano MONROY CABRA, quien resume lo anteriormente explicado. Sostiene el autor:

El principio de la supremacía de la Constitución es consecuencia del cambio del Estado de Derecho que le daba preponderancia al valor de la ley al Estado Constitucional de Derecho (...) Dentro del Estado constitucional todos los poderes públicos están vinculados por los derechos y libertades, la ley puede regular su ejercicio pero con respeto al "contenido esencial" del derecho reconocido en la Consti-

---

[127] Combellas, *Derecho...,* 234-235.

tución (…) El Estado constitucional de derecho se caracteriza según Antonio Manuel Peña Freire por estas tres características: "a) la supremacía constitucional y de los derechos fundamentales, sean de naturaleza liberal o social, b) la consagración del principio de legalidad como sometimiento efectivo a derecho de todos los poderes públicos y c) por la funcionalización de todos los poderes del Estado a la garantía del disfrute de los derechos de carácter liberal y a la efectividad de los sociales". En el mismo sentido Ferrajoli define el Estado constitucional de derecho en relación con el carácter democrático-representativo de los sistemas políticos, como un sistema de límites impuestos al mismo y referidos a la garantía de los derechos fundamentales de todos, la sujeción a la ley de todos los poderes públicos, el control de legalidad de sus actuaciones y su funcionalización a la tutela y satisfacción de los derechos constitucionales garantizados. El Estado constitucional se presenta no solo como un ser sino como un deber ser que incorpora fines, valores, o exigencias sociales. Por eso Antonio Manuel Peña Freire dice que el Estado constitucional de derecho desde este punto de vista "podría ser entendido como un conglomerado institucional con un sentido preciso, que es el proporcionado por los fines, valores, exigencias o imperativos de su propio modelo normativo; mientras que del lado normativo es un modelo teórico con una fuerte carga axiológica y valorativa que aspira a proyectarse y realizarse en los distintos órdenes jurídicos y políticos existentes[128].

Así pues, el Estado constitucional, como rasgo evolutivo del Estado de Derecho, necesariamente debe contar con el soporte que la justicia constitucional brinda a la Constitución. De lo contrario, como se ha comentado, no se tendría ni normatividad del texto constitucional ni supremacía y, consecuencia de ello, al final, no se tendría ni Estado constitucional ni Estado de Derecho. Podría existir un Estado como una organización política, pero sin contar dentro de sus fines la garantía de los derechos fundamentales y la libertad de los ciudadanos. Sería un Estado cuyo fin estaría dirigido a satisfacer las necesidades de sus gobernantes y no al revés.

---

[128] Monroy Cabra, *La interpretación...*, 86-87.

DEL SISTEMA DE JUSTICIA CONSTITUCIONAL EN VENEZUELA

No forma parte del objeto de esta investigación ahondar en el sistema venezolano de justicia constitucional sobre el cual se ha escrito de manera suficiente, clara y valiosa en la doctrina venezolana. En este aparte, brevemente, se ratificará que se trata de un sistema que puede considerarse mixto (pues goza del control concentrado europeo y del control difuso norteamericano[129]) el cual a su vez está cohesionado, mediante la revisión constitucional de sentencias y, eventualmente por la interpretación vinculante ejercida por la Sala Constitucional.

Cabe señalar que ya la tesis clásica del control de la constitucionalidad ha sido superada[130], esto es, pensar que las únicas formas de controlar y someter el orden jurídico a la Constitución son a través del control concentrado (mediante la pretensión popular de nulidad por inconstitucionalidad) y el control difuso que puede ejercer cualquier juez de la república, sería quedarse en el pasado.

La Constitución de 1999 contiene múltiples formas que garantizan el ejercicio de lo que se conoce como el control de la constitucionalidad, clara consecuencia del principio de supremacía constitucional y que, en perfecta conjunción con el principio democrático de que la soberanía[131]

---

[129] Algunos prefieren denominarlos de manera diferente, verbigracia, <<El denominado *"control difuso de la constitucionalidad"*, el cual sería mejor denominar *control concreto de la constitucionalidad* (…) El **"control concentrado"** es la otra forma de protección de la constitucionalidad, que, en nuestro criterio, sería mejor denominar **control abstracto de la Constitución**>>. Hildegard Rondón de Sansó, *Análisis de la Ley Orgánica del Tribunal Supremo de Justicia: Una ley fuera del contexto* (Caracas: Editorial Ex libris, 2006), 39.

[130] Brewer-Carías, prólogo, 29.

[131] <<El único concepto de Constitución "constitucionalmente adecuado", es decir, el único capaz de dotar a la Constitución de fuerza "normativa", en cuanto que descansa en la limitación "del" Estado y no en su mera "autolimitación", es el que se articula, teóricamente, sobre el principio democrático (la soberanía del pueblo), principio que no es solo de carácter político, sino también jurídico, pues las consecuencias que para el mundo del Derecho se derivan de concebir a la Constitución como expresión de la "autodeterminación" popular son extraordinariamente relevantes. Ese principio democrático es, justamente, como afirma Stern, el que distingue la "Constitución del Estado" (establecida desde abajo) de la simple, "ordenación del Estado" (establecida desde arriba). Y no es baladí (…) No sólo porque únicamente la Constitución, así entendida, tiene capacidad para limitar el poder del

reside en el pueblo[132], constituyen los pilares fundamentales de lo que se conoce como un Estado constitucional, al cual se ha hecho referencia.

Así se tiene que, con la intención de mantener la integridad y supremacía constitucional, el juez constitucional fue dotado de diversos instrumentos para lograr este objetivo, a saber: **1)** El control concentrado de la Constitución (mediante la llamada acción, *rectius* pretensión, popular de nulidad por inconstitucionalidad, que abarca también el control de la convencionalidad[133]); **2)** La inconstitucionalidad en la incurre el Poder Legislativo al incumplir (omitir) su deber de dictar normas que la Constitución ordena dictar o modificar; **3)** El amparo constitucional[134]; **4)** La revisión constitucional de sentencias y; **5)** El control difuso de la Constitución que puede ejercer cualquier juez de la república[135].

Incluso, siendo más laxos, se ha autorizado como parte de este control constitucional la "interpretación constitucionalizante[136]" que deben dar los jueces para que, preservando la ley existente, puedan permitir su coexistencia armónica con la Constitución[137].

Estado, sino además, porque del principio democrático se desprenden determinadas exigencias en orden al contenido y a la interpretación de la Constitución misma (…) No cabe concebir a un pueblo soberano sino es un pueblo libre, y no cabe concebir a un pueblo libre si la libertad no es disfrutada por todos los ciudadanos, es decir, si los ciudadanos no son iguales en su libertad >>. Aragón Reyes, *Constitución...*, 50-51.

[132] Proviene de Dios, pero explicarlo escaparía del objeto de esta investigación. Para ampliar este tema ver Rafael María de Balbín, *La concreción del poder político* (Madrid: Ediciones Rialp, 1964).

[133] Se trata del control de un determinado acto desde el prisma de los tratados o convenciones de Derechos Humanos.

[134] También el hábeas data y otros recursos destinados a verificar la constitucionalidad de los actos (verbigracia: los asuntos contenciosos administrativos) forman parte de esta jurisdicción. Véase, Casal, *Constitución...*, 157.

[135] Urosa Maggi, *La sala...*, 194-195.

[136] Tal como la ha llamado el Tribunal Supremo de Justicia venezolano. Por referir a alguna sentencia de reciente data, véase la SSC 652/2021, de 26 de noviembre.

[137] <<Por su parte, la interpretación del ordenamiento jurídico de acuerdo con las normas y principios constitucionales, si bien no tiene consagración expresa, es una máxima que en Venezuela se admite sin mayores contratiempos y que encuentra fundamento en varias disposiciones, legales e inclusive constitucionales>>. Antonio Canova González, <<La "supersala" (constitucional) del Tribunal Supremo de Justicia >>, *Revista de Derecho Constitucional*, n.º 3 (2000): 295.

Precisado lo anterior, se ofrecerán algunas precisiones, no muy detalladas, de los aspectos antes resumidos, a los fines de que puedan ser valorados por el lector y sacar sus propias conclusiones.

SOBRE LOS DISTINTOS MECANISMOS DE PROTECCIÓN CONSTITUCIONAL EN VENEZUELA

Como ratificación de lo anteriormente señalado, el profesor BREWER CARÍAS, los resume de la manera siguiente:

> a. La competencia judicial [art. 334], b. El control difuso de la constitucionalidad de las leyes, [y] c. Las competencias del Tribunal Supremo de Justicia en materia de justicia constitucional: a. La potestad anulatoria por inconstitucionalidad; b. El control previo de la constitucionalidad de actos estatales; c. La revisión obligatoria de la constitucionalidad de los Decretos de estado de emergencia; d. El control de constitucionalidad de las leyes por omisión; El control de la constitucionalidad de las leyes mediante la declaración de colisión; f. La resolución de controversias constitucionales entre los órganos del Poder Público; g. La revisión de las sentencias dictadas por los tribunales de instancia en cuestiones de constitucionalidad[138].

Las dos primeras las ejercerían todos los jueces de la República y las siguientes son exclusivas del Tribunal Supremo de Justicia, en Sala Constitucional. Sin embargo, el control constitucional dado al resto de los tribunales no es poca cosa, pues, en Venezuela, todos ellos forman parte del sistema de justicia constitucional, tal como lo dice el profesor CASAL:

> [E]l artículo 334 de la Carta Magna señala que todos los jueces están en la obligación de asegurar la integridad de la Constitución. Esta obligación de los jueces ha de cumplirse a través de instrumentos específicos de la justicia constitucional, como el control difuso de la constitucionalidad de las normas o el amparo constitucional, e igualmente mediante las acciones o recursos procesales ordinarios, como la introducción de una demanda, la solicitud de la reposición de una causa, la oposición a la admisión de una prueba, la apelación, el recurso de hecho o el recurso de casación, entre otros, pues estos meca-

---

138 Brewer-Carías, *Historia...*, 238-243.

nismos también pueden ser útiles para la protección de la Constitución cuando la razón que los fundamenta es la violación de reglas o principios constitucionales[139].

Esto es, el juez ordinario, cuando ejerce esa justicia ordinaria, también es garante de la uniformidad y supremacía constitucional, aunque no haga uso de un medio específico como lo sería el control difuso o cuando resuelva un amparo constitucional. Un juez de municipio cuando debe resolver sobre una reposición de la causa y lo hace, está también aplicando la Constitución (normativa) y está garantizando los principios contenidos en esta. Es allí donde se fragua el Derecho, especialmente, el que le interesa al justiciable.

Así lo dijo la Sala Constitucional en el caso conocido como Jairo Cipriano Rodríguez, donde dejó claro que el juez no puede quedarse postrado ante la violación de la Constitución, sino que debe tomar todas las medidas necesarias para garantizar su integridad[140].

---

[139] Casal, <<Los actuales desafíos de la justicia constitucional en Venezuela>>, 219-220.

[140] En su condición de director del proceso, el juez interviene de forma protagónica en la realización de este instrumento fundamental para la realización de la justicia, para la efectiva resolución de los conflictos y el mantenimiento de la paz social. Siendo rector del proceso, el juzgador no puede postrarse ante la inactividad de las partes, ni adoptar una actitud inerte o estática, sino asumir la posición activa que le exige el propio Texto Fundamental. Cuando la Constitución, en su condición de norma suprema y fundamento del ordenamiento jurídico, le exige que sea el principal garante de la actuación circunstanciada de la ley y de sus propios mandatos normativos, le está imponiendo el deber constitucional de hacer valer, permanentemente, los principios asociados al valor justicia, indistintamente del proceso de que se trate, de la jerarquía del juez o de la competencia que le ha conferido expresamente el ordenamiento. La Constitución fundamenta la validez de todas las normas del ordenamiento y regula la aplicación de las normas válidas. Es por ello que, siendo la actuación judicial el medio para la emanación de una norma, precisamente de una "norma concreta", de una decisión sujeta a la Constitución, el juez está obligado no solo a garantizar a la persona el acceso a los órganos de administración de justicia, sino a velar porque esa justicia se imparta de forma, cuando menos, imparcial e idónea, y sobre todo expedita; evitando las dilaciones indebidas, o la adopción de formalismos no esenciales e inútiles a la finalidad del proceso. El proceso no es un fin en sí mismo, lo que parece no es entendido por los procedimentalistas, y el hecho de que tenga un carácter instrumental en relación con la justicia, le imprime a la actuación del juez, el carácter de garante permanente del sistema de valores constitucionales y en especial, de la justicia como valor superior (artículo 2 de la Constitución). El juez, como órgano del Poder Público, en el ejercicio de sus fun-

¿Se trata de un sistema dual, paralelo, pleno, mixto o integral?

Sobre este aspecto se han asumido diversas posiciones, sin embargo, estas pueden resumirse en dos, estas son, si es un sistema mixto (dual o paralelo) aislado entre sí, o si realmente se trata de un sistema mixto, pero integral o cohesionado entre sus elementos.

GARCÍA BELAÚNDE lo llama "sistema dual o paralelo", dado que existen, en un mismo ordenamiento jurídico, los dos sistemas –americano y

---

ciones debe sujetarse a las atribuciones definidas en la Constitución y en la ley, siendo responsable personalmente por violación del ordenamiento integralmente considerado, y especialmente, por error, retardo u omisión, o por la inobservancia sustancial de las normas procesales. De forma tal que todo juez está en la obligación de asegurar la integridad de la Constitución, lo cual debe hacer en el ámbito de su competencia y conforme a lo previsto en la Constitución y la ley. No solo la Constitución, sino la ley adjetiva y destacadamente en nuestro ordenamiento, el Código de Procedimiento Civil y el Código Orgánico Procesal Penal, confieren al juez ordinario poderes de actuación verdaderamente funcionales, que son indispensables para administrar justicia de forma idónea y eficaz. Esos poderes jurisdiccionales, de orden y disciplina, constituyen auténticas herramientas correctivas, que puede y debe ejercitarlas el juzgador para conducir el proceso, y que van desde el deber de mantener a las partes en igualdad de condiciones, sin preferencias ni desigualdades (artículo 15 del Código de Procedimiento Civil y artículo 12 del Código Orgánico Procesal Penal), hasta el deber de decisión (artículo 12 del Código de Procedimiento Civil y artículos 6 y 7 del Código Orgánico Procesal Penal). El juez como director del proceso debe impulsarlo de oficio hasta su definitiva conclusión (artículo 14 del Código de Procedimiento Civil), lo que implica remover **ex oficio** los obstáculos que impidan su prosecución; provengan éstos, de actuaciones de las partes o de terceros, o bien de la acción u omisión imputable a los auxiliares de justicia y demás funcionarios judiciales. Ese poder de remoción o corrección de los obstáculos inhibidores de la continuación del proceso, debe hacerla el juzgador empleando los poderes jurisdiccionales, de orden y disciplina que le confiere el ordenamiento jurídico, porque la incolumidad y supremacía de la Constitución se garantiza desde el ordenamiento ordinario, y eventualmente, ante la vulneración directa y flagrante de derechos fundamentales, a través de las acciones de tutela constitucional. Igualmente, el juez, como responsable de la unidad decisoria que constituye el tribunal, dispone de una serie de medidas disciplinarias y correctivas, de aplicación y efectos tanto internos como externos, que consisten en requerir la colaboración de personas y entidades públicas y privadas, y para la ejecución de sus sentencias y de todos los actos que decreten o acuerden, puede requerir de las demás autoridades el concurso de la fuerza pública que de ellas dependa, y, en general, **valerse de todos los medios legales coercitivos de que disponga**. (v.gr.: Artículos 8 y 11 de la Ley Orgánica del Poder Judicial). (Destacado de la Sala). SSC 2.278/2001, de 16 de noviembre.

europeo-. Otros han optado por denominarlos "modelos derivados", quienes, a juicio de GARCÍA BELAÚNDE, citado por GOZAÍNI-, son los que <<han ido más lejos y han creado una nueva realidad, no tan sugestiva ni tan novedosa, pero no por ello menos útil>>, concluyendo el autor que realmente << hay una mixtura de modelos y procedimientos que recepta las realidades y necesidades de cada lugar, dando lugar así a variantes bien diferentes>>[141].

Por su parte SAGÜÉS, prefiere denominarlos sistemas plenos, para diferenciarlos de los que denomina incompletos. Indica el autor en referencia que es posible diferenciar un sistema completo o pleno de los que se consideran incompletos, indicando que:

En cuanto al primero, se comprueban cinco exigencias para que ese régimen completo se tipifique: a) Constitución total o parcialmente rígida; b) órgano de control independiente del órgano controlado; c) facultades decisorias del órgano dc control; d) posibilidad de los particulares interesados de impugnar por sí mismos la norma o acto inconstitucional, y e) sometimiento de todo el aparato normativo estatal al control de constitucionalidad (…)>>. Con lo cual el sistema que no reúna tales condiciones o exigencias se consideraría incompleto, lo cual evidentemente repercutiría en la eficacia de dicho sistema de justicia constitucional. Tal distinción no atiende tanto a los mecanismos de control sino a cómo opera este[142].

En Venezuela, CALCAÑO DE TEMELTAS, de una manera sucinta, ha dicho que <<El control mixto es aquél donde coexisten los dos tipos de control antes examinados: el control concentrado y el control difuso>>[143]. Por su parte el profesor BREWER CARÍAS desde hace varias décadas ha explicado el porqué de considerarlo un sistema mixto, más recientemente, ha dicho el mencionado autor:

Por tanto, el sistema venezolano de control de la constitucionalidad de las leyes y otros actos estatales, puede decirse que es uno de los más amplios conocidos en el mundo actual si se lo compara con los que muestra el derecho comparado, pues mezcla el llamado con-

---

[141] Gozaíni, *Introducción* …, 107.

[142] Néstor Pedro Sagüés, *Compendio de derecho procesal constitucional* (Buenos Aires: Editorial Astrea, 2009), 15.

[143] Calcaño de Temeltas, << El control de la constitucionalidad>>, 119.

trol difuso de la constitucionalidad de las leyes con el control concentrado de la constitucionalidad de las mismas (…) Ahora bien, en Venezuela, al igual que en Colombia, al contrario de los sistemas que normalmente se aprecian en el derecho comparado, el control de la constitucionalidad de las leyes no puede identificarse en particular con alguno de esos dos métodos o sistemas, sino que, realmente, está conformado por la mezcla de ambos, configurándose entonces como un sistema mixto o integral (…) En consecuencia, el sistema venezolano de justicia constitucional es un sistema mixto, en el cual el control difuso de la constitucionalidad está atribuido a todos los tribunales de la República, y el sistema concentrado, con relación a las leyes y demás actos de rango legal o de ejecución directa e inmediata de la Constitución, está atribuido a la Sala Constitucional del Tribunal Supremo de Justicia[144].

No obstante, lo anterior, antes de la Constitución de 1999, se discutía si realmente se trataba de un sistema mixto o no, toda vez, que los dos métodos presentes (difuso y concentrado) no tenían conexión entre ellos. Así, YÉPEZ ARCILA[145] se preguntaba:

[¿]Es realmente 'mixto' ese sistema, como afirma el tratadista Brewer-Carías? En mi opinión la realidad estructural del sistema no lo configura como una modalidad mixta, dada la inexistencia de imbricación entre su modalidad de jurisdicción concentrada y su modalidad de jurisdicción difusa. Se trata, más que de un sistema mixto, de dos modalidades paralelas establecidas una al lado de la otra sin conexión entre sí[146].

---

[144] Brewer-Carías, *La Constitución…*, 890-891,893.

[145] José Haro, << El mecanismo extraordinario de revisión de sentencias definitivamente firmes de amparo y control difuso de la constitucionalidad previsto en el artículo 336, numeral 10, de la constitución>>, *Revista de Derecho Constitucional*, n.º 3 (2000): 234.

[146] <<Una de las críticas que se le hacía al sistema colombo-venezolano de control de la constitucionalidad era que, entre el control difuso ejercido por cualquier juez, y el control concentrado ejercido por una Corte Constitucional en Colombia y – anteriormente- por la Corte Suprema de Justicia en Venezuela, no existía "imbricación", conexión o vínculo alguno que procurase armonizarlos o superponerlos para lograr una interpretación uniforme de la Constitución (Yepez Arcila). En otras palabras, no existía articulación entre los sistemas de control de la constitucionalidad que coexistían en nuestro ordenamiento jurídico (…) Por tal razón, se había planteado la necesidad de establecer un mecanismo de articulación similar al que se

Para esa época, si atendemos a la definición de mixto dada por la Real Academia Española[147], y tomando en cuenta que cada mecanismo, por sí solo es un medio de control de la constitucionalidad, era posible admitir como válida la afirmación de YÉPEZ ARCILA, toda vez que, si se hubiera utilizado uno de los dos mecanismos, existía un sistema de protección constitucional, pero el uso de los dos no hacía surgir un tercer elemento, dado que ambos operaban de manera separada. Por lo que, sería más preciso, en palabras de GARCÍA BELAÚNDE[148], tratarlo como un sistema dual[149].

Sin embargo, más allá de las precisiones del lenguaje, lo importante era considerar los poderes que se tenían para ejercer tal control. Así lo apunta el profesor CASAL al sostener:

> Desde la óptica de la filosofía que los dirige, los sistemas generalmente llamados mixtos o duales de justicia constitucional procuran asegurar por vías complementarias la supremacía de la Constitución. Tal supremacía se garantiza en el proceso general de aplicación judicial del Derecho, mediante la facultad difusa de control, la cual se ve reforzada por la previsión de una acción o solicitud de inconstitucionalidad ante el máximo tribunal ordinario o ante un órgano jurisdiccional especializado en los asuntos constitucionales. De ahí que, con razón, estos sistemas hayan sido denominados *integrales,* porque lo que los distingue no es tanto la mixtura entre modelos contrapuestos, cuanto la amplitud de los poderes de los ór

---

había previsto en nuestra Constitución de 1901, y que guarda cierta relación con la llamada "cuestión de inconstitucionalidad" que encontramos en Derecho Comparado en países como Alemania, España e Italia. En este sentido, una de las bondades del mecanismo extraordinario de revisión de sentencias establecido en el ordinal 10° del artículo 336 de la Constitución de 1999, representa la articulación entre el control difuso y control concentrado de la constitucionalidad, a fin de garantizar la uniformidad en la interpretación de la Constitución>>. Haro, <<La justicia constitucional en Venezuela y la constitución de 1999>>, 191.

[147] Mixto: formado por varios elementos que se mezclan para componer otro. Ver en https://dle.rae.es/mixto?m=form

[148] Gozaíni, *Introducción* ..., 107.

[149] Dual: que reúne dos caracteres o fenómenos distintos. Ver, https://dle.rae.es/dual?m=form

ganos jurisdiccionales, globalmente considerados, para pronunciarse sobre la constitucionalidad de las leyes[150].

Hoy día, está claro que es un sistema mixto o integral, porque sus principales elementos ya no están yuxtapuestos, sino vinculados, conformando un verdadero sistema de control constitucional.

HARO explica lo anterior de la manera siguiente:

En definitiva, en Venezuela antes de la Constitución de 1999 teníamos un sistema de justicia constitucional que incluía, por un lado, el control concentrado de la constitucionalidad que ejercía la Corte Suprema de Justicia en Pleno y, por el otro, el control difuso de la constitucionalidad y la acción de amparo constitucional a cargo de todos los jueces de la República, sistema que no tenía coordinación alguna y que podía dar lugar, como ya hemos señalado, a interpretaciones contradictorias de la Constitución, por lo que no podía –reiteramos-, al menos técnicamente, ser calificado como "mixto o integral" (…) Ahora bien, con el objeto de garantizar la uniformidad de las interpretaciones de la Constitución y configurar a nuestro sistema de justicia constitucional como un verdadero sistema mixto o integral, la Constitución de 1999 establece dos mecanismos eficaces para la articulación, vínculo, conexión o coordinación entre el método concentrado de control de la constitucionalidad, el control difuso y el amparo constitucional. Esos dos mecanismos son los siguientes: a. El efecto vinculante para las otras Salas del Tribunal Supremo de Justicia y todos los tribunales de la República, de las interpretaciones que establezca la Sala Constitucional sobre el contenido o alcance de las normas y principios constitucionales (artículo 335 de la Constitución) [y] b. El mecanismo extraordinario de revisión de sentencias definitivamente firmes de amparo y control difuso de la constitucionalidad previsto en el artículo 336, numeral 10, de la Constitución[151].

---

[150] Jesús María Casal, <<El control difuso de la constitucionalidad y sus perspectivas en el derecho venezolano>>, en *Estudios de derecho público,* coord. por Román Duque Corredor y Jesús María Casal (Caracas: Universidad Católica Andrés Bello, 2004), 306.

[151] Haro, <<El mecanismo extraordinario de revisión de sentencias definitivamente firmes de amparo y control difuso de la constitucionalidad previsto en el artículo 336, numeral 10, de la constitución>>, 236-237.

Por su parte el profesor CASAL, refiriéndose a la cohesión del sistema de justicia constitucional venezolano, ha expresado:

No obstante, a menudo no basta con la eventual activación del control concentrado para evitar la inseguridad jurídica que el uso de la facultad difusa de control puede generar, por lo que se han ensayado, como veremos, instrumentos especiales de articulación entre las dos modalidades de control (...)[152].

De esta norma [334] se desprende claramente que el constituyente optó por conservar el sistema mixto o integral de control de la constitucionalidad tradicional en nuestro país. Dicho precepto obliga a todos los jueces de la República a desaplicar las leyes o normas contrarias a la Constitución, al resolver casos concretos. Además, reserva a la Sala Constitucional del Tribunal Supremo de Justicia la declaración de la nulidad de las leyes u otros actos dictados en ejecución directa inmediata de la Constitución. De esta manera sigue coexistiendo el control concentrado de la constitucionalidad, que corresponde a la Sala Constitucional, con el control difuso, atribuido a todos los tribunales de la República, incluyendo al Tribunal Supremo de Justicia. La Constitución de 1999 no se conforma, sin embargo, con elevar al rango constitucional la realidad compleja de nuestro sistema de justicia constitucional, sino que también prevé mecanismos que permiten superar las disfunciones que genera la ausencia de articulación entre las dos modalidades de control de la constitucionalidad de las leyes mencionadas (...) Este control concentrado abarca no sólo el ámbito clásico de la declaración de la nulidad de las leyes u otros actos de igual rango contrarios a la Constitución (numerales 1 al 4 y 6 del artículo 336 de la Constitución), sino que a esta atribución se suma la de ejercer el control de la constitucionalidad de las omisiones legislativas y el control preventivo de la constitucionalidad de los tratados internacionales (numerales 5 y 7 del artículo 336 eiusdem). En cuanto al control difuso de la constitucionalidad, sabemos que se mantiene, pero se permite que la Sala Constitucional sirva de bisagra entre éste y el control concentrado, en virtud de lo dispuesto en el numeral 10 del artículo 336. La facultad que éste prevé, de revisar las sentencias en que los tribunales de la República hayan desapli-

---

[152] Jesús María Casal, <<El control difuso de la constitucionalidad y sus perspectivas en el derecho venezolano>>, 309.

cado leyes consideradas contrarias a la Constitución, evitará la convivencia de criterios disímiles entre diversos tribunales (y regiones) del país sobre la constitucionalidad de determinada norma legal[153].

Así te tiene que el sistema venezolano, sin duda alguna, es un sistema mixto o integral[154], cuya cohesión descansa en la revisión de sentencias prevista en el artículo 336.10 y en la interpretación vinculante que debe hacer la Sala Constitucional conforme a lo previsto en el artículo 335 del texto constitucional. Lo cual lleva a plantearse la inquietud si es la Sala Constitucional el único, el máximo y/o el último intérprete de la Constitución.

LA SALA CONSTITUCIONAL COMO ÚLTIMO Y MÁXIMO INTÉRPRETE DE LA CONSTITUCIÓN

Como se ha explicado, todos los miembros de un Estado están sujetos a la Constitución y, adicionalmente, esta tiene una pluralidad de intérpretes. Ahora bien, en lo que atañe a la justicia constitucional, puede surgir la duda si, conforme a lo previsto en el artículo 335 del texto constitucional, es la Sala Constitucional el máximo y último intérprete de la Constitución o si esto le corresponde a todas las Salas del máximo tribunal.

---

[153] Casal, *Constitución...*, 87, 90.

[154] La entredicha Exposición de Motivos del texto constitucional, sobre este particular, indica lo siguiente: <<En todo caso, el mecanismo extraordinario de revisión que se deberá establecer por ley orgánica, vinculará por vez primera y dejando a salvo la temprana regulación de la Constitución de 1901, los métodos de control difuso y concentrado de la constitucionalidad que han coexistido en nuestro ordenamiento jurídico por más de cien años, respondiendo con ello a la principal crítica formulada a nuestro sistema de justicia constitucional, que reconocía la coexistencia de los mencionados métodos de control, pero destacaba que entre uno y otro no existía realmente una coordinación, vínculo o conexión que procurara armonizarlos o articularlos para lograr una interpretación uniforme de la Constitución, razón por la cual no podía ser calificado como integral, dado que existían modalidades de control paralelas, establecidas una al lado de la otra, sin conexión entre sí. Por tal razón, la Constitución consagra un sistema mixto e integrado de control de la constitucionalidad, atribuyéndole a la Sala Constitucional la función de coordinar los métodos de control mediante la armonización de la jurisprudencia constitucional y la interpretación uniforme del Texto Fundamental>>. Constitución de 1999 antes citada.

Parece resultar bastante claro que ni la Sala Constitucional ni el Tribunal Supremo de Justicia, son los únicos intérpretes de la Constitución, pues, todo juez de la república está en el deber de interpretarla y aplicarla en los asuntos que le competen[155]; de lo contrario, mal podrían garantizar su integridad. Disponen los artículos 334 y 335 de la Constitución nacional lo siguiente:

Artículo 334:

Todos los jueces o juezas de la República, en el ámbito de sus competencias y conforme a lo previsto en esta Constitución y en la ley, están en la obligación de asegurar la integridad de esta Constitución. En caso de incompatibilidad entre esta Constitución y una ley u otra norma jurídica, se aplicarán las disposiciones constitucionales, correspondiendo a los tribunales en cualquier causa, aún de oficio, decidir lo conducente. Corresponde exclusivamente a la Sala Constitucional del Tribunal Supremo de Justicia, como jurisdicción constitucional, declarar la nulidad de las leyes y demás actos de los órganos que ejercen el Poder Público dictados en ejecución directa e inmediata de esta Constitución o que tengan rango de ley, cuando colidan con aquella.

Artículo 335:

El Tribunal Supremo de Justicia garantizará la supremacía y efectividad de las normas y principios constitucionales; será el máximo y último intérprete de esta Constitución y velará por su uniforme interpretación y aplicación. Las interpretaciones que establezca la Sala Constitucional sobre el contenido o alcance de las normas y principios constitucionales son vinculantes para las otras Salas del Tribunal Supremo de Justicia y demás tribunales de la República[156].

---

[155] La criticada Exposición de Motivos de la Constitución dispone: <<En el mencionado Capítulo se describe el sistema venezolano de justicia constitucional y al efecto se indica que todos los jueces de la República están en la obligación de asegurar la integridad de la Constitución en el ámbito de sus competencias y conforme a lo previsto en su texto y en las leyes, reafirmándose de esta manera, que la justicia constitucional en Venezuela la ejercen todos los tribunales de la República, no sólo mediante el control difuso de la constitucionalidad, sino además, por otros medios, acciones o recursos previstos en la Constitución y en las leyes, como la acción de amparo constitucional, destinada a ofrecer una tutela judicial reforzada de los derechos humanos reconocidos y garantizados expresa o implícitamente en la Constitución>>. Constitución de 1999 antes citada.

[156] Constitución de 1999 ya citada.

Por su parte la Ley Orgánica del Tribunal Supremo de Justicia (2022) en su artículo 4, dispone lo siguiente:

Artículo 4

El Tribunal Supremo de Justicia garantizará la supremacía y efectividad de las normas y principios constitucionales. Será el máximo y último intérprete de la Constitución de la República Bolivariana de Venezuela y velará por su uniforme interpretación y aplicación. Las interpretaciones que establezca la Sala Constitucional sobre el contenido o alcance de las normas y principios constitucionales son vinculantes para las otras Salas del Tribunal Supremo de Justicia y demás tribunales de la República[157].

En la doctrina nacional se encuentran diversas opiniones sobre este tema. En este sentido, el profesor BREWER CARÍAS ha indicado lo siguiente:

En cuanto al Tribunal Supremo de Justicia, en materia de justicia constitucional, todas sus Salas tienen expresamente como competencia garantizar "la supremacía y efectividad de las normas y principios constitucionales" correspondiéndoles a todas ser el "máximo y último intérprete de la Constitución" y velar "por su uniforme interpretación y aplicación" (art. 335). No es cierto, por tanto, como se ha afirmado, que la Sala Constitucional sea el "máximo y último intérprete de la Constitución", o como lo ha señalado la propia Sala Constitucional de tener "el monopolio interpretativo último de la Constitución". Esta es una apreciación completamente errada, que no deriva del texto de la Constitución, de cuyo artículo 335, al contrario, se deriva que *todas las Salas* ejercen la justicia constitucional conforme a sus respectivas competencias y son el máximo y último intérprete de la Constitución. También lo es la Sala Constitucional, mediante la cual el Tribunal Supremo de Justicia concentra la Jurisdicción Constitucional (arts. 266, ord. 1º y 336)[158].

Ello no excluye [refiriéndose a la interpretación que debe realizar la Sala Constitucional], sin embargo, la competencia de las otras Salas para tomar decisiones en materia constitucional e interpretar la

---

[157]   Ley Orgánica del Tribunal Supremo de Justicia, de 18 de enero de 2022 (Gaceta Oficial núm. 6.684 de 19 de enero de 2022).

[158]   Brewer-Carías, *La Constitución...,* 884.

Constitución, al aplicarla en los casos concretos que conozcan. Todas las Salas deben considerarse que son en sí mismas el Tribunal Supremo[159].

Por su parte, RONDÓN DE SANSÓ, ha sostenido, en el mismo sentido que el profesor BREWER CARÍAS, lo siguiente:

> Cuando el artículo 335 dice que el Tribunal Supremo de Justicia es el garante de la supremacía y efectividad de las normas constitucionales, está aludiendo a todas las Salas que lo conforman, y a cada una de ellas en particular. Si la norma hubiese querido darle preeminencia a la Sala Constitucional, habría utilizado una redacción análoga a la del último aparte del artículo 334: 'Corresponde exclusivamente a la Sala Constitucional del Tribunal Supremo de Justicia (...) ¿Cómo interpretar entonces el encabezamiento del artículo 335 que le otorga en general al Tribunal Supremo de Justicia, el constituir la garantía de la supremacía constitucional, por ser el máximo intérprete de la Constitución y velar por su uniforme aplicación? Este artículo debe interpretarse en el sentido de que cada una de las Salas implica, en su jurisdicción, el garante de la supremacía constitucional, el máximo y último intérprete de la Constitución y el guardián de su interpretación uniforme; pero existe una jurisdicción por encima de ellos, y esa es la que ejerce la Sala Constitucional (...)[160].

Lo expuesto resulta un poco confuso al indicar que todas las Salas son el máximo y último intérprete de la Constitución, pero al final agregar que existe una jurisdicción (competencia) por encima de las otras Salas y es la que ejerce la Sala Constitucional. Entonces cómo se puede indicar que algo es lo último, pero que todavía hay algo por encima de esto, con lo que pareciera que entonces no es lo último. Sin embargo, en otra obra la autora señala:

> ¿cómo explicar que no sea el máximo y último intérprete de la Constitución, cuando señala más adelante que corresponde a la Sala Constitucional establecer las interpretaciones sobre el contenido y alcance de las normas o principios constitucionales, **con carácter vinculante para las otras Salas del Tribunal Supremo y de los demás**

---

[159] Brewer-Carías, *Historia...*, 244.

[160] Haro, <<El mecanismo extraordinario de revisión de sentencias definitivamente firmes de amparo y control difuso de la constitucionalidad previsto en el artículo 336, numeral 10, de la constitución>>, 238-239.

tribunales que la República? Si la situación es tal que la Sala Constitucional puede imponer sus interpretaciones a las restantes Salas, entonces no es cierto que cada una de las Salas sea "*...el máximo y último intérprete de la Constitución*" (...) ¿Qué conclusiones sacar de todo ello? La conclusión que debemos extraer es que la Sala Constitucional del Tribunal Supremo de Justicia no es una simple Sala de un tribunal, sino que es una **Corte Constitucional**, a pesar de que está ubicada físicamente en la sede del Tribunal Supremo de Justicia[161].

Resulta mucho más clara esta nueva afirmación, en la cual (sin tomar todavía partido respecto a las distintas posiciones) se corrige lo expuesto anteriormente y donde se separa de lo expuesto por el profesor BREWER CARÍAS.

Por su parte PEÑA SOLÍS, en términos generales, se refiere al carácter de supremo intérprete que debe tener todo tribunal constitucional, indicando que:

EN LOS ESTADOS en que la justicia constitucional aparece articulada al denominado sistema concentrado de la constitucionalidad (recurso de inconstitucionalidad y cuestión de inconstitucionalidad), la regla es que los Tribunales o Cortes Constitucionales resuelvan el recurso o la cuestión de inconstitucionalidad mediante una sentencia estimatoria o desestimatoria (...) Ahora bien, en los referidos países no cabe duda de que esos Tribunales son los <<intérpretes supremos de la Constitución>>, y por ende, supremos intérpretes constitucionales, razón por la cual también resultan ser los jueces de su propia competencia[162].

De manera bastante clara el profesor CANOVA GONZÁLEZ, explica el contexto de la situación, así como la razón del porqué la Sala Constitucional debe ser considerada como el depositario de la última lectura del texto constitucional. Señala el profesor:

---

[161] Rondón de Sansó, *Análisis...*, 41.

[162] José Peña Solís, <<La interpretación conforme a la constitución>>, en *Curso de capacitación sobre razonamiento judicial y argumentación jurídica,* coord. por Levis Ignacio Zerpa y José M. Delgado (Caracas: Tribunal Supremo de Justicia, 2002), 357.

La justicia constitucional en Venezuela, en conclusión, suplicaba por algún tribunal especializado en la disciplina constitucional. Estos temas eran afrontados, siempre, de modo incidental y, por ello, sin la rigurosidad aconsejable. A mal de males, aquélla carecía de una cabeza única pues convivían en tales funciones varios tribunales autónomos y finales: como se ha dicho, cada Sala de la Corte Suprema de Justicia, más el Pleno, a lo que hay que agregar cualquier otro tribunal que zanjara alguna controversia con repercusión constitucional, que, sin embargo, adoleciera en el sistema de recursos procesales de alguno que permitiera ventilar tal resolución ante la Corte Suprema de Justicia, en cualquier de sus Salas. Tal realidad, claramente, afectaba los derechos de los ciudadanos (…) Si bien de esta aclaratoria contenida en la parte final del artículo 335 de la Constitución no es factible extraer, como se anunciaba, un régimen de superioridad de la Sala Constitucional frente a las otras, porque, entre otras cosas, la primera parte del mismo enunciado y el artículo 262 así lo excluyen, sí es viable entender que existe un régimen interno en el Supremo Tribunal según el cual, por la especialidad de la Sala Constitucional en la disciplina constitucional, ésta termina fungiendo como la definitiva intérprete de la Constitución, es decir, como la sección que determina para las otras, y de suyo para todos los tribunales del país, las interpretaciones válidas que sobre el alcance y contenido de las normas y principios constitucionales son de bien recibo hacer. Ninguna Sala del Tribunal Supremo de Justicia distinta de la Constitucional, por consiguiente, tiene en la repartición de funciones interna de dicho alto tribunal la potestad de hablar por éste definitivamente, como última palabra, sobre la lectura constitucional. Tal interpretación final de la Constitución, que es en la organización judicial del país atribución del Tribunal Supremo, solo puede venir del departamento versado en asuntos constitucionales, a saber, de la Sala Constitucional. Sus criterios en este específico ámbito de la interpretación constitucional, de acuerdo con la Constitución, pasan a ser los del Tribunal Supremo en conjunto y, por ello, necesariamente, deben ser acatados por el resto de las Salas, que, salvo en este punto, actúan libre de injerencias, autónoma y soberanamente en el marco estricto de sus atribuciones[163].

---

[163] Canova González, <<La "supersala" (constitucional) del Tribunal Supremo de Justicia >>, 289, 292-293.

DUQUE CORREDOR ha afirmado que:

Puede afirmarse, entonces, que Venezuela recogió en la Constitución de 1999 el modelo de protección judicial de la inviolabilidad de la Constitución, al atribuir al Máximo Tribunal, especialmente a una de sus Salas, su control y la condición de supremo órgano jurisdiccional respecto de la interpretación y aplicación de las disposiciones constitucionales y al reconocer a los ciudadanos la acción de amparo y la acción popular de la inconstitucionalidad[164].

Por su parte HARO sostuvo:

Así, de interpretarse el artículo 335 de la Constitución conjuntamente con las disposiciones antes señaladas es forzoso llegar a una conclusión: la Sala Constitucional del Tribunal Supremo de Justicia es el máximo y último intérprete de la Constitución no porque lo diga o deje de decirlo la primera parte del artículo 335 de la Constitución, sino porque el Texto Fundamental expresa y directamente atribuye a la Sala Constitucional un conjunto de potestades y competencias que la convierten, sin lugar a dudas, en el máximo y último intérprete de la Constitución (...) Así, en definitiva, el artículo 335 de la Constitución debe interpretarse, en nuestra opinión, en el siguiente sentido: el Tribunal Supremo de Justicia, en Sala Constitucional, es el máximo y último intérprete de la Constitución, no obstante todas sus Salas deben garantizar la supremacía y efectividad de las normas y principios constitucionales y velar por su uniforme interpretación y aplicación, entre otras razones porque todos los jueces, sea cual fuere su instancia o grado, tienen la obligación de garantizar la integridad de la Constitución. Con todo y resumiendo lo expuesto, en torno a nuestro sistema de justicia constitucional podemos establecer la siguiente premisa: *en Venezuela, todos los jueces son intérpretes de la Constitución, pero la Sala Constitucional del Tribunal Supremo de Justicia es el máximo y último intérprete de la Constitución*[165].

Y, el profesor CASAL, con buen tino, ha señalado lo siguiente:

---

[164] Duque Corredor, *Temas...*, 16.

[165] Haro, <<El mecanismo extraordinario de revisión de sentencias definitivamente firmes de amparo y control difuso de la constitucionalidad previsto en el artículo 336, numeral 10, de la constitución>>, 242-244.

La lectura de la primera parte de esta norma [335] pudiera llevar a pensar que la facultad que estamos comentando pertenece, no a la Sala Constitucional, sino al Tribunal Supremo de Justicia, que la ejercería en Sala Plena. Sin embargo, la segunda parte del precepto reserva a la Sala Constitucional la facultad de efectuar interpretaciones constitucionales que vinculen a todos los jueces de la República. Una forma de armonizar ambos incisos del precepto es entender que todas las Salas del Tribunal Supremo de Justicia, en el ejercicio de sus competencias específicas, han de procurar que, dentro de sus órdenes jurisdiccionales, se mantenga cierta uniformidad en la interpretación de la Constitución, lo cual implica que los tribunales correspondientes han de sujetarse, dentro de ciertos límites, a los precedentes de la Sala respectiva, siempre que éstos no contraríen los de la Sala Constitucional, que prevalecen erga omnes. En este orden de ideas, es preciso salir al paso de una idea que erróneamente suele vincularse a los intentos por crear un órgano judicial especializado en la materia constitucional. La creación de una Sala Constitucional –o de un Tribunal Constitucional- en modo alguna implica concentrar en un órgano judicial todas las formas de defensa o de interpretación de la Constitución o, dicho de otro modo, privar a los demás tribunales de las facultades correspondientes[166].

Asimismo, y puntualizando el funcionamiento del sistema de justicia constitucional venezolano, afirma:

Por consiguiente, la garantía de la supremacía e integridad de la Constitución en modo alguno puede ser entendida como una tarea privativa de la Sala Constitucional. Además, a tenor del artículo 7 de la Constitución, esta es la norma suprema del ordenamiento jurídico, por lo que todos los sujetos jurídicos están sometidos a sus preceptos. Esto implica, entre otras cosas, que los tribunales, en cumplimiento de sus funciones jurisdiccionales, deben interpretar la legalidad ordinaria teniendo en consideración la Constitución, en cuanto norma suprema que irradia los distintos sectores del ordenamiento jurídico, pues de lo contrario incurrirían en una indebida interpretación o aplicación de las leyes que bien puede ser corregida mediante los recursos ordinarios o extraordinarios de Derecho común. La preservación de la supremacía de la Constitución, en rigor, es una misión no de la

---

[166]   Casal, *Constitución...*, 88-89.

Sala Constitucional, mucho menos del mecanismo de la revisión, sino del completo sistema de justicia constitucional. Dentro de este sistema dicha Sala ocupa un lugar capital y le corresponde jugar un papel singular, pero el éxito del sistema estriba en que cada una de sus piezas desempeñe su función específica. De la significación de la misión de encabezar el sistema de justicia constitucional no cabe inferir poderes genéricos de revisión de sentencias, que puedan activarse de oficio y que ni siquiera están sometidos a un plazo preclusivo de ejercicio[167].

Es de importancia capital prestar atención a esta última afirmación de la anterior cita <<*de la significación de la misión de encabezar el sistema de justicia constitucional no cabe inferir poderes genéricos de revisión de sentencias, que puedan activarse de oficio y que ni siquiera están sometidos a un plazo preclusivo de ejercicio*>>. Porque, como se ha explicado anteriormente, la justicia constitucional es fundamento y soporte del carácter normativo de la Constitución y tiene una clara legitimidad democrática, sin embargo, esta legitimidad se pierde cuando se abusa de ese poder de control, que ya no sería de control sino alteración del sistema de justicia y con ello de la Constitución[168].

Por lo que, es cierto que, indudablemente, la Sala Constitucional es el máximo intérprete de la Constitución nacional, lo cual debe ejercer responsablemente y dentro de los límites que la propia Constitución le

---

[167] Jesús María Casal, <<Los actuales desafíos de la justicia constitucional en Venezuela>>, en XXX jornadas "J.M Domínguez Escovar: Estado de derecho, administración de justicia y derechos humanos en homenaje a la memoria de Luis Oscar Giménez y Manuel Torres Godoy (Barquisimeto: Instituto de Estudios Jurídicos de Lara, 2005), 309-310.

[168] <<Otra limitación importante surge del hecho de que al Tribunal Constitucional le está vedado actuar de oficio, aunque esta limitación puede, como indica Matthias Herdegen en su análisis de la resolución de la Corte de Constitucionalidad de Guatemala del 25 de mayo de 1993, ser superada para reestablecer el equilibrio constitucional. En efecto, el Tribunal Constitucional es, en cierto modo, un controlador sin control, consecuencia lógica teniendo en cuenta que cada jerarquía de controles tiene su límite y aceptando que el Tribunal Constitucional es el último (no el único) intérprete de la Constitución. Existe, con ello, el peligro real de que el Tribunal Constitucional se extralimite en sus competencias, que dicte resoluciones allí donde otros (los tribunales de otras jurisdicciones) están designados a hacerlo convirtiéndose así en una "superinstancia de casación" o en un "legislador sustituto">>. Norbert Lösing, <<La jurisdicción constitucional como contribución al estado de derecho>>, 102-103.

impone, pues, de lo contrario, se dejaría de hablar de los guardianes de la Constitución y se pasaría a la Constitución de los guardianes. Por tanto, el sometimiento a la Constitución no es únicamente para aquel remoto juez de municipio, sino también (y con mayor responsabilidad y prudencia) para quienes tienen en sus manos el poder de ser los máximos intérpretes de esta.

Por su parte, ESCOVAR LEÓN sostiene lo siguiente:

Ciertamente que algunas de las competencias de la SC tienen apoyo en el contenido del artículo 336 de la Constitución y otras han sido <<*creadas*>> por ella por la vía jurisprudencial (…) En lo que atañe a las competencias inicialmente autoasignadas tenemos en materia de amparo constitucional, intereses difusos y colectivos, fraude procesal, avocamiento, interpretación constitucional e, incluso en materia de designación de autoridades. Como se ve, se trata de un abanico muy amplio de competencias autoasignadas. Si a esto se agrega la manera como han entendido la revisión constitucional y la visión de la imposición de doctrinas vinculantes por medio del precedente constitucional, tenemos una Sala Constitucional con un poder jurídico que rebasa las atribuciones de un poder constituyente originario[169].

Por su puesto, la Sala Constitucional claramente ha establecido, como antes lo indicaba el profesor BREWER CARÍAS, que ella es el máximo y último intérprete de la Constitución nacional. Ahora, y para no hacer referencia a un criterio que ha sido reiterado desde los primeros días en que la Sala Constitucional empezó a ejercer esta justicia constitucional[170],

---

[169] Ramón Escovar León, <<Interpretación y revisión a la manera constitucional venezolana>>, en XXX jornadas "J.M Domínguez Escovar: Estado de derecho, administración de justicia y derechos humanos, en homenaje a la memoria de Luis Oscar Giménez y Manuel Torres Godoy (Barquisimeto: Instituto de Estudios Jurídicos de Lara, 2005), 416-417.

[170] Véase, entre otros, SSC 106/2001, de 06 de febrero; SSC 952/2003, de 29 de abril; SSC 1507/2003, de 05 de junio; SSC 4223/2005, de 09 de diciembre; SSC 1789/2008, de 18 de noviembre; SSC 493/2009, de 30 de abril; SSC 1107/2006, de 23 de mayo. <<*el juez constitucional debe hacer saber al Tribunal Supremo de Justicia sobre la decisión adoptada, a los efectos del ejercicio de la revisión discrecional atribuida a la Sala Constitucional conforme lo disponen los artículos 335 y 336.10 de la Constitución de la República Bolivariana de Venezuela"*, toda vez que como último intérprete del Texto Constitucional, garantice su supremacía y correcta aplicación por los otros Tribunales de la República, incluidas las demás Salas de este máximo tribunal>>. SSC 1.400/2001, de 8 de agosto.

se hará referencia a un par de sentencias recientes donde queda constancia de la reiteración del criterio que, aun cuando en algunos casos sea menos radical, comporta el mismo significado.

Así se tiene que en sentencia del 09 de febrero de 2018 la Sala indicó:

que busca evitar la existencia de criterios dispersos sobre las interpretaciones de normas y principios constitucionales que distorsionen el sistema jurídico ante la creación de incertidumbre e inseguridad en el mismo, garantizando la unidad del Texto Constitucional y, en fin, la supremacía y efectividad de las normas y principios constitucionales, cometido que tiene asignado este alto órgano jurisdiccional como *"máximo y último intérprete de la Constitución"*[171].

En el mismo sentido el 14 de diciembre de 2022 la Sala indicó:

Tal potestad de revisión de sentencias definitivamente firmes abarca fallos que hayan sido expedidos tanto por las otras Salas del Tribunal Supremo de Justicia (artículo 25.11 de la Ley Orgánica del Tribunal Supremo de Justicia) como por los demás tribunales de la República (artículo 25.10 *eiusdem*), pues la intención final es que la Sala Constitucional, ejerza su atribución de máximo intérprete de la Constitución, según lo establece el artículo 335 del Texto Fundamental[172].

Y, atemperando un poco los términos, sostuvo en sentencia del 09 de febrero de 2023 lo siguiente: <<la intención final es que la Sala Constitucional ejerza su atribución de principal intérprete de la Constitución de la República Bolivariana de Venezuela y máxima autoridad de la jurisdicción constitucional, conforme a los artículos 335 y 266 del Texto Fundamental>>[173].

Como puede apreciarse se sustituye el término de máximo y/o último intérprete por principal intérprete, pero redacción esta que no comporta un cambio de criterio sobre su condición de último y máximo intérprete de la Constitución.

---

[171] SSC 101/2018, de 09 de febrero.

[172] SSC 1148/2022, de 14 de diciembre.

[173] SSC 1/2023, de 09 de febrero.

LA INTERPRETACIÓN CONSTITUCIONALIZANTE

Se ha dicho que parte de las herramientas de control de la constitucionalidad es la interpretación que debe el juez constitucional realizar a los asuntos que deben ser examinados bajo el prisma constitucional. Esto es, se trata de evitar en la medida de lo posible la anulación y, por el contrario, se procura moldear el objeto interpretado conforme a lo que la Constitución requiere. Entendiendo que la nulidad por sí misma no es el fin perseguido.

En este sentido, se ha utilizado la frase *interpretación constitucionalizante* para usar el mismo término que ha venido manejando la Sala Constitucional al referirse al proceso de <<ajustar el ordenamiento jurídico vigente a los principios y garantías constitucionales mediante anulación y/o interpretación[174]>>, sin que quizá sea la expresión más acorde a la gramática castellana.

Pero ¿qué debe entenderse por una interpretación conforme a la Constitución? Ignacio de Otto, afirma que un principio universalmente reconocido en todos los ordenamientos que gocen de una Constitución como norma suprema, es el que <<la ley y todas las normas jurídicas se interpreten conforme a la Constitución, esto es, que [en] caso de existir varias posibilidades de interpretación de la norma se escoja aquella que sea conforme con la Constitución y se rechace la que sea contraria a esta[175].

García Belaúnde sostiene que:

[L]a Constitución debe ser interpretada de la manera que más la favorezca para su conformidad con ella misma y la realización de sus fines, lo que conlleva la necesidad de una interpretación acorde con la Constitución. Y esto debe también aplicarse a la interpretación que surja del control constitucional de las leyes, en el sentido de que las leyes deben mirarse, en principio, como acordes o de conformidad con la Constitución, por ese mismo principio de conservación que tiene toda Carta Fundamental[176].

---

[174] SSC 652/2021, de 26 de noviembre. Entre otras, también SSC 23/2003, de 22 de enero, 1581/2005, de 12 de julio, 1307/2006, de 28 de junio.

[175] de Otto, Derecho..., 79

[176] Domingo García Belaúnde, <<La interpretación constitucional como problema>> en *simposio internacional sobre derecho del estado en homenaje a Carlos Restrepo Piedrahita* (Bogotá: Universidad Externado de Colombia, 1993), 669.

Por su parte FERRERES opina que:

> [E]n caso de duda acerca de cuál de las varias interpretaciones posibles del texto legal es la correcta, el juez constitucional debe optar por aquella interpretación bajo la cual la norma identificada es compatible con la Constitución, o rechazar aquellas interpretaciones bajo las cuales la norma identificada es incompatible con la misma. Esta es la doctrina de la llamada <<interpretación de la ley conforme a la Constitución>> (…) Se dice a menudo que esta doctrina responde al principio general de conservación de los actos jurídicos: es deseable evitar el vacío que supone la expulsión de la ley del ordenamiento, por lo que es preferible interpretar el texto legal de modo que se evite ese efecto (…) Entonces –cabe sostener- el juez debe presumir que el legislador no quiso aprobar una norma inconstitucional, por lo que debe interpretar el texto de la ley de tal modo que incorpore una norma conforme con la Constitución. Se trata, en definitiva, de aplicar la doctrina de la <<interpretación de la ley conforme a la Constitución[177].

El colombiano MONRROY CABRA, al referirse al tema, ha indicado que la noción de Constitución como norma comporta que <<el ordenamiento jurídico en su totalidad debe ser interpretado conforme a la Constitución. Es decir, los jueces y los operadores jurídicos deben interpretar las normas jurídicas que deben aplicar de acuerdo con los valores y principios contenidos en la Constitución>>[178]. Asimismo, sostiene que según Lafuente Balle de acuerdo a esta regla, y ante supuestas varias interpretaciones posibles de una norma subconstitucional, se optará por la que en mayor medida favorezca la eficacia de la norma constitucional y que conforme a él, la interpretación constitucional debe ser dirigida a buscar la eficacia o efectividad de la norma constitucional. Se trataría de lograr el efecto útil. Por último, indica que <<según Luchaire "cuando una disposición es susceptible de dos sentidos, es preferible entenderla en aquél que le permite tener algún efecto antes que en el sentido con el cual no podría producir alguno">>[179].

---

[177] Víctor Ferreres Comella, *Justicia constitucional y democracia* (Madrid: Centro de Estudios Políticos y Constitucionales, 2012), 38-39,131.

[178] Monroy Cabra, *La interpretación…*, 61.

[179] Monroy Cabra, *La interpretación…*, 87-88.

En el mismo sentido se ha pronunciado el profesor CASAL, al sostener que:

> En suma, la relación deseable de los jueces con la Constitución pudiéramos calificarla como de lealtad racional, porque los jueces, cualquiera que sea su jerarquía, no ostentan un poder constituyente o cuasi-constituyente, como ya advertimos, que los faculte para "dictar" o "dar" la normatividad constitucional que estimen más adecuada o conveniente, ni para alterar la Constitución deben salvaguardar. Sin embargo, su lealtad a la Constitución a veces exige abandonar concepciones superadas por el devenir social que pudieron inspirar la aprobación de algunos preceptos, e incluso matizar su sentido literal, si así lo imponen los valores superiores o la preservación de la coherencia y adaptabilidad de la Constitución, que no resulta por esta razón traicionada sino salvada en su funcionalidad y perdurabilidad mediante la oportuna intervención de sus guardianes[180].

Se trata que el juez constitucional debe hacer lo posible por mantener la coherencia del ordenamiento jurídico, esto es, no tiene sentido, por ejemplo, que, al dictarse una nueva Constitución, toda la regulación preconstitucional se considere contraria a esta o que nada se pueda hacer por darle sentido a aquella que de manera aparente parezca que es contraria. Ello comportaría la ausencia de legislación y demás normativa que es necesaria para la operatividad del Estado y la convivencia social. Por tanto, es deber del juez constitucional preservar, en la medida que fuere posible (sin abusos ni invadir la esfera de competencia de los otros órganos), las normas que se puedan preservar (ofreciendo una interpretación conforme a la Constitución) para que así no quede un vacío mientras la dinámica permite el dictado de una nueva regulación. Lo mismo ocurre con normas dictadas bajo el imperio de una Constitución, si la ley inconstitucional no pudo ser filtrada con el uso de mecanismos previos y surgió a regular unas situaciones específicas, lo ideal es que se trate de preservar aquello que pueda convivir con la Constitución. Siempre buscando ese efecto útil de la interpretación y partiendo de la presunción de que ni el legislador ni el juez han querido dictar una ley o sentencia que sean contrarias al texto constitucional.

---

[180] Casal, *Constitución...*, 284.

Es cierto que ha de existir una presunción de constitucionalidad de la actuación del legislador[181], más aún en el caso del juez, quien no tiene un matiz político en su actuación, sino que, a diferencia del legislador, debe ofrecer una motivación concreta y precisa del porqué de su decisión dentro del marco jurídico, es decir, puede decirse que la función del juez al dictar una sentencia si bien es concreta a diferencia de la ley, ha de ser más objetiva, porque está obligado a explicar, bajo el imperio de la ley y la Constitución su razonamiento y decisión. No obstante, en el caso de las actuaciones judiciales es mucho más simple no interpretarlas conforme a la Constitución si eso se traduce en una nulidad que, lejos de crear una laguna, puede revertir una opresión causada a algún justiciable.

Sin embargo, la presunción del texto legal siempre tendrá como contrapartida a los derechos fundamentales y al deber de garantizar la supremacía constitucional[182], todo lo cual ha de ponderarse al momento de aplicar esta interpretación conforme a la Constitución.

---

[181] En efecto, en todos los sistemas de justicia constitucional se han venido desarrollando nuevos enfoques conforme a los cuales, por ejemplo, basados en el principio de conservación de las leyes y debido a la presunción de constitucionalidad de la cual gozan, los jueces constitucionales tienden a evitar anularlas o a declararlas inconstitucionales (aun cuando sean contrarias a la Constitución), y proceden cada vez con más frecuencia a interpretarlas de acuerdo o en conformidad con la Constitución o en armonía con la misma (...) Ese rol, en la actualidad, puede decirse que ha sido superado, de manera que los jueces constitucionales progresivamente han venido asumi[en]do un papel más activo en la interpretación de la Constitución y de las leyes con el fin, no sólo de anularlas o de no aplicarlas cuando fueren consideradas inconstitucionales, sino de interpretarlas en conformidad con la Constitución, entre otros propósitos, para preservar la propia acción del Legislador y de las leyes que han promulgado. En esta forma, los jueces constitucionales se han convertido en importantes instituciones de orden constitucional en la tarea de ayudar y cooperar con el Legislador en sus funciones legislativas. Brewer-Carías, prólogo, 16, 29-30.

[182] <<Ahora bien, la interpretación de una norma conforme a una Constitución que es "la norma suprema y el fundamento del ordenamiento jurídico" coloca al intérprete –también a cualquiera de los operadores jurídicos- en una delicada situación. Ello, además, porque la interpretación conforme a la Constitución de cualquier norma del ordenamiento jurídico sometida a un análisis interpretativo no puede concluir en un producto que sea directa o indirectamente contradictorio con los valores superiores propugnados por el pueblo venezolano al constituir a Venezuela en un Estado democrático y social de Derecho y de Justicia. Haría el intérprete, y en ello la mayor responsabilidad la tienen los Magistrados integrantes de la Sala Constitucional del Tribunal Supremo de Justicia, un mezquino favor a la Democracia, al Derecho y a

Como bien lo explica Prieto Sanchís,

> [N]o es preciso comulgar con ningún realismo extremo para reconocer que los jueces no son una boca muda que pronuncia las palabras de la Constitución o de la ley, es decir, para reconocer que ejercen un cierto grado de discrecionalidad valorativa o subjetiva, muy especialmente en la aplicación de normas como puedan ser los principios explícitos o los derechos que la Constitución reconoce. Pero, al mismo tiempo, parece también que la garantía de la Constitución y de los derechos fundamentales representa una exigencia insoslayable derivada del principio de supremacía y del concepto de Constitución[183]

Los profesores Abreu Burelli y Mejía Arnal sostienen que:

> Una ley no puede contrariar la Constitución, ni en su letra ni en su espíritu; por tanto, los derechos y garantías constitucionales deben ser el norte que guíe la interpretación e integración del derecho. Entre varias interpretaciones posibles, debe optarse por aquella que garantice esos derechos [protegidos por la Constitución], aun cuando no sea la más apegada al texto legal, y si no es posible interpretar la ley de manera que no se lesionen los derechos constitucionales, no se puede aplicar[184]. *Corchetes incorporados.*

Al comentar las sentencias interpretativas, Urosa indica que,

> Así, en ordenamientos tales como Italia, Alemania o España, son comunes –al igual que en Venezuela- las sentencias interpretativas, mediante las cuales se señala qué interpretación de la norma legal es la adecuada a la Constitución, con carácter vinculante, preservando la norma y no anulándola. En el Derecho comparado tales sentencias han sido definidas como *"aquellas que emiten un pronunciamiento no sobre el enunciado de la ley, sino sobre una norma que de él puede deducirse mediante el empleo de métodos habituales de interpretación"* pero aclarando siempre que *"el empleo de esta técnica solo resulta conforme con el sistema si da lugar a sentencias desestimatorias, esto es, sentencias que declaran que una ley no es contraria a la*

---

la Justicia>>. Rodríguez García, <<Breves observaciones sobre el valor normativo de la constitución y sus reflejos en el derecho administrativo>>, 503.

[183] Prieto Sanchís, *Justicia...*, 166.

[184] Alirio Abreu Burelli y Luis Aquiles Mejía Arnal, *La casación civil* (Caracas: Ediciones Homero, 2014), 38.

Constitución, tras haber desechado, como incompatibles con ella, otras interpretaciones también posibles (…) En tales casos, ciertamente, se produce por vía de interpretación una reducción o ampliación del ámbito de aplicación de la norma legal. Estas sentencias interpretativas, en todo caso, no invaden competencias legislativas, pues lo que se modifica es el sentido o alcance de la norma, pero derivado directamente de su interpretación, determinada en el fallo y no en virtud de modificaciones de su texto. También se verifica en el Derecho comparado, aunque con más cuestionamientos de parte de la doctrina, la existencia de sentencias aditivas y reductoras, que son aquellas que anulan parcialmente un precepto y como consecuencia de esa nulidad se verifica de pleno derecho una disminución o ampliación en su ámbito de aplicación (…) En consecuencia, se entiende que esta especie de fallos es procedente y que no escapan de la esfera de la función jurisdiccional, siempre que exista una "única solución aditiva" y que esa solución sea una exigencia constitucional[185].

ACTUACIÓN DE LA SALA CONSTITUCIONAL: REFERENCIA A UNO DE SUS COMPORTAMIENTOS

Analizar lo que ha sido el comportamiento de la Sala Constitucional de manera general y no referida a la revisión constitucional de sentencias, comportaría una evidente desviación de lo que se pretende desarrollar en este capítulo. Por ello, solo para concluirlo se hará referencia a una de las tantas actuaciones que ha tenido la Sala Constitucional en el manejo o la administración de la justicia constitucional en Venezuela, ofreciéndose las conclusiones o comentarios que se han considerado pertinentes. Luego, al tratarse la revisión constitucional de sentencias, inevitablemente, se volverá sobre este tema, pero ya de manera específica sobre este mecanismo o componente de la justicia constitucional en Venezuela.

El caso al cual se hará referencia versa sobre la supresión 'constitucional' de la institución procesal del reenvío en Venezuela[186], en la cual dicha Sala realizó unas consideraciones que muestran parcialmente cuál ha sido su comportamiento en estas más de dos décadas que tiene ejerciendo la justicia constitucional y donde pareciera que no tiene límite ni control alguno.

---

185   Urosa Maggi, *La sala…,* 187,188,189.

186   Hernando H. Barboza Russian, <<La supresión jurisprudencial del reenvío en Venezuela>>, *Revista cuestiones jurídicas, vol. XIII n.º 2* (2019).

Es evidente que existen casos y extralimitaciones que pueden resultar más sonadas y más dramáticas, pero se ha escogido este caso, porque muestra el socavamiento del derecho procesal, rama sobre la cual ha de apoyarse la justicia constitucional precisamente para que sirva de contención a los excesos que pueden ser cometidos por la detentadora de este poder.

En este sentido puede destacarse que a pesar de los distintos mecanismos con los que cuenta la Sala Constitucional para ejercer la justicia constitucional, se ha visto que esta no se ha conformado con ese ámbito extenso de actuación, sino que ha ido por más cuando ha sostenido, entre otras afirmaciones y casos, lo siguiente[187]:

a) Que los principios procesales no le son aplicables para el control de la constitucionalidad, por ejemplo, que no es necesaria la instancia de parte o justicia rogada, para que pueda declarar la nulidad por inconstitucionalidad de una norma o incluso de un procedimiento completo, porque a su decir, en estos casos ella tiene una potestad más inquisitiva.

Es cierto, que la Ley Orgánica del Tribunal Supremo de Justicia (2010/2022)[188] autoriza a la Sala Constitucional para iniciar este procedimiento de oficio si fuere necesario, pero solo cuando se declare la conformidad a derecho de la desaplicación por control difuso. Es decir, no puede la Sala Constitucional partir de la nada, esto es, se requiere que al menos exista una sentencia previa a partir de la cual va a ejercer su potestad de control constitucional.

b) Que tampoco es necesario que exista un proceso cuya pretensión tenga el objeto de obtener la inconstitucionalidad de una ley. Esto es lo que se conoce como un control constitucional e incidental de leyes o normas jurídicas[189], es decir, en asuntos en los que la pretensión no versa

---

[187]   SSC 362/2018, de 10 de mayo (publicada el 11 de mayo).

[188]   La ley de 2022 antes citada, Ley Orgánica del Tribunal Supremo de Justicia, de 11 de mayo de 2010 (Gaceta Oficial núm. 5.991 de 29 de julio de 2010 reimpresa en Gaceta Oficial núm. 39.522 de 1º de octubre del mismo año).

[189]   Hay que atender que parte de la doctrina, por ejemplo, reconocen la existencia de esta dualidad del control concentrado por vía principal como por vía incidental, aunque no aplicable a Venezuela. Ver, Brewer-Carías, *La Constitución...*, 918-919. No obstante, a juicio del autor de estas líneas, la ley que por ahora regula el asunto y la que lo regulaba para la fecha de la sentencia (Ley Orgánica del Tribunal Supremo de Justicia) no deja lugar a dudas sobre que el control concentrado solo puede ejercerse si media un procedimiento previo para ello y no de manera incidental.

sobre la nulidad de la norma, la Sala Constitucional de oficio y en ejercicio de un poder claramente inquisitivo procede no a interpretar normas, sino a anularlas y a llenar ese vacío con las regulaciones que le parecen más adecuadas (sin iniciar el procedimiento respectivo). Así, empezamos a encontrar lo que la doctrina ha llamado como "regulaciones pretorianas"[190].

Pero, si se revisa la Ley Orgánica del Tribunal Supremo, tanto la de 2004[191], como la vigente para el momento en que fue realizada esa argumentación (2018[192]), se encuentran normas que disponen lo siguiente:

(Ley Orgánica del Tribunal Supremo de Justicia, 2004: Art. 5.52):

De conformidad con la Constitución de la República Bolivariana de Venezuela, el control concentrado de la constitucionalidad sólo corresponderá a la Sala Constitucional en los términos previstos en esta Ley, **<u>la cual no podrá conocerlo incidentalmente en otras causas</u>**, sino únicamente cuando medie un recurso popular de inconstitu-

---

Y así lo ha sostenido el mismo Brewer Carías al tratar lo relativo al exceso de la Sala Constitucional al dictar el procedimiento de amparo constitucional. Ver, Urosa Maggi, *La sala...*, 88. Así también puede interpretarse en Casal: No precisa la Constitución la forma en que ha de ejercerse tal facultad, sino remite esta materia a la ley orgánica respectiva (...) conviene insistir que esta determinación de los alcances del numeral 10 del artículo 336 ha de entenderse que posee un valor simplemente provisorio, pues será la ley orgánica de la jurisdicción constitucional la que habrá de regular esta materia. Casal, *Constitución...*, 90, 170. Por tanto, el efecto del control difuso es concreto, pero puede extenderse *erga omnes* no porque la ley quedó execrada del orden jurídico, sino por la interpretación que ha hecho la Sala Constitucional y el deber de todo juez de la República de acatar dicha interpretación (artículo 335 de la Constitución Nacional y que no existía antes de la Constitución de 1999). Por tanto, si un juez de instancia aplica una norma previamente desaplicada por la Sala Constitucional en control difuso no estaría aplicando una norma no vigente, sino violando la interpretación de la Sala Constitucional. Aunque pareciera tratarse de lo mismo, realmente no lo es, pues, la Sala Constitucional podría cambiar su criterio y la norma en cuestión nunca habría salido del orden jurídico, en cambio, cuando es anulada sí queda excluida de manera definitiva y necesitaría una incorporación por vía parlamentaria o del órgano encargado de dictarla. Barboza Russian, <<La supresión jurisprudencial del reenvío en Venezuela>>, 142.

190   Urosa Maggi, *La sala...*, 88.

191   Ley Orgánica del Tribunal Supremo de Justicia, de 19 de mayo de 2004 (Gaceta Oficial núm. 37.942 de 20 de mayo de 2004).

192   Esto es la de 2010 antes citada.

cionalidad, en cuyo caso no privará el principio dispositivo, pudiendo la Sala suplir, de oficio, las deficiencias o técnicas del recurrente sobre las disposiciones expresamente denunciadas por éste, por tratarse de un asunto de orden público. (Negrillas y subrayado incorporado).

(Ley Orgánica del Tribunal Supremo de Justicia, 2010: Art. 32,43):

Artículo 32. Control concentrado de la constitucionalidad: De conformidad con la Constitución de la República, el control concentrado de la constitucionalidad sólo corresponderá a la Sala Constitucional en los términos previstos en esta Ley, mediante demanda popular de inconstitucionalidad.

Artículo 34. Proceso de nulidad de oficio: Conforme a lo que se dispone en el artículo anterior, cuando se declare la conformidad a derecho de la desaplicación por control difuso, la Sala Constitucional podrá ordenar el inicio del procedimiento de nulidad que dispone esta Ley. Igualmente procederá cuando el control difuso de la constitucionalidad sea ejercido por dicha Sala.

Sobre el control concentrado de oficio ha señalado BERRÍOS ORTIGOZA lo siguiente:

Luego de examinar de forma genérica el sistema integral de control de la constitucionalidad venezolano, se podría afirmar que –en principio, como bien lo señalan Boscán Carrasquero (2007) y Brewer Carías (2007)- la Sala Constitucional sólo puede actuar de oficio en dos circunstancias: (i) el poder-deber de ejercer el control difuso de la constitucionalidad de las leyes –atribuido a todos los tribunales de la República-, cuando con ocasión de resolver un caso concreto, advierta la incompatibilidad entre una ley u otra norma jurídica y la Constitución, debiendo aplicar ésta (artículo 334); y, (ii) la revisión, en todo caso, y aun de oficio, de la constitucionalidad de los decretos que declaren estados de excepción dictados por el Presidente de la República (artículos 336.9 y 339). No obstante, la Sala ha ejercido el control concentrado de oficio en supuestos diferentes al contemplado en los artículos 336.9 y 339 de la Constitución, y que tienen por objeto el examen de la constitucionalidad de las leyes (…) Considerando la concepción que la Sala Constitucional tiene de sí misma como <<Poder de Garantía de la Constitución>>, ha ampliado sus potestades jurisdiccionales, mediante la configuración de sus procesos constitucionales. Ésta es una forma de manifestación de la política judicial de la Sala (…) De este modo, con base en la autonomía procesal, ha asumido la potestad de examinar de oficio la constitucionalidad de las leyes para declarar su nulidad, sin que la ley o la Constitución le atribuyan esa competencia[193].

Es decir, dichas leyes prohíben precisamente lo que la Sala hace, esto es, declarar la inconstitucionalidad de una ley con efecto *erga omnes* en un proceso que no versa sobre la nulidad de esa ley[194].

Tanto en la ley que regía para el momento del dictado de ese fallo, así como en la vigente, se exige la existencia de un procedimiento de nulidad previo, para poder declarar la nulidad de la ley ¿y es que acaso ese Poder que dictó la ley no tiene la facultad de expresarse en ese proceso?, ¿no tiene la posibilidad de explicar cuál es el verdadero sentido y alcance de la norma, utilizando argumentos que pueden conllevar a no declarar la pretendida nulidad?

El control incidental de la constitucionalidad no tiene mayor sentido en sistemas como el venezolano donde existe un control difuso en el cual, el juez constitucional (todo juez de la república), está llamado a desaplicar, para el caso en concreto, la norma contraria a la Constitución.

Así, debe decirse que la Constitución de 1999 no estableció, entre las competencias de la Sala Constitucional, la posibilidad de ejercer el control concentrado de manera incidental y, por el contrario, se limitó dicho control concentrado de la constitucionalidad a la vía principal y través de la justicia rogada, salvo que (conforme lo establece la Ley Orgánica del Tribunal Supremo de Justicia) producto de una revisión de un control difuso pueda dar inicio de oficio al procedimiento.

---

[193]   Juan Berríos Ortigoza, <<El control concentrado de oficio de la constitucionalidad en Venezuela>>, *Revista cuestiones jurídicas*, vol. V No. 2 (2011): 39-40,68.

[194]   Y así lo ha reconocido la propia Sala Constitucional, por ejemplo, SSC 474/2014, de 21 de mayo: <<Atendiendo a lo establecido en el artículo 34 de la Ley que rige las funciones de este Alto Tribunal, según el cual, esta Sala puede abrir de oficio el procedimiento de control concentrado de la constitucionalidad en aquellos casos en que se declare la conformidad a derecho de la sentencia donde se desaplicó por control difuso una norma, se ordena el inicio del juicio anulatorio al artículo 406 del Decreto con Rango, Valor y Fuerza de Ley Orgánica del Trabajo las Trabajadoras y los Trabajadores y, como consecuencia de ello, de conformidad con el artículo 135 de la Ley Orgánica del Tribunal Supremo de Justicia, se acuerda citar al Presidente de la República. Asimismo, se ordena notificar a la ciudadana Fiscal General de la República, así como a la ciudadana Defensora del Pueblo y, por último, al Procurador General de la República. A tales fines, remítase a los mencionados funcionarios copia certificada del presente fallo>>.

Esta situación si bien ocurrió en la sentencia antes referida, ya había ocurrido anteriormente cuando, por ejemplo, la sala modificó el procedimiento de Amparo Constitucional[195].

Cuando la Sala Constitucional estableció el nuevo procedimiento de Amparo Constitucional, sin que mediara declaratoria alguna de nulidad previa de la ley que lo preveía, BREWER CARÍAS, citado por UROSA, sostuvo lo siguiente:

[L]a Sala Constitucional del Tribunal Supremo, por tanto, no puede legislar ni puede, con ocasión de interpretar la Constitución, reformar leyes. Puede interpretar la Constitución y las leyes, pero no puede reformarlas ni derogarlas. Sin embargo, lo contrario ha ocurrido de manera que la Sala, con motivo de interpretar el artículo 27 constitucional que regula el derecho y la acción de amparo, ha reformado el procedimiento establecido en la Ley Orgánica de Amparo sobre Derechos y Garantías Constitucionales, la cual, sin embargo, continúa en vigencia[196].

Se corre el riesgo de pensar que esto solo podría ocurrir con leyes preconstitucionales únicamente, pero no es así, sino también con leyes dictadas después de la entrada en vigencia de la Constitución de 1999; por ejemplo, la Sala Constitucional en el año 2004, procedió a modificar los procedimientos previstos en la propia ley que habría de regirla, esto es, en la Ley Orgánica del Tribunal Supremo de Justicia (2004). En dicha sentencia existió un voto salvado que vale la pena resaltar:

En dicho voto se señaló que *la sentencia que modifique un texto legal sin que medie un juicio de inconstitucionalidad en su contra, y sin que exista vacío, ambigüedad u oscuridad alguna que requiera de interpretación o integración por parte del juez, deviene en violación al principio de separación de poderes y, en definitiva, implica una usurpación de funciones*; ello se agrava cuando, además, la materia objeto de modificación es de estricta reserva legal, como lo es ciertamente el régimen de los juicios

---

[195]   Y ha continuado con este proceder, a tales fines ver SSC 282/2021, de 09 de julio, por el cual, en la revisión de un control difuso, se anuló parcialmente el artículo 186 de la Ley de Tierras y Desarrollo Agrario (y se le otorgó una interpretación constitucionalizante) y además se anuló, también por inconstitucional, el artículo 252 de dicha Ley. Ello basado en que consideró de mero derecho la declaratoria de nulidad por inconstitucionalidad de tales artículos.

[196]   Urosa Maggi, *La sala...*, 88.

y procedimientos judiciales, en atención al artículo 156, numeral 32 de la Constitución de 1999, de modo que, concluye "...*en lugar de un beneficio para los justiciables, se ha introducido un indeseable elemento de inseguridad jurídica, a escasos meses de la vigencia de la Ley Orgánica del Tribunal Supremo de Justicia*"[197].

Visto lo anterior, es pertinente plantearse la siguiente interrogante ¿es que acaso la Constitución nacional en alguna parte de su articulado autoriza a la Sala Constitucional para dictar leyes? Por supuesto que no, por el contrario, su función pública (y por lo tanto de carácter restrictivo) es interpretar y, en caso extremo, anular leyes, pudiendo dictar algunos lineamientos para que cesen las lesiones constitucionales, pero, en ningún caso, puede legislar.

A pesar de resultar evidente la imposibilidad para la Sala Constitucional de legislar, al punto de considerarse una verdad de Perogrullo, la vigente Ley Orgánica del Tribunal Supremo de Justicia (2022)[198] lo reguló expresamente, es decir, esta incluyó un límite para las actuaciones que pudieran considerarse excesivas por parte de la Sala Constitucional. Señala dicho texto (último aparte del artículo 25) lo siguiente:

> La facultad de la Sala Constitucional en su actividad de conocer y decidir los asuntos de su competencia no abarca la modificación del contenido de las leyes. En todo caso, en resguardo de la seguridad jurídica, si la interpretación judicial da lugar a una modificación legislativa, la Sala deberá así referirlo para que la Asamblea Nacional, en uso de sus facultades constitucionales realice las modificaciones o reformas a que hubiere lugar.

Esta inclusión en el texto de la ley es una clara demostración de un llamado de atención que hizo el Poder Legislativo a la Sala Constitucional en virtud de la constante invasión de parte de esta a la esfera de competencias del primero.

Sobre los constantes excesos que ha venido cometiendo la Sala Constitucional, especialmente aquellos relacionados a la ampliación de sus competencias (aparentemente ilimitada en el tiempo y en las materias), el profesor CASAL, ha apuntado lo siguiente:

---

[197] SSC 1.645/2004, de 19 de agosto.

[198] Antes citada.

En el caso venezolano observamos en cambio la inclinación a colocar cada supuesto imaginable de actuación u omisión contraria a la Constitución dentro del ámbito de competencias de la Sala Constitucional, orientación que se funda en premisas sumamente discutibles. Esta Sala sostiene que ostenta un poder (general) de garantía de la Constitución, similar –afirma– al que una reputada doctrina ha reconocido al Tribunal Constitucional español. Adicionalmente, considera que la sujeción de los órganos del poder público y de todo sujeto de Derecho a la Constitución es universal, por lo que también deben serlo los mecanismos de justicia constitucional que sean aplicados por la Sala Constitucional. En otras palabras, de la universalidad de la supremacía constitucional se deduce el carácter omnicomprensivo del control y de los poderes de esa Sala[199].

Así pues, si la detentadora del poder considera que este poder es omnicomprensivo, qué esperanza queda para la norma de rango legal que le establece a la Sala que no puede modificarla ni a ella ni a sus pares, cuando ni el propio texto constitucional está a salvo, decidiendo la Sala qué dice y qué lo conforma (en referencia al bloque de la constitucionalidad). Visto así, es necesario un cambio urgente en esta visión todopoderosa que tiene la Sala Constitucional, cuyo análisis y propuesta, excede el cometido de esta obra y, en especial, de este capítulo.

Se insiste, y para ir concluyendo con este análisis, en que la Sala Constitucional debe en primer lugar interpretar la norma, otorgándole una interpretación cónsona con la Constitución, para ello claro está, puede utilizar los mecanismos de interpretación correspondiente, tales como la interpretación correctiva (que bien puede ser restrictiva o aditiva) todo con la finalidad de conservar su existencia y preservar el orden jurídico y, solo en el caso de que lo anterior no fuere posible, deberá anularla. Pero, lo que no puede la Sala es anular una norma y redactar otra completamente diferente usurpando la función de otro Poder Público.

Esta imposibilidad de incursionar en la actividad legislativa se evidencia incluso en lo que se conoce como la Protección Constitucional por la Omisión del Poder Legislativo, mediante la cual la Sala Constitucional no puede suplir la inactividad de la Asamblea Nacional dictando las leyes omitidas, sino que debe limitarse a emplazar al Poder Legislativo para que lo haga y, a lo sumo, dictar algunos correctivos de la situación.

---

[199]   Jesús María Casal, <<Los actuales desafíos de la justicia constitucional en Venezuela>>, 304-305.

Por tanto, al desconocer los límites que la propia carta magna le ha impuesto, la Sala Constitucional ilegítimamente se ha subido, por sus propios medios, a un pedestal desde el que pretende que ni la propia Constitución nacional le satisfaga, mucho menos la ley. Con ese tipo de actuación, que no es única sino sostenida, se ha puesto, arbitraria y unilateralmente, por encima de la Constitución y de todo el orden jurídico, anulando el principio de supremacía constitucional que tanto dice defender.

Lo cierto es que todos los jueces constitucionales (sean del rango que sean) deben estar sometidos a la Constitución, y no pueden invadir el campo del legislador ni el del Poder Constituyente; lo contrario sería, en palabras de Sandra Morelli, desarrollar un Totalitarismo Judicial Irresponsable[200]; pues, estos no pueden sustituir al Poder Legislativo ni poseen base política discrecional para crear normas legales o disposiciones que no puedan ser deducidas de la Constitución misma. Por ello, algunos se han referido a los jueces constitucionales como legisladores negativos[201].

Sin embargo, entendemos que en la evolución del Derecho se puede ir un grado más allá en la interpretación, autorizando que se haga una interpretación armónica de cara a la Constitución. Pero no está bien en que convirtamos al Juez en un Legislador Positivo, no importa que sea el Juez de Municipio o la Sala Constitucional.

---

[200] Brewer-Carías, prólogo, 14.

[201] La referencia a legislador negativo debe ser tomada en el sentido clásico, esto es ateniendo solo a la faceta del juez constitucional en la anulación de las leyes. Sabiendo que dicho juez no es legislador ni en sentido positivo ni negativo, solo anula la ley cuando lo impone la preservación de la supremacía de la Constitución. El Juez está llamado a proteger la Constitución y lo último que deberá hacer es anular la norma dejando un vacío, ello deberá evitarlo de ser posible con la interpretación. Para ampliar esto véase Casal, *Constitución...*, 106-109.

CAPÍTULO II

ORIGEN Y ANTECEDENTES DE LA REVISIÓN CONSTITUCIONAL DE SENTENCIAS EN VENEZUELA

Quizá uno de los temas más interesantes sobre la revisión constitucional de sentencias, es el relativo a su naturaleza jurídica, toda vez que lograr precisar lo que esta es, puede arrojar luces sobre cómo debe ser tratada. Para ello, una real exposición de motivos de la Constitución elaborada por el poder constituyente, así como el derecho comparado podrían ayudar.

No obstante, en el presente estudio, la exposición de motivos será simplemente una mención referencial, que no será utilizada como parámetro serio para determinar la naturaleza de la revisión constitucional de sentencias ni su alcance, toda vez que, a ciencia cierta, todavía se discute si realmente fue una recopilación del pensamiento del constituyente o si, por el contrario, la misma fue redactada con una visión propia, particular e interpretativa de las normas constitucionales. Además, porque tal como fue reconocido por la propia Sala Constitucional, SSC 93/2001 del 06 de febrero de 2001, esta carece de carácter normativo y, especialmente, por considerarla írrita y contrabandeada en el texto constitucional, pues, esta no fue objeto de consulta y aprobación por el soberano.

El profesor CANOVA GONZÁLEZ sobre la exposición de motivos del texto constitucional ha comentado lo siguiente:

> Sin embargo, este escrito [refiriéndose a la Exposición de Motivos de la Constitución de 1999] difiere plenamente de su antecesor y, como se verá, es perfectamente calificable de inaudito. Difícilmente pueda, en efecto, encuadrarse en la categoría de exposición de motivos. Tres argumentos, que giran en torno al momento en que apareció, los objetivos que persigue y su contenido, se agrupan para llegar a esa conclusión (...) El caso es que el documento que se presenta como Exposición de Motivos de la Constitución de 1999 es inédito en

el Derecho histórico venezolano, posiblemente en el comparado también. El lugar encumbrado que el Tribunal Supremo de Justicia ha otorgado a este texto en varias de sus decisiones debería ser revisado, ya que, en realidad, en virtud del momento en que apareció, su objetivo y contenido, poco valor puede endilgársele a esa pretendida Exposición de Motivos, absolutamente inaudita, como se ha visto[202].

Por su parte JESÚS MARÍA CASAL, al referirse a la exposición de motivos de la Constitución nacional, ha indicado que:

Por eso, las afirmaciones de la Exposición de Motivos de la Carta Magna sobre la naturaleza y los poderes de esta Sala parecen responder, antes que al propósito de explicar los verdaderos motivos, implícitos o explícitos, del Constituyente, a la defensa de una determinada visión de la jurisdicción constitucional (...) No es descartable, sin embargo, que lo dicho en la Exposición de Motivos de la Constitución sea asumido como santa palabra, con lo cual estaremos transitando un camino inexplorado y cuestionable desde el punto de vista dogmático y sistemático. Con todo será, como siempre, la prudencia humana, junto a la dinámica real de las instituciones y al espíritu que las anime, la que determinará el éxito o el fracaso del experimento (...) Nunca será ocioso reiterar los riesgos de atribuir a la Constitución y, por tanto, de petrificar, soluciones que, por más válidas y plausibles que resulten en un momento y contexto determinados, son tan discutibles y revisables como cualquier otra. No deben cerrarse senderos que la Constitución dejó abiertos a la evolución y, por ende, al proceso de ensayo-error inherente a la producción legislativa (...) En cualquier caso, las críticas formuladas se refieren a una Exposición de Motivos, no a la Constitución, siendo esta última la única que representa una norma jurídica vinculante para todo operador jurídico público o privado. Esto aunado a la inexistencia de tal Exposición de Motivos al momento de ser votada la Constitución por el soberano[203].

Aclarado lo anterior, debe señalarse que cualquier intento por precisar el origen y la naturaleza jurídica de la revisión constitucional de sentencias pasa, necesariamente, por ofrecer al menos un intento de definirla o, por lo menos, de tratar de explicar en qué consiste; para que de esta manera pueda el lector ir formando su propio criterio sobre el particular.

---

[202]   Antonio Canova González, <<El preámbulo de la constitución venezolana de 1999>>, *Revista de Derecho Constitucional*, n.º 3 (2000): 61-62,65.

[203]   Casal, *Constitución...*, 114-117.

EN QUÉ CONSISTE LA REVISIÓN DE SENTENCIAS. FUNDAMENTO NORMATIVO

Si se parte de la regulación contenida en la propia Constitución nacional[204], puede decirse, sin tomar partido respecto a su naturaleza y haciendo abstracción del alcance que la propia jurisprudencia de la Sala Constitucional le ha dado[205], que se trata de una competencia que le fue dada a la Sala Constitucional del Tribunal Supremo de Justicia, en aras de garantizar la protección de la carta magna, la cual le permite a dicha Sala revisar aquellos fallos <u>definitivamente firmes</u> que hubieren sido dictados por los tribunales de la república, en ejercicio de una pretensión de amparo constitucional o bien, como manifestación del control difuso de la

---

[204] Artículo 336. Son atribuciones de la Sala Constitucional del Tribunal Supremo de Justicia: (…) 10. Revisar las sentencias definitivamente firmes de amparo constitucional y de control de constitucionalidad de leyes o normas jurídicas, dictadas por los Tribunales de la República, en los términos establecidos por la ley orgánica respectiva (…)

[205] La referencia a la jurisprudencia de la Sala aplica *mutatis mutandis* a la Ley Orgánica del Tribunal Supremo de Justicia (2022), pues esta ley, en gran parte, lo que hizo fue recoger lo que ha sido el criterio de la Sala Constitucional durante estos años. En este sentido, y refiriéndose a las LOTSJ de 2004 y 2010, indica la profesora María Elena Toro: <<La Ley Orgánica del Tribunal Supremo de Justicia derogada generó, en su momento, un enorme revuelo, por decir lo menos, a lo interno del propio Tribunal, ya que este no participó, como institución, en el proceso de elaboración del proyecto que aprobó la Asamblea Nacional (…) En cambio, para su Ley de reforma de 2010, además del proceso de consulta pública que manda la Constitución (…) hubo activa participación de distintos entes públicos (…) por lo que respecta a la revisión a que se contrae el cardinal 10 [del 336 constitucional]; esta figura se plasmó en los cardinales 10 a 13 en los que se recogió la jurisprudencia pacífica de la Sala Constitucional en la materia (…) Se dio así rango legal al criterio jurisprudencial respecto a la posibilidad de "revisión sin reenvío" que acuñó la Sala Constitucional>>. María Elena Toro, <<Los procesos de la jurisdicción constitucional: Comentarios acerca de la Ley Orgánica del Tribunal Supremo de Justicia>> en *I Congreso internacional de derecho procesal constitucional: Los retos del derecho procesal constitucional en Latinoamérica en homenaje al Dr. Román Duque Corredor,* vol. I, Coord. Gonzalo Pérez Salazar y Luis Petit Guerra (Caracas: Ediciones Funeda, 2011), 323-325.

En el mismo sentido comenta Flavia Pesci Feltri, al indicar que: <<Es de hacer notar, que la Ley [se refiere a LOTSJ 2010] que nos ocupa incorpora en materia de revisión constitucional los criterios jurisprudenciales que, en torno a la revisión de sentencias definitivamente firmes, ha venido desarrollando la Sala Constitucional>>. Flavia Pesci Feltri, *La revisión constitucional de sentencias definitivamente firmes* (Caracas: Funeda, 2011), 48.

Constitución. Ordenándose a tales efectos, el dictamen de una ley orgánica, que rija todo lo relativo al trámite, admisibilidad y procedencia de tal facultad, la cual hasta ahora se presenta como totalmente facultativa y discrecional para la Sala[206].

---

[206] Para algunos al comentar la Ley Orgánica del Tribunal Supremo de Justicia de 2004 habían sostenido que la discrecionalidad de la Sala Constitucional estaba matizada en el caso de la revisión de las decisiones por control difuso de la constitucionalidad, pues, dicha Sala, conforme a la ley que regula las funciones de ese máximo tribunal [hoy LOTSJ de 2022] estaba llamada a pronunciarse al respecto. Indicaba la Ley Orgánica del Tribunal Supremo de Justicia de 2004 (último párrafo del numeral 22): De conformidad con el numeral 22 de este artículo, cuando cualquiera de las Salas del Tribunal Supremo de Justicia haga uso del control difuso de la constitucionalidad, únicamente para un caso concreto, deberá informar a la Sala Constitucional sobre los fundamentos y alcances de la desaplicación adoptada para que ésta proceda a efectuar un examen abstracto sobre la constitucionalidad de la norma en cuestión, absteniéndose de revisar el mérito y alcance de la sentencia dictada por la otra Sala, la cual seguirá conservando fuerza de cosa juzgada. En caso que el examen abstracto de la norma comporte la declaratoria total o parcial de su nulidad por inconstitucional, la sentencia de la Sala Constitucional deberá publicarse en la Gaceta Oficial de la República Bolivariana de Venezuela y en la Gaceta Oficial del Estado o Municipio, de ser el caso. (Véase último párrafo del artículo 5 de la LOTSJ). Sin embargo, se cree que tal apreciación no es correcta, pues lo previsto en ese numeral 22 (efectuar, en Sala Constitucional, examen abstracto y general sobre la constitucionalidad de una norma previamente desaplicada mediante control difuso de la constitucionalidad por una Sala del Tribunal Supremo de Justicia, absteniéndose de conocer sobre el mérito y fundamento de la sentencia pasada con fuerza de cosa juzgada) concatenado con el anterior párrafo transcrito, es un tema para la Sala Constitucional ya no de control difuso, sino de control concentrado de la constitucionalidad, donde a juicio de la Sala la sentencia que declare la incorrecta desaplicación de la norma legal (errado ejercicio del control difuso) debe advertir de esa situación para que se corrija el caso en concreto. No se trataba acá de un tema de revisión de sentencias previsto en el 336.10 de la Constitución, sino, un tema de control concentrado ordenado por la Ley. Sobre esto apuntó Casal, citado por Cuenca, quien considera que: <<se estableció un mecanismo de articulación entre la facultad de las Salas de este Tribunal de ejercer el control difuso de la constitucionalidad de las leyes y el control concentrado que ostenta la Sala Constitucional (art. 5, núm. 22 y último párrafo), porque, en definitiva, lo que se logra con esta modalidad es el control concentrado y abstracto de la constitucionalidad de la ley>>. Ver, Leoncio Cuenca Espinoza, *Revisión de las decisiones judiciales como mecanismo de control de constitucionalidad en Venezuela* (San Cristóbal: Ediciones Paredes, 2007), 55-56. Por lo que al no referirse a la revisión de sentencias estas regulaciones, no puede decirse que la revisión está matizada en cuanto a su discrecionalidad, pues, su obligación de decidir es como control concentrado. Ahora bien, la vigente Ley Orgánica del Tribunal Supremo de Justicia (2022) modificó esta regulación

Revisar una sentencia, desde la óptica constitucional, consiste en examinar ponderadamente cómo fue la aplicación e interpretación de las normas constitucionales por parte del juez cuya sentencia es revisada[207]. Dicho trabajo debiera concluir en ratificar el buen trabajo hecho por el juez o, por el contrario, en anular dicho fallo por ser contrario a la Constitución, siempre que esta anulación tenga una finalidad útil[208], como bien lo exige el propio texto constitucional que sería la razón de la anulación.

---

conforme a lo establecido en los artículos 25.12 (son competencias de la Sala Constitucional del Tribunal Supremo de Justicia: Revisar las sentencias definitivamente firmes en las que se haya ejercido el control difuso de la constitucionalidad de las leyes u otras normas jurídicas, que sean dictadas por las demás Salas del Tribunal Supremo de Justicia y demás tribunales de la república), 33 (cuando cualquiera de las Salas del Tribunal Supremo de Justicia y los demás tribunales de la república ejerzan el control difuso de la constitucionalidad deberán informar a la Sala Constitucional sobre los fundamentos y alcance de la desaplicación que sea adoptada, para que ésta proceda a efectuar un examen abstracto sobre la constitucionalidad de la norma en cuestión) y 34 (conforme a lo que se dispone en el artículo anterior, cuando se declare la conformidad a derecho de la desaplicación por control difuso, la Sala Constitucional podrá ordenar el inicio del procedimiento de nulidad que dispone esta Ley; igualmente procederá cuando el control difuso de la constitucionalidad sea ejercido por dicha Sala). A diferencia de lo establecido en la ley de 2004, acá la revisión que deberá hacer la Sala Constitucional del ejercicio del control difuso que realice cualquier juez de la República, no podrá concluir en la nulidad general de la norma y su publicación en Gaceta Oficial, tal como ocurría en 2004, dado que se transformaba el control difuso que inició en un control concentrado por la Sala Constitucional. Bajo la vigencia de esta norma (2022) la declaratoria de conformidad del ejercicio del control difuso lo que puede es dar origen al inicio de un procedimiento para el ejercicio del control concentrado. Por tanto, en este caso, tal revisión si es más cónsona con la establecida en el 336.10 de la Constitución y efectivamente parece matizar el tema de la discrecionalidad.

[207] Mario Pesci Feltri, *La constitución y el proceso* (Caracas: Editorial Jurídica Venezolana, 2011), 110.

[208] ¿Será una razón útil y suficiente impartir justicia o solo la será la uniforme interpretación del texto constitucional? Antes de decidirlo es conveniente ponderar el carácter supremo del alto tribunal de la República, así como la condición de máximo y último intérprete de la Sala Constitucional, con la afirmación de Rawls: <<La justicia es la primera virtud de las instituciones sociales, como la verdad lo es de los sistemas de pensamiento>>. John Rawls, *Teoría de la justicia* (México: Fondo de Cultura Económica, 2006), 17. O, como diría Von Ihering: <<¿Qué son, en fin, la defensa obligatoria y esa lucha de los procesos? ¿Qué son sino escenas de un mismo drama, la lucha por el Derecho? Rudolf Von Ihering, *La lucha por el derecho* (Buenos Aires: Editorial Heliasta, 1993), 19.

La facultad Revisora que posee la Sala Constitucional está contenida, en principio, en el numeral 10 del artículo 336 de la Constitución nacional, en su versión, no "reimpresa[209]", que establece:

Artículo 336.- Son atribuciones de la Sala Constitucional del Tribunal Supremo de Justicia: (...) Revisar las sentencias de amparo constitucional y de control de constitucionalidad de leyes o normas jurídicas dictadas por los Tribunales de la República, en los términos establecidos por la ley orgánica respectiva (...)

Ahora bien, tal versión pareciera haber quedado *"derogada"* por una nueva, que fuera dictada (y la cual es actualmente aplicada) con reconocimiento de la propia Sala Constitucional; siendo esta nueva versión la reimpresión de la anterior, pero con algunos cambios que más que formales son verdaderamente sustanciales. Aunque resulte odiosa la afirmación, lo cierto es que tales cambios no han debido ser introducidos, por no tratarse del contenido de aquella Constitución aprobada por la voluntad popular[210].

Lo que se trata de decir, es que en la última versión fue incluida la palabra de *"definitivamente firme"*, esto es, que sólo podrían ser revisadas aquellas sentencias del tipo antes mencionado, pero que fueran definitivamente firmes, lo cual, si bien puede que sea lo más acertado, no fue lo que realmente se aprobó por el populacho que, si bien es posible que en su mayoría no conozca el sentido y alcance de tal norma, ello no puede ser razón para irrespetar tal voluntad.

Comentado lo anterior, podría decirse que, similar a la pérdida de vigencia de la Constitución de 1961, ya mucha agua ha pasado bajo el puente, por lo que, a los efectos de estas palabras, la Constitución que prevalecerá será aquella reimpresión que modificó la aprobada en referendo. Así se tiene que el fundamento normativo de la revisión constitucional de sentencias se encuentra en la competencia concedida por el artículo 336.10 de la Constitución nacional que establece: <<[s]on atribuciones de la Sala Constitucional (...) [r]evisar las sentencias definitivamente firmes de amparo constitucional y de control de constitucionalidad de leyes o normas jurídicas, dictadas por los Tribunales de la República, en los términos establecidos por la ley orgánica respectiva.

---

[209] Constitución de 1999 antes citada.

[210] Han debido estos cambios dejarse al intérprete, quien como sabemos puede efectuar interpretaciones extensivas o restrictivas.

Por su parte la vigente Ley Orgánica del Tribunal Supremo de Justicia (2022) recogiendo, como se ha afirmado, lo que ha sido parte de la jurisprudencia de la propia Sala Constitucional, sobre la regulación legal de la revisión constitucional de sentencias, dispone lo siguiente:

Supremacía Constitucional. Artículo 4. El Tribunal Supremo de Justicia garantizará la supremacía y efectividad de las normas y principios constitucionales. Será el máximo y último intérprete de la Constitución de la República Bolivariana de Venezuela y velará por su uniforme interpretación y aplicación. Las interpretaciones que establezca la Sala Constitucional sobre el contenido o alcance de las normas y principios constitucionales son vinculantes para las otras Salas del Tribunal Supremo de Justicia y demás tribunales de la República.

(…)

Competencia de la Sala Constitucional. Artículo 25. Son competencias de la Sala Constitucional del Tribunal Supremo de Justicia: (…) 10. Revisar las sentencias definitivamente firmes que sean dictadas por los Tribunales de la República, cuando hayan desconocido algún precedente dictado por la Sala Constitucional; efectuado una indebida aplicación de una norma o principio constitucional; o producido un error grave en su interpretación; o por falta de aplicación de algún principio o normas constitucionales. 11. Revisar las sentencias dictadas por las otras Salas que se subsuman en los supuestos que señala el numeral anterior, así como la violación de principios jurídicos fundamentales que estén contenidos en la Constitución de la República Bolivariana de Venezuela, tratados, pactos o convenios internacionales suscritos y ratificados válidamente por la República o cuando incurran en violaciones de derechos constitucionales. 12. Revisar las sentencias definitivamente firmes en las que se haya ejercido el control difuso de la constitucionalidad de las leyes u otras normas jurídicas, que sean dictadas por las demás Salas del Tribunal Supremo de Justicia y demás Tribunales de la República. (…) La facultad de la Sala Constitucional en su actividad de conocer y decidir los asuntos de su competencia, no abarca la modificación del contenido de las leyes. En todo caso, en resguardo de la seguridad jurídica, si la interpretación judicial da lugar a una modificación legislativa, la Sala deberá así referirlo para que la Asamblea Nacional, en uso de sus facultades constitucionales realice las modificaciones o reformas a que hubiere lugar.

(…)

Efectos de la revisión. Artículo 35. Cuando ejerza la revisión de sentencias definitivamente firmes, la Sala Constitucional determinará los efectos inmediatos de su decisión y podrá reenviar la controversia a la Sala o Tribunal respectivo o conocer la causa, siempre que el motivo que haya generado la revisión constitucional sea de mero derecho y no suponga una nueva actividad probatoria; o que la Sala pondere que el reenvío pueda significar una dilación inútil o indebida, cuando se trate de un vicio que pueda subsanarse con la sola decisión que sea dictada.

(…)

Causas no sujetas a sustanciación. Artículo 145. En las causas en las que no se requiera sustanciación, la Sala decidirá en un lapso de treinta días de despacho contados a partir del día en que se dé cuenta del recibo de las actuaciones, salvo lo que preceptúan la Constitución de la República y leyes especiales. No requerirán sustanciación las causas a que se refieren los numerales 5, 6, 10, 11, 12, 13, 14, y 15 del artículo 25 de esta Ley. Queda a salvo la facultad de la Sala Constitucional de dictar autos para mejor proveer y fijar audiencia si lo estima pertinente.

REVISIÓN HISTÓRICA DE LA REVISIÓN CONSTITUCIONAL DE SENTENCIAS EN VENEZUELA

Al abordarse este tema de la revisión histórica de la revisión constitucional de sentencias, resulta conveniente señalar que, a diferencia del avance que podría tener el constitucionalismo venezolano y su sistema de justicia, basados en el hecho de gozar de la primera Constitución de América Latina (1811) que, a su vez, ya contaba entre sus méritos con la incorporación de un control difuso o concreto de dicha norma constitucional, el cual posteriormente obtuvo rango legal en el Código de Procedimiento Civil de 1897; no fue así con la revisión constitucional de sentencias prevista en el artículo 336.10 de la vigente Constitución.

No existe en el ordenamiento jurídico venezolano un antecedente normativo como este, a pesar de la existencia de algunos esfuerzos por incorporar una norma de similares características. Es decir, si bien nunca se logró la reforma del sistema de justicia constitucional, para lograr la incorporación de una revisión constitucional de sentencias, ello no significa que no se hayan hecho grandes esfuerzos por lograrlo.

En este sentido, vale la pena destacar dos importantes trabajos que se realizaron en esta materia, el primero, fue el Anteproyecto de Ley Orgánica de Jurisdicción Constitucional que presentó la Comisión Presidencial para la Reforma del Estado (COPRE) en el año 1989 ante la Comisión Bicameral para la Revisión de la Constitución creada por el Congreso de la República y, el segundo, el elaborado por la Corte Suprema de Justicia y que fuera aprobado por la Sala Plena el 15 de junio de 1999.

Si bien el denominador común de estos esfuerzos era la creación de una Sala Constitucional que pudiera ejercer las competencias constitucionales que asignaba la Constitución de 1961, también tales anteproyectos trataron el tema de la revisión constitucional de sentencias. De los cuales, a decir de PORTOCARRERO, el segundo de ellos, <<fue sin duda el anteproyecto que, durante la vigencia de la Constitución de 1961, y hasta que no se instalara la Asamblea Nacional Constituyente en 1999, más se aproximó a la redacción de la actual norma constitucional>>[211].

Sobre el primero de los anteproyectos, AYALA CORAO, en un artículo publicado en la Revista de Derecho Público N° 39 de 1989, comentó lo siguiente:

La jurisdicción constitucional comprende los diversos medios procesales mediante los cuales los tribunales (ordinarios o especializados), están facultados para controlar la Constitución. Sin embargo, la variedad de órganos jurisdiccionales que ejercen en Venezuela el control de la constitucionalidad de los actos estatales propicia una jurisprudencia en no pocos casos contradictoria. La Constitución es en definitiva lo que los jueces dicen que es. Un país con diversas interpretaciones judiciales de la Constitución es un Estado con varias Constituciones. De allí, la importancia de unificar la jurisdicción constitucional en la Corte Suprema de Justicia, como órgano jurisdiccional especializado cuya función primordial es controlar la constitucionalidad de los actos del Poder Público (art. 2, LOCSJ). Por ello, cualquier proyecto de ley sobre la jurisdicción constitucional en Venezuela debe tener como presupuesto necesario la creación de una sala especializada en el control constitucional. Esta sala no es otra que la Sala Federal Constitucional prevista en el artículo 216 del pro-

---

[211]   Zhaydee Portocarrero, *La revisión de sentencias: mecanismos de control de constitucionalidad, creado en la constitución de 1999* (Caracas: Tribunal Supremo de Justicia, 2006), 27.

pio Texto Fundamental[212], aunque su integración no sea la ideal. Las bases para un proyecto de ley que reglamente la jurisdicción constitucional comprenderían en nuestro criterio las siguientes regulaciones: (…)

VI. EL RECURSO EXTRAORDINARIO DE REVISIÓN POR INCONSTITUCIONALIDAD A fin de lograr un mayor acceso a la jurisdicción constitucional para controlar las sentencias inconstitucionales que no son objeto de control por otros medios regulados en este anteproyecto; y a fin de poder controlar las sentencias que se pronuncian sobre cuestiones de inconstitucionalidad, se ha optado por crear en nuestro sistema procesal un recurso extraordinario a fin de efectuar la revisión de dichos fallos. Dicho recurso permite a la Corte Suprema, en su Sala Federal Constitucional, actuar como una verdadera instancia. En consecuencia, la decisión de este recurso es definitiva y firme, a diferencia de la casación, pues el fallo de la Corte se bastará por sí mismo. Dependiendo de la organización jurisdiccional y la asignación de competencias, en algunos casos será una segunda instancia extraordinaria, pero en muchos otros una verdadera tercera instancia extraordinaria. Sin embargo, su establecimiento se justifica por los motivos antes expuestos. El recurso es además extraordinario, motivo por el cual habrá que agotar los medios ordinarios en caso de ser procedentes; y, además, sus causales son taxativas. En este sentido, el anteproyecto establece [artículo 36[213]] que las sentencias definitivas de última instancia dictadas por cualquier tribunal inferior a la Corte Suprema de Justicia, podrán ser objeto del recurso extraordinario de revisión por inconstitucionalidad por ante la Sala competente (Federal Constitucional) de dicho Máximo Tribunal, cuando se cumplan los siguientes requisitos: a) que la sentencia se haya pronunciado sobre cuestiones de inconstitucionalidad, aplicando o interpretando normas o principios constitucionales; o cuando la sentencia haya violado en forma flagrante y directa normas o principios constitucionales; b) que

---

[212] La norma de la Constitución de 1961 disponía, en lo atinente al tema, lo siguiente: La ley orgánica podrá conferir las atribuciones señaladas en los ordinales 2º, 3º, 4º, 5º y 6º a una Sala Federal presidida por el Presidente de la Corte e integrada por los Magistrados que tengan competencia en lo contencioso-administrativo y por un número no menor de dos representantes de cada una de las otras Salas. Constitución de 1961, de 23 de enero de 1961 (reimpresa y publicada en Gaceta Oficial núm. 3.357 de 02 de marzo de 1984).

[213] Portocarrero, *La revisión...*, 24.

la sentencia no sea objeto de control por ninguna de las otras vías reguladas en esta ley: y c) que contra la sentencia se hayan agotado los recursos judiciales ordinarios. El· recurso extraordinario de revisión por inconstitucionalidad se interpondrá por ante el tribunal que haya dictado la sentencia definitiva de última instancia, dentro de los diez días de despacho siguientes a ésta. La interposición del recurso se oirá en ambos efectos, en virtud de lo cual, los efectos del fallo impugnado quedarán suspendidos, y el tribunal remitirá los autos a la Corte Suprema de Justicia dentro de los tres días de despacho siguientes a la interposición de aquél. Los requisitos del escrito de interposición, así como la sustanciación y decisión del recurso se regirá por lo establecido en los artículos 14 al 24 del anteproyecto, en cuanto resulten aplicables. Para la tramitación y decisión del recurso, la Corte Suprema de Justicia actuará en instancia plena y definitiva. pudiendo apreciar tanto los hechos como el derecho aplicado por el tribunal inferior. Asimismo, la Corte tendrá amplios poderes de decisión, pudiendo declarar la nulidad del fallo, cuya revisión se solicita, o confirmar la sentencia impugnada. Con lo cual, en virtud de los amplios poderes conferidos a la Corte, ésta podrá incluso llegar a modificar el fallo en lo que considere procedente[214].

Puede apreciarse del anterior anteproyecto que, si bien la Sala dista mucho de la actual Sala Constitucional, se trataba de un regulación mucho más precisa y exacta (lo cual se traduce en la materialización del debido proceso y tutela judicial efectiva) que lo que ha imperado en estos poco más de 20 años bajo el criterio de la Sala Constitucional. Eso es lo que debe hacer una Ley Orgánica de la Justicia Constitucional, precisamente, prever las reglas del juego procesal-constitucional, todo lo cual se traduce en la garantía del justiciable de su acceso a una justicia idónea.

Más allá de esas generalidades, es interesante apreciar cómo el anteproyecto describió las características principales del recurso, esto es, en primer lugar, lo califica como recurso y extraordinario, con lo cual, existe una contrapartida para el justiciable que lo ha ejercido, esto es, el derecho a un pronunciamiento sobre su caso (no es discrecional) y la suspensión

---

[214] Carlos Ayala Corao, <<Comentarios legislativos bases para la elaboración de un anteproyecto de ley orgánica de jurisdicción constitucional>> en *Revista de derecho público*, n.º 39 (1989), edición en pdf, acceso en marzo 2023, https://revistade derechopublico.com/wp-content/uploads/2022/11/39-Bases_elaboracion_Anteproyecto _Ley_Organica_Jurisdiccion_Constitucional_Carlos_Ayala.pdf., 78,85-86.

inmediata de los efectos del fallo; teniendo además la Sala poderes plenos como juez de instancia (constituiría una tercera instancia excepcional, similar al recurso extraordinario argentino, toda vez que tendría como presupuesto la lesión constitucional), pero además establece un plazo, por tanto preclusivo, para su ejercicio, impidiendo que el fantasma de la inseguridad jurídica reine de manera atemporal.

Otro aspecto que llama la atención del referido anteproyecto es la figura de una casación (que es un recurso de defensa de la ley) por inconstitucionalidad. El cual pareciera no tener sentido con una revisión constitucional de sentencias, medio este que sería el refuerzo al trabajo que debe hacer todo juez como defensor de la Constitución, incluso quienes ejercen la función de juez de casación en diversas áreas. No obstante, el referido autor AYALA CORAO comenta sobre este recurso previsto en el anteproyecto, en los términos siguientes:

VII. EL RECURSO DE CASACIÓN POR INCONSTITUCIONALIDAD El recurso de casación como medio extraordinario de impugnación de sentencias, permite a las salas de casación controlar la constitucionalidad de los fallos judiciales. Sin embargo, al ejercer dicha competencia -lo cual puede ser incluso de oficio en el nuevo Código de Procedimiento Civil-, ambas salas interpretan la Constitución, lo que permite la coexistencia de criterios no sólo diferentes sino también contradictorios. En virtud de la finalidad de coordinar y unificar la jurisdicción constitucional del anteproyecto, se ha separado el recurso de casación por ilegalidad, del recurso de casación por inconstitucionalidad. El conocimiento del recurso de casación por inconstitucionalidad de la sentencia impugnada corresponderá a la (Sala Federal Constitucional de la) Corte Suprema de Justicia. Sin embargo, el procedimiento, los lapsos y requisitos para la interposición y tramitación de este recurso, y los efectos jurídicos de la decisión, se regirán por lo pautado en el Código de Procedimiento Civil y el Código de Enjuiciamiento Criminal, respectivamente[215].

En lo que respecta al segundo anteproyecto referido (CSJ, 1999) este indicaba que la justicia constitucional se ejercería por la Sala Constitucio

---

[215] Ayala Corao, <<Comentarios legislativos bases para la elaboración de un anteproyecto de ley orgánica de jurisdicción constitucional>> en *Revista de derecho público*, n.º 39 (1989), edición en pdf, acceso en marzo 2023, https://revistade derechopublico.com/wp-content/uploads/2022/11/39-Bases_elaboracion_Anteproyecto_Ley_ Organica_Jurisdiccion_Constitucional_Carlos_Ayala.pdf, 86.

nal de la Corte Suprema de Justicia y por los demás tribunales de la república, teniendo competencia para revisar las sentencias de amparo constitucional que estuvieran reñidos con los derechos y garantías constitucionales o que hubieren sido dictada fuera de la esfera de competencias del juez que las pronunció[216].

Además, dicho anteproyecto en su exposición de motivos, y a diferencia del primer anteproyecto antes mencionado, señalaba que:

> [L]a revisión de los fallos de amparo constitucional no constituye una verdadera instancia de conocimiento, pues procede sólo frente a decisiones ya firmes, es decir, contra aquellas que ya hubiesen agotado todas las instancias normales de conocimiento, pudiendo negarse a la revisión discrecionalmente, y sólo con el simple paso del tiempo, sin que ello constituya lesiones al derecho de defensa de los justiciables[217].

Tal como indica PORTOCARRERO, la redacción del segundo anteproyecto al cual se ha hecho referencia, es el más parecido, no tanto a la redacción de la vigente Constitución, pero si al menos a lo que la Sala Constitucional ha dicho que es lo que dice el artículo 336.10.

De esta manera, se ha presentado un resumen de lo que puede considerarse el antecedente al artículo 336.10 de la Constitución nacional, pues, como se ha explicado, se trata de una norma que no tiene un antecedente normativo previo. Es dicho artículo una innovación dentro del derecho constitucional venezolano.

Sobre lo que fue el proceso para la inclusión de esta disposición en el texto constitucional vigente, puede presentarse el siguiente esquema ordenado cronológicamente[218]:

a) La Comisión de la Administración de Justicia (comisión de la Asamblea Nacional Constituyente encargada de la redacción del articulado relativo al poder judicial, al máximo tribunal y a la justicia constitu-

---

[216] Portocarrero, *La revisión...*, 26.

[217] Portocarrero, *La revisión...*, 26.

[218] Para ampliar este tema ver José Haro, <<La jurisdicción constitucional en la constitución de 1999>>, en *IV congreso de derecho constitucional: El nuevo derecho constitucional venezolano en homenaje a Humberto J. La Roche*, coord. por Jesús María Casal y Alma Chacón Hanson (Caracas: Universidad Católica Andrés Bello, 2000), 516 y siguientes.

cional, entre otros asuntos, que le presentaría a la Comisión Constitucional), presentó a la Comisión Constitucional un primer informe en el cual, sobre el tema de las competencias del Tribunal Supremo de Justicia y, específicamente sobre la revisión constitucional, indicaba lo siguiente: <<8. Revisar las decisiones dictadas por los tribunales sobre amparo constitucional, en los términos establecidos por la ley.>>, agregando adicionalmente otra facultad de revisión y anulación de sentencias en el numeral noveno al indicar que el mencionado tribunal tenía competencia para << Declarar la nulidad de las sentencias definitivamente firmes dictadas fuera de la competencia constitucional de los tribunales y que violen derechos y garantías fundamentales>>[219].

b) El constituyente BREWER CARÍAS propuso la eliminación del numeral noveno, argumentando que: <<las sentencias violatorias de derechos fundamentales, conforme al ordenamiento jurídico del país, pueden ser objeto de los recursos ordinarios y extraordinarios de revisión y, además, de acciones de amparo; y las sentencias que se dicten en este último caso, conforme al proyecto, pueden ser revisadas por la Sala Constitucional del Tribunal Supremo>>[220].

c) Posteriormente, se siguió trabajando en la redacción de propuestas y, en fecha 10 de octubre de 1999, se presentó una redacción que suprimía el numeral noveno y sobre el numeral octavo (que ahora pasó a ser el noveno), tenía la siguiente redacción: <<9. Revisar las sentencias de amparo constitucional dictadas por los tribunales de la República, en los términos establecidos por la Ley Orgánica>>. La norma antes referida, junto con el resto del articulado propuesto, fue aprobada por la Comisión Constitucional, con lo cual se incorporó al anteproyecto de Constitución[221].

d) Ya en la plenaria de la Asamblea Nacional Constituyente, mediante comunicación del 31 de octubre de 1999, el constituyente BREWER CARÍAS, propuso lo siguiente:

> [C]onsideramos que también debe atribuirse a la Sala Constitucional una competencia para conocer de un recurso extraordinario de revisión que pueda intentarse contra las sentencias de última instancia

---

[219]   Haro, <<La jurisdicción constitucional en la constitución de 1999>>, 516-518.

[220]   Haro, <<La jurisdicción constitucional en la constitución de 1999>>, 519.

[221]   Haro, <<La jurisdicción constitucional en la constitución de 1999>>, 524-525.

en las cuales se resuelvan cuestiones constitucionales relativas a las leyes, de conocimiento discrecional por la Sala. En esta forma, en materia de cuestiones de constitucionalidad, la Sala Constitucional de la Suprema Corte, a su juicio, podría tener la última palabra en estas materias y en los casos en los que estime necesario estatuir con fuerza en de precedente y uniformar la jurisprudencia[222].

Asimismo, el 09 de noviembre de 1999 propuso la siguiente redacción de lo que hoy sería el artículo 336.10, cuyas propuestas se destacan en corchetes a continuación. Son atribuciones de la Sala Constitucional del Tribunal Supremo de Justicia: (...) Revisar [a juicio de la Sala y mediante recurso extraordinario, que no tendrá efecto suspensivo] las sentencias [definitivamente firmes] de amparo constitucional y de control de constitucionalidad de leyes o normas jurídicas dictadas por los tribunales de la República, en los términos establecidos por la ley orgánica respectiva. Sostuvo lo siguiente:

> La segunda modificación, concierne al numeral 9. Tal como está el numeral 9, se prevé también allí una muy novedosa institución, y es la posibilidad de que la Sala Constitucional del Tribunal Supremo, revise las sentencias de amparo dictada por los tribunales. Proponemos en la Comisión que se amplíe esta revisión y se precise, en los términos siguientes: Que no sólo se pueda acudir ante la Corte, por vía extraordinaria, contra la sentencia de última instancia, en materia de amparo, sino también cuando se controle la constitucionalidad de las leyes, por la vía del control difuso de la constitucionalidad (...) Esto tiene que ser un recurso extraordinario, y además, un recurso extraordinario que quede a juicio de la Sala decidirlo, porque si no se acumularía todo en la casa[223].

Por su parte el constituyente HERMÁNN ESCARRÁ, propuso suprimir de la anterior redacción lo relativo al carácter discrecional de la Sala, al recurso extraordinario y a que no tendría efectos suspensivos: <<comparto la idea de sustituir la frase, cuando dice: "A juicio de la sala, y mediante recurso extraordinario, que no tendrá efectos suspensivos". Creo, que no es necesario referirse al efecto suspensivo>>. Luego propuso una redacción que es prácticamente idéntica al artículo 336.10, indicando, para concluir, <<Con lo cual, nos alejaríamos de la controversia de la

---

[222] Haro, <<La jurisdicción constitucional en la constitución de 1999>>, 526-527.

[223] Haro, <<La jurisdicción constitucional en la constitución de 1999>>, 535-536.

naturaleza de la institución, si ella es restitutoria o suspensiva, ya que esa es una materia que corresponde más a la Ley[224]>>.

e) Luego de otras discusiones y aclaratorias, se aprobó la vigente redacción del artículo 336.10 antes referido, en el cual no se incluyó la expresión *a juicio de la Sala y mediante recurso extraordinario, que no tendrá efecto suspensivo*, con lo cual, quedó en manos del legislador la regulación sobre este particular.

Esta ha sido también la propuesta que ha venido formulando el profesor CASAL sobre el tema de incorporar la discrecionalidad absoluta o *writ of certiorari* a este mecanismo[225], lo cual podría considerarse imprudente ante la poca madurez que ha mostrado el sistema de justicia venezolano y, especialmente, el de justicia constitucional.

Asimismo, la inexistencia de la discrecionalidad constitucional propuesta por BREWER CARÍAS y que la Sala Constitucional ha asumido como si estuviera presente en el texto constitucional, es algo que, tal como lo propuso HERMÁNN ESCARRÁ y se señaló anteriormente, queda en manos del legislador su regulación. Lo cual hasta la fecha tampoco lo ha hecho la Ley Orgánica del Tribunal Supremo de Justicia (2022), ante la ausencia de la ley orgánica que regulará la justicia[226].

Respecto al tema de la discrecionalidad, el cual se tratará más adelante, la Sala Constitucional se ha pronunciado, ente otros fallos, en el 44/2000, indicando lo siguiente:

[O]bserva la Sala que, con la entrada en vigencia de la nueva Constitución, surge la posibilidad de revisar una sentencia de amparo una vez agotada la doble instancia, <u>sin necesidad de interponer una nueva acción de amparo</u>. No obstante, esta revisión está sometida a la

---

[224] Haro, <<La jurisdicción constitucional en la constitución de 1999>>, 537. Sobre el hecho de que la competencia quedó en manos del legislador ver Casal, *Constitución...*, 129-130.

[225] Haro, <<La jurisdicción constitucional en la constitución de 1999>>, 533. Ver también, Casal, *Constitución...*, 102-103.

[226] El profesor Casal considera que el nombre más adecuado para esta ley sea el de jurisdicción constitucional y no el de justicia constitucional, dado que: <<esta ley no abarcaría todos los componentes del sistema venezolano de justicia constitucional, sino, básicamente, las competencias que ostenta la Sala Constitucional en el ámbito del control concentrado de la constitucionalidad y las facultades revisoras que le otorga el numeral 10 del artículo 336>>. Casal, *Constitución...*, 90.

discrecionalidad de la Sala. En efecto, esta novísima figura de la revisión extraordinaria cuyo fundamento es el artículo 336 numeral 10 de la Constitución de la República Bolivariana de Venezuela, ha sido creada con la finalidad de uniformar criterios constitucionales, así como evitar decisiones que lesionen los derechos y garantías que consagran la Carta Magna. Su eficacia dependerá de la forma como se sistematice y la correcta aplicación de sus postulados[227].

Sobre la circunstancia de que tal regulación recae en manos del legislador, ha sostenido el profesor CASAL lo siguiente:

> No precisa la Constitución la forma en que ha de ejercerse tal facultad, sino remite esta materia a la ley orgánica respectiva (ley orgánica de la justicia o jurisdicción constitucional). Entre los mecanismos que esta ley podría adoptar se encuentra el de un recurso extraordinario que se interpondría contra las sentencias, definitivas o interlocutorias, de última instancia que desapliquen una ley por estimarla inconstitucional (…) La admisión del recurso extraordinario mencionado, o la revisión de oficio de las sentencias de última instancia en que se ejerza el control difuso de la constitucionalidad, podría efectuarse con arreglo a un mecanismo absolutamente discrecional, al estilo del writ of certiorari norteamericano, o con fundamento en supuestos fijados por la ley[228] (…) La razón por la cual se suprimió del numeral 10 del artículo 336, después del verbo "revisar", la expresión, "a juicio de la Sala", fue justamente evitar una excesiva rigidez en la regulación de la figura, y dejar en manos del legislador la adopción del mecanismo que se estimase más conveniente, con lo cual queda abierta la posibilidad del ensayo-error y de la corrección sin necesidad de modificar la Constitución.[229]

Con la exposición anterior puede darse por finalizado el tema relativo al origen y/o antecedentes del mecanismo de revisión constitucional de sentencias en Venezuela, sin embargo, como quiera que parte de la doctrina ha considerado que el *writ of certiorari* norteamericano, es el

---

[227] SSC 44/2000, de 02 de marzo (Francia Josefina Rondón Astor).

[228] Lo que parece estar ocurriendo con la Ley Orgánica del Tribunal Supremo de Justicia.

[229] Casal, *Constitución…*, 90-92.

verdadero antecedente de la revisión constitucional de sentencias[230]; debe advertirse al amable lector que esta figura anglosajona se tratará, con la intención de no repetir innecesariamente las exposiciones, al abordarse lo relativo a la revisión constitucional en otras legislaciones (Derecho Comparado), así como cuando se aborde el tema referido a una de las actuales características que ha delineado la Sala Constitucional (mediante su jurisprudencia) y la exposición de motivos del texto constitucional, esto es, cuando se trate lo relativo a la discrecionalidad de dicho mecanismo.

No obstante lo anterior, y a pesar de que el presente capítulo está referido al origen y/o antecedentes de la revisión constitucional en Venezuela, es conveniente hacer algunas breves precisiones sobre la evolución histórica del recurso de casación que, si bien está referido a la defensa de la ley (función nomofiláctica) y no expresamente de la Constitución, no deja de ser interesante comentar cómo en sus inicios este recurso tenía como objetivo únicamente la defensa a ultranza de la ley, sin importar la justicia del caso concreto, y como luego evolucionó, entendiendo que la sola defensa de la ley como un fin en sí mismo, está vacía si no se acompaña de la intención de hacer justicia[231], esto es, de mantener el equilibrio y el orden necesario para garantizar la convivencia y paz social que es el fin último del Derecho.

Si se exploran los orígenes romanos[232] se encuentra que la justicia del caso concreto era poco importante frente a lo que sería la violación de la

---

[230]   <<El antecedente de la facultad revisoria de la jurisdicción constitucional, es el llamado "writ of certiorari", el cual, como veremos, tiene algunas semejanzas con la revisión constitucional>>. Rafael Badell Madrid, *Derecho procesal constitucional* (Caracas: Academia de Ciencias Políticas y Sociales, 2020), 414.

[231]   La justicia como valor es muy difícil definirla o encasillarla, para algunos puede llegar a ser incluso una sensación; por ello, la referencia es al concepto romano de la constante y perpetua voluntad de dar a cada quien lo suyo.

[232]   <<La mayoría de los autores consideran que el origen de la casación se encuentra en el antiguo Derecho francés, como un recurso instituido por el rey o príncipe con el fin de someter a su control las decisiones de los parlamentos (tribunales judiciales). No obstante, los mismos especialistas, contribuyendo a aclarar la naturaleza y finalidad del instituto, rastrean los antecedentes más remotos, en el Derecho romano y en el intermedio. Y dentro de éste en el Derecho estatutario italiano y en España (...) De la Rúa, quien también se inspira en Calamandrei, cuya monumental obra es base de todo estudio sobre el tema, señala que, históricamente la casación se fue perfilando en tres etapas fundamentales: a) la idea, de origen romano, por la cual una sentencia injusta, por error de Derecho, debe considerarse más gravemente vi-

ley por parte de quien estaba encargado de aplicarla. La noción de *nulla sentetia*, no significaba sentencia nula, sino, inexistente. Se trataba de aquella sentencia en la cual el juez había desconocido la existencia, en abstracto, de una norma jurídica, lo cual comportaba en un rechazo de la ley como derecho constituido. Tales sentencias no podrían nunca adquirir el carácter de cosa juzgada, sin necesidad de que se ejerciera una apelación; a diferencia de las sentencias injustas que sí podrían adquirir el carácter de cosa juzgada.

CALAMANDREI refiriéndose a los vicios que causan las sentencias inexistentes, comenta:

> En este segundo caso [refiriéndose a las sentencias nulas o inexistentes], las Fuentes romanas (que hablan aquí de sentencia dada "*contra tam manifesti iuris forman* [contra la forma de tan manifiesto derecho]"; "*expresim...contra iuris rigorem data* [expresamente dada contra el rigor del derecho]"; "*specialiter contra leges* [especialmente contra las leyes]"; etc.), ven un vicio más alarmante que la simple injusticia; porque no está en juego aquí solamente, como en el caso de sentencia injusta por error de hecho, el interés del particular vencido, sino que lo está también la observancia de la ley en su alcance general y abstracto; de tal modo, que la injusticia de la sentencia lleva consigo, en este caso, un peligro de carácter constitucional y político, *con alcance que excede de la controversia singular*, proveniente de la rebelión del juez contra la ley, cuyo intérprete estaba él llamado a ser. Esta contraposición entre la injusticia que afecta al particular (quien, si quiere, puede reaccionar contra ella mediante la apelación) y la injusticia que ofende a la ley en su alcance general (por la cual, sin necesidad de apelación, no se forma jamás una sentencia capaz de constituir cosa juzgada), se formula en las Fuentes romanas con la famosa contraposición a la cual se remonta siempre cuando se habla de los orígenes de la casación: mientras en el primer caso el juez pronuncia "*contra ius litigatoris*", en el segundo pronuncia "*contra ius constitutionis*" (...) y viene de este modo a ofender, no al derecho subjetivo del particular, que queda igualmente sacrificado cualquiera que sea el

---

ciada, especialmente por desconocimiento de las reglas de la autoridad, que la injusta por error de hecho; b) la concesión a las partes de un remedio diverso de los demás otorgados para el caso de simple injusticia de más moderno origen; c) la incorporación, como motivo del recurso, de los errores *in procedendo*, que encuentra su origen en el Derecho intermedio>>. Véscovi, *Los recursos...*, 229-230.

error, de hecho o de derecho, del cual derive la injusticia de la sentencia, sino la observancia de la ley como precepto abstracto, el acatamiento a la voluntad del legislador (…) [E]ntre los diversos *errores in iudicando* de que puede estar viciada una sentencia injusta, unos tienen un alcance que sobrepasa el interés del particular y atañen a las relaciones entre ley y juez. No es, pues, la contraposición entre *error facti* y *error iuris* lo que está en la base de esta distinción, sino el reconocimiento de una especial categoría de errores de derecho que (en antítesis con los demás errores de derecho, y con todos los errores de hecho) tienen una gravedad *política* que no presenta ninguno de los demás errores en que puede incurrir el juez. La idea que, como veremos, está en la base de la casación, de una *más fuerte reacción de la ley para defenderse de la rebelión del juez* (nomofilaquia), es, pues, su germen romana[233].

En el mismo sentido apuntan ABREU BURELLI y MEJÍA ARNAL al indicar:

> Durante la República se consideraba más grave el error que cometía el juez al aplicar la ley, que el desacierto al establecer los hechos, puesto que la función jurisdiccional tenía por fin primordial resolver, lo antes posible, las controversias relativas al derecho, que pudieran perturbar la paz social, por cuanto el Derecho Romano quedaba satisfecho cuando la sentencia formalmente regular, era capaz de colocar, en el lugar de falta de certeza jurídica, una certeza cualquiera, fuese justa o injusta, por lo cual el error de juicio (*error in iudicando*) no tenía consecuencia jurídica si se trataba de un error en el establecimiento de los hechos, actividad en la cual el juez era considerado como árbitro; pero en caso de un error de derecho, por la sujeción del juez a la ley, el fallo podía considerarse inexistente (…) eran válidas aquellas sentencias viciadas por un error –sin distinguir defectos de hecho o derecho– atinente solamente a la existencia del derecho subjetivo de las partes, que no se extendieran a negar, en general, la observancia de una norma de la ley, aun violándola en sus relaciones con el caso concreto[234].

---

[233] Piero Calamandrei, *Casación civil* (Buenos Aires: Ediciones Jurídicas Europa-América, 1959), 24-25.

[234] Abreu Burelli y Mejía Arnal, *La casación...*, 40-41.

Situación similar ocurre con lo ocurrido en Francia, verdadera cuna de la casación tal como hoy se conoce[235]; esto es, la casación surge como una herramienta del monarca para controlar las rebeliones en contra de sus mandatos, sin importar el interés subjetivo en juego. Luego con el tiempo, este interés privado o particular fue teniendo participación, primero como motor de impulso de la casación que necesitaba el monarca, adquiriendo luego su independencia.

Abreu Burelli y Mejía Arnal, citando a Calamendrei apuntan lo siguiente:

En conclusión, la casación por violación de las ordenanzas nace <<*como una función reservada al monarca, para tutela de su soberanía y no de la justicia, en interés de él y no en interés de los particulares; la misma no es una función jurisdiccional, sino una función de carácter ejecutivo mediante la que el rey impide a los órganos judiciales exceder sus poderes e invadir los reservados al soberano*>>[236].

Luego, sobre el papel que iba ocupando el interés del justiciable, señalan lo siguiente:

En su génesis, la iniciativa de la casación correspondió exclusivamente al monarca (...) pero al transformarse en un remedio general y regular contra la violación de cualquier ordenanza, la iniciativa del soberano resultaba insuficiente para descubrir y reprimir en todo el reino las violaciones. Entonces, la monarquía se vio constreñida a servirse del interés de los particulares, dando a los litigantes el encargo de denunciar al *Conseil*, por medio de la *demande en cassation*, las violaciones de las ordenanzas que los Parlamentos hubieran cometido al decidir las controversias entre los litigantes mismos (...) En su

---

[235] <<El origen de la Casación, como complejo instituto judicial-procesal, debe buscarse en Francia, y concretamente en la obra legislativa de la Revolución, que asignó nuevos cometidos (...) este poder ejercido por el Rey, de casar por propia iniciativa y en defensa de las prerrogativas regias, las sentencias de dichas Cortes soberanas (...) se desarrolló, por un fenómeno de coordinación del interés privado con el interés público similar al que típicamente se observa en la Casación moderna, un verdadero y propio medio de impugnación (*demande en cassation*) concedido a la parte vencida en un juicio>> Calamandrei, *Casación...*, 29-30.

[236] Abreu Burelli y Mejía Arnal, *La casación...*, 45.

posterior evolución, la casación, a pesar de su fin público, incorporará la iniciativa del particular afectado por la decisión, para alcanzar el interés del Estado[237].

Los vientos de cambio soplaron sobre una movediza Francia y ello se reflejó en la casación:

Así pues, atendiendo a la concepción primitiva de la casación, el órgano judicial anulaba una sentencia cuando estaba en juego un interés del Estado directamente lesionado, y no el interés de la parte recurrente. En virtud de la evolución del concepto, la Corte de casación entró a examinar la relación jurídica en la que eran sujetos las partes en la causa y, al casar el fallo recurrido, imponía al juez de reenvío el criterio en que debía fundar su decisión sobre la cuestión de derecho, concurriendo así a la manifestación de una voluntad de la ley concerniente a los particulares litigantes y asumiendo la Corte de casación, como todo otro juez, la intervención, aunque fuera parcialmente, en la aplicación del derecho objetivo. Aun cuando el recurso de casación no nació, como los otros medios de impugnación, con el propósito inmediato de dar a las partes una mayor garantía para el pronunciamiento de una sentencia justa, debió asumir este oficio frente a las partes, a quienes no preocupaba aquel especial interés público que dio origen al instituto, sino el propio interés privado en poder quitar eficacia jurídica a una sentencia desfavorable y tratar de lograr una sentencia acorde con sus intereses, lo mismo que a través de los otros medios para impugnar las sentencias[238].

Y es con esta afirmación, de la referencia anterior, que se dará por concluido el presente capítulo, cuando se explica que la casación si bien no tenía como objeto tutelar los intereses del justiciable <<debió asumir este oficio frente a las partes, a quienes no preocupaba aquel especial interés público que dio origen al instituto, sino el propio interés privado en poder quitar eficacia jurídica a una sentencia desfavorable[239]>>; pues, no se discute que la historia se transforma en experiencia siempre que de ella se aprenda alguna lección.

---

[237] Abreu Burelli y Mejía Arnal, *La casación...*, 46.

[238] Abreu Burelli y Mejía Arnal, *La casación...*, 54.

[239] Abreu Burelli y Mejía Arnal, *La casación...*, 54.

Hoy día, hay una amplia aceptación sobre la afirmación de que la revisión constitucional de sentencias no debe nada a los justiciables, dado que se trata de un mecanismo destinado únicamente para uniformar la interpretación y aplicación de las normas constitucionales, pero donde poco importa el interés de los justiciables en ese asunto, por lo que, estos ni siquiera han de merecer (no tienen derecho a ello) una respuesta o tramitación de su solicitud. De allí que se planteara que fuera a juicio de la Sala su tramitación (en el anteproyecto de Constitución), que la exposición de motivos haga referencia al *writ of certiorari* o el criterio reiterado y sostenido de la Sala Constitucional referido a que se trata de un asunto totalmente discrecional para ella.

Sobre este tema se volverá más adelante, pero se quiere adelantar que, a juicio del autor, hacer abstracción del interés de los justiciables[240] recuerda mucho al origen de la casación. Pretender que una persona presente una solicitud de revisión sin que pueda pedir la tutela de su interés, ni que tenga ningún derecho a que su solicitud le sea tramitada y decidida aun para ser rechazada (derecho a no tener razón), pareciera que se tratara de un ejercicio meramente académico o de laboratorio.

---

[240] <<Para Vanossi, "hay una nota *subjetiva* en la raíz del sistema, que convierte a los ciudadanos en artífices de la defensa constitucional", de tal modo que, sustancialmente, los regímenes de control de constitucionalidad deben ser divididos en dos grandes grupos, "según admitan o rechacen la participación de los particulares en el impulso o iniciativa del mecanismo de control". De faltar esa posibilidad a los ciudadanos comunes, "es relativa la idea de control o, por lo menos, el control queda reducido a un ámbito mucho menor">>. Sagüés, *Compendio...,* 17. Por tanto, si lo que quiere es que el justiciable sirva de agente o actor del control constitucional (tal como existe en la acción o pretensión popular por inconstitucionalidad), en la revisión constitucional de sentencias, se le deberá dar algo a cambio, que no es otra cosa que la posibilidad de que vincule la lesión constitucional con su agravio y que este le sea tutelado (la tutela comportaría el acceso al órgano para que lo planteado le sea tramitado y resuelto). La pérdida de la condición de supremo de la Sala Constitucional o de la acumulación del trabajo (tal como se expuso en la plenaria de la Asamblea Nacional Constituyente: "porque si no se acumularía todo en la casa") sería un tema de política judicial a resolver, a lo que ayudarían los lapsos preclusivos, entre otras herramientas. En todo caso, esa acumulación del trabajo en casa no fue tomado en cuenta por la Sala Constitucional cuando se separó de lo dispuesto en el 336.10 y pasó de revisar sentencias de amparo y control difuso a revisar cualquier sentencia dictada por los más de tres mil jueces del país.

Resulta evidente que el justiciable que presenta una revisión de sentencia, no lo hace pensando en la tutela o protección de la Constitución, realmente lo hace porque quiere quitarse de encima un fallo que lo perjudica y cuyo perjuicio considera que está causado o, al menos respaldado, por una indebida interpretación y/o aplicación de las normas constitucionales. Asimismo, porque considera injusto que, teniendo derecho a una tutela judicial efectiva, a un debido proceso y a una justicia idónea, tenga que soportar los efectos de un fallo que, interpretando erradamente la norma constitucional, lo perjudica. Tal como lo hace cuando ejerce un recurso de casación, con las marcadas diferencias.

Como se apuntó, es un tema que se abordará al tratarse lo relativo a los caracteres y naturaleza de la revisión constitucional de sentencias, lo cual claro está, no deja de ser una opinión o un punto de vista sobre el particular.

CAPÍTULO III

LA REVISIÓN CONSTITUCIONAL DE SENTENCIAS EN OTRAS LEGISLACIONES

La revisión constitucional, tal como está establecida en el artículo 336.10 de la Constitución nacional, no existe en otro ordenamiento jurídico, al menos dentro de los límites que tiene esta obra. Sin embargo, se estudiarán, brevemente, algunas figuras que, por algunas de sus características, guardan cierta similitud con esta o bien que han tenido alguna especie de influencia en la creación de este mecanismo local.

En este sentido, se abordará lo relativo al *writ of certiorari* norteamericano y su discrecionalidad absoluta; posteriormente, se tratará sobre uno de sus hijos pequeños, como lo es, el recurso extraordinario federal argentino; luego, se expondrán algunas ideas sobre un sólido sistema de justicia constitucional y su mecanismo de control (amparo alemán) que goza una discrecionalidad limitada a diferencia del primero de los mencionados y; para finalizar, se comparará la revisión constitucional de sentencias con el amparo español y se presentarán algunas características de la revisión de sentencias de tutela colombiana; todo ello con la finalidad de conocer, preliminarmente, a estas formas de control constitucional para que luego se puedan contrastar con el desarrollo de los próximos capítulos que contendrán el análisis de la revisión constitucional de sentencias venezolana.

WRIT OF CERTIORARI NORTEAMERICANO

Antes de explicar en qué consiste el *writ of certiorari* y el porqué de su influencia en la revisión constitucional de sentencias venezolana, es importante adelantar que dicho mecanismo es un correctivo (política judicial) que empleó la Suprema Corte de los Estados Unidos de América, para contrarrestar el desbordamiento de causas; toda vez que ella, desde su origen hasta 1891[241], operó como un tribunal de apelación[242].

Por tanto, a partir de ese año se impulsó un cambio para sustituir, en un gran número de casos, la jurisdicción obligatoria (apelación) por la *certiorari jurisdiction*[243]; mediante la cual la Suprema Corte podría, discrecionalmente, decidir cuáles de los casos sometidos a su conocimiento habría de conocerlos y resolverlos y cuáles no, sin necesidad de motivar ni justificar su decisión.

---

[241] Sobre los orígenes y la evolución del *writ of certiorari*, se ha dicho que: <<la etapa actual del *certiorari* en los Estados Unidos comienza a partir de la reforma del *Judiciary Act* experimentada en 1925, conocida como la "Ley de los Jueces", mediante la cual resulta ampliado el ámbito operativo del *writ of certiorari*, y a su vez se sustituye el denominado *writ of error* por el *writ of appeal*. En este contexto, el punto más importante de la reforma aquí mencionada con respecto al *writ of certiorari*, radica en el hecho de consagrar expresamente el carácter discrecional del mismo, en el sentido que se otorga a la Corte Suprema una amplia facultad para determinar, según su discreción, en cuáles casos debe proceder a conocer de la petición de *certiorari* realizada y en cuáles no; y ello en razón de una posición asumida por la doctrina predominante en aquel momento, que propulsaba el incremento de las facultades discrecionales y la disminución de las facultades regladas de los jueces de la Corte Suprema al momento de conocer de los recursos o acciones que le eran planteados, bajo el pretexto de permitir que dicho alto tribunal sólo se dedicare e invirtiere su tiempo en el conocimiento de casos considerados realmente importantes para la Nación (…) A su vez, dicha tendencia se vería mayormente profundizada en razón de la reforma legislativa verificada el 27 de junio de 1988, mediante la cual se realiza una profunda modificación al código judicial federal, concretamente suprimiendo las secciones 1252, 1255 y 1256, y modificándose las secciones 1254, 1257 y 1258; estableciéndose una reducción a la mínima expresión de la jurisdicción obligatoria y reglada ante la Corte Suprema Justicia; y en donde se estipula al *writ of certiorari* como la única vía procesal para acceder a la Corte Suprema; en razón de la eliminación mediante la aquí mencionada reforma, del *writ of appeal* ante la Corte Suprema, como derecho de las partes, quedando permitida ésta sólo en los casos que versen sobre materia de reserva federal, y que hayan sido decididos en primera instancia por un tribunal con dicha competencia, así como también en aquellos casos en los que así lo determinen las leyes; como en efecto lo estipulan en la actualidad la ley antimonopolio y las leyes en materia electoral>> Carlos Escarrá, <<¿Existe en Venezuela un recurso de certiorari?>>, en *Estudios de derecho público,* coord. por Román Duque Corredor y Jesús María Casal (Caracas: Universidad Católica Andrés Bello, 2004), 342-344.

[242] Rengifo Camacaro, <<Tribunales constitucionales II: Naturaleza jurídica de la Sala Constitucional del Tribunal Supremo de Justicia >>, 206.

[243] Rengifo Camacaro, <<Tribunales constitucionales II: Naturaleza jurídica de la Sala Constitucional del Tribunal Supremo de Justicia >>, 206.

Como se afirmó, se trata de un mecanismo de contención para un país que tiene más de trescientos treinta millones de habitantes y donde las solicitudes ante la Suprema Corte oscilan las ocho mil por año y, gracias a la implementación de este método, se atienden en un rango entre 1 y 4 por ciento[244].

Es importante ubicarse en el contexto del sistema judicial y de control constitucional de dicho país[245], para entender con mayor sencillez lo pragmático y conveniente del uso de esta modalidad.

El sistema judicial de los Estados Unidos de América está estructurado, a grandes rasgos, de la manera siguiente:

a) Tribunales de primera instancia[246]: que están organizados en noventa y cuatro distritos judiciales federales, estos distritos tienen uno o más jueces unipersonales en cada estado y además contienen a los tribunales de quiebra[247], a los de comercio internacional[248] y a los de reclamos federales[249];

---

[244] CNN en español, acceso el 10 de marzo de 2023, https://cnnespanol.cnn.com/2017/02/01/como-esta-compuesta-y-como-funciona-la-corte-suprema-de-estados-unidos/

[245] <<Con ciertas notables excepciones, los tribunales federales son tribunales de competencia general. Los mismos jueces federales conocen causas en materia civil y penal, disputas de derecho privado y de derecho público, causas relacionadas con sociedades mercantiles y entidades gubernamentales, apelaciones de decisiones de las agencias administrativas y asuntos de Derecho y de equidad. No existen los tribunales constitucionales porque todos los tribunales y jueces federales pueden resolver asuntos en lo referente a la constitucionalidad de las leyes federales y otras acciones gubernamentales que surjan de las causas que conocen>>. Oficina Administrativa de los Tribunales de los Estados Unidos, *El sistema federal judicial en los Estados Unidos: Presentación para jueces y personal administrativo del ramo judicial en países extranjeros* (Washington: División de los Jueces del Título III, 2000), acceso el 10 de febrero de 2023, https://apmnacional.es/wp-content/uploads/2016/09/Spanish-Fed-Court-System.pdf, 12.

[246] <<Los tribunales federales de los Estados Unidos son los tribunales de primera instancia de competencia general en el sistema judicial federal. Los tribunales federales tienen aptitud para conocer toda clase de causas federales>>. Oficina Administrativa de los Tribunales de los Estados Unidos, *El sistema federal...,* 12.

[247] <<Cada distrito judicial federal incluye un Tribunal de Quiebra que funciona como una entidad autónoma del tribunal federal. El Tribunal de Quiebra tiene competencia a nivel nacional sobre casi todos los asuntos que tengan que ver con causas de quiebra excepto los relacionados con materia penal>>. Oficina Administrativa de los Tribunales de los Estados Unidos, *El sistema federal...,* 12.

b) Tribunales de apelación[250]: los noventa y cuatro distritos están organizados en doce circuitos regionales. Adicionalmente, existe un décimo tercer circuito formado por el Tribunal de Apelación del Circuito Federal[251]. A diferencia del sistema venezolano, los tribunales de apelación (Cortes) no son realmente jueces de instancia en cuanto al establecimiento de los hechos, sino que deben aceptar los hechos fijados por el juez de la primera instancia[252] y;

---

[248] <<El Tribunal de Comercio Internacional resuelve las causas en lo referente al comercio internacional y asuntos aduanales>>. Oficina Administrativa de los Tribunales de los Estados Unidos, *El sistema federal...*, 12.

[249] <<El Tribunal de Reclamos Federales de los Estados Unidos tiene competencia sobre disputas referentes a contratos federales, el decomiso de la propiedad privada efectuado por el gobierno federal y una variedad de reclamos monetarios contra los Estados Unidos>>. Oficina Administrativa de los Tribunales de los Estados Unidos, *El sistema federal...*, 12.

[250] <<Un Tribunal de Apelación conoce apelaciones de los tribunales federales ubicados dentro de su distrito, así como también apelaciones de agencias administrativas federales>>. Oficina Administrativa de los Tribunales de los Estados Unidos, *El sistema federal...*, 13.

[251] <<El Tribunal de Apelación del Circuito Federal tiene competencia nacional para conocer apelaciones en causas especializadas, tales como las referentes a leyes de patentes y las causas resueltas por el Tribunal de Comercio Internacional y el Tribunal de Reclamos Federales>>. Oficina Administrativa de los Tribunales de los Estados Unidos, *El sistema federal...*, 13.

[252] <<Existe el derecho de apelar toda causa federal en la cual un juez federal haya pronunciado su fallo final. Normalmente, el Tribunal de Apelación es presidido por un tribunal colegiado de tres jueces. No son tribunales de casación y los jueces pueden revisar la causa únicamente si una o más de las partes interesadas apela oportunamente la decisión de uno de los tribunales inferiores o de la dependencia administrativa. Cuando se interpone una apelación, un Tribunal de Apelación revisa la apelación y las actas de las diligencias ante el tribunal inferior o la dependencia administrativa. El Tribunal de Apelación no valora pruebas adicionales y, por lo general, debe aceptar la determinación de los hechos asentada por el juez de primera instancia. Si fuese necesario determinar hechos adicionales, el Tribunal de Apelación podría remitir la causa al tribunal de primera instancia o la dependencia administrativa original. Sin embargo, en la mayor parte de las causas, la remisión no es necesaria y el Tribunal de Apelación confirma o anula la decisión del tribunal inferior o de la dependencia mediante una orden o resolución por escrito>>. Oficina Administrativa de los Tribunales de los Estados Unidos, *El sistema federal...*, 13.

c) Corte Suprema de los Estados Unidos[253]: esta está conformada por nueve miembros y su competencia es casi totalmente discrecional (writ of certiorari), en la cual para conocer un asunto se aplica la regla de cuatro (rule of four[254]) esto es, que, de los nueve magistrados, se requiere el voto favorable de cuatro para que la Corte asuma el conocimiento de dicho asunto[255]. El *writ of certiorari,* salvo puntuales excepciones[256], es el único camino para llegar a la Suprema Corte, y esta únicamente accede a decidir estas solicitudes cuando existe una división de opiniones entre los tribunales de apelación o cuando surge una pregunta constitucional importante o sobre una ley federal que necesita ser aclarada[257].

De modo que el sistema estaría integrado por trece pirámides y todas esas pirámides se ubican en el interior de una pirámide mayor en cuyo

---

[253]   <<Existen otros tribunales federales que, por la distribución de funciones, no forman parte del poder judicial. Tales son los casos de los tribunales militares (primera instancia y de apelación), el tribunal de apelación de veteranos, el tribunal de tributación, así como oficinas y juntas directivas de dependencias administrativas.>>. Oficina Administrativa de los Tribunales de los Estados Unidos, *El sistema federal...,* 14.

[254]   <<Es importante, asimismo, distinguir la función de la regla de cuatro en el proceso de admisión de la petición de *certiorari,* de lo que significan cuatro votos cuando el caso se trata 'on the merits' es decir por el fondo de la cuestión para dictar la sentencia definitiva. Si bien la Corte tiene nueve miembros, seis de ellos constituyen quórum, de modo que en ese número cuatro son una mayoría apta para producir el pronunciamiento. Por otro lado, cuando la Corte sesiona con número par de jueces, el empate en las votaciones (v.gr.: cuatro a cuatro, o tres a tres), implica la confirmación de la sentencia objeto de revisión, pero le quita valor de precedente>>. Alberto Spota, *Recurso extraordinario: Estado y evolución actual de la jurisprudencia arbitrariedad –certiorari* (Buenos Aires: Fondo Editorial de Derecho y Economía, 2001), 38.

[255]   En un número pequeño de causas especiales, tales como disputas sobre los linderos de los estados, la Corte Suprema actúa o como el tribunal de primera instancia o conoce la revisión obligatoria de la apelación. Oficina Administrativa de los Tribunales de los Estados Unidos, *El sistema federal...,* 13.

[256]   <<La Corte Suprema de Justicia tiene, en este sentido, dos tipos de "jurisdicciones" (entendido como competencia), una conocida como originaria y otra como revisora, de modo que la primera le permite conocer sobre determinados casos y controversias, como un tribunal de primera instancia lato sensu; y mediante la segunda está facultada para conocer de asuntos procedentes de ciertos tribunales federales y estadales>>. Badell Madrid, *Derecho...,* 415.

[257]   Oficina Administrativa de los Tribunales de los Estados Unidos, *El sistema federal...,* 13.

ápice se encuentra la Corte Suprema de los Estados Unidos de América. <<De esta forma las decisiones que dicta una Corte Federal de Apelación son vinculantes para todas las Cortes de Distrito que están al interior de su pirámide, es decir, en su jurisdicción>>[258].

Así se tiene que el *writ of certiorari* puede resumirse como el mecanismo procesal, de carácter extraordinario y absolutamente discrecional[259], mediante el cual se solicita de la Corte Suprema de los Estados Unidos de América (en lo que a este derecho se refiere) que revise determinada decisión judicial emitida por un tribunal de inferior con la finalidad de determinar si la misma fue dictada en conformidad con el ordenamiento constitucional y con el derecho federal o el derecho de la unión[260].

Tal como lo apunta RAFAEL BADELL, el *writ of certiorari*, en los Estados Unidos de América es << la competencia, a la vez que el recurso, por medio del cual la Corte Suprema, como máxima instancia judicial, puede conocer una causa decidida por un tribunal inferior, bien de segunda instancia o federal, para determinar su conformidad constitucional o legal>>[261].

Ahora bien, se trata de un mecanismo que, dentro de la cultura judicial norteamericana e inglesa[262] (common law) permite controlar el

---

[258] Humberto Briceño León, <<El precedente judicial y el *writ of certiorari* en Venezuela y en los Estados Unidos de América>>, en *II Congreso internacional de derecho procesal constitucional: La justicia constitucional en el estado social de derecho en homenaje al Dr. Néstor Pedro Sagües*, coord. Gonzalo Pérez Salazar (Caracas: Ediciones Funeda, 2012), 163-164.

[259] <<De ahí que la Corte Suprema de Justicia tenga una amplia facultad discrecional para determinar qué casos debe conocer. En efecto, tal y como lo dispone la Regla 19 del Revised Rules of The Supreme Court of the United States, titulada "jurisdiction on *Writ of certiorari*", este recurso es consecuencia de una "sólida facultad discrecional judicial" ("sound judicial discretion"), y deberá otorgarse solo cuando existan "razones especiales e importantes" ("special and important reasons") para aceptar el caso>>. Badell Madrid, *Derecho...*, 416.

[260] Escarrá, <<¿Existe en Venezuela un recurso de certiorari?>>, 339-340.

[261] Badell Madrid, *Derecho...*, 414.

[262] <<El *writ of certiorari* es una figura del derecho procesal federal norteamericano que entronca con las tradiciones inglesas del common law. En sus orígenes ingleses fue una institución paralela a la *advocatio* continental europea, en virtud de la cual se podía solicitar a la justicia del rey la revisión de un fallo dictado por algún tribunal. Era, junto con los *writ of mandamus* y el de *prohibition*, un instrumento, no un

acceso al máximo tribunal y con ello mantener la condición de supremo de este. No obstante, este es una respuesta o mejor dicho la base sobre la cual se construye un sistema anglosajón de derecho, esto es, dicho sistema se basa en el precedente judicial (stare decisis) como criterio regulador de la práctica judicial, con lo cual se hace necesario uniformar dicho precedente, lo cual hace la Corte Suprema que, para garantizar esa supremacía y ante la existencia de nueve magistrados para más de trescientos treinta millones de habitantes, aplica criterios de absoluta discrecionalidad. Sobre ello apunta CARLOS ESCARRÁ:

> Ahora bien, es necesario realizar en estos momentos un corto paréntesis para recordar que el derecho norteamericano se encuentra establecido sobre la base del Common Law, el cual surge o se va formando con motivo del intento y ejercicio de acciones procesales ante los órganos jurisdiccionales; y en el que; debido al papel fundamental que dentro de dicho sistema jurídico desempeña el llamado precedente; en principio, las acciones o las demandas no constituyen generalmente una petición para aplicar una norma previamente establecida; sino más bien, el medio para obtener la aplicación de un precedente establecido en casos que presentan similitud, y a falta de éste, crearlo con la finalidad de establecer una solución jurídica a determinada controversia. En tal sentido, puede afirmarse que el sistema del precedente impone una restricción a la capacidad de juzgar de los jueces, quienes se encuentran en la obligación de someterse en sus decisiones a lo establecido en los criterios fijados por los precedentes que se hayan producido en los casos que presenten identidad de situaciones fácticas con el caso a decidir. Por ello, se puede afirmar que el Common Law se forma estatuido sobre la base de la institución del writ; los cuáles, uno tras otro fueron el instrumento del que se valieron sus edificadores para establecer dicho sistema jurídico[263].

---

derecho del peticionario, que permitía a la justicia real ejercer la prerrogativa de corregir errores manifiestos de Derecho o injusticias. Después de una larga evolución en la que no podemos detenernos, el *writ of certiorari* es hoy casi la única forma de acceder a la llamada "jurisdicción de apelación" del Tribunal Supremo. Abarca desde casos en que se haya cuestionado la validez de un tratado o la constitucionalidad de una ley federal o estadal, hasta causas civiles o criminales>>. Casal, *Constitución...*, 98.

[263] Escarrá, <<¿Existe en Venezuela un recurso de certiorari?>>, 340-341.

Antes plantear la discusión sobre si el sistema de justicia constitucional venezolano se encuentra lo suficientemente maduro para aplicar un método extremo como lo es el *writ of certiorari*, se procederá a puntualizar algunas de las características de este mecanismo de origen anglosajón.

a) Se trata de una facultad eminentemente discrecional, según lo previsto en la norma número diecinueve de las "Supreme Court Rules"; que lleva por título *Jurisdiction on Writ of certiorari*.

El certiorari ha permitido al Tribunal Supremo desarrollar una política judicial, en virtud de la cual es capaz de confeccionar su propia agenda, y de reservar sus fuerzas para los casos de mayor envergadura jurídico-constitucional. De esta manera, el certiorari es un "filtro inteligente" que sirve para evitar las situaciones de congestionamiento judicial inmanejable. Ello lleva, sin embargo, implícito el riesgo, evidenciado por la doctrina norteamericana, de que el Tribunal Supremo termine fijando no sólo su agenda u orden de prioridades, sino también su función y de que bajo el mecanismo del writ se esconda una deficiencia general del sistema judicial que debería ser afrontada con reformas sustanciales. Con todo, la aptitud del certiorari para evitar una sobrecarga de trabajo paralizante en el Tribunal Supremo justifica su existencia en el sistema norteamericano y es su mejor carta de presentación ante países europeos cuyos Tribunales Constitucionales se encuentran agobiados por el volumen de solicitudes de amparo recibidas anualmente (…)[264].

b) Las causales de procedencia[265] están previstas numeral tercero de la sección 1257 del Código Judicial Federal[266]. Así, procederá contra las

---

[264] Casal, *Constitución...*, 100-101.

[265] <<Si bien el *writ of certiorari* no es determinado en su procedencia con base en criterios legales prestablecidos, como si es el caso del recurso de revisión constitucional en Venezuela, sino mediante el criterio que imponga la discreción de la Corte Suprema, el numeral 3 Sección 1257 de la 28 *U.S. Code*, establece los casos en los que puede conocer la Corte, siendo estos: 1. Los que versen sobre la validez de un tratado o de una ley federal; 2. Cuando la validez de una ley estadal es cuestionada por encontrarse en contra de la Constitución Federal, tratado o Ley federal; o 3. Cuando cualquier título, derecho o privilegio o inmunidad es impuesto con fundamento en la Constitución>>. Badell Madrid, *Derecho...*, 416.

[266] <<La misma regla mencionada señala, a manera de ejemplo, algunos casos en los que se pueden verificar estos supuestos, tales como los casos en los que una corte estatal haya decidido asuntos federales substanciales sobre cuya materia no se ha pronunciado anteriormente la Suprema Corte; o cuando ha decidido de una manera

sentencias de los tribunales que <<versen sobre la validez de un tratado o de una ley federal>>, también contra las decisiones cuando <<la validez de una ley estatal es cuestionada por ser contraria al texto constitucional, a un tratado internacional o a una ley federal>> y; por último, aquellas en las que <<cualquier título, derecho, privilegio o inmunidad es impuesto con fundamento en la Constitución, tratados o, leyes federales>>[267].

c) Serán susceptibles de revisión únicamente las decisiones u órdenes finales y definitivamente firmes, que versen sobre los aspectos antes referidos, y que emanaren del más alto tribunal de un Estado, en que la decisión pueda ser tomada[268] (sección 1257 del Código Judicial Federal).

d) Obedece a una justicia rogada, esto es, a solicitud de parte. Una vez realizada la solicitud y mediante la *rule of four*, antes comentada, la Corte Suprema, con absoluta discrecionalidad, decide si acepta o no la solicitud[269] (lo cual puede incluso revocar posteriormente[270]) sin suminis-

---

que probablemente no resulte consistente con decisiones anteriores de dicha máxima instancia judicial>>. Escarrá, <<¿Existe en Venezuela un recurso de certiorari?>>, 345.

[267] Escarrá, <<¿Existe en Venezuela un recurso de certiorari?>>, 345.

[268] <<En este momento estimo conveniente aclarar que sobre las sentencias contra las cuáles puede solicitarse el *certiorari*, han surgido criterios respaldados jurisprudencialmente, que sostienen que las sentencias susceptibles de la especial revisión aquí comentada, no necesariamente deben ser aquellas que procedan de los Tribunales Supremos Estadales, sino que bastará que la sentencia provenga del tribunal que tenga la última palabra sobre el caso, es decir, aquella decisión que proceda del más alto tribunal que pueda tomar la decisión en el caso concreto; lo cual traerá como consecuencia el que puedan incluso ser sometidas a una petición de *certiorari* sentencias dictadas por tribunales [de] inferior grado dentro de la estructura judicial. Ello de hecho ocurrió en una conocida sentencia recaída en el caso Thompson vs. City of Louisville, emitida por la Corte Suprema en el año de 1960, en la cual se procedió a la revisión de una sentencia emitida por un Tribunal de Policía de Louisville, Estado de Kentucky>>. Escarrá, <<¿Existe en Venezuela un recurso de certiorari?>>, 346.

[269] <<Para su admisión es preciso que el caso sea incluido, por decisión del Presidente o a petición de cualquiera de los Magistrados, en la lista de discusión del Tribunal y que se cuente, por regla general, con el voto favorable de cuatro de sus miembros. La negativa a examinarlo no tiene que ser motivada y de hecho la fórmula usualmente empleada es la de *petition for certiorari denied*>>. Casal, *Constitución...*, 99.

[270] <<[L]a amplia discrecionalidad de la que goza la Corte para conceder o no la petición de *certiorari*, se extiende hasta la posibilidad que tiene dicho tribunal para revocar la aceptación por ella realizada de la solicitud de *certiorari*, bajo el argumento de que la misma fue indebidamente concedida; posibilidad que se concibe

trar ninguna motivación o consideración en relación a la decisión tomada[271]. No es un derecho para las partes, sino, un privilegio[272] que depende de la discrecionalidad del máximo tribunal (debiendo atender para ello, al menos teóricamente la naturaleza de los asuntos expuestos en la solicitud).

e) Presentada la petición de *certiorari*, se da inicio a un procedimiento en el que puede participar la parte afectada por la solicitud, teniendo la posibilidad de realizar las observaciones[273] que estime pertinentes en relación a la petición formulada.

f) Una vez que la Suprema Corte acepta revisar un caso, procede al estudio de este y, previa la formulación de consideraciones por la parte eventualmente afectada por la solicitud, procede a dictar su decisión. Dicha decisión puede ser: i) *Dictum*, cuando el *certiorari* es concedido por la Corte, a los efectos de manifestar y sentar un criterio en relación a

---

como doctrina reiterada desde el pronunciamiento realizado en tal sentido en la sentencia recaída en el caso "Hammerstien v. Superior Court", dictada en el año de 1951. También existe la posibilidad de que la Corte Suprema conceda la petición de *certiorari*, pero lo haga sólo en cierta parte o en algunos de los argumentos esbozados por el peticionante, lo que evidentemente provocará que la revisión que pase a realizar la Corte se circunscriba sólo a los planteamientos aceptados; situación ésta que es calificada como *limited grant of certiorari*>>. Escarrá, <<¿Existe en Venezuela un recurso de certiorari?>>, 347.

[271] Tal como apunta Casal, la razón por la que la Suprema Corte puede decidir no conocer de un caso, puede ser muy variada, incluyendo la posibilidad de que <<rechace el *writ* por no estar el asunto suficientemente maduro para su intervención, o que, pese a la relevancia general de la controversia, lo rechace por tratarse de una *political question*>>. Casal, *Constitución...*, 100.

[272] <<Es preciso hacer énfasis en el hecho de que la petición del *certiorari* no se interpreta como "derecho" (right) a apelar una decisión judicial adversa, sino como un "privilegio" (privilege) que permite a las partes solicitar del más alto tribunal de la nación la concesión del *writ of certiorari*>>. *Portocarrero, La revisión...*, 162. / <<El *certiorari* se traduce en una solicitud que una de las partes en el litigio correspondiente ha de presentar ante el Tribunal Supremo, sin que esto suponga el ejercicio de un derecho a la revisión por el peticionario; es considerado, más bien, como un privilegio, que permite a dicho Tribunal revisar el caso objeto del *writ*>>. Casal, *Constitución...*, 98-99.

[273] <<La concesión del *writ*, que está precedida de una oportunidad que ambas partes expongan sus argumentos a favor o en contra de la revisión, no supone que se otorgue la razón al solicitante, sino que el Tribunal acepta entrar a conocer el caso>>. Casal, *Constitución...*, 99.

determinando aspecto en materia constitucional o federal. Mediante tales fallos, se busca establecer con firmeza algún criterio en torno las mencionadas materias, a los fines de uniformar su aplicación en los Estados de la unión y; ii) *Obidictum*, en las que además de uniformar un criterio se pronuncia sobre el fondo de la controversia, esto es, anula la sentencia revisada y pasa a analizar el conflicto que subyace[274]; decidiendo la Suprema Corte como máxima instancia.

Al momento de presentarse el recurso del *certiorari*, la Corte tiene dos opciones: conceder o denegar el asunto para su conocimiento o trámite. Si la Corte llegare a rechazar el trámite del recurso, declina la posibilidad de pronunciarse sobre la cuestión que se le plantea y por ende la resolución del tribunal inferior adquiere firmeza. Esta decisión no requiere motivación alguna, es decir, la negativa del otorgamiento no requiere estar motivada o expresar las causas de la misma puesto que se reconoce que parte de consideraciones de "política judicial" y de la plena discrecionalidad de los jueces. Si por el contrario la Corte se pronunciare sobre la concesión o admisión del recurso, se abre una fase de conocimiento o sustanciación en la que est[a] requerirá al tribunal inferior que traslade la causa a su sede. La resolución de la Corte Suprema tendrá distintos resultados según confirme la decisión del tribunal inferior, revoque o anule la decisión del tribunal inferior, o desestime la solicitud, si considera que la concesión fue improcedente. Sin embargo, la decisión escrita –de cualquier forma– constituirá un precedente que vinculará a los tribunales inferiores y a la propia Corte Suprema en casos similares que puedan surgir en el futuro, dado que en ella la Corte puede: 1. Anular un precedente, 2. Interpretar una previsión legal o constitucional, o 3. Declarar la adecuación o inadecuación de una norma a la Constitución[275].

---

[274] <<Excepcionalmente el Tribunal, al admitir el *certiorari*, puede simultáneamente pronunciarse también sobre el fondo, mediante *summary disposition*, y decidir sobre la confirmación o revocación de la sentencia del tribunal inferior>>. Casal, *Constitución...*, 99.

[275] Badell Madrid, *Derecho...*, 418.

g) Tiene un lapso de caducidad de noventa días prorrogable por sesenta días a juicio de la Corte y cuando existan razones que así lo justifiquen[276].

Ahora bien, es posible que surja la inquietud sobre cómo en Venezuela, país este con un derecho y una cultura radicalmente diferente a la anglosajona, esté presente (o al menos se haga referencia a ella) una figura como lo es el *writ of certiorari*, sobre la cual se ha construido dicho sistema, originalmente, de derecho no escrito.

El derecho venezolano es un derecho continental y, por tanto, con origen romano, donde la ley escrita y la formalidad constituye una de sus más emblemáticas características. En cambio, el *writ of certiorari,* es una figura de poca formalidad, puede decirse pragmática, mediante la cual ese derecho anglosajón, logró (o al menos lo ha intentado) ejercer un control sobre la cantidad de asuntos que pretenden que conozca el supremo tribunal de justicia.

Sin embargo, la referencia a ese sistema ya venía en la mente de algunos destacados juristas venezolanos, basta recordar que, en la exposición de motivos del anteproyecto de la Ley Orgánica de la Jurisdicción Constitucional, aprobada el 15 de junio de 1999 por la Sala Plena de la hoy extinta Corte Suprema de Justicia, se dijo lo siguiente:

> [L]a revisión de los fallos de amparo constitucional no constituye una verdadera instancia de conocimiento, pues procede sólo frente a decisiones ya firmes, es decir, contra aquellas que ya hubiesen agotado todas las instancias normales de conocimiento, pudiendo negarse a la revisión discrecionalmente, y sólo con el simple paso del tiempo, sin que ello constituya lesiones al derecho de defensa de los justiciables[277].

Lo mismo se puede apreciar de la propuesta del profesor BREWER CARÍAS quien, como constituyente de la también extinta Asamblea Nacional Constituyente, propuso que la redacción del artículo 336.10 del texto constitucional incluyera expresamente esa discrecionalidad. Son competencias de la Sala Constitucional <<Revisar a juicio de la Sala y

---

[276] María Castillo Pérez, <<La revisión constitucional de sentencias: ¿debería establecerse un lapso de caducidad para su ejercicio?>> (tesis especialista, Universidad Monteávila, 2010), 69.

[277] Portocarrero, *La revisión...*, 26.

mediante recurso extraordinario, que no tendrá efecto suspensivo las sentencias definitivamente firmes de (...)>>. En ese momento argumentó el profesor BREWER CARÍAS: <<Esto tiene que ser un recurso extraordinario, y, además, un recurso extraordinario que quede a juicio de la Sala decidirlo, porque si no se acumularía todo en la casa>>[278].

Criterio este que el profesor ha mantenido en su excelente trabajo denominado La Constitución de 1999: Derecho Constitucional Venezolano; en dicha obra sostuvo:

> Debe insistirse, por otra parte, en relación con este "mecanismo extraordinario de revisión" que la intención de la norma fue su previsión, no como un derecho de los interesados, sino como una potestad de la Sala Constitucional de efectuar la revisión, sin tener obligación alguna para ello. Lo contrario hubiese sido totalmente desquiciante para el orden judicial y hubiera impedido a la Sala cumplir la función de garantizar la uniformidad en la interpretación de las normas y principios constitucionales. Sobre ello, la "Exposición" explica que "no siendo un derecho", la Asamblea Nacional Constituyente supuestamente habría decidido "dejar a la ley orgánica respectiva su desarrollo concreto". Por supuesto que el desarrollo concreto tenía que corresponder a la ley, pero no así la orientación del carácter discrecional de la revisión, que propusimos; y que implica de acuerdo con la "Exposición", que: ... la referida competencia de la Sala Constitucional no puede ni debe entenderse como parte de los derechos a la defensa, tutela judicial efectiva y amparo consagrados en la Constitución, sino, según lo expuesto, como un mecanismo extraordinario de revisión cuya finalidad constituye únicamente darle uniformidad a la interpretación de las normas y principios constitucionales. La Sala Constitucional, en todo caso, ha ratificado en su doctrina jurisprudencial el carácter "estrictamente excepcional, extraordinario y discrecional" de su potestad revisora[279].

No obstante, lo explicado por el profesor BREWER CARÍAS, y tal como se comentara en el capítulo anterior, la decisión de la Asamblea Nacional Constituyente fue no incluir, en la redacción de dicha norma,

---

[278] Haro, <<La jurisdicción constitucional en la constitución de 1999>>, 536.

[279] Brewer-Carías, *La Constitución...*, 983-984.

su eventual carácter discrecional, lo cual, se decidió que fuera regulado por el legislador[280].

A pesar de lo anterior, el tema fue traído nuevamente a la escena constitucional venezolana por la misteriosa Exposición de Motivos de la Constitución, en la cual se establece lo siguiente:

Finalmente y al margen de su competencia para conocer de acciones de amparo, se atribuye a la Sala Constitucional la competencia para revisar las decisiones definitivamente firmes dictadas por los tribunales de la República en materia de amparo constitucional y control difuso de la constitucionalidad, a través de un mecanismo extraordinario que deberá establecer la ley orgánica que regule la jurisdicción constitucional, sólo con el objeto de garantizar la uniformidad en la interpretación de las normas y principios constitucionales, la eficacia del Texto Fundamental y la seguridad jurídica. Ahora bien, la referida competencia de la Sala Constitucional no puede ni debe entenderse como parte de los derechos a la defensa, tutela judicial efectiva y amparo consagrados en la Constitución, sino, según lo expuesto, como un mecanismo extraordinario de revisión cuya finalidad constituye únicamente darle uniformidad a la interpretación de las normas y principios constitucionales. Por ello, no siendo un derecho y teniendo en cuenta que el legislador puede ensayar y errar en forma evolutiva en la búsqueda del mecanismo extraordinario más adecuado, la Asamblea Nacional Constituyente decidió dejar a la ley orgánica respectiva su desarrollo concreto. Siendo así, la ley orgánica podrá establecer, por ejemplo, un mecanismo extraordinario de revisión de ejercicio discrecional por la Sala Constitucional, tal como el *writ of certiorari* que utiliza la Suprema Corte de los Estados Unidos de América; un mecanismo cuyos rasgos de discrecionalidad no sean absolutos, como el utilizado por el Tribunal Constitucional Federal de

---

[280] El constituyente Hermánn Escarrá, propuso suprimir de la anterior redacción lo relativo al carácter discrecional de la Sala, al recurso extraordinario y a que no tendría efectos suspensivos: <<comparto la idea de sustituir la frase, cuando dice: "A juicio de la sala, y mediante recurso extraordinario, que no tendrá efectos suspensivos". Creo, que no es necesario referirse al efecto suspensivo>>. Luego propuso una redacción que es prácticamente idéntica al artículo 336.10, indicando, para concluir, <<Con lo cual, nos alejaríamos de la controversia de la naturaleza de la institución, si ella es restitutoria o suspensiva, ya que esa es una materia que corresponde más a la Ley. Haro, <<La jurisdicción constitucional en la constitución de 1999>>, 537.

Alemania; o bien, un mecanismo cuyos requisitos de admisibilidad y procedencia estén preestablecidos en la ley, como el que se puede evidenciar en algunos ejemplos de derecho comparado[281].

De la redacción de la referida exposición de motivos se puede apreciar que quien la redactó pretendió, entre otros aspectos, lo siguiente: i) establecer la finalidad de la revisión constitucional de sentencias; ii) incluir la naturaleza de sentencias a revisar (definitivamente firmes); iii) precisar la naturaleza de dicho mecanismo de revisión y; iv) dar luces al legislador constitucional (que lleva en mora más de veinte años) para que escoja el sistema más acorde a la tramitación de esta competencia constitucional, sugiriendo, entre otros, el *writ of certiorari*.

Por lo que no resulta casual que, al estudiar la revisión constitucional de sentencias, se aborde como referente casi obligatorio, el *writ of certiorari,* pues, sería una de las modalidades que podría escoger el legislador venezolano para su tramitación.

Como se verá, al abordarse el tema de los caracteres y naturaleza de la revisión constitucional de sentencias, la Sala Constitucional del Tribunal Supremo de Justicia, desde sus primeros pasos asumió la discrecionalidad en el ejercicio de su competencia, pero también se ha referido expresamente al *writ of certiorari*, así en sentencia SSC 369/2019, indicó lo siguiente:

> Además, considerando que la potestad de revisión se asemeja al *"right of certiorari"* [sic] propio del sistema anglosajón en cuanto le interesa el conocimiento de aquellos casos de relevancia constitucional, y que ello justifica precisamente que no está sometida a lapso preclusivo alguno para su ejercicio, por lo cual puede ser llevada a cabo a solicitud de parte o de oficio, la aclaratoria o ampliación que de la sentencia que la resuelva se solicite puede ser conocida igualmente por la Sala, si así lo amerita; al margen de lo dispuesto en el artículo 252 del Código de Procedimiento Civil que no ataría en ningún caso a la Sala, por referirse dicha norma a procesos de otra naturaleza (contenciosa), que alude a "partes" inexistentes en una solicitud de carácter extraordinaria, excepcional, restringida y discrecional, como la revisión[282].

---

[281] Constitución de 1999 antes citada.

[282] SSC 369/2019, de 19 de noviembre. Ver también SSC 104/2019, de 14 de mayo.

También lo hizo en un fallo más reciente, al sostener:

De ahí que, la potestad de revisión se asemeja al "right of certiorari" propio del sistema anglosajón en cuanto le interesa el conocimiento de aquellos casos de relevancia constitucional, por lo que en procura del fin antes advertido, la cosa juzgada de aquellos fallos sometidos a revisión puede verse afectada con el propósito final de reafirmar los valores supremos del Estado democrático y social de Derecho y de Justicia que proclama el artículo 2 de la Constitución de la República Bolivariana de Venezuela, y lograr la justicia positiva en el caso concreto (…) Ciertamente, la doctrina del precedente supone la vinculación a la *ratio decidendi*; pero tratándose de la Sala Constitucional cuya potestad revisora se asemeja al *right of certiorari*, es concluyente afirmar que se admite la desvinculación al precedente que se le invoca, pues como se ha señalado, la Sala Constitucional en tanto intérprete supremo de la Constitución no tiene por qué estar obligada por la fuerza persuasiva de un criterio adoptado anteriormente en revisión respecto a un caso que aun cuando se alega es idéntico a otro previamente decidido, efectivamente no lo es; pues las situaciones jurídicas que se consideraron para resolver un caso concreto sometido primeramente a la consideración de la Sala, pudieron haber variado o presentar una diferencia o impacto social relevante con el caso cuya solución ha sido invocada[283].

Sin embargo, a pesar de que la Sala Constitucional ha asumido la discrecionalidad en este tema, todas sus sentencias han sido motivadas, aun para explicar que cuenta con tal discrecionalidad y que, de la revisión del caso, considera que no es prudente su revisión.

Ahora corresponde preguntarse si efectivamente un sistema de absoluta discrecionalidad como el comentado, sería conveniente para el sistema de justicia constitucional venezolano.

El profesor CASAL, por su parte ha señalado lo siguiente,

Es indudable que el mecanismo que se establezca para el ejercicio de la facultad de revisión de sentencias prevista en el numeral 10 del artículo 336 influirá en un grado no desdeñable en el futuro de la nueva jurisdicción constitucional. Un sistema completamente abierto de revisión, que obligase a la Sala Constitucional a pronunciarse so-

---

[283] SSC Exp. 21-0286 SSC 21/2022 de 11 de febrero.

bre todas las solicitudes de revisión de sentencias de amparo dictadas por los tribunales de la República conduciría al colapso de dicha instancia jurisdiccional. En el otro extremo, un sistema absolutamente discrecional, carente de criterios legalmente preestablecidos sobre la admisión a trámite del procedimiento de revisión, y en el que no se requiera ni la presentación de recurso o solicitud por el interesado ni la motivación de las decisiones de inadmisión, restaría transparencia y apariencia de objetividad a la labor de la Sala Constitucional[284] (...) La problemática planteada alcanza especial significación en el caso del amparo constitucional, no así en el del control difuso de la constitucionalidad, ya que en este segundo supuesto (...) lo adecuado sería admitir toda solicitud de revisión de sentencias de última instancia en que se haya desaplicado una ley en razón de su inconstitucionalidad[285].

Y sobre la conveniencia de adoptar el *writ of certiorari* como mecanismo para decidir sobre la admisión o rechazo de las solicitudes, ha indicado:

Nuestra opinión es que la absoluta discrecionalidad en la admisión o rechazo de la revisión prevista en el numeral 10 del artículo 336, al estilo del *writ of certiorari*, ha de ser vista como un eventual punto de llegada, más que de partida, para nuestro sistema de justicia constitucional. Sólo después de la obtención de una gran autoridad por el órgano especializado que ha sido creado para encabezar la jurisdicción constitucional podría darse un paso como ése, tan riesgoso en nuestro contexto jurídico-cultural[286].

De esta manera el profesor CASAL apunta por la revisión de todos los casos de control difuso, conforme a lo anteriormente citado y a lo establecido en la vigente Ley Orgánica del Tribunal Supremo de Justicia y, adicionalmente, por una discrecionalidad reglada o limitada, pero con la motivación que demanda nuestro sistema jurídico-cultural[287].

---

[284]   Ver voto salvado de SSC 640/2018, de 02 de octubre.

[285]   Casal, *Constitución...*, 97-98.

[286]   Casal, *Constitución...*, 102.

[287]   No es sencillo para el ordenamiento jurídico venezolano y para la cultura de sus usuarios y operadores, dar un giro tan rudo como lo sería pasar de la denegación de justicia, absolución de la instancia, vicios de nulidad por inmotivación, entre otros

Sobre el mismo tema, el profesor HARO comentó lo siguiente:

Como ya hemos señalado en este estudio, anteriormente y a través de la Comisión Constitucional, hemos manifestado nuestras reservas en permitir que la Sala Constitucional, en este momento y en este estado de nuestra evolución constitucional, haga uso de la potestad que ahora le otorga el ordinal 10° del artículo 336 de la Constitución, en forma absolutamente discrecional mediante una especie de *writ of certiorari*. En efecto, en nuestra opinión ese mecanismo de revisión de sentencias desde la perspectiva del juzgador, por su total discrecionalidad y dada la ausencia de motivación expresa, puede dar origen a arbitrariedades y a la postre, las razones por las cuales se decida revisar un determinado caso pueden ser totalmente políticas, subjetivas o circunstanciales, incluso, pueden ser el producto de presiones que comprometan la decisión de la Sala Constitucional. En suma, los fines que se persiguen con la revisión de la sentencia de amparo quedarían totalmente al margen. Por ello, consideramos inconveniente y hasta riesgoso el mecanismo de revisión de sentencias de amparo y control difuso de la constitucionalidad de ejercicio absolutamente discrecional, consagrado jurisprudencialmente por la Sala Constitucional del Tribunal Supremo de Justicia, difiriendo así de la opinión que en esta materia ha sostenido el profesor ALLAN BREWER CARÍAS en sus comentarios a la Constitución de 1999[288].

A la fecha de este análisis han transcurrido más de veinte años de vigencia del texto constitucional y con ello de la Sala Constitucional, no obstante, y dada la experiencia vivida en estas más de dos décadas se considera que todavía el sistema de justicia constitucional venezolano no está preparado para una absoluta discrecionalidad al momento de decidir sobre si se revisa o no un determinado caso. Aunque parece evidente, a veces se duda de si se está del todo claro en que la posibilidad de que la Sala Constitucional acuerde conocer un caso, mediante este mecanismo, no significa que declarará con lugar la revisión solicitada, pues, pudiera esta resultar improcedente.

---

principios que rigen dicho ordenamiento, a una inmotivación autorizada a las más altas esferas del poder constitucional del Estado.

[288] Haro, <<La justicia constitucional en Venezuela y la constitución de 1999>>, 190.

RECURSO EXTRAORDINARIO ARGENTINO

El recurso extraordinario federal argentino se considera <<un remedio procesal a través del cual la [Corte Suprema], en función revisora de las sentencias pronunciadas por los jueces y tribunales inferiores (nacionales o provinciales) asegura la primacía de la [Constitución nacional] sobre normas o actos emanados de autoridades nacionales o locales>>[289].

Por simplicidad en el uso de los términos, algunas veces este recurso ha sido llamado *certiorari* argentino[290] o *certiorari* negativo; sin embargo, es conveniente aclarar que el recurso extraordinario federal es un mecanismo o una vía para acceder a la Corte Suprema de la Argentina[291], mientras que el denominado *certiorari* argentino o negativo, es simplemente la modalidad (de marcada discrecionalidad) que incluyó la reforma del Código Procesal Civil y Comercial de la Nación, conocida como la Ley 23.774/1990, en dicho ordenamiento jurídico y que es aplicable para resolver sobre la tramitación o no del recurso extraordinario federal. Dicha ley en su artículo dos dispone lo siguiente:

Artículo 2°.- Sustitúyense los artículos 280 y 285 del Código Procesal Civil y Comercial de la Nación, por los siguientes: 'Artículo 280.- LLAMAMIENTO DE AUTOS. RECHAZO DEL RECURSO

---

[289] Lino Enrique Palacio, *El recurso extraordinario federal: Teoría y técnica* (Buenos Aires: Abeledo – Perrot, 2001), 20-21.

[290] <<El *writ of certiorari* ha sido objeto de debates en otras naciones de Derecho Continental como en Argentina en donde se le dio en llamar el "*certiorari* argentino". No prescrito constitucionalmente, en ese país el artículo 280 del Código de Procedimiento habría limitado la aplicabilidad de tal institución a los "Recursos Extraordinarios" y por ello inaplicable a lo que se dio en llamar en Argentina la "Jurisdicción Apelada Obligatoria". El "*certiorari* argentino", fue entendido por algunos como un procedimiento de "avocación" librado a la "sana discreción" de la Corte, otras voces la concibieron como una "Jurisdicción apelada discrecional". Se predicó también su "inconstitucionalidad", tan inconstitucional, conforme a esa opinión, como lo es la decisión "extra petita" para los tribunales inferiores o la de "sacar" al justiciable de los jueces designados por la ley.">>. Briceño León, <<El precedente judicial y el *writ of certiorari* en Venezuela y en los Estados Unidos de América>>, 161.

[291] <<Originariamente, el recurso extraordinario, y por su propia naturaleza, quedó delimitado para cuestiones de derecho, constituyendo una vía apta para habilitar a la Corte en el conocimiento y decisión de las "cuestiones federales" (taxativamente enumeradas en el art. 14, ley 48)>>. Augusto Morello, *El recurso extraordinario* (Buenos Aires: Librería Editorial Platense, 2006), 8-9.

EXTRAORDINARIO. MEMORIALES EN EL RECURSO ORDI-NARIO. Cuando la Corte Suprema conociere por recurso extraordinario, la recepción de la causa implicará el llamamiento de autos. La Corte, según su sana discreción, y con la sola invocación de esta norma, podrá rechazar el recurso extraordinario, por falta de agravio federal suficiente o cuando las cuestiones planteadas resultaren insustanciales o carentes de trascendencia[292] (...) Articulo 285.- QUEJA POR DENEGACIÓN DE RECURSOS ANTE LA CORTE SUPREMA. Cuando se dedujere queja por denegación de recursos ante la Corte Suprema, la presentación, debidamente fundada, deberá efectuarse en el plazo que establece el segundo párrafo del art. 282. La Corte podrá desestimar la queja sin más trámite, exigir la presentación de copias o, si fuere necesaria, la remisión del expediente. Si la queja fuere por denegación del recurso extraordinario, la Corte podrá rechazar este recurso en los supuestos y forma previstos en el artículo 280, párrafo segundo. Si la queja fuere declarada procedente y se revocare la sentencia, será de aplicación el artículo 16 de la Ley N° 48. Mientras la Corte no haga lugar a la queja no se suspenderá el curso del proceso.

Ahora, si bien no se discute que la inspiración de esta discrecionalidad argentina[293] tuvo como origen a la norteamericana[294], la doctrina ha

---

[292] La ley 23.774 incorporó otros recaudos como el "gravamen federal suficiente" y que la cuestión "sea trascendente y sustancial", que, de no explicarse por el recurrente, le permiten a la Corte aplicar *el writ of certiorari*, que se constituye en un verdadero método de selección de causas. Gozaíni, *Introducción...*, 93.

[293] <<La sana discreción no es hacer la selección "como yo quiero" (la Corte, o la mayoría de sus miembros), sino acotada por la legalidad del propio sistema jurídico y axiológico de la Justicia; de la idea y sentido nuclear, que no tiene que experimentar una suerte de fragilización, ni el mal uso de una sabia herramienta -el art. 14, ley 48- interiorizada en la sociedad. En esto último -que no es por cierto secundario- la Corte continúa sujeta a un marco reglado, es decir que su "sana discreción" depende de esas líneas superiores, insoslayables y rigurosas>>. Morello, *El recurso...*, 680.

[294] <<Argentina, que es el país más influido por el sistema norteamericano de control de constitucionalidad, asegura la revisión de cualquier sentencia de los tribunales que valore la inconstitucionalidad de una norma en un caso concreto gracias al recurso extraordinario, previsto originariamente en la Ley N° 48 de 1863, reformada por la Ley 23.174 de 1990, para dar entrada a un método similar al *"writ of certiorari"*, que procede contra sentencias de última instancia que hayan sido revisadas ya por los mecanismos procesales ordinarios>>. Canova González, *El modelo...*, 143-144.

sistematizado notables diferencias que se pueden apreciar entre ambos métodos. Siguiendo lo expuesto por PALACIO, estas se pueden resumir de la manera siguiente:

De lo expuesto se sigue que entre el *writ of certiorari* y la potestad que acuerdan a la CS los arts. 280 y 285 del CPCN median, fundamentalmente, las siguientes diferencias:

1°) Mientras el *certiorari* se deduce directamente ante la Suprema Corte, la mencionada potestad se ejerce en la sentencia mediante la cual culmina un procedimiento que se inicia con la interposición del REF ante el tribunal superior de la causa y su concesión o denegatoria por parte de éste. Difieren asimismo los plazos para formular la petición de *certiorari* e interponer el REF o el recurso de queja frente a su denegatoria. 2°) A diferencia de lo dispuesto en los arts. 280 y 285 del CPCN, la normativa norteamericana sobre el tema de que se trata no contiene referencia alguna respecto de la suficiencia del agravio federal o de la sustancialidad o trascendencia de las cuestiones planteadas. 3°) El *certiorari* se concede con el voto de cuatro de los nueve jueces que integran el tribunal, al tiempo que tanto la apertura de la instancia regulada por el artículo 14 de la ley 48 cuanto el rechazo del REF o de la queja requieren la mayoría de los votos de los jueces de la CS. En suma, mientras el *writ of certiorari* constituye actualmente, según se ha visto, la primordial vía de acceso a la competencia revisora de la Suprema Corte, la potestad que conceden a la CS los arts. 280 y 285 del CPCN configura, en cambio, una de las modalidades que puede revestir el rechazo o la declaración de inadmisibilidad del REF o de la queja, exteriorizando el ejercicio de una jurisdicción negativa (…) Continúa de todos modos siendo válida la observación formulada en el sentido de que la única similitud que media entre el *certiorari* norteamericano y la referida potestad consiste en que el Tribunal se halla facultado para rechazar la petición, o el recurso, sin fundamentar la correspondiente decisión[295].

Aclarado lo anterior, debe decirse que en lo que respecta a la competencia general de la Corte Suprema argentina (quien tramita el recurso), esta viene dada por los artículos 116 y 117 de la Constitución nacional; por su parte, el 117, establece la vía por la que se puede acceder a la Corte Suprema, indicando que esta <<ejercerá su jurisdicción por apelación

---

[295]   Palacio, *El recurso...*, 30-31.

según las reglas y excepciones que prescriba el Congreso; pero en todos los asuntos concernientes a embajadores, ministros y cónsules extranjeros, y en los que alguna provincia fuese parte, la ejercerá originaria y exclusivamente>>[296].

Por su parte, ya concretamente en lo que concierne al recurso extraordinario federal[297] (cuya admisibilidad es discrecional para la Corte, que es el llamado *certiorari* argentino), cabe destacar que este tiene su fundamento en el artículo 14 de la ley 48/1863, que dispone:

Art. 14. – Una vez radicado un juicio ante los Tribunales de Provincia, será sentenciado y fenecido en la jurisdicción provincial, y sólo podrá apelarse a la Corte Suprema de las sentencias definitivas pronunciadas por los tribunales superiores de provincia en los casos siguientes: 1° Cuando en el pleito se haya puesto en cuestión la validez de un Tratado, de una ley del Congreso, o de una autoridad ejercida en nombre de la Nación y la decisión haya sido contra su validez. 2° Cuando la validez de una ley, decreto o autoridad de Provincia se haya puesto en cuestión bajo la pretensión de ser repugnante a la Constitución Nacional, a los Tratados o leyes del Congreso, y la decisión haya sido en favor de la validez de la ley o autoridad de provincia. 3° Cuando la inteligencia de alguna cláusula de la Constitución, o de un Tratado o ley del Congreso, o una comisión ejercida en nombre de la autoridad nacional haya sido cuestionada y la decisión sea contra la validez del título, derecho; privilegio o exención que se funda en dicha cláusula y sea materia de litigio.

---

[296] Redacción esta que ha planteado la discusión sobre si se está ante un recurso de apelación o un recurso extraordinario; asunto este que excedería, con creces, el propósito de estas líneas.

[297] <<[En Argentina] La inconstitucionalidad se puede suscitar de manera indirecta, cuando el problema aparece en el curso de un proceso en trámite o es causa concurrente dentro de un conflicto, en cuyo caso el conflicto de constitucionalidad se resuelve dentro de la instancia (…) el recurso (extraordinario, es decir, última posibilidad de impugnación constitucional luego de transitar etapas de proceso ordinarias) sólo tiene andamiento mientras exista el llamado "caso constitucional". En nuestro país, especialmente, por "caso" se entienden las "cuestiones federales" que, de plantearse oportunamente, permiten encontrar un recurso especial que habilita a la Corte Suprema de Justicia de la Nación a estudiar la cuestión de inconstitucionalidad (art. 14, ley 48). (…) Debe dejarse en claro que las "cuestiones federales" son temas de derecho y no de hecho, pues estas últimas proceden por excepción cuando se demuestra la arbitrariedad de las sentencias>>. Gozaíni, *Introducción…*, 92-93.

A la regulación del artículo 14 de la ley 48/1863 antes referido, y tal como apunta Gozaíni[298], la ley 23.774/90 le incluyó otras nociones que no contemplaba, tales como <<el "gravamen federal suficiente" y que la cuestión "sea trascendente y sustancial", que, de no explicarse por el recurrente, le permiten a la Corte aplicar el *writ of certiorari*, que se constituye en un verdadero método de selección de causas>>.

Además de lo incorporado por la Ley 23.774/90, sobre los supuestos en los que operaría la revisión extraordinaria, también se han incluido algunos otros (cuya inclusión podría considerarse pretoriana), tal es el caso de la gravedad institucional y de la arbitrariedad[299], pero que, en todo caso, ha sido trabajo de la jurisprudencia de la referida Corte Suprema. Sobre esto comenta Spota lo siguiente:

> El recurso extraordinario no fue pensado para hacer justicia. Es un recurso de origen político estructurado jurídicamente, cuyo destino exclusivo fue y es mantener la distribución de competencias otorgadas al estado federal. Su función originaria fue mantener la unión nacional y sigue siéndolo. Constituir al recurso extraordinario en una tercera instancia es destruir su objetivo. El recurso de arbitrariedad comenzó a evolucionar de manera tal de llevar en los hechos a la Corte Suprema a la pretensión de actuar más que como tribunal constitucional, como una *tercera instancia de equidad*. Y este desarrollo de la dinámica operativa de la vida judicial argentina, va totalmente a contramano del origen y naturaleza del control de constitucionalidad. Ese control de constitucionalidad fue pensado en su origen a través de la *Judiciary Act* de 1789, en los Estados Unidos, como un instrumento político para mantener la unión nacional, como lo he dicho. Los tres incisos del artículo 14 de la ley 48 que son traducción de normas absolutamente análogas de la *Judiciary Act*, muestran que esa institu-

---

[298] Gozaíni, *Introducción...*, 93.

[299] <<El recurso extraordinario por arbitrariedad que como ya fue expuesto nació entre nosotros en el año de 1909 con la causa Rey c/ Rocha (...) Esa sentencia del 2 de diciembre de 1909, en su segundo sumario que reproduce textualmente términos de la sentencia, afirma que "El requisito constitucional de que nadie puede ser privado de su propiedad, sino en virtud de sentencia fundada en ley, da lugar a recurso ante la corte suprema en los casos extraordinarios de sentencias arbitrarias, desprovistas de todo apoyo legal, fundadas tan solo en la voluntad de los jueces, y no cuando haya simplemente interpretación errónea de las leyes, a juicio de los litigantes">>. Spota, *Recurso...*, 31, 1.

ción fue pensada, creada y desarrollada para mantener como está enunciado, la unión nacional de los Estados que se acababan de constituir como Federación, frente al fracaso de la confederación. Para ello instituyeron el instrumento de contralor de la vigencia de la distribución de competencias otorgadas al Estado federal, dando esa función esencial para la dinámica operativa del sistema político total, a la cabeza del poder judicial. Esto es a la Suprema Corte de Justicia (…) Por todo esto, es perfectamente razonable que el recurso extraordinario por arbitrariedad que tiene sin duda un cierto sustrato razonable desde el punto de vista de la vigencia efectiva de los derechos y garantías constitucionales necesita y debe ser acompañado, ineludiblemente, para subsistir en la medida de lo razonablemente posible, en función de la existencia de la gravedad institucional del caso en análisis. Dicho de otra suerte, la arbitrariedad acaecida en el caso particular exige, necesariamente, para merecer ser oída, importancia institucional que exceda los intereses de las partes en el debate. Es en esta medida que va orientada la jurisprudencia de nuestro tiempo en la materia. Y es razonable que los hechos se hayan definido de la suerte que va descripta (…) No basta ahora para oír un recurso extraordinario por arbitrariedad que en la causa se haya producido una agresión constitucional evidente. Es necesario, además, como lo he desarrollado, que esa agresión constitucional evidente tenga una trascendencia "erga omnes" clara y notable. Esto es, que medie lo que se llama gravedad institucional e interés general evidente más allá de los intereses singulares de las partes en el proceso[300].

Sobre la finalidad de este recurso, la Corte Suprema de la nación argentina ha indicado:

Que el recurso extraordinario del artículo 14 de la ley 48 tiende a asegurar la primacía de la Constitución Nacional y normas y disposiciones federales mediante el contralor judicial de constitucionalidad de leyes, decretos, órdenes y demás actos de los gobernantes y sus agentes, ratificando -si cabe- que esta Corte Suprema es el custodio e intérprete final de aquel ordenamiento superior[301].

A esta afirmación PALACIO agrega:

---

[300]   Spota, *Recurso...*, 21-22, 67.

[301]   Palacio, *El recurso...*, 21.

176

Íntimamente vinculada con tal finalidad [la expresada por la Corte Suprema] se encuentra, en segundo lugar, la de preservar la supremacía de los poderes del gobierno de la Nación sobre los de las provincias en tanto los primeros sean ejercidos, naturalmente, dentro de los límites impuestos por el texto constitucional (...) Cuadra por último destacar que, al margen de las finalidades precedentemente puntualizadas (...) la ley 48 otorga competencia a la CS para revisar las resoluciones judiciales que versen, exclusivamente, sobre el alcance de cláusulas constitucionales o de normas federales contenidas en leyes del Congreso[302].

Por su parte SAGÜÉS, resume las finalidades[303] del recurso extraordinario de la manera siguiente:

[a] Primer fin del recurso extraordinario: garantizar la supremacía de las instituciones federales. - Esta fue la meta argentina inicial, tal como se dio en la experiencia jurídica estadounidense y La Corte Suprema argentina ha puntualizado en varias ocasiones tal objetivo histórico. En los autos "Bacci c/Chade" reconoció que tanto la ley 48 como su antecedente más significativo, la Judiciary Act de 1789, se propusieron "asegurar el predominio de la autoridad de la Nación sobre los Estados provinciales". [b] Segundo fin del recurso extraordinario: asegurar [la] supremacía de la constitución nacional sobre autoridades federales y provinciales. En el plano histórico se produce una profunda y vital transformación en el papel del recurso extraordinario, cuando se lo destina no sólo para defender al Estado federal ante las provincias o Estados locales, sino también para mantener la supremacía constitucional frente a las sentencias de los propios tribunales fe-

---

[302]   Palacio, *El recurso...*, 21-22.

[303]   Por su parte Morello sostiene: <<Se ha señalado que su esencia, finalidad o *telos*, esto es, su objetivo, es típicamente política, como que hace a la subsistencia del Estado Federal, sobre la base del respeto a la distribución de competencias otorgadas al poder federal, el que en el ámbito de lo delegado tiene prelación y supremacía sobre los poderes locales. El recurso extraordinario existe como garantía política, producida jurídicamente, para impedir o corregir agravios a las competencias del Estado federal y los poderes constituidos locales. Más específicamente se ha dicho que fue concebido como reaseguro del sistema federal apto para revisar, y en su caso invalidar, sentencias dictadas por la Justicia de provincia impugnadas de inconstitucionalidad por conferir validez e imperio a disposiciones locales en detrimento de la distribución de competencias y así atentar contra la unidad del país>>. Morello, *El recurso...*, 9-10.

derales y frente a las leyes que dicta el Congreso federal (...) [c] Tercer fin del recurso extraordinario: casación federal: A mediados del siglo pasado, Kent advertía que si numerosos casos de competencia federal eran concurrentemente asignados a los tribunales estaduales y a los federales, debía existir una vía de apelación ante la Corte Suprema de los Estados Unidos, para asegurar que fuera un órgano judicial nacional el que emitiera la última palabra en tales materias. De lo contrario, esto es, de no existir ese recurso, se quebraba la intención de la Constitución de que en los asuntos de jurisdicción federal, hubiera realmente una intervención del Poder Judicial federal (...) [d] Cuarto fin del recurso extraordinario: casación general, recurso de justicia y equidad: La metamorfosis registrada por el recurso extraordinario en las últimas décadas, especialmente por el desenvolvimiento de la doctrina de las sentencias arbitrarias (...) ha llevado a utilizar el viejo "remedio federal" para otros roles, como son los de una casación general (esto es, tanto en temas de derecho federal como de derecho común), concebida también ampliamente, en el sentido que cubre no sólo errores de derecho, sino también de hecho (...)[304].

PALACIOS, sobre la denominación de recurso[305] extraordinario y su naturaleza sostiene:

> En razón de que frente a tales hipótesis se halla excluida la invocación de una incompatibilidad entre normas de distinta jerarquía, no resulta exacto sostener que la función de la CS se circunscriba, cuando se trata del remedio analizado, al control de constitucionalidad, de manera que pese a la primacía e importancia de dicha función peca de insuficiente la denominación de aquél como "recurso extraordinario de inconstitucionalidad". De allí que, sin desconocer la índole secundaria del tema, parezca más apropiado denominarlo, como aquí se hace, "recurso extraordinario federal", ya que este rótulo cubre la función interpretativa tanto de las normas contenidas en la CN (que es

---

[304] Sagüés, *Compendio...*, 123-125. .

[305] <<Hay consenso en calificarlo como recurso, y no como acción. Constituye, en efecto, un medio impugnativo específico, a promover en sede judicial, contra actos de autoridad pública, con un trámite procesal previsto por el ordenamiento en vigor, y de sustanciación reducida. La acción, en cambio, implica una articulación contra actos de autoridad o de particulares, de ámbito, sustanciación y efectos más amplios que el recurso, y con plazos generalmente más extendidos>>. Sagüés, *Compendio...*, 119-120.

federal por oposición a las constituciones locales) cuanto de los preceptos incluidos en las leyes especiales del Congreso (a las que se llama "federales" en oposición a las leyes comunes o locales que dicta el Congreso nacional) y, naturalmente, a las leyes provinciales (…) El REF configura un genuino recurso porque se trata de un remedio encaminado a lograr, dentro del trámite de un proceso, la reforma o anulación, total o parcial, de una resolución judicial (o excepcionalmente administrativa) que no haya adquirido carácter firme o se encuentre preclusa (…) Si bien el REF entraña, conforme a lo prescripto en el artículo 117 de la CN, uno de los casos posibles de la jurisdicción que la CS ejerce "por apelación", ello es así por cuanto si se lo considerase una vía para acceder originariamente a la CS, aquélla no sería compatible con la norma constitucional citada, en cuya virtud no es admisible ampliar o restringir la competencia originaria del Tribunal. Trazada esa diferenciación, es obvio que, frente a lo prescripto en el artículo 14 de la ley 48, el *nomen iuris* utilizado por el artículo 117 de la CN en modo alguno implica que –a diferencia de lo que ocurre en las apelaciones comunes u ordinarias- la concesión del recurso analizado sea susceptible de abrir una tercera instancia apta, como tal, para someter a la decisión de la CS cualquier perjuicio o gravamen en sentido genérico o para corregir cualquier injusticia que, a juicio del recurrente, exista en la causa[306].

Sobre el mismo tema (denominación y naturaleza) y, en el mismo sentido que PALACIO, se ha pronunciado SAGÜÉS, al indicar lo siguiente:

En la Argentina, la denominación de recurso extraordinario aplicada al previsto por el art. 14 de la ley 48, es primero de origen consuetudinario y pretoriano. La Corte Suprema, en los autos "Galán, Dolores Gil de, y otras c/Gobierno de la Nación", aclaró que si bien ni en la Constitución de 1853 ni en las leyes 48 y 4055 figuró la expresión recurso extraordinario, "una inveterada jurisprudencia y la doctrina pertinente sin excepciones la emplean para denominar al que excepcionalmente se acuerde ante esta Corte para asegurar la primacía de la Constitución y determinar la inteligencia de los tratados, las leyes federales y las comisiones ejercidas en nombre de la autoridad nacional" (…) En nuestra opinión, el problema es sumamente significativo, puesto que si se concluyera que el recurso extraordinario no

---

[306] Palacio, *El recurso...*, 22-24.

implica realmente una apelación, constituiría una vía inconstitucional para acceder a la Corte Suprema. El art. 117 de la Const. nacional, efectivamente, sólo posibilita llegar a la Corte originariamente o por apelación; y el recurso extraordinario no es un mecanismo originario de ingreso en la Corte Suprema, pues el art. 14 de la ley 48 lo programa como medio recursivo de sentencias dictadas por tribunales inferiores a ella. En resumen, el recurso extraordinario es un procedimiento de apelación o un recurso inconstitucional. En síntesis, el recurso extraordinario argentino presenta las notas básicas de un recurso de apelación (de apelación extraordinaria). La discusión, de todos modos, queda zanjada definitivamente en cuanto se compruebe que con relación al art. 117 de la Const. nacional se ha operado probablemente una "mutación por adición", en el sentido de que el derecho normativo y el judicial han incorporado al concepto de "jurisdicción por apelación" del texto escrito del art. 117 citado, un rubro seguramente no imaginado por los constituyentes de 1853: el cuestionamiento por medio del recurso extraordinario contra determinados pronunciamientos finales de entes administrativos, respecto de los cuales la ley no ha previsto medios de impugnación en sede judicial inferior a la Corte Suprema[307].

Pueden resumirse las condiciones de admisibilidad del recurso extraordinario de la manera siguiente: a) La presentación y mantenimiento de una cuestión federal; b) Que exista una sentencia definitiva del tribunal superior de la causa; c) Que dicha sentencia sea contraria al derecho federal invocado; d) Que se cumpla con las condiciones de modo, lugar y tiempo para su ejercicio. Y, respecto a las condiciones de procedencia, podría decirse que exista una cuestión federal o una situación de gravedad institucional; que guarde relación directa e inmediata con el litigio que la contiene[308].

Como puede apreciarse el recurso extraordinario federal argentino es un mecanismo especial para llegar a la Corte Suprema de esa nación, en la cual, dicha Corte tiene una discrecionalidad bastante similar a la norteamericana y es a la que apunta la Sala Constitucional venezolana, sin embargo, una de las importantes diferencias entre este mecanismo y el venezolano (además de las de forma y otras sustanciales) es que Argenti-

---

[307] Sagüés, *Compendio...*, 119-121.
[308] Sagüés, *Compendio...*, 126.

na es un verdadero Estado federal, tanto en la práctica como en la realidad (lo cual comporta la imperiosa necesidad de proteger la Unión frente al poder local y uniformar la interpretación de la Constitución común), a diferencia de Venezuela que es un Estado federal pero solo de referencia utópica, pues, hasta la propia Constitución nacional se confunde y, con una clara tendencia hacia un Estado unitario, hace referencia a un Estado federal descentralizado (artículo 4), lo cual, por decir lo menos, resulta redundante.

AMPARO ALEMÁN

Tal como lo menciona la Exposición de Motivos de la Constitución, el Tribunal Constitucional alemán posee una discrecionalidad reglada o atenuada, por lo que su opción constituye un modelo intermedio entre la discrecionalidad absoluta del *writ of certiorari* y una regulación completamente reglada definida por el legislador.

Es de reconocerse que el Tribunal (también llamado Corte) Constitucional Federal (Bundesverfassungsgericht) goza de excelente prestigio tanto en Alemania como en Europa y su trabajo se destaca constantemente en portales de ese país, muestra de esto es lo que indica el portal de info-gobierno https://www.deutschland.de[309], al referirse al Tribunal Constitucional alemán:

> Es a la vez una institución y un símbolo: la Corte Constitucional Federal. En ella se plasma la intención de subordinar todos los poderes del Estado de la República Federal de Alemania a los derechos fundamentales y, por lo tanto, de dar prioridad a la Constitución sobre todo lo demás. La Corte Constitucional Federal, que ya tiene 70 años, está consagrada en la Constitución alemana, la Ley Fundamental, como órgano independiente. Ninguna ley, norma o reglamento en Alemania puede violar la Ley Fundamental. Tarea de la Corte Constitucional Federal es supervisarlo. La Corte Constitucional Federal no puede actuar de oficio. Pero todo ciudadano puede recurrir a ella si considera que la actuación del Estado viola sus derechos fundamentales. De los 240.251 recursos de inconstitucionalidad presentados entre 1951 y 2020, 5.372 prosperaron. 16 juezas y jueces velan por la

---

[309] El portal "deutschland.de" es un servicio de Fazit Communication GmbH, Fráncfort del Meno, en cooperación con el Ministerio Federal de Relaciones Exteriores de Alemania, Berlín. Consultado 05 de marzo de 2023, https://www.deutschland.de

Constitución: En los primeros años de la República Federal de Alemania, la Corte Tribunal [sic] Constitucional aún tenía que enfrentarse a críticas frecuentes de los círculos políticos, explícitas y públicas. Los políticos no estaban acostumbrados a un control tan exhaustivo y potente. Actualmente, la Corte Constitucional está plenamente reconocida y sus decisiones son aceptadas. Las críticas a sus decisiones son serenas y fácticas. La Constitución está formulada de forma tan abierta que siempre puede interpretarse de conformidad con las exigencias del presente. Por ello, las sentencias de la Corte Constitucional han variado a lo largo de las décadas. Su tarea no consiste en interpretar la Constitución desde la perspectiva histórica en el momento de su creación, sino en encontrar una interpretación cercana al presente y con miras al futuro. La mitad de los 16 jueces y juezas constitucionales son elegidos/as por el Bundestag y la otra mitad por el Bundesrat (Consejo Federal, representación de los estados federados) por un periodo de doce años. El límite de edad es de 68 años. Trabajan en dos senados con tres cámaras cada uno. Los jueces llevan túnicas escarlatas diseñadas al estilo del traje de los jueces florentinos del siglo XV.

Las competencias de esta Corte Constitucional se encuentran en el título IX de la Ley Fundamental de la República Federal de Alemania[310] que, entre su articulado dispone lo siguiente[311]:

IX. El poder judicial

Artículo 92 [Organización judicial] El Poder Judicial es confiado a los jueces; es ejercido por la Corte Constitucional Federal y por los tribunales federales previstos en la presente Ley Fundamental y por los tribunales de los Länder.

Artículo 93 [Competencia de la Corte Constitucional Federal]

(1) La Corte Constitucional Federal decide:

1. Sobre la interpretación de la presente Ley Fundamental respecto a controversias sobre el alcance de los derechos y deberes de un órgano supremo de la Federación o de otras partes investidas de derechos propios por la presente Ley Fundamental, o por el reglamento

---

[310] También conocida como la Ley Fundamental de Bonn de 1949.

[311] Si bien la cita puede resultar extensa, se considera conveniente para tener una noción más completa del sistema de justicia alemán.

interno de un órgano federal supremo; 2. en caso de controversias o dudas relativas a la compatibilidad formal y material de la normativa federal o de los Länder con la presente Ley Fundamental, o la compatibilidad del derecho de los Länder con otras normas del Derecho federal, a petición del Gobierno Federal, del Gobierno de un Land o de un cuarto de los miembros del Bundestag; 2a. en caso de controversias sobre si una ley se adecúa a los requisitos del artículo 72, apartado 2[312], a petición del Bundesrat, del Gobierno de un Land o de la Asamblea legislativa de un Land; 3. en caso de controversias sobre los derechos y deberes de la Federación y de los Länder, especialmente en lo que concierne a la ejecución del Derecho federal por los Länder y al ejercicio del control federal; 4. en otras controversias de Derecho público entre la Federación y los Länder, entre los Länder o dentro de un Land, siempre que no esté abierta otra vía judicial; 4a. sobre los recursos de amparo que pueden ser interpuestos por toda persona que se crea lesionada por el poder público en uno de sus derechos fundamentales o en uno de sus derechos contenidos en los artículos 20, apartado 4, 33, 38, 101, 103 y 104[313]; 4b. sobre los recursos de amparo interpuestos por municipios y mancomunidades de municipios por violación a través de una ley, del derecho de autonomía municipal establecido en el artículo 28[314], exceptuándose, sin embargo, aquellos casos de violación por leyes de los Länder en los que quepa recurso ante la Corte Constitucional del respectivo Land; (…)

(…)

---

[312] Artículo 72 [Legislación concurrente de la Federación, concepto] (1) En el ámbito de la legislación concurrente, los Länder tienen la facultad de legislar mientras y en la medida que la Federación no haya hecho uso mediante ley de su competencia legislativa. (2) En las materias del artículo 74, apartados 1 No. 4, 7, 11, 13, 15, 19a, 20, 22, 25 y 26, la Federación tiene la competencia legislativa, si y en la medida que sea necesaria una regulación legislativa federal en interés de la totalidad del Estado para la creación de condiciones de vida equivalentes en el territorio federal o el mantenimiento de la unidad jurídica o económica.

[313] Derecho a la resistencia (20.4); igualdad (33); sufragio (38); prohibición de tribunales de excepción (101); derecho a ser oído, irrectroactividad de la ley y *non bis in ídem* (103); garantías jurídicas en caso de privación de libertad (104).

[314] Garantía federal de las Constituciones de los Länder, garantía de la autonomía municipal.

Artículo 94 [Composición de la Corte Constitucional Federal] (1) La Corte Constitucional Federal se compone de magistrados federales y de otros miembros. Los miembros de la Corte Constitucional Federal serán elegidos por mitades por el Bundestag[315] y por el Bundesrat[316]. No podrán pertenecer ni al Bundestag ni al Bundesrat ni al Gobierno Federal ni a los órganos correspondientes de un Land. (2) Una ley federal[317] regulará su organización y procedimiento determinando los casos en los cuales sus decisiones tienen fuerza de ley[318]. Dicha ley podrá establecer como condición de los recursos de amparo el agotamiento previo de la vía judicial y establecer un procedimiento especial de admisión.

Artículo 95 [Tribunales Supremos de la Federación, Sala Conjunta] (1) En los ámbitos de las jurisdicciones ordinaria [civil y penal], administrativa, financiera, laboral y social, la Federación creará como Tribunales supremos la Corte Federal de Justicia, la Corte Federal Contencioso-administrativa, la Corte Federal de Hacienda, la Corte Federal de Trabajo y la Corte Federal Social. (2) Los magistrados de estos tribunales serán designados por el ministro federal competente para el respectivo ámbito, conjuntamente con una Comisión para la elección de jueces, compuesta por los ministros de los Länder competentes en su respectivo ámbito y por un número igual de miembros elegidos por el Bundestag. (3) Para salvaguardar la unidad de la jurisprudencia deberá constituirse una Sala conjunta de los tribunales mencionados en el apartado 1. La regulación se hará por una ley federal.

---

[315] Parlamento de la federación.

[316] Representantes de los Länder en la legislación y administración de la federación y en la Unión Europea.

[317] Ley del Tribunal Constitucional Federal.

[318] Artículo 115g [Posición de la Corte Constitucional Federal] No podrá ser menoscabada la posición constitucional y el cumplimiento de las tareas constitucionales de la Corte Constitucional Federal ni de sus jueces. La ley sobre la Corte Constitucional Federal no podrá ser modificada por una ley de la Comisión Conjunta, salvo que también a juicio de la Corte Constitucional Federal la modificación sea imprescindible para que pueda seguir cumpliendo sus funciones. Hasta que se dicte una tal ley, la Corte Constitucional Federal podrá tomar las medidas necesarias para poder seguir funcionando. Las resoluciones de la Corte Constitucional Federal a que se refieren la segunda y la tercera frase serán tomadas por la mayoría de los magistrados presentes.

Artículo 96 [Otros tribunales federales, ejercicio de la jurisdicción federal por los tribunales de los Länder] (1) La Federación podrá crear un tribunal federal para asuntos de la protección de la propiedad industrial. (2) La Federación podrá crear tribunales penales militares como tribunales federales, para las Fuerzas Armadas. Estos no podrán ejercer la jurisdicción penal más que en el caso de defensa, así como sobre miembros de las Fuerzas Armadas que hubieren sido enviados al extranjero o que estuvieren embarcados en navíos de guerra. La regulación se hará por una ley federal. Estos tribunales se sitúan bajo la competencia del Ministro Federal de Justicia. Los jueces titulares de estos tribunales deben tener la capacidad requerida para el ejercicio de la judicatura. (3) La Corte Federal de Justicia es la corte suprema respecto a los tribunales mencionados en los apartados 1 y 2. (4) La Federación podrá crear tribunales federales que decidan en procedimientos disciplinarios y de queja respecto a las personas que se hallen frente a ella en una relación de servicio de Derecho público. (5) Una ley federal con la aprobación del Bundesrat puede prever que los tribunales de los Länder ejerzan la jurisdicción de la Federación respecto a los procesos penales en las siguientes materias: 1. genocidio; 2. crimines del derecho penal internacional contra la humanidad; 3. crímenes de guerra; 4. otras acciones que sean idóneas y realizadas con la intención de perturbar la convivencia pacífica de los pueblos (artículo 26, apartado 1)[319]; 5. defensa del Estado.

Artículo 97 [Independencia de los jueces] (1) Los jueces son independientes y están sometidos únicamente a la ley. (2) Los jueces titulares y nombrados definitivamente con carácter permanente no podrán, contra su voluntad, ser relevados antes de la expiración de su mandato, ni suspendidos definitiva o temporalmente en su cargo, ni trasladados a otro puesto, ni jubilados, salvo en virtud de una resolución judicial y únicamente por los motivos y bajo las formalidades que determinen las leyes. La legislación podrá fijar límites de edad, pasados los cuales se jubilarán los jueces nombrados con carácter vitalicio. En caso de modificación de la organización de los tribunales o de su jurisdicción, los jueces podrán ser trasladados a otro tribunal o relevados de su cargo, pero únicamente con el derecho al sueldo íntegro.

---

[319] Artículo 26 [Prohibición de una guerra de agresión] (1) Los actos susceptibles de perturbar la convivencia pacífica de los pueblos y realizados con esta intención, especialmente la preparación de una guerra de agresión, son inconstitucionales. Serán reprimidos penalmente.

Artículo 98 [Posición jurídica de los jueces en la Federación y en los Länder; acusación contra un juez] (1) La posición jurídica de los jueces federales se regulará por ley federal especial. (2) Si un juez federal dentro o fuera de su cargo vulnerase los principios de la Ley Fundamental o del orden constitucional[320] de un Land, la Corte Constitucional Federal podrá ordenar, a petición del Bundestag, por mayoría de dos tercios, que el juez sea trasladado a otro cargo o jubilado. En caso de infracción dolosa podrá ordenarse su destitución. (3) La posición jurídica de los jueces en los Länder será regulada por leyes especiales de los Länder siempre que el artículo 74, apartado 1 nº 27[321], no determine otra cosa. (4) Los Länder podrán determinar que el nombramiento de los jueces en los Länder sea resuelto por el Ministro de Justicia del Land correspondiente conjuntamente con una Comisión para la elección de jueces. (5) Los Länder podrán dictar, respecto a sus jueces, disposiciones análogas a las previstas en el apartado 2. El Derecho constitucional vigente del Land permanece intangible. La decisión sobre la acusación contra un juez compete a la Corte Constitucional Federal.

Artículo 99 [Decisión por la Corte Constitucional Federal y por los Tribunales Supremos de la Federación de litigios jurídicos dentro de un Land] Mediante una ley de un Land podrá conferirse a la Corte Constitucional Federal la decisión de litigios constitucionales dentro de dicho Land, y a los tribunales supremos de justicia mencionados en el artículo 95, apartado 1[322], la decisión en última instancia de aquellos asuntos en los que se trate de la aplicación del derecho de un Land.

Artículo 100 [Control concreto de normas] (1) Si un tribunal considera que es inconstitucional una ley de cuya validez depende el fallo, se suspenderá el proceso y se recabará, cuando se trate de la violación de la Constitución de un Land, la decisión del tribunal del Land competente en asuntos constitucionales, y la de la Corte Consti-

---

[320] La labor judicial es de suma importancia y así lo reconoce este texto constitucional.

[321] Artículo 74 [Legislación concurrente de la Federación] (1) La legislación concurrente abarca las materias siguientes: (…) 27. los derechos estatuarios y obligaciones de los funcionarios de los Länder, municipios y otras corporaciones de Derecho público, así como de los jueces en los Länder con la excepción de las carreras profesionales, de la remuneración y de previsión.

[322] Antes transcrito.

186

tucional Federal cuando se trate de la violación de la presente Ley Fundamental. Ello rige también cuando se trate de la violación de la presente Ley Fundamental por la legislación de un Land o de la incompatibilidad de una ley de un Land con una ley Federal. (2) Si en el curso de un litigio hubiera dudas acerca de si una regla de Derecho internacional es parte integrante del Derecho federal y fuente directa de derechos y deberes para el individuo (artículo 25), el tribunal recabará la decisión de la Corte Constitucional Federal. (3) Si en la interpretación de la Ley Fundamental, la Corte Constitucional de un Land quiere apartarse de una decisión de la Corte Constitucional Federal o de la Corte Constitucional de otro Land, recabará la decisión de la Corte Constitucional Federal.

Por su parte, la Ley del Tribunal Constitucional Federal dictada en el año 1951 y modificada en 1993 y en 2019, regula lo concerniente al amparo alemán contenido en el artículo 93.1.4ª de la Ley Fundamental[323]. Dispone dicha ley lo siguiente:

Artículo 13: El Tribunal Constitucional Federal decide: (…) 8ª. Sobre recursos constitucionales (Artículo 93 Párrafo 1 No. 4a y 4b de la Ley Fundamental) (…)

(…)

Artículo 31: (1) Las decisiones del Tribunal Constitucional Federal son vinculantes para los órganos constitucionales de la Federación y los Länder, así como para todos los tribunales y autoridades. 2) En los casos del artículo 13, números 6, 6a, 11, 12 y 14, la decisión del Tribunal Constitucional Federal tiene fuerza de ley. Esto también se aplica en los casos del artículo 13, núm. 8a (…)

(…)

Artículo 90: (1) Toda persona puede presentar una demanda de inconstitucionalidad ante el Tribunal Constitucional Federal alegando que la autoridad pública ha violado uno de sus derechos fundamentales o uno de sus derechos contenidos en los artículos 20.4, 33, 38, 101, 103 y 104 de Ley Fundamental. (2) Si procede la acción judicial contra la infracción, el recurso de inconstitucionalidad sólo podrá in-

---

[323] Inicialmente dicho amparo no estaba contenido en la Constitución alemana, fue esta ley la que lo previó y luego la Ley Fundamental en su reforma de 1963 la incluyó. Portocarrero, *La revisión…*, 168-169.

terponerse una vez agotada la acción judicial. Sin embargo, el Tribunal Constitucional Federal puede decidir de inmediato sobre un recurso de inconstitucionalidad presentado antes de que se hayan agotado los recursos legales si es de importancia general o si el demandante sufriría una desventaja grave e inevitable si se le remitiera primero a un recurso legal. (3) El derecho a presentar una demanda constitucional ante el tribunal constitucional estatal en virtud de la ley constitucional estatal no se ve afectado.

(…)

Artículo 93ª (1) La demanda constitucional requiere aceptación para una decisión. (2) Debe ser aceptado para la decisión, a) en la medida en que reviste una importancia constitucional fundamental, b) si es necesario para hacer valer los derechos especificados en el artículo 90.1; este también puede ser el caso si el demandante sufre una desventaja particularmente grave como resultado de la negativa a decidir sobre el fondo.

(…)

Artículo 93d (1) La decisión según el Artículo 93b y la Artículo 93c se toma sin una audiencia oral. Ella es inexpugnable. La negativa a acoger el recurso de inconstitucionalidad no requiere justificación alguna. (…)

(…)

Artículo 94 (1) El Tribunal Constitucional Federal concederá al órgano constitucional de la Federación o del Land cuya acción u omisión se impugne en el recurso de inconstitucionalidad la oportunidad de pronunciarse en un plazo que se determinará. (2) Si la acción u omisión provino de un ministro o de una autoridad federal o estatal, el ministro responsable debe tener la oportunidad de comentar. (3) Si el recurso de inconstitucionalidad se dirige contra una decisión judicial, el Tribunal Constitucional Federal también dará a los beneficiarios de la decisión la oportunidad de hacer una declaración. (4) Si el recurso de inconstitucionalidad se dirige directa o indirectamente contra una ley, se aplicará el artículo 77 en consecuencia. (5) Los órganos constitucionales mencionados en los párrafos 1, 2 y 4 pueden unirse al procedimiento. El Tribunal Constitucional Federal puede abstenerse de la audiencia oral si de ella no se espera un mayor avance del proceso y los órganos constitucionales legitimados para pronunciarse que se han unido al proceso renuncian a la audiencia oral.

De dichas regulaciones se pueden precisar las siguientes notas:

1)   El Tribunal Constitucional Federal es el guardián de la Ley Fundamental. En virtud de ello, todos los poderes públicos están subordinados a él, esto es, sus decisiones son vinculantes para todo el poder público [artículo 31.1 Ley del Tribunal Constitucional Federal];

2)   Dicho Tribunal Constitucional es el máximo y único intérprete en lo que a la Ley Fundamental se refiere, pero, no excluye las competencias constitucionales de los tribunales de los Länder en los temas que de sus constituciones se trate [artículo 90.3 Ley del Tribunal Constitucional Federal]. Sin embargo, por ley cada Länder puede ceder dicha competencia constitucional al Tribunal Constitucional Federal;

3)   No es un órgano político, pero sus decisiones si tienen impacto político, especialmente cuando se declara la inconstitucionalidad de una norma. No está sujeto a ningún Ministerio a diferencia de los Tribunales de los Länder.

4)   El amparo también se le denomina demanda de inconstitucionalidad o recurso constitucional, cuya materia está definida en el artículo 13 de la Ley del Tribunal Constitucional Federal y el artículo 93.4.a [Derecho a la resistencia (20.4); igualdad (33); sufragio (38); prohibición de tribunales de excepción (101); derecho a ser oído, irrectroactividad de la ley y *non bis in ídem* (103); garantías jurídicas en caso de privación de libertad (104)] y b [Garantía federal de las Constituciones de los Länder, garantía de la autonomía municipal] de la Ley Fundamental;

5)   Las decisiones que resolviendo un amparo decidan sobre la incompatibilidad de una ley con la Constitución tienen efectos generales (fuerza de ley) [artículos 94 de la Constitución y 31 de la Ley del Tribunal Constitucional Federal];

6)   El amparo tiene carácter subsidiario, salvo que sea de importancia general o cuando el demandante sufriría una desventaja grave e inevitable si se le remitiera al ejercicio de otro recurso legal [artículo 90.2 de la Ley del Tribunal Constitucional Federal];

7)   La decisión sobre la elección respecto a la tramitación o no del amparo es inatacable y no requiere de motivación alguna. Sin embargo, no se trata de una discrecionalidad absoluta, por cuanto, para su admisibilidad se deberá tener como margen de maniobra del Tribunal Constitucional Federal los extremos legales, estos son: a) que, revista una importancia constitucional fundamental, b) si es necesario para hacer valer los derechos especificados en el artículo 90.1; este también puede ser el caso

si el demandante sufre una desventaja particularmente grave como resultado de la negativa a decidir sobre el fondo;

8)   El amparo cuenta con un lapso de caducidad que, en principio, es de un mes.

9)   Se prevén serias sanciones para el juez que obre en contravención de los principios de la Ley Fundamental o del orden constitucional de los Länder y;

10) No existe el control difuso, sino cuestión de constitucionalidad, que comporta la suspensión del asunto hasta tanto el juez constitucionalmente competente (sea el del Länder o el Tribunal Constitucional federal) la resuelva.

En Venezuela, el profesor Casal ha considerado conveniente que el sistema de justicia venezolano adquiera cierta experiencia antes de asumir (tal como lo ha venido haciendo) un sistema de discrecionalidad similar al *writ of certiorari* y, para ello, ha sugerido el uso del sistema alemán mientras esta madurez se alcanza:

En nuestro Derecho, creemos que hemos de transitar, al menos en una primera fase, un camino semejante al explorado en Alemania por la reforma de la Ley del Tribunal Constitucional Federal de 1993, cuyo artículo 93a dispone que el amparo será admitido:

a) Cuando ostente una fundamental relevancia jurídico-constitucional:

b) Cuando ello sea preciso para la efectividad de los derechos mencionados en el artículo 90.1, incluso cuando la denegación de una decisión sobre el fondo ocasione al demandante un perjuicio especialmente grave.

Nuestra ley orgánica podría establecer, con fundamento en el numeral 10 del artículo 336, causales semejantes para la admisión de un recurso extraordinario que podría interponerse, ante la Sala Constitucional, contra las sentencias de amparo de última instancia. De esta forma, se reconocería a la Sala un cierto margen de apreciación y decisión, mas no una discrecionalidad absoluta e incontrolable. La admisión o el rechazo del recurso extraordinario, lo cual, a diferencia de lo que sucede en el Derecho alemán, exigiría de una decisión motivada, aunque sucinta, tendría que basarse en las causales legalmente tasadas, dotando así al mecanismo de una confiabilidad y transparencia mayores a la de la pura discrecionalidad[324].

Con la anterior exposición se espera que el lector pueda hacerse una idea del sistema de justicia alemán, especialmente de su recurso de amparo, el cual, si bien no se trata de la revisión constitucional de sentencias, se utiliza como referencia para tratar el tema de la discrecionalidad limitada y compararla con la discrecionalidad que se ha venido aplicando en el Derecho venezolano.

AMPARO ESPAÑOL

Estas líneas no pretenden ofrecer un profundo estudio sobre el recurso de amparo previsto en la Constitución española de 1978. Por el contrario, a través de ellas se ofrecerá una breve descripción de este mecanismo, con énfasis en sus características, para que así se puedan deducir lo puntos de encuentro con la revisión constitucional de sentencias cuyo contenido se ampliará en los capítulos siguientes.

Debe indicarse que tanto en Venezuela como en España existe la figura del amparo como mecanismo diferenciado de protección constitucional. Se trata de medios de protección bastante similares en cuanto a su objeto de protección, extraordinariedad, subsidiariedad, pero con la especial salvedad que el amparo español protege exclusivamente derechos fundamentales, libertades públicas, igualdad y la objeción de conciencia, mientras que en Venezuela se protege cualesquiera derechos y garantías de rango constitucional, sin diferenciar si es fundamental o no.

Se diferencia también con el amparo venezolano en que este último, por mandato de la ley, no sólo protege de las actuaciones lesivas del Poder Público sino también protege de la actuación de otros particulares; en cambio en España la protección respecto a los actos de particulares se ha logrado de manera indirecta y por interpretación del Tribunal Constitucional de ese país.

No obstante, lo anterior, y dado que el tema tratado es la revisión constitucional de sentencias en Venezuela, se procederá a presentar un intento de comparación del amparo español con este mecanismo de protección constitucional venezolano.

---

[324]   Casal, *Constitución...*, 102-103.

Como se ha mencionado, la revisión constitucional de sentencias se incorpora al Derecho venezolano con la Constitución de 1999 y se encuentra regulada en el artículo 336.10 de dicho texto, siendo competente para conocerla y tramitarla la Sala Constitucional del Tribunal Supremo de Justicia. Dicho Tribunal está conformado por 06 salas de la misma jerarquía (Constitucional, Civil, Penal, Social, Político Administrativa y Electoral) y una sala jerárquicamente superior (Plena) constituida por los miembros de las otras Salas.

Por su parte, el amparo constitucional español aparece en España con la Constitución de 1978 y se encuentra regulado en los artículos 53.2[325] y 161[326] del referido texto, siendo competente para conocerlo y tramitarlo el Tribunal Constitucional, conformado por dos salas.

Respecto al objeto del amparo español, se ha dicho que el objeto de protección es limitado. Es decir, tal como lo establece el artículo 53.2 de la Constitución española, el recurso de amparo es un mecanismo protector frente a los actos emanados del Poder Público que violen los siguientes derechos y principios: a) Igualdad (art. 14); b) Derechos Fundamentales y Libertades Públicas (arts. 15 a 29); c) Objeción de Conciencia (art. 30.2[327]).

Este objeto limitado en el caso del amparo español se ha logrado flexibilizar con la jurisprudencia del Tribunal Constitucional en el sentido de: 1.- la noción de Poder Público comporta también a los entes de naturaleza mixta. 2.- Se abarcan todos los actos del Poder Público (con exclusión únicamente de las leyes). 3.- Se ha incluido la actuación de los

---

[325] Artículo 53. 1. Los derechos y libertades reconocidos en el Capítulo Segundo del presente Título vinculan a todos los poderes públicos. Sólo por ley, que en todo caso deberá respetar su contenido esencial, podrá regularse el ejercicio de tales derechos y libertades, que se tutelarán de acuerdo con lo previsto en el artículo 161, 1, a). 2. Cualquier ciudadano podrá recabar la tutela de las libertades y derechos reconocidos en el artículo 14 y la Sección 1.ª del Capítulo Segundo ante los Tribunales ordinarios por un procedimiento basado en los principios de preferencia y sumariedad y, en su caso, a través del recurso de amparo ante el Tribunal Constitucional. Este último recurso será aplicable a la objeción de conciencia reconocida en el artículo 30.

[326] Artículo 161. 1. El Tribunal Constitucional tiene jurisdicción en todo el territorio español y es competente para conocer: (…) b) Del recurso de amparo por violación de los derechos y libertades referidos en el artículo 53, 2, de esta Constitución, en los casos y formas que la ley establezca. (…)

[327] Todos de la Constitución española.

particulares, basados en el razonamiento de que, si los jueces, que son los obligados a hacerlo, no reaccionan ante la vulneración de derechos por parte de los particulares, son ellos los que lesionan los derechos fundamentales y sus decisiones son recurribles por vía de amparo[328].

Por su parte la revisión constitucional de sentencias, en los términos concebidos por la Constitución Nacional (artículo 336.10), la Ley Orgánica del Tribunal Supremo de Justicia (artículo 25.10,11 y 12) y la Sala Constitucional, tiene por objeto:

Constitución nacional:

Artículo 336. (…) Revisar las sentencias de amparo constitucional y de control de constitucionalidad de leyes o normas jurídicas dictadas por los Tribunales de la República, en los términos establecidos por la ley orgánica respectiva (…)[329].

Ley Orgánica del Tribunal Supremo de Justicia (2022):

Artículo 25. (…) 10. Revisar las sentencias definitivamente firmes que sean dictadas por los Tribunales de la República, cuando hayan desconocido algún precedente dictado por la Sala Constitucional; efectuado una indebida aplicación de una norma o principio constitucional; o producido un error grave en su interpretación; o por falta de aplicación de algún principio o normas constitucionales.

11. Revisar las sentencias dictadas por las otras Salas que se subsuman en los supuestos que señala el numeral anterior, así como la violación de principios jurídicos fundamentales que estén contenidos en la Constitución de la República Bolivariana de Venezuela, tratados, pactos o convenios internacionales suscritos y ratificados válidamente por la República o cuando incurran en violaciones de derechos constitucionales.

12. Revisar las sentencias definitivamente firmes en las que se haya ejercido el control difuso de la constitucionalidad de las leyes u

---

328 Pablo Pérez Tremps, <<El Tribunal Constitucional II: Procedimientos>>, en *Derecho constitucional: Los poderes del estado. La organización territorial del Estado,* (Valencia: Tirant Lo Blanch, 2010), 231.

329 Constitución de 1999 ya citada

otras normas jurídicas, que sean dictadas por las demás Salas del Tribunal Supremo de Justicia y demás Tribunales de la República. (…)[330].

Sobre el objeto, según la Sala Constitucional, puede hacerse referencia a SSC 926/2009:

En este orden, esta Sala mediante sentencia del 8 de septiembre de 2004 (caso: Peter Hofle Szabo), reiteró que tanto la Constitución de la República Bolivariana de Venezuela como la Ley Orgánica del Tribunal Supremo de Justicia de la República Bolivariana de Venezuela, aluden a las sentencias como el objeto de la figura de revisión. En tal sentido, la Ley Orgánica del Tribunal Supremo de Justicia, contempla dos revisiones que atienden a supuestos diferentes, a saber, las que afectan los fallos de las distintas Salas del Tribunal Supremo de Justicia, la cual tiene lugar por las razones establecidas en el artículo 5 numeral 4 de la Ley Orgánica del Tribunal Supremo de Justicia de la República Bolivariana de Venezuela; y otra, que atiende solamente a las sentencias firmes de amparo constitucional y de control difuso de constitucionalidad de leyes o normas jurídicas, emanadas de cualquier Tribunal de la República, respecto de la aplicación de la Constitución o de los principios que la conforman, dispuesta en el artículo 5 numeral 16 eiusdem[331].

Por su puesto en esa delimitación del objeto están incluidos los derechos fundamentales[332], pero, como puede apreciarse se está ante un

---

[330] Ley Orgánica del Tribunal Supremo de Justicia (2022) ya citada.

[331] SSC 926/2009, de 08 de julio.

[332] En este sentido también ha dicho: Al respecto, ante la violación a los referidos derechos constitucionales, esta Sala Constitucional estima conveniente la reiteración de su criterio mediante el cual amplió el objeto de la potestad de revisión a los supuestos en que, como el presente, se hubiese producido una evidente vulneración a los derechos constitucionales de la parte solicitante. Así, en sentencia n° 325 del 30 de marzo de 2005 (caso: *"Alcido Pedro Ferreira y otro"*), se señaló: *"Esta función revisora está asignada a la Sala Constitucional del Tribunal Supremo de Justicia, concebida en virtud de su función de guardián y protector del Texto Constitucional, atribuida por mandato expreso del artículo 335 de la Carta Magna, y destinada a definir y preservar la uniformidad de los criterios interpretativos emanados de esta Sala, el principio de seguridad jurídica de los ciudadanos, así como mantener el efectivo resguardo de los derechos y garantías constitucionales, por parte de los Tribunales de la República y de las otras Salas del Tribunal Supremo de Justicia. (...) De manera que se erige la Sala como un eje rector de la uniformidad jurisprudencial, proveyendo y aglomerando las interpretaciones de los dere-*

chos, principios y garantías constitucionales, y actuando a su vez en una función contralora, ejercida mediante esta potestad de revisión constitucional, corrigiendo situaciones graves y que desconozcan los derechos fundamentales en que hayan incurrido los jueces, o la inobservancia de las interpretaciones efectuadas por esta Sala que se transmutan o se erijan como violaciones a los derechos, principios y garantías constitucionales. Es en desarrollo de la institución de la revisión constitucional efectuada por esta Sala (Vid. Entre otras, Sentencias N° 93/2001, 442/2004, 520/2000), que nuestro legislador amplió mediante la promulgación de la Ley Orgánica del Tribunal Supremo de Justicia, publicada en la Gaceta Oficial de la República Bolivariana de Venezuela N° 37.942 del 20 de mayo de 2004, el ámbito de la revisión constitucional establecida en el numeral 10 del artículo 336 de la Constitución de la República Bolivariana de Venezuela. Imbuido o influenciado éste –legislador–, en virtud del ejercicio de la inter-relación que debe confluir entre los diversos órganos del Poder Público, en el evolucionar jurisprudencial de la institución de la revisión efectuado por esta Sala, actuando en sus funciones de intérprete y garante de la Constitución (ex artículo 335 de la Constitución de la República Bolivariana de Venezuela). En tal sentido, disponen los artículos 5.4 y 5.16 de la Ley Orgánica del Tribunal Supremo de Justicia de la República Bolivariana de Venezuela: (...) En atención a las normas citadas ut supra, observa esta Sala que se diferenció claramente el supuesto de hecho establecido en el numeral 4 y el numeral 16 del artículo 5 de la Ley Orgánica del Tribunal Supremo de Justicia, en virtud de que el primero (ex artículo 5.4 de la Ley Orgánica del Tribunal Supremo de Justicia), consagra la posibilidad de revisar la sentencias dictadas por las demás Salas integrantes del Tribunal Supremo de Justicia cuando se denuncien: I) violación de principios jurídicos fundamentales contenidos en la Constitución de la República Bolivariana de Venezuela, Tratados, Pactos o Convenios Internacionales suscritos y ratificados válidamente por la República y II) cuando estas sentencias se hayan dictado con ocasión de: i) error inexcusable, ii) dolo, iii) cohecho o iv) prevaricación y, el último supuesto legal (ex artículo 5.16 eiusdem), se limitó a reproducir el supuesto de hecho establecido en la norma constitucional (336.10), el cual ha sido objeto de un desarrollo exhaustivo por esta Sala (Vid. Sentencia N° 93/6.2.2001, caso 'Corpoturismo'). En este mismo orden de ideas, visto lo innovador de la disposición legislativa, consagrada en el artículo 5.4 de la Ley Orgánica del Tribunal Supremo de Justicia, debe esta Sala delimitar el contenido de la misma, destacándose, en primer lugar, que aun cuando no se desprenden dudas de la norma en cuestión, esta Sala advierte con relación a estas últimas condiciones (error inexcusable, dolo, cohecho y prevaricación), que las mismas no son concurrentes, sino que basta con que se denuncie una de ellas, para que la Sala determine la procedencia o no de la revisión constitucional. Igualmente, debe advertir esta Sala que la interposición de la revisión constitucional no tiene efectos suspensivos de la causa sometida a revisión, como si lo sería el planteamiento de una cuestión de prejudicialidad de una norma constitucional en otros ordenamientos jurídicos (Vgr. España).No obstante lo anterior, aun cuando se resaltan los efectos no suspensivos de la revisión, la interposición de ésta ocasiona un efecto psicológico en la ratio del juzgador, quien se abstiene de ordenar la eje-

supuesto más amplio que el previsto para el amparo constitucional español. Así pues, se trata de dos mecanismos de revisión diferentes, donde la revisión constitucional de sentencias está concebida más como un amparo contra sentencias, pero con algunas diferencias. Por ejemplo, la revisión constitucional de sentencias siempre se intenta en contra de una decisión judicial, en cambio, ese es sólo uno de los supuestos en el caso del amparo venezolano.

Sobre la naturaleza jurídica, en España, tal como lo señala PERÉZ[333], el amparo es considerado como <<el instrumento procesal más importan-

---

cución de los mismos, en virtud de que la revisión podría conllevar como efecto la posible nulidad de los fallos judiciales definitivos (Vid. Sentencia N° 1992/8.9.2004, caso: 'Peter Hofle Szabo'), pudiendo constituirse así en una técnica dilatoria posible de ser ejercida por los representantes judiciales. En consonancia con lo antes expuesto, esta Sala advierte que en su función de intérprete suprema de la Constitución, concebida y dirigida a controlar la recta aplicación de los derechos y principios constitucionales y en aras de lograr la uniformidad de la jurisprudencia constitucional, debe ampliar el objeto de control mediante el supuesto de hecho de la revisión constitucional establecida en el artículo 5.4 de la Ley Orgánica del Tribunal Supremo de Justicia a la violación de derechos constitucionales y no sólo a la vulneración de principios jurídicos fundamentales. Ello, en virtud de que admitir la simple violación de principios jurídicos y dejar incólumne con carácter de cosa juzgada una sentencia que vulnere derechos constitucionales, contrariando incluso las interpretaciones de esta Sala, constituiría un absurdo jurídico y un vuelco regresivo en la evolución jurisprudencial de esta Sala, debido a que las mismas carecen de recurso judicial alguno que pueda enervar sus efectos, ya que la acción de amparo constitucional, como acción destinada a la tutela de derechos y garantías constitucionales, es de imposible interposición contra una sentencia emanada de cualquier otra Sala del Tribunal Supremo de Justicia (ex artículo 6.6 de la Ley Orgánica de Amparo sobre Derechos y Garantías Constitucionales)..." (Resaltado añadido). Por lo antes expuesto, y en garantía de los derechos constitucionales a la igualdad, a la seguridad jurídica, a la confianza legítima y a la tutela judicial efectiva, pues, como ha quedado evidenciado, en casos similares han procedido diversas revisiones constitucionales, resulta forzoso para esta Sala estimar procedente la revisión solicitada; en consecuencia, visto que el fallo impugnado obvió la interpretación de varias normas y principios constitucionales efectuada por parte de esta Sala Constitucional, se anula dicha decisión, debiéndose emitir nuevo fallo en el que se apliquen los criterios expuestos, en aras de garantizar su acatamiento y, por ende, la interpretación uniforme del Texto Constitucional y su cabal aplicación, en especial en lo que respecta a la tutela de los derechos a la defensa, igualdad, seguridad jurídica, confianza legítima, debido proceso y tutela judicial efectiva. Así se declara. SSC 0292/2019.

[333] Pérez Tremps, <<El Tribunal Constitucional ii: Procedimientos>>, 230.

te de defensa ante el Tribunal Constitucional de los derechos y libertades de los ciudadanos>>. Es decir, es considerado como un verdadero recurso concedido a los justiciables para obtener la reparación de la situación jurídica lesionada. A pesar de que la doctrina distingue entre el amparo judicial del constitucional[334], dependiendo si se ejerce ante el Tribunal Constitucional o no, cabe señalar que, a los fines de esta comparación, cuando se haga referencia al recurso de amparo español, se hará referencia es al amparo constitucional, es decir, al mismo recurso pero que se ejerce ante el Tribunal Constitucional.

A diferencia del amparo en España, tal como se ha dicho, en Venezuela no está definida de manera categórica la naturaleza de la revisión constitucional de sentencias, es decir, si bien ha sido considerada en algunos casos como recurso, la doctrina de la Sala Constitucional ha preferido tratarla como un mecanismo extraordinario de revisión, el cual no comporta un derecho del justiciable en lo que respecta a su ejercicio.

Si se entiende que, tal como lo señala DEVIS ECHANDÍA[335] existe un derecho a recurrir de naturaleza procesal, que consiste en un derecho subjetivo de quienes intervienen en el proceso a cualquier título y condición, para que se corrijan los errores del juez, que le causan gravamen y, si se aprecia como la Sala Constitucional no ha aceptado que los sujetos ante un agravio tengan el derecho subjetivo de solicitar la revisión de las sentencias que les causen un perjuicio, pareciera que pudiera concluirse sin mayor dificultad, que en Venezuela, y a los ojos de la Sala Constitucional, la revisión constitucional de sentencias no es un verdadero recurso, como si lo puede ser el amparo español.

---

[334] Joaquín García Morillo, <<Las garantías de los derechos fundamentales ii: Las garantías jurisdiccionales>>, en *Derecho constitucional: El ordenamiento constitucional: Derechos y deberes de los ciudadanos, Rev. por Pablo Pérez Tremps* (Valencia: Tirant Lo Blanch, 2010), 427.

[335] <<Puede hablarse, de un *derecho de recurrir,* cuya naturaleza es exactamente procesal, que es uno de los varios que surgen de la relación jurídica procesal, cuya naturaleza es estrictamente procesal. Se trata de un derecho subjetivo de quienes intervienen en el proceso a cualquier título y condición, para que se corrijan los errores del juez, que le causan gravamen o perjuicio>>. Hernando Devis Echandía, *Compendio de derecho procesal* (Bogotá: Editorial ABC, 1985), 558.

Ahora, con la entrada en vigencia de la Ley Orgánica del Tribunal Supremo de Justicia, donde se han establecido aquellos supuestos en que las sentencias pueden ser revisadas por la Sala Constitucional, se espera que la doctrina de la Sala comience a revisar su criterio respecto al posible carácter recursivo de este mecanismo extraordinario.

Sin embargo, la naturaleza de la revisión constitucional de sentencias y la posición que se asumirá al respecto será tratado en el capítulo siguiente.

En lo que atañe a la función estos mecanismos, puede decirse que el amparo constitucional español cumple una triple función: 1.- la protección directa de los derechos fundamentales y libertades públicas conculcadas; 2.- la persuasión en cuanto a las actuaciones de los demás órganos judiciales y; 3.- fijar la interpretación como el máximo intérprete de la Constitución (en el caso del Amparo Constitucional). Así lo ha señalado GARCÍA al indicar:

No puede omitirse que el amparo constitucional reviste una función que trasciende de la proyectada por la mera resolución del caso concreto. Ciertamente su objeto primario es ofrecer una garantía más de los derechos fundamentales (...) Pero, además, ese instrumento confiere al Tribunal Constitucional una función de alcance más global, que puede resumirse como el control de la forma en que los jueces y tribunales ordinarios aplican los preceptos constitucionales que consagran los derechos fundamentales. De esta suerte, cuando el Tribunal Constitucional resuelve un recurso concreto de amparo constitucional no sólo preserva o reestablece a un ciudadano en el derecho fundamental que le ha sido violado: realiza, además, una función de alcance general, en la medida en que determina la forma en que los jueces y tribunales ordinarios han de operar en este tipo de supuestos (...) Así pues, el amparo constitucional, amén de constituir una garantía específica de los derechos fundamentales, permite que el Tribunal Constitucional realice lo que se ha llamado una función <<ejemplar>> o <<persuasiva>>, sentando los patrones de conducta que han de guiar las actuaciones de los órganos judiciales. Por otra parte, el amparo constitucional cumple aún una última función...el Tribunal Constitucional es el supremo intérprete de la Constitución.

Los recursos de amparo constitucional que ante él se sustancian permiten, por tanto, que el Tribunal Constitucional realice esa labor interpretativa y defina el alcance y significado exacto de los preceptos constitucionales que consagran los derechos fundamentales[336].

De manera similar ocurre en Venezuela con la revisión constitucional de sentencias, pero acá la tutela o protección de derechos, además de no estar limitada a los fundamentales, no ocurre de una manera directa, sino más bien indirecta. Es decir, a diferencia de la sentencia de amparo en la cual se pondera la situación planteada y se dicta un dispositivo tendente a reparar una situación jurídica lesionada, en la revisión de sentencias la Sala Constitucional se limita a contrastar la sentencia objeto de revisión con el texto constitucional (incluyendo a los tratados con jerarquía constitucional y al denominado bloque de la constitucionalidad) y, en caso de considerarla violatoria, se limita a hacer cesar el supuesto perjuicio causado por la sentencia mediante su anulación. Perjuicio este que no está claramente reconocido, pues, acá la Sala no pondera una lesión directa en los derechos del justiciable, sino que hace un análisis objetivo del fallo para determinar si se ajusta o no al marco constitucional venezolano, en el entendido de que si es violatorio de este debe causar un gravamen o perjuicio, no al justiciable, sino al orden público constitucional.

Sobre los caracteres de subsidiariedad, extraordinariedad y excepcionalidad, puede decirse que el amparo español es subsidiario, es decir, requiere el agotamiento previo de todos y cada uno de los recursos precedentes que sean convenientes. Esta subsidiariedad tiene una triple dimensión: 1.- Que se hayan agotado todos los instrumentos ordinarios de defensas de los derechos fundamentales (artículos 43.1 y 44.1.a de la Ley Orgánica del Tribunal Constitucional). 2.- Que quien lo ejercite haya sido parte en el proceso judicial correspondiente (artículo 46.1.b Ley Orgánica del Tribunal Constitucional). 3.- Que el derecho que se delata como violado haya sido invocado o denunciado ante los órganos judiciales (artículo 44.1.c Ley Orgánica del Tribunal Constitucional[337])[338].

---

[336] García Morillo, <<Las garantías de los derechos fundamentales ii: Las garantías jurisdiccionales>>, 427-428.

[337] Originalmente esta ley es la Ley 2/1979, de 3 de octubre, que ha sufrido modificaciones, respecto a estos artículos (43 y 44) en la Ley 6/2007, de 24 de mayo.

[338] Pablo Pérez Tremps, <<El Tribunal Constitucional ii: Procedimientos>>, 232-233.

En el caso de la revisión constitucional de sentencias formalmente se deberían exigir al menos los dos primeros supuestos, sin embargo, del primero realmente lo que se exige es que la sentencia se encuentre definitivamente firme (lo cual no necesariamente comporta el ejercicio previo de todos los recursos), es decir, se admite la posibilidad de que tales recursos no sean ejercidos. Así lo dijo la Sala Constitucional el 14 de septiembre de 2004:

> Por otra parte, esta Sala ha señalado, reiteradamente, que, para la revisión que establece la predicha disposición constitucional, debe tenerse la certeza de que el fallo, cuyo examen se pretenda mediante el referido mecanismo, tenga carácter definitivamente firme (…) Sin embargo, esta Sala observa, de las actas que conforman el expediente, que no se encuentra acreditado que el acto jurisdiccional en cuestión hubiera devenido definitivamente firme, sea por agotamiento de los medios legales de impugnación, <u>sea por el perecimiento de los lapsos que la ley establece para la interposición de los mismos</u>[339].

En cambio, en el amparo español es condición necesaria que se hayan agotado los recursos convenientes, así lo señaló el Tribunal Constitucional 81/83 al señalar que: <<*el requisito del agotamiento de la vía judicial no obliga a utilizar en cada caso todos los medios de impugnación existentes en el ordenamiento, sino aquellos que razonablemente convengan*>>[340].

Tampoco, en Venezuela, se requiere que el derecho violado sea invocado por la parte interesada, especialmente, porque se supone que es la sentencia definitiva la que viola el orden público constitucional, lo cual no puede ser anticipadamente conocido por el justiciable. En todo caso, se invocaría o denunciaría al formularse la solicitud de revisión.

Es importante también señalar que como exclusión del carácter recursivo de la revisión constitucional de sentencias debe mencionarse que la Sala Constitucional ha establecido que la revisión puede efectuarse incluso de oficio. Así lo señala CUENCA:

---

[339]   SSC 2156/2004, de 14 de septiembre.

[340]   STC 81/83, de 10 de octubre. Consultado en: https://vlex.es/vid/1-17-1975-c-2-104-3-4-28-an-15034742

La segunda forma de efectuar la Sala Constitucional la revisión de la constitucionalidad de una decisión judicial es de oficio, es decir, sin que medie solicitud de parte (…) Esta revisión de oficio que realiza la Sala Constitucional opera de varias maneras: (i) cuando ha existido solicitud de parte, pero ha sido desestimada por defectuosa interposición, (ii) cuando se ha ejercido el control difuso de constitucionalidad de las leyes o normas jurídicas y (iii) cuando ha desestimado una pretensión de amparo constitucional y se aboca a la revisión constitucional[341].

En lo que respecta la extraordinariedad, debe decirse que el amparo español resulta un recurso extraordinario. En el caso de la revisión constitucional de sentencias en Venezuela, si esta pudiera ser considerada como un recurso, fuera extraordinaria y además excepcional (entendiendo la excepcionalidad como la separación de los dos momentos de la actividad recursiva en dos procesos formalmente diferentes –rescindente y rescisorio–, pero materialmente relacionados[342]).

El carácter extraordinario de ambos mecanismos deviene en que no sólo debe existir la voluntad de solicitar la tutela y un gravamen que habilite su ejercicio, sino que además deben mediar los supuestos establecidos en las normas para declarar su procedencia (causales).

Expuesto lo anterior, se puede llegar a las siguientes conclusiones:

1.- En España no existe un mecanismo extraordinario de revisión constitucional de sentencias definitivamente firmes.

2.- El mecanismo a fin en España es el amparo constitucional. Dicho mecanismo resulta aún más a fin con el amparo constitucional venezolano.

3.- El amparo constitucional español es un recurso extraordinario, subsidiario, destinado a la protección de: -derechos fundamentales, -libertades públicas, -el principio de igualdad y -la objeción de conciencia.

---

[341]   Cuenca Espinoza, *Revisión...*, 151.

[342]   Abreu Burelli y Mejía Arnal, *La casación...*, 134.

4.- La revisión constitucional de sentencias, en principio[343], sólo persigue una protección objetiva de la Constitución y no la satisfacción de intereses subjetivos, por lo que, pareciera que no puede considerarse como un mecanismo de tutela intersubjetivo, así como tampoco podría considerarse como un recurso.

5.- Ambos son mecanismos diferenciados de protección constitucional. El amparo protege derechos, la revisión sacrifica la cosa juzgada y la seguridad jurídica para proteger el texto constitucional.

6.- El amparo español se ejerce ante un órgano ajeno al Poder Judicial como lo es el Tribunal Constitucional. La revisión constitucional se ejerce ante una de las Salas del Tribunal Supremo de Justicia, la cual forma parte del Poder Judicial.

7.- El recurso de amparo se considera definitivo, es decir, con este recurso se termina y cierra el complejo sistema interno español de protección de derechos fundamentales[344]. En cambio, con la revisión constitucional de sentencias se pueden revisar decisiones de todos los tribunales de la República, incluso de la Sala Plena del Tribunal Supremo de Justicia (orgánicamente superior a aquella) y, lejos de cerrar el sistema interno de impugnación lo reabre sin fin previsto.

8.- El amparo español cuenta con plazos de caducidad. La revisión constitucional puede ser ejercida en cualquier momento, con lo cual se destruye la cosa juzgada y la seguridad jurídica.

Con estas notas se espera haber presentado someramente algunas distinciones entre el recurso de amparo español y la revisión constitucional de sentencias.

REVISIÓN DE SENTENCIAS DE TUTELA EN COLOMBIA

La revisión de sentencias de tutela prevista por la Constitución colombiana recuerda a la consulta obligatoria que tenía el amparo constitucional venezolano conforme a lo previsto en el artículo 35 de la Ley Orgánica de Amparo Sobre Derechos y Garantías Constitucionales[345].

---

[343] Esto se abordará en otros capítulos.

[344] Pérez Tremps, <<El Tribunal Constitucional ii: Procedimientos>>, 232.

[345] Ley Orgánica de Amparo sobre Derechos y Garantías Constitucionales, de 18 de diciembre de 1.987 (Gaceta Oficial núm. 34.060 de 17 de septiembre de 1988).

Dicha consulta fue inicialmente utilizada por la Sala Constitucional para la revisión de las sentencias ordenadas por el artículo 336.10 de la Constitución nacional[346], y posteriormente fue desechada mediante la declaratoria de su inconstitucionalidad[347].

Ambos mecanismos tienen en común, contando que es mucho más limitado el colombiano, que revisan sentencias de amparo (o tutela como se les denomina en Colombia), pero, en el caso colombiano solo sobre derechos constitucionales-fundamentales (similar al amparo español) y en Venezuela se trata prácticamente de una revisión sin fronteras. Igualmente, ambas manejan una amplia discrecionalidad en la aceptación de los casos a conocer[348].

---

[346] A pesar del perseverante voto disidente del magistrado Héctor Peña Torrelles: <<Por otra parte, quien suscribe considera que la facultad prevista en el numeral 10 del artículo 336 no es asimilable a la consulta o apelación prevista en el artículo 35 de la Ley Orgánica de Amparo sobre Derechos y Garantías Constitucionales por cuanto esta Sala no es un tribunal de alzada ni superior materialmente de ningún tribunal de la República. La aludida competencia de **revisión** debe interpretarse como una potestad extraordinaria de revisión de sentencias dictadas por el resto de los tribunales cuando éstos conozcan como jueces constitucionales de amparo o cuando ejerzan el control difuso de la constitucionalidad de las normas, para verificar cuestiones de derecho relativas a la interpretación de las normas y principios constitucionales, a los fines de lograr una uniformidad de criterios. Por lo anterior, en opinión de quien suscribe, el artículo 35 de la Ley Orgánica de Amparo sobre Derechos y Garantías Constitucionales, que prevé las apelaciones o consultas en materia de amparo, es preciso al indicar que la misma corresponde al Tribunal Superior respectivo atendiendo a la materia del caso concreto. En el mismo sentido, el artículo 4 *eiusdem* que consagra el amparo contra decisiones judiciales, también es claro al señalar que dicha acción debe interponerse *"... por ante un tribunal superior al que emitió el pronunciamiento"*. Por lo tanto, la competencia de los amparos contra sentencias será del órgano jurisdiccional superior al que emitió la sentencia presuntamente lesiva de derechos constitucionales, de acuerdo con la materia respectiva. De lo anterior, se colige que, hasta tanto no exista una modificación de dicha norma o la existencia de otra disposición que atribuya tal competencia a la Sala Constitucional, ésta no podrá asumir tal conocimiento, ya que tal proceder constituiría una alteración del régimen procesal previsto en la Ley Orgánica de Amparo sobre Derechos y Garantías Constitucionales, materia esta (legislación procesal) que es de la estricta reserva legal, por estar atribuida al Poder Legislativo Nacional>>. SSC 01/2000, de 20 de enero.

[347] SSC 1307/05, de 22 de junio.

[348] Algo sobre lo que se volverá más adelante es que, a pesar de la discrecionalidad venezolana, esta realmente resuelve prácticamente cada caso que en el cual se le solicita la revisión.

La pretensión de tutela colombiana está prevista en la Constitución política de dicho país, así se tiene:

Artículo 86. Toda persona tendrá acción de tutela para reclamar ante los jueces, en todo momento y lugar, mediante un procedimiento preferente y sumario, por sí misma o por quien actúe a su nombre, la protección inmediata de sus derechos constitucionales fundamentales, cuando quiera que éstos resulten vulnerados o amenazados por la acción o la omisión de cualquier autoridad pública. La protección consistirá en una orden para que aquel respecto de quien se solicita la tutela, actúe o se abstenga de hacerlo. El fallo, que será de inmediato cumplimiento, podrá impugnarse ante el juez competente y, en todo caso, éste lo remitirá a la Corte Constitucional para su eventual revisión. Esta acción sólo procederá cuando el afectado no disponga de otro medio de defensa judicial, salvo que aquella se utilice como mecanismo transitorio para evitar un perjuicio irremediable. En ningún caso podrán transcurrir más de diez días entre la solicitud de tutela y su resolución. La ley establecerá los casos en los que la acción de tutela procede contra particulares encargados de la prestación de un servicio público o cuya conducta afecte grave y directamente el interés colectivo, o respecto de quienes el solicitante se halle en estado de subordinación o indefensión.

Artículo transitorio 5. Revístese al Presidente de la República de precisas facultades extraordinarias para: (…) b) Reglamentar el derecho de tutela;

Por su parte sobre la revisión constitucional de esas decisiones, dispone:

Artículo 241. A la Corte Constitucional se le confía la guarda de la integridad y supremacía de la Constitución, en los estrictos y precisos términos de este artículo. Con tal fin, cumplirá las siguientes funciones: (…) 9. Revisar, en la forma que determine la ley, las decisiones judiciales relacionadas con la acción de tutela de los derechos constitucionales.

El Decreto Ley 2591/91, por el cual se reglamentó el ejercicio de la pretensión de tutela y, también lo relativo a la revisión de estas sentencias por parte de la Corte Constitucional, establece, entre otras normas, lo siguiente:

Artículo 33: La Corte Constitucional designará dos de sus Magistrados para que seleccionen, sin motivación expresa y según su criterio, las sentencias de tutela que habrán de ser revisadas. Cualquier Magistrado de la Corte, o el Defensor del Pueblo, podrá solicitar que se revise algún fallo de tutela excluido por éstos cuando considere que la revisión puede aclarar el alcance de un derecho o evitar un perjuicio grave. Los casos de tutela que no sean excluidos de revisión dentro de los 30 días siguientes a su recepción, deberán ser decididos en el término de tres meses.

Ahora bien, esta insistencia también puede ser solicitada por la Agencia Nacional de Defensa Jurídica del Estado (Ley 1564/2012 y Decreto 4085/2011), así como por el Procurador General de la Nación (Decreto 262/2000).

También el trámite para la selección y revisión de los casos está regulado por el Acuerdo Número 02 de 2015 por medio del cual se unificó y actualizó el Reglamento de la Corte Constitucional y que fuera a su vez modificado por el Acuerdo 01 de 2020. De la concatenación de las normas en cuestión pueden realizarse las siguientes precisiones:

1) La Corte Constitucional puede realizar una eventual revisión de los fallos de tutela emitidos por todos los jueces y tribunales del país. Lo cual convierte a la Corte en la máxima intérprete y guardián de la Constitución política de Colombia.

2) Las pretensiones de tutela no pueden presentarse directamente (como primera instancia) ante la Corte Constitucional, pues, su facultad es de revisión de los fallos que resuelvan estas pretensiones.

3) La decisión sobre si se admite la revisión de un caso en concreto la hace una sala de selección, la cual está conformada por dos magistrados designados por sorteo por la Sala Plena de la Corte Constitucional. Su facultad es discrecional <<para que seleccionen, sin motivación expresa y según su criterio, las sentencias de tutela que habrán de ser revisadas>>[349]. Sin embargo, el Reglamento de la Corte estableció que dicha facultad discrecional <<se ejercerá de conformidad con los principios y criterios orientadores (…) en el Auto de Selección se indicarán brevemen-

---

[349] Decreto Ley 2591/91, artículo 33.

te los criterios que fueron empleados por la Sala para la escogencia de las tutelas para selección, sin necesidad de motivar cada decisión>>[350].

Los principios a los que se refiere el reglamento son: transparencia, moralidad, racionalidad, eficacia, publicidad, autonomía judicial, economía procesal, celeridad, imparcialidad y seguridad jurídica[351]. Y, respecto a los criterios orientadores dicho reglamento dispone:

Artículo 52. Criterios Orientadores de Selección. Sin perjuicio del carácter discrecional de la selección de fallos de tutelas y ante la inexistencia constitucional de un derecho subjetivo a que un determinado caso sea seleccionado, la Corte se guiará por los siguientes criterios orientadores: a) Criterios objetivos: unificación de jurisprudencia, asunto novedoso, necesidad de pronunciarse sobre una determinada línea jurisprudencial, exigencia de aclarar el contenido y alcance de un derecho fundamental, posible violación o desconocimiento de un precedente de la Corte Constitucional. b) Critcrios subjetivos: urgencia de proteger un derecho fundamental o la necesidad de materializar un enfoque diferencial. c) Criterios complementarios: lucha contra la corrupción, examen de pronunciamientos de instancias internacionales judiciales o cuasi judiciales, tutela contra providencias judiciales en los términos de la jurisprudencia constitucional; preservación del interés general y grave afectación del patrimonio público. Estos criterios de selección, en todo caso, deben entenderse como meramente enunciativos y no taxativos. Parágrafo. En todos los casos, al aplicar los criterios de selección, deberá tenerse en cuenta la relevancia constitucional del asunto, particularmente tratándose de casos de contenido económico.

4) El trámite de selección consiste en que al llegar los asuntos que pueden ser objeto de revisión se les asigna una numeración interna que inicia por la letra T y el número del expediente. Posteriormente se publica un auto en la página web de la Corte[352] y allí se informa: i) el rango de los expedientes a estudiar; ii) las fechas para presentar escritos ciudadanos; iii) la sala en que se anunciará la selección y iv) la fecha de las audien-

---

[350] Artículo 55 del Acuerdo Número 02 de 2015.

[351] Artículo 51 del Acuerdo Número 02 de 2015.

[352] www.corteconstitucional.gov.co/secretaria

cias. Para dar a conocer cuáles fueron los expedientes seleccionados se realiza una audiencia que se transmite en las redes sociales[353].

5) La sala de selección para decidir sobre la admisibilidad de algunos de los casos tomará en cuenta lo siguiente: a) la preselección realizada por la Unidad de Análisis y Seguimiento de Tutelas o por uno de los Magistrados que integran la Sala de Selección, con base en reseñas esquemáticas elaboradas por los despachos; b) la presentación de una solicitud ciudadana a la Sala de Selección y; c) la insistencia que pueda realizar alguno de los magistrados de la Corte, el Procurador de la Nación, el Defensor del Pueblo o la Agencia Nacional de Defensa Jurídica del Estado[354].

6) Para la revisión de los asuntos ya admitidos la Corte Constitucional designará tres magistrados. Los cambios de jurisprudencia deberán ser decididos por la Sala Plena de la Corte, previo registro del proyecto de fallo correspondiente[355].

7) Sobre la motivación dispone el artículo 35 del Decreto Ley 2591/91 que <<[l]as decisiones de revisión que revoquen o modifiquen el fallo, unifiquen la jurisprudencia constitucional o aclaren el alcance general de las normas constitucionales deberán ser motivadas. Las demás podrán ser brevemente justificadas>>.

8) La revisión se realizará en el solo efecto devolutivo, no obstante, la Corte podrá dictar las medidas provisionales que considere conducentes[356].

9) Las sentencias de revisión solo surtirán efectos en el caso concreto y deberán ser comunicadas inmediatamente al juez o tribunal competente de primera instancia, el cual notificará la sentencia de la Corte a las partes y adoptará las decisiones necesarias para adecuar su fallo a lo dispuesto por ésta[357].

---

[353] Video institucional de la Corte Constitucional, acceso el 10 de marzo de 2023, https://www.youtube.com/watch?v=QUK1Pxl9rBk

[354] Artículo 53 del Acuerdo 02 de 2015 y Video institucional de la Corte Constitucional: acceso el 10 de marzo de 2023, https://www.youtube.com/watch?v=QUK1 Pxl9rBk

[355] Decreto Ley 2591/91, artículo 34.

[356] Decreto Ley 2591/91, artículos 7 y 35.

[357] Decreto Ley 2591/91, artículo 36.

Si bien se trata de un capítulo inacabado, se considera necesario detener la extensa redacción sobre el derecho comparado porque de lo contrario, se desnaturalizaría el propósito de esta obra.

Resta ratificar que mecanismo como el previsto en la Constitución nacional no existe en ningún otro ordenamiento y puede concluirse que quizá el más parecido es la revisión colombiana, la cual, si bien se goza de una amplia discrecionalidad, la misma Corte la ha guiado para que no sea total, sino marcada por unos principios y criterios orientadores. Del derecho alemán y su bien reputado sistema de justicia constitucional, puede extraerse el modelo sobre la discrecionalidad limitada, sin embargo, también es un sistema que ha venido sobrecargándose de trabajo, lo cual ha llevado a más de uno a considerar la posibilidad de aplicar un *writ of certiorari*[358]. El sistema argentino resulta algo complejo, lo cual puede devenir de su sistema federal. Con el español se comparten algunas similitudes, posiblemente porque su Constitución fue referencia al dictarse la venezolana y; por último, sobre el sistema norteamericano, el cual parece funcionarles bien, realmente no se sabe si en verdad es tan excelente[359] que requiere una madurez constitucional que todavía Venezuela no alcanza o si realmente funciona, pero ocultando una gran ineficiencia que, por alguna razón u otra, aún no se ha expuesto[360].

---

[358] Casal, *Constitución...*, 100-101.

[359] <<Por tanto, el amplio margen de discrecionalidad y posible guiño a argumentos políticos o morales, ajenos al campo del Derecho, posibilitan fuertes críticas a la institución del *writ of certiorari* partiendo de ciertos aspectos de la *rule of law*, destacándose la necesidad de que los *Justices* estén constreñidos al texto original de una norma que les vincule, de la existencia de reglas que guíen la toma de sus decisiones, de la motivación de esas decisiones y de requisitos básicos que contribuyan a la obtención de una justicia sustantiva. La paulatina discrecionalidad y objetivación de la jurisdicción del Tribunal Supremo Federal de los Estados Unidos de América: el criterio de la importancia en la apelación y en el writ of certiorari>>. Mario Hernández Ramos, «La paulatina discrecionalidad y objetivación de la jurisdicción del Tribunal Supremo Federal de los Estados Unidos de América: El criterio de la importancia en la apelación y en el *writ of certiorari*». *Cuadernos de derecho público*, n.º 33 (2008), acceso en marzo 2023, https://revistasonline.inap.es/index.php/CDP/article/view/9513, 81.

[360] Casal, *Constitución...*, 100.

CAPÍTULO IV

OBJETO, ALCANCE, CARACTERES Y NATURALEZA DE LA REVISIÓN CONSTITUCIONAL DE SENTENCIAS

Puede decirse que una de las tareas más difíciles en las ciencias culturales es definir o precisar la naturaleza de las cosas, a diferencia de las ciencias naturales y exactas donde el estudio directo del objeto puede darnos la fiabilidad de su naturaleza hasta que se compruebe lo contrario.

En la ciencia cultural es mucho más complejo porque se trata de una creación humana y, por tanto, se encuentra en constante mutación, esto es, cambiando según va variando la perspectiva humana desde la que se le ve, analiza o estudia. Por ello, un concepto como la libertad variará en el tiempo y, pareciendo tan sencillo, siempre existirán diferentes opiniones sobre qué es la libertad o cuánta libertad existe o si un acto es o no contrario a la libertad.

Si eso ocurre con conceptos con los que se viene trabajando desde hace siglos, qué puede esperarse con creaciones más novedosas del hombre como es el caso de la revisión constitucional de sentencias que, en el caso venezolano, tiene una concreta pero clara redacción constitucional y que se ha visto ampliada por una irregular exposición de motivos, así como dirigida por una jurisprudencia del órgano encargado de aplicarla y que, finalmente, pareciera llegar a puerto mediante una ley cuya autoría (entendida la autoría como redacción del proyecto de ley[361] o con al menos una influencia determinante) se atribuye a quienes integran al órgano encargado de interpretar y aplicar dicha revisión de sentencias; todo lo cual ha dificultado la precisión de su naturaleza.

---

[361] <<[E]l proyectista de la reforma de la ley que no fue otro que los Magistrados de la Sala Constitucional, quienes incluyeron expresamente el recurso de revisión contra las restantes Salas>>. Hildegard Rondón De Sansó, *Ab imis fundamentis (ii): garantías y deberes en la constitución venezolana de 1999* (Caracas: Graficas Lauki, 2011), 510.

Incluso, si se admite que la naturaleza de la revisión constitucional de sentencias será aquella que la Sala Constitucional diga que es, el tema no está resuelto, pues, como se verá, la Sala se refiere algunas veces a un recurso, otras a un mecanismo extraordinario y, en múltiples ocasiones a una potestad discrecional.

Es por ello que en este capítulo se presentará un resumen sobre lo que la doctrina y la jurisprudencia han indicado como la naturaleza de la revisión constitucional de sentencias y, finalmente, se presentará una propuesta de cómo debe ser entendida esta, propuesta que no es más que una opinión del autor y que aspira alistarse en el campo de la doctrina para futuras investigaciones sobre este tema.

A tales fines, se considera que el tema debe iniciar tratando lo relativo al objeto y alcance de la revisión constitucional de sentencias, pasando luego por el análisis de sus características (desde la óptica de la jurisdicción como la del justiciable) y, por último, presentar lo que, a juicio del investigador, es la naturaleza[362] real de la revisión constitucional de sentencias.

OBJETO DE LA REVISIÓN CONSTITUCIONAL DE SENTENCIAS

Es común apreciar el solapamiento que se produce entre los conceptos de objeto y finalidad, y muchas veces cuando se hace referencia al objeto de la revisión de sentencias, realmente lo que se quiere tratar es la finalidad que esta tiene.

Para precisar estos conceptos y, por tanto, justificar la separación al ser explicados, se partirá de las definiciones ofrecidas por la Real Academia Española sobre lo que es objeto y lo que debe entenderse por finalidad.

Así, por objeto se entiende, entre otras cosas, la materia o el asunto de que se ocupa una ciencia o un estudio[363] y, por finalidad, el fin con que o por el que se hace algo[364]. Por tanto, el objeto de la revisión de sentencias será la materia o el asunto de la cual esta se ocupa y, su finalidad, se refiere a lo que este mecanismo busca o persigue.

---

[362] Por naturaleza, a los fines de este capítulo, debe entenderse como la especie, género o clase de un objeto. Consultado en https://dle.rae.es/naturaleza

[363] Consultado en https://dle.rae.es/objeto?m=form

[364] Consultado en https://dle.rae.es/finalidad?m=form

El uso como equivalente de ambas nociones posiblemente radica en que la palabra objeto también significa fin o intento a que se dirige o encamina una acción u operación[365]. Sin embargo, se tomará la primera definición para separar lo que es el objeto de la revisión constitucional de sentencias de su finalidad.

Pero, cabe preguntarse, ¿cuál es el objeto de la revisión constitucional de sentencias? La respuesta a esta interrogante vendrá dada si se responde a otra interrogante ¿qué cosa estudia la revisión constitucional de sentencias? Efectivamente el objeto de estudio de la revisión constitucional de sentencias, serán precisamente las sentencias que vuelven a someterse a un juzgamiento para determinar si el juez que las dictó realizó un adecuado control constitucional (esto es, si ejerció correctamente el control difuso o si interpretó y/o aplicó correctamente la norma constitucional entendida esta en su término más amplio –Constitución, bloque de la constitucionalidad y convencionalidad-).

Así, el objeto de la revisión constitucional será la sentencia sometida a examen y, dentro de ella, los asuntos delatados o que se presumen (cuando es ejercida de oficio) como violatorios del orden constitucional. Sobre el objeto de la revisión constitucional dijo la Sala Constitucional:

> En este orden, esta Sala mediante sentencia del 8 de septiembre de 2004 (caso: Peter Hofle Szabo), reiteró que tanto la Constitución de la República Bolivariana de Venezuela como la Ley Orgánica del Tribunal Supremo de Justicia de la República Bolivariana de Venezuela, aluden a las sentencias como el objeto de la figura de revisión[366].

Por tanto, son las sentencias lo que constituye el objeto de la revisión constitucional de sentencias previsto en el artículo 336.10 de la Constitución. Resta ahora abordar cuáles sentencias son las que forman parte de ese objeto, lo cual se expondrá a continuación, al tratar lo relativo al alcance de la revisión.

---

[365] Consultado en https://dle.rae.es/objeto?m=form
[366] SSC 926/2009, de 08 de julio.

ALCANCE DE LA REVISIÓN CONSTITUCIONAL DE SENTENCIAS

Sobre este aspecto la norma constitucional que regula la materia dispone lo siguiente:

Artículo 336.- Son atribuciones de la Sala Constitucional del Tribunal Supremo de Justicia: (…) Revisar las sentencias definitivamente firmes de amparo constitucional y de control de constitucionalidad de leyes o normas jurídicas dictadas por los Tribunales de la República, en los términos establecidos por la ley orgánica respectiva

De dicha disposición solo se deriva, al menos en apariencia, la posibilidad de revisar: a) las sentencias definitivamente firmes de: a.1) amparo constitucional, a.2) control de constitucionalidad de leyes o normas jurídicas; a.3) que fueren dictadas por los Tribunales de la República. Luego, la mencionada norma, remite a lo que disponga la ley orgánica respectiva, que vendría a ser la ley de la jurisdicción o justicia constitucional, la cual en más de veinte años de la orden del constituyente no se ha dictado. Únicamente se ha dictado la Ley Orgánica del Tribunal Supremo de Justicia (2004, 2010 y 2022) que es la que, por ahora, ha establecido regulaciones sobre el particular.

La discutible Exposición de Motivos del texto constitucional sobre este tema indica lo siguiente:

Ante la Asamblea Nacional Constituyente se presentaron algunas propuestas con el objeto de crear una Corte o Tribunal Federal Constitucional, en lugar de una Sala Constitucional en el Tribunal Supremo de Justicia. No obstante, prevaleció por consenso esta última tesis. Sin embargo, la Constitución en el Capítulo referido a la Garantía de esta Constitución, dota a la Sala Constitucional del carácter y de las competencias que tiene en derecho comparado cualquier Corte o Tribunal Constitucional. Por ello se indica que el Tribunal Supremo de Justicia garantizará la supremacía y efectividad de las normas y principios constitucionales; será el máximo y último intérprete de la Constitución y velará por su uniforme interpretación y aplicación, cualidad y potestades que únicamente posee en Sala Constitucional dado que ésta ejerce con exclusividad el control concentrado de la constitucionalidad[367].

---

[367] Exposición de Motivos de la Constitución de 1999 antes citada.

Así, tanto la norma constitucional reimpresa y la Exposición de Motivos no aprobada por el pueblo, se refieren a las sentencias definitivamente firmes. Lo cual, si bien no estaba incluido en el texto original y, por tanto, se puede considerar un cambio sustancial en la redacción de la norma; se considera que dicha regulación era conveniente que estuviera en dicha disposición, para así evitar que el proceso se convirtiera en una anarquía judicial; pero ¿se ha respetado esto?

En 2004 la Ley Orgánica del Tribunal Supremo de Justicia vino, por vez primera, a regular este aspecto sobre las sentencias revisables, sobre lo cual ya se había pronunciado la Sala Constitucional; sin embargo, dicha ley con una redacción bastante desafortunada lejos de despejar las dudas existentes pareciera que vino a complicarlas un poco más.

Más tarde, en 2010, se dicta una nueva Ley Orgánica del Tribunal Supremo de Justicia, en la cual, tal como se ha indicado, hubo una participación activa de quienes integraban el máximo ente judicial, lo cual les permitió básicamente incorporar lo que había venido sido su jurisprudencia en el texto legal, para así darle soporte a dichas interpretaciones (lo cual, bajo las consideraciones de la Sala como máxima autoridad constitucional no era necesario[368]).

Posteriormente, con la intención de controlar al que controla, se dictó una nueva reforma de la Ley Orgánica del Tribunal Supremo de Justicia (2022), en la cual se redujo el número de magistrados que integran ese tribunal y se introdujeron mecanismos, inconstitucionales, sobre la elección de magistrados y cuyo análisis desviaría el propósito de este capítulo. En lo que respecta a la revisión constitucional de sentencias se mantuvo su redacción prácticamente idéntica a la Ley de 2010 (salvo algún punto de forma), pero incluyendo la siguiente disposición:

> La facultad de la Sala Constitucional en su actividad de conocer y decidir los asuntos de su competencia no abarca la modificación del contenido de las leyes. En todo caso, en resguardo de la seguridad jurídica, si la interpretación judicial da lugar a una modificación legislativa, la Sala deberá así referirlo para que la Asamblea Nacional, en uso de sus facultades constitucionales realice las modificaciones o reformas a que hubiere lugar[369].

---

[368] Pues ella '*posee discrecionalmente la potestad coercitiva otorgada por la Constitución para imponer su criterio de interpretación*' SSC 93/2001, de 06 de febrero.

[369] Ley Orgánica del Tribunal Supremo de Justicia (2022) ya citada.

Sobre dicha regulación el profesor CASAL, en una entrevista que se le realizara, comentó lo siguiente:

La reforma incluye una disposición según la cual la Sala Constitucional no podrá modificar el contenido de las leyes y deberá limitarse a enviar a la AN las interpretaciones que impliquen algún tipo de alteración de las leyes, para que la AN decida al respecto. Esto no corresponde al esquema constitucional de control de constitucionalidad de las leyes, en el cual la sala Constitucional puede dictar sentencias interpretativas sobre el contenido de las normas y no debe esta facultad estar supeditada a lo que diga el Parlamento, que es el órgano controlado[370].

Ahora, la vigente Ley Orgánica del Tribunal Supremo de Justicia (2022), sobre el alcance de la revisión constitucional de sentencias, dispone lo siguiente:

Competencia de la Sala Constitucional. Artículo 25. Son competencias de la Sala Constitucional del Tribunal Supremo de Justicia: (…) 10. Revisar las sentencias definitivamente firmes que sean dictadas por los Tribunales de la República, cuando hayan desconocido algún precedente dictado por la Sala Constitucional; efectuado una indebida aplicación de una norma o principio constitucional; o producido un error grave en su interpretación; o por falta de aplicación de algún principio o normas constitucionales. 11. Revisar las sentencias dictadas por las otras Salas que se subsuman en los supuestos que señala el numeral anterior, así como la violación de principios jurídicos fundamentales que estén contenidos en la Constitución de la República Bolivariana de Venezuela, tratados, pactos o convenios internacionales suscritos y ratificados válidamente por la República o cuando incurran en violaciones de derechos constitucionales. 12. Revisar las sentencias definitivamente firmes en las que se haya ejercido el control difuso de la constitucionalidad de las leyes u otras normas jurídicas, que sean dictadas por las demás Salas del Tribunal Supremo de Justicia y demás Tribunales de la República. (…) La facultad de la Sala Constitucional en su actividad de conocer y decidir los asuntos de su competencia, no abarca la modificación del contenido de las leyes. En todo caso, en resguardo de la seguridad jurídica, si la inter-

---

[370] Consultado en https://elucabista.com/2022/02/09/jesus-maria-casal-no-puede-haber-reforma-judicial-sin-independencia-del-tsj/

pretación judicial da lugar a una modificación legislativa, la Sala deberá así referirlo para que la Asamblea Nacional, en uso de sus facultades constitucionales realice las modificaciones o reformas a que hubiere lugar. (…) Consulta sobre control difuso de la constitucionalidad. Artículo 33: Cuando cualquiera de las Salas del Tribunal Supremo de Justicia y los demás Tribunales de la República ejerzan el control difuso de la constitucionalidad deberán informar a la Sala Constitucional sobre los fundamentos y alcance de la desaplicación que sea adoptada, para que ésta proceda a efectuar un examen abstracto sobre la constitucionalidad de la norma en cuestión. A tal efecto deberán remitir copia certificada de la sentencia definitivamente firme. (…) Proceso de nulidad de oficio. Artículo 34: Conforme a lo que se dispone en el artículo anterior, cuando se declare la conformidad a derecho de la desaplicación por control difuso, la Sala Constitucional podrá ordenar el inicio del procedimiento de nulidad que dispone esta Ley. Igualmente procederá cuando el control difuso de la constitucionalidad sea ejercido por dicha Sala[371].

La anterior redacción puede esquematizarse de la manera siguiente, la Sala Constitucional puede revisar:

---

[371] Ley Orgánica del Tribunal Supremo de Justicia (2022) ya citada.

Norma	Órgano	Condición	Supuesto	Antecedente[372]
#1 (art. 25.10 LOTSJ)	Sentencias emanadas de cualquier tribunal	Definitivamente firmes que	Hayan desconocido un precedente de la SC[373]	Corpoturismo 93/2001
			Incurrido en indebida aplicación de una norma o principio constitucional	
			Incurra en error grave de interpretación	
			Incurran en falta de aplicación de principio o norma constitucional	Baker 33/2001

---

[372] La referencia a antecedentes solo persigue mencionar alguno de lo que puede considerarse *leading cases* (o decisiones emblemáticas) sobre el particular.

[373] El precedente, aunque no lo diga la ley, también puede ser del mismo tribunal que dicta el fallo, en el entendido de que este, mediante el fallo objeto de revisión, haya transgredido la confianza legítima o expectativa plausible.

Norma	Órgano	Condición	Supuesto	Antecedente
#2 (art. 25.11 LOTSJ)	Sentencias emanadas de otras Salas del TSJ	Que (no establece que sean definitivamente firmes)[374]	Incurran en los supuestos del artículo 25.10 (tabla anterior)	Corpoturismo 93/2001
			Violen principios jurídicos fundamentales contenidos en la Constitución y el considerado Bloque de la Constitucionalidad[375].	Baker 33/2001
			Incurra en violaciones de derechos constitucionales	En general toda la doctrina de la SC Abdul Fuentes SSC 1537/2001

Norma	Órgano	Condición	Supuesto	Antecedente
#3 (art. 25.12 LOTSJ)	No indica (se sobreentiende que es de cualquier tribunal)	Definitivamente firmes en las que	Se ejerza el control difuso de la constitucionalidad	Corpoturismo 93/2001

De las tablas anteriores se puede apreciar cuáles son las sentencias que, según la vigente Ley Orgánica del Tribunal Supremo de Justicia, pueden ser objeto de revisión constitucional; asimismo, puede apreciarse el antecedente que dicha regulación tuvo en el ordenamiento jurídico venezolano. A continuación, se precisarán algunas ideas sobre el particular.

---

[374] Sin embargo, contra las sentencias de las Salas del Tribunal Supremo no existe recurso alguno (dado que no es admisible el amparo y la revisión, hasta ahora, no se ha considerado como un recurso contra tales fallos). En cualquier caso, la norma constitucional (336.10) dispone que deben tratarse de sentencias definitivamente firmes.

[375] El Bloque de la Constitucionalidad es un añadido del autor, realmente la norma se refiere a <<tratados, pactos o convenios internacionales suscritos y ratificados válidamente por la República o cuando incurran en violaciones de derechos constitucionales>>.

SENTENCIAS OBJETO DE LA FACULTAD REVISORA. DEFINITIVAMENTE FIRMES

Si bien inicialmente la Constitución nacional no se refirió a esta condición cuando fue aprobada en referendo popular, lo cierto es que, ha sido con este presupuesto (de sentencia definitivamente firme[376]) que la Constitución se ha venido aplicando y así lo asumió tanto la jurisprudencia de la Sala Constitucional como el legislador; por tanto, a pesar de que se puede estar en desacuerdo con la forma como se hizo, parece que lo más sensato es mantener este requerimiento como adquirido por el orden constitucional venezolano. Sobre la necesidad de que se trate de una sentencia definitivamente firme ha dicho la Sala Constitucional lo siguiente:

> Ahora bien, de las actas del expediente se evidencia que la solicitante interpuso recurso de casación contra la sentencia objeto de revisión y, que si bien se consigna copia certificada de diligencia mediante la cual se desiste de referido recurso de casación (Cfr. folio 79, anexo 2), no consta decisión de la Sala de Casación Civil del Tribunal Supremo de Justicia, homologando dicho desistimiento, con lo cual el referido proceso no ha concluido, por lo que no es posible afirmar el carácter definitivamente firme de la sentencia (…) De ello resulta pues, que la presente solicitud de revisión deviene en inadmisible, toda vez que la decisión objeto de revisión no es un fallo definitivamente firme de conformidad con los artículos 25, cardinal 10 y 133.2 de la Ley Orgánica del Tribunal Supremo de Justicia, en concordancia con la sentencia de esta Sala N° 93 del 6 de febrero de 2001 (caso: *"Corpoturismo"*), por lo que resulta inoficioso pronunciarse en relación con la medida cautelar innominada solicitada, por su carácter instrumental y accesorio respecto de la acción principal. Así se decide[377].

Ahora, pero ¿qué es una sentencia definitivamente firme? En primer lugar, es conveniente partir de la clasificación clásica que organiza a las

---

[376] El profesor Brewer Carías señala, con razón, que no puede confundirse lo que es una sentencia de última instancia (que sería aquella contra la cual se agotaron efectivamente los recursos por haberse ejercido o cuando se está ante una única instancia) con las decisiones definitivamente firmes. Igualmente señala que su propuesta ante la Asamblea Nacional Constituyente del 31 de octubre de 1999 preveía que la revisión se ejerciera contra sentencias de última instancia. Lo cual, como se ha explicado, no ocurrió. Brewer-Carías, *La Constitución...*, 981.

[377] SSC 1.773/2011, del 30 de noviembre.

sentencias en sentencias por su posición o lugar que ocupan en el proceso (atendiendo a la función que estas tienen dentro del proceso) y sentencias por su contenido (atendiendo a la pretensión que acogen o declarativas si la rechazan).

En este sentido, dentro de la primera categoría se encuentran las sentencias interlocutorias (que pueden ser simples o con fuerza de definitiva) y las sentencias definitivas. Las primeras son aquellas que resuelven incidencias que pueden presentarse a lo largo del proceso (interlocutorias simples) y, si al resolverlas también comportan la extinción de la instancia, se consideran interlocutorias con fuerza de definitiva. Las sentencias definitivas son aquellas que se pronuncian sobre el tema de fondo, esto es, sobre la pretensión planteada bien sea para acogerla total o parcialmente o, rechazarla[378].

En cambio, la firmeza de las sentencias, sean interlocutorias o definitivas, no está referida al tipo de sentencia, sino a la condición de inatacabilidad e inmutabilidad (en el caso de las definitivas) que estas adquieren, esto es, a su carácter de cosa juzgada que, en el caso de las interlocutorias es una cosa juzgada formal (inatacabilidad) y, en el de las definitivas, es una cosa juzgada tanto formal como material (la material comporta la formal: esto es, la sentencia es inatacable e inmutable).

Tal condición de firmeza y, por tanto, de cosa juzgada, se adquiere cuando ya no existen recursos en contra del fallo, bien sea porque ya se agotaron o bien, porque precluyeron los lapsos para su ejercicio sin que la parte hiciera uso de estos.

Por tanto, la firmeza no es una condición exclusiva de la sentencia definitiva; sino una característica que puede adquirir cualquier tipo de sentencia, por lo que, cuando la norma indica que deben ser sentencias definitivamente firmes, no se está refiriendo a las sentencias interlocutorias, sino, a las sentencias definitivas que han adquirido esta firmeza, esto es, a aquellas que se han pronunciado sobre la pretensión instaurada y que, por tanto, han resuelto el asunto sobre el cual se reclamó la tutela jurisdiccional y que adicionalmente (por agotamiento de recursos o inacción de la parte) adquirieron el carácter de cosa juzgada.

---

[378] Arístides Rengel Romberg, *Tratado de derecho procesal civil venezolano: ii. teoría general del proceso,* (Caracas: Organización Gráfica Capriles, 2001), 290.

Por decisión del legislador, contra las sentencias interlocutorias con fuerza de definitiva se ha concedido la artillería recursiva que otorga la ley contra las sentencias definitivas. Sin embargo, ello no ocurre con el resto de las interlocutorias, por ejemplo, en materia del procedimiento civil, las sentencias definitivas (así como las interlocutorias con fuerza de definitiva) siempre son apelables salvo que la ley lo prohíba y las interlocutorias solo cuando produzcan un gravamen irreparable (esto es cuando el gravamen que cause la interlocutoria no pueda ser corregido o reparado por el juez en la sentencia definitiva)[379]. Ahora, esto no significa que sentencia definitiva e interlocutoria con fuerza de tal, sean conceptos idénticos, sino simplemente que el legislador decidió tratarlas de manera similar en algunos aspectos.

Así las cosas, si el artículo 336.10 de la Constitución nacional y el artículo 25 de la Ley Orgánica del Tribunal Supremo de Justicia se han referido a las sentencias definitivamente firmes, es lógico concluir que solo se refieren a las decisiones que han resuelto la pretensión instaurada y, a lo sumo[380], esto podría extenderse a las interlocutorias con fuerza de definitiva[381]. Sin embargo, esto no es lo que ha asumido la Sala Constitucional.

Por el contrario, la Sala Constitucional en diversos fallos[382] ha extendido la posibilidad de revisión constitucional de sentencias, a aquellas decisiones interlocutorias que causen un gravamen irreparable. Así lo ha ratificado más recientemente en decisión SSC 190/2020 del 24 de noviembre al indicar:

> [E]sta Sala, en uso de su facultad revisora de sentencias, la cual fue extendida hasta las decisiones interlocutorias que causen un gravamen irreparable (*vid.* sentencias números 2.673/2001, del 14 de diciembre; 2.921/2003, del 4 de noviembre; 442/2004, del 23 de marzo; y 1.045/2006, del 17 de mayo), al constatar que la decisión declinatoria aquí proferida (…) desatendió el criterio sostenido en la ya men-

---

[379] Código de Procedimiento Civil, de 17 de septiembre de 1990 (Gaceta Oficial núm. 4.209 de 18 de septiembre de 1990). Artículos 288 y 289.

[380] Y por las mismas razones que llevaron al legislador a equipararlas en su recurribilidad.

[381] SSC 2.673/2001, de 14 de noviembre.

[382] SSC 2.673/2001, de 14 de diciembre; SSC 2.921/2003, de 04 de noviembre; SSC 442/2004, de 23 de marzo.

cionada sentencia n.º 1 del 20 de enero de 2000 y con ello causó un gravamen que afectó el carácter breve y sumario con que debe ser sustanciado el proceso de amparo, son razones por las que debe revisarse de oficio esta decisión y anularla por contravenir el orden público constitucional

La posición asumida por la Sala Constitucional puede resumirse en lo indicado por ella en el fallo 1.045/2006, en la cual, ante la solicitud de revisión de una interlocutoria simple, indicó lo siguiente:

> Conforme lo establece el cardinal 10 del artículo 336 de la Constitución, la Sala Constitucional tiene atribuida la potestad de (...) Asimismo, de conformidad con lo dispuesto en el cardinal 4, en concordancia con el primer aparte del artículo 5 de la Ley Orgánica del Tribunal Supremo de Justicia, le corresponde a esta Sala Constitucional la revisión de las sentencias definitivamente firmes de amparo constitucional y control difuso de la constitucionalidad de leyes o normas jurídicas, dictadas por otras Salas. Por su parte, en el fallo N° 93/2001 esta Sala determinó su potestad extraordinaria, excepcional, restringida y discrecional, de revisar las siguientes decisiones judiciales (...) 1. Las sentencias definitivamente firmes de amparo constitucional de cualquier carácter, dictadas por las demás Salas del Tribunal Supremo de Justicia y por cualquier juzgado o tribunal del país. 2. Las sentencias definitivamente firmes de control expreso de constitucionalidad de leyes o normas jurídicas dictadas por los tribunales de la República o las demás Salas del Tribunal Supremo de Justicia. 3. Las sentencias definitivamente firmes que hayan sido dictadas por las demás Salas de este Tribunal o por los demás tribunales o juzgados del país apartándose u obviando expresa o tácitamente alguna interpretación de la Constitución contenida en alguna sentencia dictada por esta Sala con anterioridad al fallo impugnado, realizando un errado control de constitucionalidad al aplicar indebidamente la norma constitucional. 4. Las sentencias definitivamente firmes que hayan sido dictadas por las demás Salas de este Tribunal o por los demás tribunales o juzgados del país que de manera evidente hayan incurrido, según el criterio de la Sala, en un error grotesco en cuanto a la interpretación de la Constitución o que sencillamente hayan obviado por completo la interpretación de la norma constitucional. En estos casos hay también un errado control constitucional (...) observa esta Sala que, en el caso de autos, se pidió la revisión de un fallo cuya naturaleza es interlocutoria, es decir, que no tiene carácter de definitiva (...) De tal manera que no se trata la sentencia cuya revisión se solici-

ta de una actuación que ponga fin al juicio o pueda considerarse que causa un gravamen irreparable (…) Ciertamente, el fallo cumple con el requisito de firmeza exigido a los fallos que pueden ser objeto de revisión por esta Sala, de acuerdo al mecanismo previsto en el citado artículo constitucional, por cuanto contra el mismo no puede ejercerse recurso alguno, no sólo por disposición expresa de la Ley (…) Sin embargo, esa inapelabilidad de la sentencia no autoriza a subsumirla dentro de los supuestos elaborados y desarrollados por la doctrina de esta Sala para proceder a su revisión. Diferente el caso de aquellas decisiones que aun cuando puedan considerarse interlocutorias, ponen fin al juicio y adquieren firmeza, como lo son las sentencias interlocutorias que declaran la perención de la instancia, las cuales, dados los supuestos que hacen posible la revisión, sí pueden ser revisadas por esta Sala. Véase, por ejemplo, sentencias núms. 2673 del 14-12-2001, caso: *DHL Fletes Aéreos*; 2921 del 4-11-2003 caso: *Clifford Eddy Bocaranda Ávila*, entre otras. Distinto también el caso de ciertas sentencias que, aun siendo interlocutorias, prejuzgan sobre la definitiva o causan un gravamen irreparable. Véase por ejemplo el caso: *Ismael García*, contenido en la sentencia núm. 442 del 23 de marzo de 2004. En esta última se permitió la revisión sobre la base de que contra la decisión: "….*no hay posibilidad de ejercer recurso de apelación ni posibilita la consulta prevista en el artículo 35 de la Ley Orgánica de Amparo sobre Derechos y Garantías Constitucionales, no es susceptible de impugnación por vía de los medios judiciales ordinarios, por lo que adquiere carácter de sentencia definitivamente firme, aunque haya sido proferida en sede cautelar"*, aunado a la doctrina establecida por esta Sala Constitucional en el fallo n° 93/2001, *"respecto a las sentencias sobre las cuales la Sala ejerce su potestad de revisión, incluye no sólo los fallos dictados en amparos autónomos, sino también los pronunciados en sede cautelar, siempre que sea definitivamente firme"*. De tal manera que, al no verificarse, en el caso de autos, que la actuación judicial cuya revisión se solicita y a la que se le imputan infracciones constitucionales, encuadre dentro de las actuaciones que esta Sala puede revisar, conforme a la Constitución de la República Bolivariana de Venezuela y a la Ley Orgánica del Tribunal Supremo de Justicia y a la doctrina de esta misma Sala, por no tratarse de un fallo definitivamente firme, debe forzosamente declarar inadmisible la presente acción y así se decide[383].

---

[383] SSC 1.045/2006, de 17 de mayo.

Es importante tener en cuenta que, teóricamente, las sentencias definitivamente firmes, son aquellas que resolviendo la pretensión instaurada (el asunto de fondo) ya no pueden ser atacadas ni modificadas por no existir recursos en su contra; sin embargo, la revisión, según la visión de la Sala Constitucional, no solamente abarca a las definitivamente firmes, sino aquellas interlocutorias con fuerza de definitiva, así como aquellas interlocutorias simples que causen un gravamen irreparable, siempre que estas se encuentren firmes[384].

SENTENCIAS DEFINITIVAMENTE FIRMES PREVIAS A LA CONSTITUCIÓN DE 1999

Sobre la posibilidad de revisar sentencias definitivamente firmes anteriores a la entrada en vigencia de la Constitución de 1999, la Sala Constitucional, como ha sido su costumbre, fue modificando su criterio y, si bien en principio no lo consideraba posible[385], luego atemperó su criterio[386], el cual se ha mantenido en los términos siguientes:

---

[384] El criterio de la Sala Constitucional puede resumirse así: <<En ese sentido, no sólo se establecieron límites a su procedencia, sino también a su admisión y tramitación; para ello se estableció cuáles actos jurisdiccionales pueden ser objeto de revisión (vid., s. S.C. n° 5096, del 16 de diciembre de 2005; caso: *"Daniel Darío Andrade Rodríguez y otro"*), pues no todo acto que dicten los órganos de administración de justicia puede ser objeto de este extraordinario medio de tutela del texto constitucional, ya que sólo se admite contra las *"sentencias definitivamente firmes"*, cuyo concepto ha precisado esta Sala no solo para aquellos actos decisorios definitivos (que juzgan sobre el mérito de lo debatido) contra los cuáles se hubiesen agotado todos los medios ordinarios o extraordinarios de impugnación, o haya precluido el lapso para su interposición sin que éstos se hubiesen ejercidos, sino, además, contra aquéllos actos decisorios interlocutorios (que hubiesen adquirido firmeza, en los términos expuestos) que pongan fin al juicio, impidan su continuación (verbigracia, la perención), prejuzguen sobre lo definitivo (mérito de la causa) o causen un gravamen que no pueda ser reparado mediante la decisión definitiva (Vid., entre otras, s. S.C. n°ʳᵒˢ 1202, del 21 de junio de 2004; caso: *"Fundación Venezolana Contra la Parálisis Infantil"*; 2156, del 14 de septiembre de 2004; caso: *"Miguel Antonio Lara García"*; así como las n°ʳᵒˢ 2254/03, 1045/06, 2312/06 y 123/07)>>. SSC 76/2019, de 25 de abril.

[385] Entre otros, SSC 44/2000, de 02 de marzo (Francia Rondón Astor): <<Ahora bien, visto que en el presente caso la decisión sometida al conocimiento de esta Sala fue dictada bajo la vigencia del ordenamiento constitucional anterior y visto que conforme a dicho régimen tal pronunciamiento quedó firme, la misma no es susceptible de la revisión a que se ha hecho referencia, y así se declara>>. SSC 93/2001 de 06 de febrero (Corpoturismo): <<y que, por demás, al haber sido esta Sala constituida

Determinada la competencia, previo al pronunciamiento sobre el fondo del asunto y como quiera que las sentencias cuya revisión se solicitó fueron dictadas bajo el régimen jurídico de la Constitución de 1961, esta Sala considera oportuno destacar el contenido de la sentencia n.º 1760, de fecha 25 de septiembre de 2001, caso: Antonio Volpe González, respecto de dichas solicitudes, en la cual se estableció lo siguiente: La revisión constitucional consagrada en el artículo 336.10 de la Constitución, la cual resulta inmanente al ejercicio del poder de garantía constitucional que le corresponde desempeñar a esta Sala, persigue la uniforme interpretación y aplicación de la Constitución. Pero esta finalidad requiere el cumplimiento de varias condiciones, de entre las que resalta la técnica fundamental (división del poder, reserva legal, no retroactividad de las leyes, generalidad y permanencia de las normas, soberanía del orden jurídico, etc.) [Ripert. *Les Forces créatrices du droit*, Paris, LGDJ, 1955, pp. 307 y ss.]; pues un precepto constitucional, por integrador que sea del carácter dominante de la Constitución, no puede servir de pretexto para vulnerar otros principios basilares del Derecho como tal (cf. sent. n° 1309/2001 de 19 de julio, caso: Solicitud de Interpretación Constitucional respecto al derecho a réplica). Una elemental regla de técnica fundamental informa que las normas jurídicas, en tanto preceptos ordenadores de la conducta de los sujetos a los cuales se dirigen, son de aplicación a eventos que acaezcan bajo su vigencia, ya que no puede exigirse que dichos sujetos (naturales o jurídicos, públicos o privados) se conduzcan u operen conforme a disposiciones inexistentes o carentes de vigencia para el momento que hubieron de actuar. La garantía del principio de irretroactividad de las leyes está así vinculada, en un primer plano, con la seguridad de que las normas futuras no modificarán situaciones jurídicas surgidas bajo el amparo de una norma vigente en un momento determinado, es decir, con la incolumidad de las ventajas, beneficios o situaciones concebidas bajo un régimen previo a aquél que innove respecto a un determinado supuesto o trate un caso similar de modo distinto. En un segundo plano, la irretroactividad de la ley no es más que una técnica conforme a la cual el Derecho se afirma como un

---

con posterioridad a la sentencia impugnada, no existe una interpretación establecida al respecto que permita definir que hubo una interpretación contraria a algún criterio jurisprudencial previamente establecido por esta Sala>>.

386 SSC 1760/2001, de 25 de septiembre.

instrumento de ordenación de la vida en sociedad. Por lo que, si las normas fuesen de aplicación temporal irrestricta en cuanto a los sucesos que ordenan, el Derecho, en tanto medio institucionalizado a través del cual son impuestos modelos de conducta conforme a pautas de comportamiento, perdería buena parte de su hálito formal, institucional y coactivo, ya que ninguna situación, decisión o estado jurídico se consolidaría. Dejaría, en definitiva, de ser un orden. Por eso esta Sala, ya desde sus primeras decisiones sobre el tema, determinó, conforme a la disposición contenida en el artículo 24 de la Constitución vigente (la cual prohíbe que disposición alguna tenga efecto retroactivo, excepto cuando imponga menor pena), que las solicitudes de revisión dispuestas en el artículo 336.10 eiusdem, así como las que la propia jurisprudencia le ha sumado (cf. sent. 93/2001, caso: Corpoturismo), sólo tuvieran alcance respecto a decisiones dictadas durante la vigencia de la norma configuradora de dicho medio; debido a que para las decisiones dictadas bajo el régimen jurídico surgido bajo la Constitución de 1961 no estaba previsto una vía de revisión con este talante, ni existía un órgano con la entidad que hoy ostenta la Sala Constitucional, es decir, titular del poder garantizador de la Constitución, el cual, según alguna doctrina (Peces-Barba, p.ej.), es una rama o dimensión que debe añadirse a la clásica división del Poder Público (ejecutivo, legislativo y judicial), que en nuestro caso se ha visto ampliada con un reciente añadido (electoral y moral). **No obstante, la Sala, en reciente decisión (exp. n° 00-2548, caso: Jesús Ramón Quintero), dejó abierta la posibilidad de revisar sentencias proferidas con anterioridad a la vigencia de este medio. Sin embargo, debe acotarse que tal posibilidad es de aplicación restrictiva, y sólo procederá bajo aquellas circunstancias en que la propia Constitución permite la retroactividad de una norma jurídica, esto es, en el supuesto que contempla el artículo 24 constitucional, referido a la aplicación de normas que impongan menor pena (el cual ha sido extendido por la dogmática penal a circunstancias distintas mas no distantes de la reducción de la extensión de una sanción determinada). Así, dentro, de las normas que mejoran una condición o situación jurídica derivada de la actuación de los entes públicos en materia penal, esta Sala considera que se encuentra la solicitud de revisión tantas veces aludida. Por lo que la admisión de un medio tal, en los casos referidos a la excepción contenida en el artículo 24 (que imponga menor pena, entendido dicho enunciado en sentido amplio), no viola el principio de irretroactividad de la ley contenido en dicho precepto. De allí que la**

<u>retroactividad de la revisión quede definitivamente asociada a la nulidad de decisiones relacionados con los bienes fundamentales tutelados por el derecho penal, acaecidas con anterioridad a la Constitución de 1999, pero cuya irracionalidad o arbitrariedad, puestos en contraste con las normas constitucionales, exija su corrección, aparte, además, aquellas decisiones que evidencien de su contenido un error ominoso que afecte el orden público, es decir, que la sentencia a revisar contenga una grave inconsistencia en cuanto a la aplicación e interpretación del orden jurídico-constitucional</u>. Se atempera de este modo, el criterio que a este respecto sentó la Sala en su sentencia n° 44/2000 del 2 de marzo, caso: Francia Josefina Rondón Astor. Todo ello, por supuesto, sin perder de vista que "el mecanismo extraordinario de revisión de sentencias definitivamente firmes de amparo (...) previsto en el artículo 336, numeral 10, de la Constitución, tiene como finalidad integrar el control concentrado de la constitucionalidad con (...) el amparo constitucional, con el objeto de garantizar la uniforme interpretación y aplicación de la Constitución" (José Vicente Haro, *Rev. de Derecho Constitucional*, n° 3, p. 265), por lo que su funcionalidad, en tanto que responde a la incolumidad de un orden constitucional, es objetiva. De tal manera que, si bien los derechos fundamentales forman parte de ese orden y la restitución de alguno que se vea conculcado puede en la práctica resultar restituido a través de una solicitud de revisión, tal reconocimiento no es el fin que se persigue al poner en marcha dicho trámite. Por ejemplo, si un tribunal desconoce el derecho al trabajo de un empleado sobre la base de una errada interpretación de la Constitución o de un precepto legal que le refleje, pero dicho yerro, contrastado con la cotidianidad judicial, resulta aislado, ya que existe una cultura judicial que en buen grado entiende el alcance de dicho derecho y lo hace valer cuando está presente; la restitución del derecho particularmente afectado a través de la solicitud de revisión (por muy plausible que parezca), no cumple con el objetivo de la misma, el cual, se insiste, persigue: a) uniformar la interpretación de la Constitución; b) dictar pautas de aplicación constitucional y c) reconducir a prácticas legitimadas por la nueva Constitución, actitudes judiciales nacidas al amparo de preceptos legales o constitucionales derogados o de principios o valores superados. Pero de ningún modo, su objetivo es corregir (aunque en la consecución de su fin propio lo haga) los desaciertos judiciales, esto es: no constituye una tercera instancia de conocimiento (Negritas y subrayados de la Sala). A la luz de la jurisprudencia citada y con base en la solicitud de revisión formulada por el Ministerio Público, esta Sala estima oportuno decidir dicha solicitud con base en el análisis que de las actas del proceso se realice, a fin de constatar si se incurrió en un error evidente que afecte el orden público constitucional. Así se declara[387].

Con esta interpretación la Sala Constitucional permite la revisión constitucional de sentencias anteriores a la entrada en vigencia de la actual Constitución nacional, siempre de forma <<restrictiva, y procediendo bajo aquellas circunstancias en que la propia Constitución permite la retroactividad de una norma jurídica>>[388].

Ahora bien, si se imagina la justicia como aquel valor que siempre se ha de perseguir, pero que es difícil de alcanzar, no resultará difícil representarlo en la figura de aquel conejo que persigue la zanahoria amarrada a una estaca que lleva sujeta en su lomo. Esto es, que por mucho que la persiga será complejo que la alcance (algunas veces lo hará por el movimiento pendular del hilo que la sostiene); es por ello que la seguridad jurídica, mediante la cosa juzgada, le informa a ese conejo que debe dejar de correr tras esa zanahoria, ya que hay otras zanahorias que también aspiran ser alcanzadas.

Por tanto, no parece conveniente que la Sala Constitucional se convierta en el paladín de la justicia sobre todo aquello que ella considere que es injusto, pues, en todo caso sería su visión de la justicia; por lo que, lo más adecuado es que sea paladín de la justicia en aquellas competencias claramente establecidas. De lo contrario, se abarrotará de un trabajo que no le ha sido asignado y, no atendiendo al llamado de la seguridad jurídica, no dejará de perseguir una zanahoria que no solamente será difícil que alcance, sino que, posiblemente si lo logra es algo que ya todos los involucrados sanaron y, por ello su actuación, lo que vendría es a reabrir heridas o a desordenar una paz social que fue obtenida por el proceso (con sus defectos y virtudes).

En conclusión, revisar sentencias definitivamente firmes anteriores a la entrada en vigencia de la Constitución, no es que sea contrario a Derecho, sino que el precio que se pagará por hacerlo es desatender lo que se le ha encomendado en tiempo presente. Se debe ser muy cuidadoso con esto, porque es posible que la lesión al orden público constitucional

---

[387]   SSC 167/2022, de 14 de junio.
[388]   SSC 167/2022, de 14 de junio.

que ahora se considera presente, no existía bajo la Constitución anterior, por lo que, no tendría mayor sentido juzgar y sancionar conductas que se desplegaron y culminaron bajo unas reglas de juego diferentes.

Revisar asuntos anteriores tiene que tener una justificación real y demostrada. Debe estar comprobado que se trata de una verdadera y continuada injusticia; pero como quiera que la Sala Constitucional considera que la revisión de sentencias es un mecanismo objetivo de protección de la Constitución de 1999 y no una tercera instancia, pareciera que no es la injusticia la que la movería a llevar a cabo la revisión.

Lo que si resulta claro es que los criterios de la Sala Constitucional muchas veces se mueven como el péndulo de un reloj, generando una incertidumbre que a su vez se transforma en la inseguridad jurídica que lesiona el orden público constitucional que tanto pregona combatir.

Para cerrar este punto, no parece tan grave (siempre que se haga de manera ponderada y que exista una prueba clara de que se trata de una injusticia continuada cuya brecha no ha cerrado el tiempo) revisar sentencias declaradas firmes bajo la Constitución anterior, y que fueren contrarias tanto a la Constitución anterior como a la vigente como, por ejemplo, revisar sentencias de la Sala Plena del Tribunal Supremo de Justicia a la cual pertenece la propia Sala Constitucional. Eso es mucho más dantesco.

SENTENCIAS OBJETO DE LA FACULTAD REVISORA. DESDE EL PUNTO DE VISTA MATERIAL O DE SU CONTENIDO

Aquí se tratará de exponer cuáles han sido los criterios utilizados por la Sala Constitucional, a los fines de determinar qué decisiones caen bajo el alcance de la facultad revisora, es decir, ya se hizo referencia a las sentencias 'definitivamente' firmes, ahora se hará referencia a si sólo se pueden revisar las sentencias de control difuso y amparo, conforme a lo indicado por la Constitución, o si es posible revisar algunas otras.

Tal como se ha mencionado, la norma constitucional sólo se ha referido a la posibilidad de revisar las sentencias "definitivamente firmes"[389] sobre amparo y control difuso de la constitucionalidad, pero, puede verse qué ha dicho la Sala Constitucional sobre el particular.

---

[389] Ya se ha indicado que este supuesto ha sido una inclusión irrita, pero es el criterio hasta ahora utilizado. El adjetivo írrito está referido a la forma de su incorporación al texto constitucional, no a lo favorable de ello.

Antes de la entrada en vigencia de la primera Ley Orgánica del Tribunal Supremo (2004)[390] ya podría apreciarse como la Sala Constitucional fue paulatinamente definiendo y ampliando la norma constitucional, a la cual se ha hecho referencia, véase por ejemplo como desde las primeras decisiones[391] se estableció que la revisión era procedente contra aquellas sentencias que desacataran la doctrina vinculante de la Sala; así también se estableció[392] que la revisión procedía cuando ésta contribuyese a la uniformidad e interpretación de las normas y principios constitucionales o cuando la sentencia conlleve una violación de preceptos constitucionales[393].

En el célebre caso Baker Hughes[394], se expuso:

La potestad de revisión abarca, pues, tanto las decisiones que se denuncien violatorias de la doctrina de la Sala Constitucional, como las decisiones que infrinjan principios o reglas de rango constitucional, siempre que hubieren sido dictadas con posterioridad a la entrada en vigencia de la Constitución. Ello en razón de que sería un contrasentido que la Sala Constitucional (órgano en ejercicio del Poder de Garantía Constitucional), pueda vincular con sus decisiones a las demás Salas (cúspides en sus respectivas jurisdicciones: penal, civil, político-administrativa, social, electoral, plena), pero que éstas no estuvieran vinculadas a la Constitución más que formalmente, y sus posibles decisiones inconstitucionales, no estén sujetas a ningún examen. No es lógico que la fuente del ordenamiento político-jurídico de nuestro país no pudiera, según esta tesis, contrastarse con las decisiones de las demás Salas, pero, que sí cupiera el contraste de estas decisiones con la doctrina de la Sala Constitucional, que es realización de esa Norma Fundamental.

Tal conclusión resulta, por decir lo menos, inconstitucional. Tanto como pretender que sólo tienen opción de solicitar la revisión de tales

---

[390] Ley Orgánica del Tribunal Supremo de Justicia (2004) ya citada.

[391] SSC 1/2000, de 20 de enero y SSC 2/2000, de 20 de enero.

[392] SSC 192/2001, de 14 de febrero; SSC 44/2000, de 02 de marzo; SSC 520/2000, de 07 de junio y SSC 887/2000, de 02 de agosto.

[393] Margarita Escudero León, <<El mecanismo de revisión de sentencias por parte de la Sala Constitucional del Tribunal Supremo de Justicia>>, en *Novedades jurisprudenciales del Tribunal Supremo de Justicia,* (Caracas: vadell hermanos, 2002), 66.

[394] SSC 33/2001, de 25 de enero.

sentencias, aquellos ciudadanos cuyos casos hayan felizmente coincidido con una sentencia previa de esta Sala Constitucional donde se haya vertido algún criterio vinculante para las demás Salas. Si la Sala Constitucional nada ha dicho al respecto, ¿el ciudadano debe soportar la violación a sus derechos o garantías constitucionales por esa sola razón? Por otra parte, cabría formular otra pregunta: ¿cuánto tiempo debe pasar antes que la Sala logre desarrollar una doctrina densa, amplia y diversa sobre aspectos fundamentales, que haga posible cumplir esta garantía de revisión? Esta Sala considera que tal postura sería incorrecta, en razón de que los ciudadanos no pueden quedar en la incertidumbre, sujetos a que tal doctrina se desarrolle.

Por otra parte, en refuerzo de lo dicho, la doctrina que ha dado por sentada esta Sala Constitucional desde su primera sentencia es que la Constitución es Norma Suprema aplicable, respecto a los aspectos orgánicos y de derechos fundamentales, inmediatamente.

Por su parte, la también famosa sentencia en el caso Corpoturismo, sentó lo siguiente:

Ahora bien, ¿puede esta Sala, de conformidad con lo establecido en la Constitución, revisar las sentencias definitivamente firmes diferentes a las establecidas en el numeral 10 del artículo 336 de la Constitución que contraríen el criterio interpretativo que esta Sala posee de la Constitución?

Es necesario en este aspecto interpretar lo establecido en el artículo 335 de la Constitución, el cual textualmente indica:

(...)

De acuerdo con la norma transcrita, no existe duda alguna de que esta Sala posee la máxima potestad de interpretación de la Constitución y que sus decisiones son vinculantes para las otras Salas del Tribunal Supremo de Justicia y los demás tribunales de la República. Así las cosas, las demás Salas del Tribunal Supremo de Justicia y los demás tribunales y juzgados de la República están obligados a decidir con base en el criterio interpretativo que esta Sala tenga de las normas constitucionales. El hecho de que el Tribunal Supremo de Justicia o los demás tribunales de la República cometan errores graves y grotescos en cuanto a la interpretación de la Constitución o no acojan las interpretaciones ya establecidas por esta Sala, implica, además de una violación e irrespeto a la Constitución, una distorsión a la certeza jurídica y, por lo tanto, un quebrantamiento del Estado de Derecho. Por ello, la norma contenida en el artículo 335 de la Constitución establece un control concentrado de la constitucionalidad por parte de esta Sala en lo que respecta a la unificación de criterio relativa a la interpretación de la Constitución.

El Texto Fundamental le otorga pues a la Sala Constitucional una potestad única y suprema en cuanto a la interpretación de la Constitución.

(…)

Ahora bien, ¿cómo puede esta Sala ejercer esa potestad máxima de interpretación de la Constitución y unificar el criterio interpretativo de los preceptos constitucionales, si no posee mecanismos extraordinarios de revisión sobre todas las instancias del Poder Judicial incluyendo las demás Salas en aquellos casos que la interpretación de la Constitución no se adapte al criterio de esta Sala? Es definitivamente incongruente con la norma constitucional contenida en el artículo 335 antes citado que, habiendo otorgado la Constitución a esta Sala el carácter de máximo intérprete de los preceptos constitucionales en los términos antes señalados, y habiendo establecido el Texto Fundamental el carácter vinculante de tales decisiones, no pueda esta Sala de oficio o a solicitud de la parte afectada por una decisión de alguna otra Sala del Tribunal Supremo de Justicia o de algún tribunal o juzgado de la República, revisar la sentencia que contraríe una interpretación de algún precepto constitucional previamente establecido o que según esta Sala erróneamente interprete la norma constitucional.

De conformidad con lo anterior, sería inútil la función integradora y de mantenimiento de la coherencia o ausencia de contradicciones en los preceptos constitucionales ejercida por esta Sala, si ésta no poseyera la suficiente potestad para imponer el carácter vinculante de sus interpretaciones establecido expresamente en el artículo 335 de la Constitución o que no pudiera revisar sentencias donde es evidente y grotesca la errónea interpretación.

En el mismo sentido, la norma constitucional referida sería inútil si los tribunales de la República o las demás Salas del Tribunal Supremo de Justicia, en ejercicio del control difuso de la constitucionalidad establecido en el artículo 334 de la Constitución, no pudieren corregir decisiones que se aparten del criterio interpretativo establecido por la Sala Constitucional. Es, más bien, imperativo para todos los tribunales del país, así como para las demás Salas del Tribunal Supremo de Justicia, en ejercicio del control difuso de la constitucionalidad establecido en el artículo 334 de la Constitución de la República Bolivariana de Venezuela, revocar en segunda instancia aquellas decisiones que se aparten de alguna interpretación que esta Sala haya realizado de las normas constitucionales.

Es pues evidente, que la Constitución de la República Bolivariana de Venezuela estableció una fórmula para cohesionar la interpretación de la norma constitucional, y, en tal sentido, el Texto Fundamental designó a la Sala Constitucional como el ente con la máxima potestad para delimitar el criterio interpretativo de la Constitución y hacerlo vinculante para los demás tribunales de la República y las demás Salas del Tribunal Supremo de Justicia. Por ello, la Sala Constitucional posee discrecionalmente la potestad coercitiva otorgada por la Constitución para imponer su criterio de interpretación de la Constitución, cuando así lo considere en defensa de una aplicación coherente y unificada de la Carta Magna, evitando así que existan criterios dispersos sobre las interpretaciones de la norma constitucional que distorsionen el sistema jurídico creando incertidumbre e inseguridad en el mismo.

Por consiguiente, esta Sala considera que la propia Constitución le ha otorgado la potestad de corregir las decisiones contrarias a las interpretaciones preestablecidas por la propia Sala o que considere la Sala acogen un criterio donde es evidente el error en la interpretación de las normas constitucionales. Esto tiene el propósito de imponer la potestad constitucional de la Sala Constitucional de actuar como "máximo y último intérprete de la Constitución". Se desprende entonces del artículo 335 de la Constitución de la República Bolivariana de Venezuela, que esta norma establece expresamente la potestad de revisión extraordinaria de sentencias definitivamente firmes que se aparten de la interpretación que de manera uniforme debe imponer esta Sala. Posee entonces potestad esta Sala para revisar tanto las sentencias definitivamente firmes expresamente establecidas en el numeral 10 del artículo 336 contra aquellas, tal como se dejó sentado anteriormente, así como las sentencias definitivamente firmes que se aparten del criterio interpretativo de la norma constitucional que haya previamente establecido esta Sala, lo que en el fondo no es más que una concepción errada del juzgador al realizar el control de la constitucionalidad, y así se declara

(…)

Por lo antes expuesto, esta Sala considera que la potestad de revisión extraordinaria de sentencias definitivamente firmes de las otras Salas del Tribunal Supremo de Justicia y de los demás tribunales y juzgados del país se encuentra delimitada de la siguiente manera:

Con base en una interpretación uniforme de la Constitución y considerando la garantía de la cosa juzgada establecida en el numeral 7º del artículo 49 de la Constitución de la República Bolivariana de Venezuela, en principio, es inadmisible la revisión de sentencias definitivamente firmes en juicios ordinarios de cualquier naturaleza por parte de esta Sala. Y en cuanto a las decisiones de las otras Salas de este Tribunal es inadmisible cualquier demanda incluyendo la acción de amparo constitucional contra cualquier tipo de sentencia dictada por ellas, con excepción del proceso de revisión extraordinario establecido en la Constitución, y definido a continuación.

Sólo de manera extraordinaria, excepcional, restringida y discrecional, esta Sala posee la potestad de revisar lo siguiente:

1. Las sentencias definitivamente firmes de amparo constitucional de cualquier carácter, dictadas por las demás Salas del Tribunal Supremo de Justicia y por cualquier juzgado o tribunal del país. 2. Las sentencias definitivamente firmes de control expreso de constitucionalidad de leyes o normas jurídicas por los tribunales de la República o las demás Salas del Tribunal Supremo de Justicia. 3. Las sentencias definitivamente firmes que hayan sido dictadas por las demás Salas de este Tribunal o por los demás tribunales o juzgados del país apartándose u obviando expresa o tácitamente alguna interpretación de la Constitución contenida en alguna sentencia dictada por esta Sala con anterioridad al fallo impugnado, realizando un errado control de constitucionalidad al aplicar indebidamente la norma constitucional. 4. Las sentencias definitivamente firmes que hayan sido dictadas por las demás Salas de este Tribunal o por los demás tribunales o juzgados del país que de manera evidente hayan incurrido, según el criterio de la Sala, en un error grotesco en cuanto a la interpretación de la Constitución o que sencillamente hayan obviado por completo la interpretación de la norma constitucional. En estos casos hay también un errado control constitucional[395].

---

[395] SSC 93/2001, de 06 de febrero.

Sobre la revisión de las sentencias de las otras Salas del Tribunal Supremo se hará referencia más adelante cuando se trate dicho aspecto. Por lo pronto vale la pena destacar como la Sala Constitucional, antes de la entrada en vigencia de la Ley Orgánica del Tribunal Supremo de Justicia, prácticamente estableció que todas aquellas sentencias que lesionen valores, principios o reglas garantizados expresa o tácitamente por la Constitución –a través incluso de la interpretación que ésta haya realizado, debiendo incluirse al bloque de la constitucionalidad– podrán ser objeto de revisión, bien a solicitud de parte o aún de oficio.

Pues, como ella misma lo dijo, ella <<posee discrecionalmente la potestad coercitiva otorgada por la Constitución para imponer su criterio de interpretación de la Constitución, cuando así lo considere en defensa de una aplicación coherente y unificada de la Carta Magna>>[396].

Así pues, puede verse como la jurisprudencia de la Sala amplió (en su condición de máximo y último intérprete de la Constitución) la competencia que le fue concedida en el artículo 336.10 de la Carta Magna, que sólo preveía, la posibilidad de revisar decisiones *definitivamente firmes* en materia de amparo constitucional y de control difuso de la constitucionalidad.

Sin embargo, la Ley Orgánica del Tribunal Supremo de Justicia, primero la de 2004 y luego la de 2010 –cuya regulación se mantiene en la nueva Ley de 2022- estableció una regulación sobre el particular disponiendo lo siguiente:

Ley Orgánica del Tribunal Supremo de Justicia (2004).

Artículo 5: Es de la competencia del Tribunal Supremo de Justicia como más alto Tribunal de la República. (…) 4. Revisar las sentencias dictadas por una de las Salas, cuando se denuncie fundadamente la violación de principios jurídicos fundamentales contenidos en la Constitución de la República Bolivariana de Venezuela, Tratados, Pactos o Convenios Internacionales suscritos y ratificados válidamente por la República, o que haya sido dictada como consecuencia de un error inexcusable, dolo, cohecho o prevaricación (…) 16. Revisar las sentencias definitivamente firmes de amparo constitucional y control difuso de la constitucionalidad de leyes o normas jurídicas, dictadas por los demás tribunales de la República; (…) 22. Efec-

---

[396]   SSC 93/2001, de 06 de febrero.

234

tuar, en Sala Constitucional, examen abstracto y general sobre la constitucionalidad de una norma previamente desaplicada mediante control difuso de la constitucionalidad por una Sala del Tribunal Supremo de Justicia, absteniéndose de conocer sobre el mérito y fundamento de la sentencia pasada con fuerza de cosa juzgada; El Tribunal conocerá (...) En Sala Constitucional los asuntos previstos en los numerales 3 al 23. (...) De conformidad con lo previsto en la Constitución de la República Bolivariana de Venezuela, todo tribunal de la República podrá ejercer el control difuso de la constitucionalidad únicamente para el caso concreto, en cuyo supuesto dicha sentencia estará expuesta a los recursos o acciones ordinarias o extraordinarias a que haya lugar; quedando a salvo en todo caso, que la Sala Constitucional haga uso, de oficio o a instancia de parte, de la competencia prevista en el numeral 16 de este artículo y se avoque a la causa para revisarla cuando ésta se encuentre definitivamente firme. De conformidad con el numeral 22 de este artículo, cuando cualquiera de las Salas del Tribunal Supremo de Justicia haga uso del control difuso de la constitucionalidad, únicamente para un caso concreto, deberá informar a la Sala Constitucional sobre los fundamentos y alcances de la desaplicación adoptada para que ésta proceda a efectuar un examen abstracto sobre la constitucionalidad de la norma en cuestión, absteniéndose de revisar el mérito y alcance de la sentencia dictada por la otra Sala, la cual seguirá conservando fuerza de cosa juzgada. En caso que el examen abstracto de la norma comporte la declaratoria total o parcial de su nulidad por inconstitucional, la sentencia de la Sala Constitucional deberá publicarse en la Gaceta Oficial de la República Bolivariana de Venezuela y en la Gaceta Oficial del Estado o Municipio, de ser el caso.

En dicha regulación todo apunta a pensar que el numeral 22 y el último párrafo del artículo 5° se apartaron de la revisión constitucional de sentencias (de la manera visualizada en el artículo 336.10 de la Constitución Nacional) y se extrapoló al control concentrado de la constitucionalidad. Es decir, no se trata acá de que la revisión pasó a ser obligatoria para la Sala Constitucional, pues, cuando estamos en esos supuestos la Sala no persigue efectuar una revisión del fallo a la luz de lo dispuesto en el artículo 336.10 de la Constitución Nacional, por el contrario, lo que persigue, es efectuar un control concentrado, en abstracto, de la constitucionalidad, para lo que cual no existe discrecionalidad y está obligada a pronunciarse. De hecho, véase como la norma refiere a que la sentencia mantendrá la cosa juzgada[397].

En su numeral 16, la ley lo que hace es repetir lo dicho en el artículo 336.10 de la Constitución nacional y, pareciera que es en el numeral 4to. donde realmente se produjeron cambios interesantes sobre el particular, llevando a algunos a sostener que existen diversos tipos de revisión constitucional.

Particularmente se cree que la disposición del numeral 4to. sólo fue novedosa en la parte siguiente: <<o que haya sido dictada como consecuencia de un error inexcusable, dolo, cohecho o prevaricación>>. Véase el razonamiento para esta afirmación:

La norma en cuestión sostenía:

4. Revisar las sentencias dictadas por una de las Salas, cuando se denuncie fundadamente la violación de principios jurídicos fundamentales contenidos en la Constitución de la República Bolivariana de Venezuela, Tratados, Pactos o Convenios Internacionales suscritos y ratificados válidamente por la República, o que haya sido dictada como consecuencia de un error inexcusable, dolo, cohecho o prevaricación (...)[398].

Así, existía la posibilidad de revisar: a) decisiones de las otras Salas y, b) la violación de principios fundamentales contenidos en la Constitución, Tratados o Pactos Internacionales, todo lo cual ya estaba reconocido por la jurisprudencia al sostener:

Sólo de manera extraordinaria, excepcional, restringida y discrecional, esta Sala posee la potestad de revisar lo siguiente: (...) 4. Las sentencias definitivamente firmes que hayan sido dictadas por las demás Salas de este Tribunal o por los demás tribunales o juzgados del país que de manera evidente hayan incurrido, según el criterio de la Sala, en un error grotesco en cuanto a la interpretación de la Constitución o que sencillamente hayan obviado por completo la interpre-

---

[397] Sin embargo, la Sala Constitucional ha dicho que, si existe un errado ejercicio del control difuso y, en consecuencia, una indebida inaplicación de la ley se debe advertir y ordenar su corrección mediante la anulación del fallo para el caso concreto, muy a pesar de lo que dice la ley. Véase SSC 990/2006, de 11 de mayo.

[398] Ley Orgánica del Tribunal Supremo de Justicia (2004) ya citada.

236

tación de la norma constitucional. En estos casos hay también un errado control constitucional[399].

La potestad de revisión abarca, pues, tanto las decisiones que se denuncien violatorias de la doctrina de la Sala Constitucional, como las decisiones que infrinjan principios o reglas de rango constitucional, siempre que hubieren sido dictadas con posterioridad a la entrada en vigencia de la Constitución[400].

Véase como los fallos en cuestión ya preveían la revisión de las decisiones de las demás Salas del Tribunal Supremo de Justicia, así como también, los principios y reglas constitucionales. Si bien expresamente las sentencias no se refieren a los pactos o tratados internacionales, se sabe que en materia de Derechos Humanos y de integración regional económica (arts. 23 y 151 de la Constitución nacional) por disposición de la propia Constitución estos tendrán rango constitucional y, en consecuencia, se convierten en reglas constitucionales. Pero ¿qué sucede con los demás pactos y tratados internacionales? ¿no sería acaso novedoso ello?

Respecto a ese último punto, se considera que el legislador se excedió en la regulación, más allá de lo previsto en la Constitución nacional y en la doctrina de la Sala Constitucional, pues, si sólo los tratados antes referidos tienen rango constitucional (y en algunos casos son de preferente aplicación a las normas constitucionales), por qué se va a proteger con ese mismo mecanismo a otros tratados que no tienen ese rango y que sólo puede ser considerados infra constitucionales, es decir, sus normas no son constitucionales, razón por la cual, no sería correcto utilizar un mecanismo de uniformidad y protección a la Constitución para la protección de normas que no tengan tal carácter.

Se cree que la protección, a través de la revisión constitucional de sentencias, debe extenderse más allá de los casos previstos en la propia Constitución a todo lo que hoy día la doctrina moderna conoce como el bloque de la constitucionalidad, pero, por el contrario, se rechaza cualquier pretensión de tratar de hacer uso de mecanismos de protección constitucional para proteger normas o principios que no sean constitucionales, sino, por el contrario, tengan un rango inferior a esta.

---

[399] SSC 93/2001, de 06 de febrero.

[400] SSC 33/2001, de 25 de enero.

Por tanto, lejos de considerarse una novedad lo referido a los postulados antes citados, se considera que, especialmente lo de cualquier pacto o tratado, trastocó la naturaleza y esencia de la revisión constitucional.

Es por este razonamiento, se piensa, que la Sala no incluyó en sus sentencias a los pactos internacionales, sino que se limitó a referirse a los principios y reglas constitucionales, abarcando así a los pactos o tratados que tengan tal rango.

Lo que sí parecía ser novedoso, y además riesgoso, en la redacción de la norma fue lo siguiente: <<que haya sido dictada como consecuencia de un error inexcusable, dolo, cohecho o prevaricación>>. No obstante, esta parece ser una especialidad innecesaria y que no guarda relación con el postulado de la revisión constitucional.

Es decir, si lo que trató de decir el legislador es que la ineptitud del juez o su falta de probidad, pueden hacer revisable el fallo, ya eso estaba incorporado en la violación de valores, principios y reglas constitucionales. Pues, sobran las normas en la Constitución nacional que se refieren a la tutela judicial efectiva, debido proceso, juez idóneo, natural, imparcial, administración de justicia transparente. Razón por la cual, esa subespecialidad referida como un supuesto de revisión, no fue otra cosa que una *inelegantia iuris* del legislador.

Hay que ser cauteloso con esto, pues, mal se puede pretender que en el proceso de revisión se juzgue la conducta del juez para determinar si hubo un cohecho o prevaricación, pues, esa no es la vía para ello. En tal caso, la revisión procedería cuando declarado y condenado, en otro procedimiento, el delito, se le pueda solicitar a la Sala la protección de alguna de las reglas o principios antes mencionados.

Aún más cautelosos se debe ser con el tema del error inexcusable, pues, a través de este más que proteger la Constitución se podría estar protegiendo la ley (que tiene para ello sus recursos como la Casación[401]),

---

[401] <<Es importante resaltar una importante polémica que tiene que ver con el carácter vinculante de las decisiones de la Sala Constitucional, pues para algunos lo vinculante debe ser únicamente la específica interpretación constitucional que se realice sobre un determinado asunto, y no el resto del contenido del fallo, pues la letra del artículo 335 se refiere únicamente a las interpretaciones que se realicen sobre "el contenido y alcance de las normas y principios constitucionales". Y este debate no es baladí, sobre todo si tomamos en consideración que el contenido de muchas decisiones de la Sala Constitucional no se limita a considerar normas o principios

todo bajo el prisma de la tutela judicial efectiva y en desmedro de la seguridad jurídica y cosa juzgada.

Para que el error inexcusable pueda dar lugar a la revisión debe traducirse en una lesión directa de reglas o principios constitucionales. Es decir, no puede la Sala quien es la especialista en interpretar la Constitución, más no así la ley, decir, por ejemplo, que la interpretación de la ley a la luz de la propia ley (no hay lesión constitucional) estuvo mal efectuada y, por tanto, es un error inexcusable que viola la tutela judicial efectiva y, por ello, anular el fallo. Eso sería solapar la uniformidad de la ley por medio de la revisión constitucional.

Debe tratarse de un error inexcusable de la interpretación o aplicación de la Constitución, por lo que se hacía igualmente innecesario incluirlo en la normativa legal del máximo tribunal[402].

Por último, sobre el tema de error inexcusable, es de señalar que se trata de un concepto jurídico indeterminado[403], y es también bueno recordar que el derecho se crea en los tribunales de instancia[404] y, así

---

constitucionales, sino que interpretan otras disposiciones de rango inferior>>. Chavero Gazdik, *El control...*, 140.

[402] Hay quienes también han considerado que es revisable toda sentencia que condene patrimonialmente a la República. Sin embargo, de los fallos más emblemáticos sobre el particular, se ha visto que para ello la Sala no ha hecho uso del trámite o de la vía de la revisión de sentencias, sino, por ejemplo, ha admitido recursos de interpretación (Caso Apitz Barbera y otros SSC 1.939/2008, de 18 de diciembre). De resto, tiene que tratarse de los supuestos manejados anteriormente –lesión constitucional-.

[403] El error inexcusable sería el opuesto al error excusable. En Venezuela constituye una de las causales de destitución de los jueces según lo previsto en el Código de Ética del Juez (por cierto, inexistente para la fecha del dictado de esa ley y para cuando se habló del error grotesco). En términos generales el error excusable se refiere a cuando la parte ha obrado sin culpa o culpa leve o levísima. Eloy Maduro Luyando, *Derecho civil iii: obligaciones* (Caracas: Universidad Católica Andrés Bello, 1997), 470.

[404] <<para la mayoría de las personas que se ven envueltas en un litigio, la función que desempeñan los tribunales inferiores es de mayor importancia que la función realizada por las cortes. No tan sólo porque una abismante mayoría de casos no son apelados, sino que, incluso en los que sí lo son, los cuales no son más allá de un 6% del universo total de casos litigados anualmente, las cortes superiores aceptan sin mayor cuestionamiento los hechos probados presentados por los tribunales inferiores. Esto es así, puesto que las cortes no tienen contacto con las declaraciones de los testigos, y, sin perjuicio de que la percepción inmediata de los jueces de los tribunales inferiores a las pruebas esté lejos de ser un medio infalible, no existe, disponible

como la Sala Constitucional y las distintas Salas del Tribunal Supremo de Justicia cambian de criterios con relativa frecuencia, no todo es un error inexcusable, más aún cuando no hay parámetro de consideración de este. Ello no quiere decir que no ocurra, pues, con bastante frecuencia ocurren, lo que se trata de resaltar es que es un asunto subjetivo que se utilizaría para una herramienta, en principio, de objetiva protección constitucional.

El error inexcusable al que se refiere la mencionada ley, podría asimilarse al denominado *error grotesco* de creación pretoriana como uno de los presupuestos para la revisión constitucional de sentencias y que estuviere contenido en el caso Corpoturismo[405] y sobre el cual comentó FLAVIA PESCI[406]: <<Es indispensable, en primer término, señalar que es cuestionable el hecho de que el criterio para admitir la revisión constitucional –que es extraordinaria y excepcional- esté basado en una idea tan vaga y genérica como lo es el "error grotesco">>[407].

No obstante, lo anterior, sobre este tema dijo la Sala Constitucional:

En este orden, esta Sala mediante sentencia del 8 de septiembre de 2004 (caso: Peter Hofle Szabo), reiteró que tanto la Constitución de la República Bolivariana de Venezuela como la Ley Orgánica del Tribunal Supremo de Justicia de la República Bolivariana de Venezuela, aluden a las sentencias como el objeto de la figura de revisión. En tal sentido, la Ley Orgánica del Tribunal Supremo de Justicia, contempla dos revisiones que atienden a supuestos diferentes, a saber, las que afectan los fallos de las distintas Salas del Tribunal Supremo de Justicia, la cual tiene lugar por las razones establecidas en el artículo 5 numeral 4 de la Ley Orgánica del Tribunal Supremo de Justicia de la República Bolivariana de Venezuela; y otra, que atiende solamente a las sentencias firmes de amparo constitucional y de control difuso de constitucionalidad de leyes o normas jurídicas, emanadas de

---

actualmente, otro método más confiable por lo que la labor llevada a cabo por éstos es, generalmente, considerada como esencial en nuestro sistema jurídico>> Jerome Frank, citado por: Sebastián Reyes Molina, <<Releyendo a… Jerome Frank: Realismo jurídico estadounidense y los hechos en el derecho>>, *Revista Eunomía revista en cultura de la* legalidad, n.º 10 (2016): 267. Consultado en https://e-revistas. uc3m.es › index.php › EUNOM › article › download

[405]   SSC 93/2001, de 06 de febrero.

[406]   Cuyo comentario es perfectamente aplicable al error inexcusable.

[407]   Pesci Feltri, *La revisión...*, 31.

cualquier Tribunal de la República, respecto de la aplicación de la Constitución o de los principios que la conforman, dispuesta en el artículo 5 numeral 16 eiusdem[408].

Ahora, tal como se expuso, la norma anterior, sufrió diversos cambios en la vigente Ley Orgánica del Tribunal Supremo vigente (2022), dicha ley establece:

Competencia de la Sala Constitucional. Artículo 25. Son competencias de la Sala Constitucional del Tribunal Supremo de Justicia: 10. Revisar las sentencias definitivamente firmes que sean dictadas por los Tribunales de la República, cuando hayan desconocido algún precedente dictado por la Sala Constitucional; efectuado una indebida aplicación de una norma o principio constitucional; o producido un error grave en su interpretación; o por falta de aplicación de algún principio o normas constitucionales. 11. Revisar las sentencias dictadas por las otras Salas que se subsuman en los supuestos que señala el numeral anterior, así como la violación de principios jurídicos fundamentales que estén contenidos en la Constitución de la República Bolivariana de Venezuela, tratados, pactos o convenios internacionales suscritos y ratificados válidamente por la República o cuando incurran en violaciones de derechos constitucionales. 12. Revisar las sentencias definitivamente firmes en las que se haya ejercido el control difuso de la constitucionalidad de las leyes u otras normas jurídicas, que sean dictadas por las demás Salas del Tribunal Supremo de Justicia y demás Tribunales de la República (…) La facultad de la Sala Constitucional en su actividad de conocer y decidir los asuntos de su competencia, no abarca la modificación del contenido de las leyes. En todo caso, en resguardo de la seguridad jurídica, si la interpretación judicial da lugar a una modificación legislativa, la Sala deberá así referirlo para que la Asamblea Nacional, en uso de sus facultades constitucionales realice las modificaciones o reformas a que hubiere lugar. Consulta sobre control difuso de la constitucionalidad. Artículo 33. Cuando cualquiera de las Salas del Tribunal Supremo de Justicia y los demás Tribunales de la República ejerzan el control difuso de la constitucionalidad deberán informar a la Sala Constitucional sobre los fundamentos y alcance de la desaplicación que sea adoptada, para que ésta proceda a efectuar un examen abstracto sobre la constitucionali-

---

[408] SSC 926/2009, de 08 de julio.

dad de la norma en cuestión. A tal efecto deberán remitir copia certificada de la sentencia definitivamente firme. Proceso de nulidad de oficio. Artículo 34. Conforme a lo que se dispone en el artículo anterior, cuando se declare la conformidad a derecho de la desaplicación por control difuso, la Sala Constitucional podrá ordenar el inicio del procedimiento de nulidad que dispone esta Ley. Igualmente procederá cuando el control difuso de la constitucionalidad sea ejercido por dicha Sala. Efectos de la revisión. Artículo 35. Cuando ejerza la revisión de sentencias definitivamente firmes, la Sala Constitucional determinará los efectos inmediatos de su decisión y podrá reenviar la controversia a la Sala o Tribunal respectivo o conocer la causa, siempre que el motivo que haya generado la revisión constitucional sea de mero derecho y no suponga una nueva actividad probatoria; o que la Sala pondere que el reenvío pueda significar una dilación inútil o indebida, cuando se trate de un vicio que pueda subsanarse con la sola decisión que sea dictada[409].

Una de las primeras diferencias a señalar entre esta ley y la de 2004, fue lo comentado en el capítulo primero, esto es, que la vigente Ley Orgánica del Tribunal Supremo de Justicia (2022) modificó lo relativo a la extrapolación denunciada de revisión constitucional de sentencias por control difuso al ejercicio directo del control concentrado.

Pues con la nueva regulación, artículos 25.12 (son competencias de la Sala Constitucional del Tribunal Supremo de Justicia: revisar las sentencias definitivamente firmes en las que se haya ejercido el control difuso de la constitucionalidad de las leyes u otras normas jurídicas, que sean dictadas por las demás Salas del Tribunal Supremo de Justicia y demás tribunales de la república), 33 (cuando cualquiera de las Salas del Tribunal Supremo de Justicia y los demás tribunales de la república ejerzan el control difuso de la constitucionalidad deberán informar a la Sala Constitucional sobre los fundamentos y alcance de la desaplicación que sea adoptada, para que ésta proceda a efectuar un examen abstracto sobre la constitucionalidad de la norma en cuestión) y, 34 (conforme a lo que se dispone en el artículo anterior, cuando se declare la conformidad a derecho de la desaplicación por control difuso, la Sala Constitucional podrá ordenar el inicio del procedimiento de nulidad que dispone esta Ley; igualmente procederá cuando el control difuso de la constitucionali-

---

[409]   Ley Orgánica del Tribunal Supremo de Justicia (2022) ya citada.

dad sea ejercido por dicha Sala), y a diferencia de lo establecido en la ley de 2004, acá la revisión que deberá hacer la Sala Constitucional del ejercicio del control difuso que realice cualquier juez de la república, no podrá concluir en la nulidad general de la norma y su publicación en Gaceta Oficial, tal como ocurría en 2004, dado que se transformaba el control difuso que inició, en un control concentrado por la Sala Constitucional.

Bajo la vigencia de esta norma (2022) la declaratoria de conformidad del ejercicio del control difuso lo que puede es dar origen al inicio de un procedimiento para el ejercicio del control concentrado. Por tanto, en este caso, tal revisión si es más cónsona con la establecida en el 336.10 de la Constitución y efectivamente parece matizar el tema de la discrecionalidad de la Sala Constitucional en este aspecto.

Sobre las nuevas regulaciones de la Ley de 2022, puede decirse que en su mayoría recogen lo que ha sido la jurisprudencia de la Sala Constitucional. Así, sobre las sentencias revisables, establece:

a) Revisar sentencias definitivamente firmes (como se ha visto la Sala Constitucional puede revisar sentencias interlocutorias, algunas mencionan incluso autos[410]) de cualquier tribunal que (art. 25.10): i) desconozcan un precedente[411] (ya establecido por la doctrina de la Sala Constitucional, entre otras, Corpoturismo SSC 93/2001 de 6 de febrero)[412]; ii) incurran en

---

[410] Ver sentencia Baker Hughes. SSC 33/2001, de 25 de enero.

[411] El precedente, aunque no lo diga la ley, también puede ser del mismo tribunal que dicta el fallo, en el entendido de que este, mediante el fallo objeto de revisión, haya transgredido la confianza legítima o expectativa plausible. <<Ahora bien, si se ha entendido que el cambio y aplicación intempestiva de un criterio a un caso concreto, o de usos o forma de actuación de los órganos de la administración de justicia a las situaciones jurídicas donde se generan la modificación, produce la violación al principio de confianza legítima o expectativa plausible (vid., ss SC N° *vid.*, a este respecto, entre otras, ss SC N° 401/01; 3057/2004; 3180/2004, 5082/2005; 578/2007; 613/12 y 1207/13) con lo cual afecta el orden público y, por tanto, constituye razón más que suficiente para la procedencia de la revisión>>. SSC 120/2021, de 16 de abril.

[412] Son múltiples las decisiones de la Sala Constitucional que han anulado un fallo por ser contrario a los precedentes establecidos por esta, entre otras, Edgar Ramón Armas 274/2019, de 16 de agosto: <<Como puede observarse del precedente judicial parcialmente transcrito, ha sido criterio reiterado de esta Sala Constitucional, que el debido proceso es la suma de garantías que resguardan a un determinado ciudadano sometido a los distintos procesos *lato sensu*, las cuales le aseguran una correcta

indebida aplicación de una norma o principio constitucional (ya establecido por la doctrina de la Sala Constitucional, entre otras, Corpoturismo SSC 93/2001 de 6 de febrero); iii) produzcan un error grave en su interpretación[413] (ya establecido por la doctrina de la Sala Constitucional,

---

administración de justicia y lo más importante, la motivación de las resoluciones judiciales en tanto garantía constitucional de orden público; pues la motivación supone un control frente a la arbitrariedad de los jueces y juezas de la República, ya que el dispositivo de sus sentencias debe ser el producto de un razonamiento lógico de todo lo probado y alegado en autos, y únicamente a través de este razonamiento es que puede establecerse los elementos de convicción que sirvieron de fundamento para decidir, así como el derecho aplicable al caso en concreto, verificándose de esta manera la legalidad de lo decidido. En la sentencia objeto de revisión, los juzgadores de la segunda instancia penal no cumplieron con el deber de motivar su sentencia; lo cual trajo como consecuencia que se confirmara una decisión condenatoria sin la debida expresión de las razones de hecho y de derechos por las cuales arribaron a esa determinación; configurándose así el vicio de inmotivación o incongruencia omisiva en una decisión judicial con visos de arbitrariedad y en desconocimiento del ordenamiento jurídico (…) El carácter de orden público de la motivación de las sentencias tiene su origen en el hecho de que a toda persona sometida a juicio debe garantizársele órganos de administración de justicia no solo imparciales sino cumplidores del ordenamiento jurídico, de no ser así, imperaría la arbitrariedad y ausencia de seguridad jurídica; pues el fallo judicial respondería al mero capricho del juzgador y comportaría la presencia del vicio de incongruencia omisiva, lo cual está censurado constitucionalmente por soslayar la realización de la justicia como fin último del derecho. En suma, con la ausencia de razonamiento y las omisiones en cuanto a la resolución de todos los alegatos planteados en el recurso de apelación por parte de la Sala Segunda (Accidental) de la Corte de Apelaciones del Circuito Judicial Penal del Estado Lara, con sede en Barquisimeto y habiéndose constatado en el fallo objeto de revisión el vicio de incongruencia omisiva, el cual es de orden público; esta Sala Constitucional declara ha lugar la presente solicitud de revisión constitucional y, en consecuencia, se declara la nulidad absoluta de la sentencia objeto de revisión y se ordena que una Corte de Apelaciones del Circuito Judicial Penal del Estado Lara, con sede en Barquisimeto, distinta a la que emitió la decisión anulada, resuelva el recurso de apelación con prescindencia del vicio detectado. Así se declara>>.

[413] Por mencionar un ejemplo sobre la revisión cuando existe una errada interpretación de un derecho o principio constitucional, puede citarse el caso María Nogueira y otros SSC 203/2019, de 12 de julio: <<Esta Sala Constitucional ha reiterado jurisprudencialmente que no pretende con ésta potestad discrecional sustituir la apreciación soberana del juzgador, toda vez que la revisión no constituye un recurso ejercido ante un órgano judicial superior con la pretensión de que se analice nuevamente la controversia, sino que procede en casos excepcionales de errada interpretación y violación de principios y normas constitucionales (ver sentencia de esta Sala n° 1.637 del 12 de diciembre de 2012 caso: *Clínica El Ávila. C.A.*)>>.

entre otras, Corpoturismo SSC 93/2001, de 6 de febrero); iv) incurran en falta de aplicación de algún principio o norma constitucional (ya establecido por la doctrina de la Sala Constitucional, entre otras, Mercantil Internacional CA SSC 520/2000, de 7 de junio; José Alberto Zambrano SSC 77/2000, de 09 de marzo).

b) Revisar sentencias de otras Salas del Tribunal Supremo de Justicia (sin indicar si son o no definitivamente firmes[414]) que (art. 25.11): i) incurran en los supuestos anteriores a.i a a.iv (ya establecido en la doctrina de la Sala Constitucional por las referidas sentencias); ii) viole principios jurídicos fundamentales en la Constitución nacional o en tratados, pactos o convenios internacionales suscritos y ratificados válidamente por la República (ya establecido por la doctrina de la Sala Constitucional, entre otras, Edgar Aranzazu y otros SSC 409/2000, de 19 de mayo; Baker Hughes SSC 33/2001, de 25 de enero; Distribuidora Polar SSC 192/2001, de 14 de febrero); iii) violen derechos constitucionales[415] (ya establecido por la doctrina de la Sala Constitucional en términos generales en sus fallos, entre otros, Abdul Fuentes SSC 1537/2001 de 13 de agosto) y;

c) Revisar sentencias definitivamente firmes de las otras Salas del Tribunal Supremo o del resto de los tribunales de la República en las que se ejerza el control difuso de la constitucionalidad (ya establecido en la Constitución nacional, igualmente en la doctrina de la Sala Constitucional, entre otras, Corpoturismo SSC 93/2001 de 6 de febrero).

Sobre la posibilidad de revisar la recta aplicación de las normas legales, la Sala Constitucional se ha pronunciado en los términos siguientes:

---

[414] Sin embargo, tomando en cuenta que contra las decisiones de las Salas del Tribunal Supremo no cabe recurso alguno y, que ya ha establecido que puede revisar también sentencias interlocutorias, parece que la aclaratoria no solo es innecesaria, sino, inadecuada.

[415] <<Por tanto, visto del análisis precedente que la sentencia objeto de revisión menoscaba los derechos y garantías constitucionales del debido proceso, de la tutela judicial efectiva y el derecho a la defensa de la accionante, esta Sala estima que se cumplen los supuestos de procedencia que fundamentan la revisión extraordinaria, excepcional, restringida y discrecional de la sentencia por parte de la Sala Constitucional del Tribunal Supremo de Justicia, concretamente los previstos en el numeral 10 en concordancia con el numeral 11 del artículo 25 de la Ley Orgánica del Tribunal Supremo de Justicia>>. SSC 255/2020, de 15 de diciembre.

Verificado todo lo anterior, esta Sala considera que la solicitud de revisión interpuesta no contribuiría a la uniformidad de la interpretación de las normas y principios constitucionales, en virtud que el análisis judicial pretendido por la actora necesariamente pasaría por analizar las valoraciones probatorias efectuadas por tanto por la Sala de Casación Social, materia que escapa del objeto propio de la revisión constitucional (*vid.* Sentencia de esta Sala N° 464/2012). Así como tampoco se advierte vulneración de criterios expuestos por esta Sala en casos similares (Cfr. sentencia N° 155/2018), razón por la cual, debe concluirse que la presente solicitud de revisión constitucional no se ajusta a los fines que persigue la potestad excepcional, dado que no es posible examinar en esta sede extraordinaria la valoración que efectuó el juzgador para dictar el dispositivo cuestionado, ni el alcance de las interpretaciones de normas legales que se hayan realizado en la referida sentencia, salvo que se detecte que contraríen en forma manifiesta o grotesca el contenido de una norma constitucional o la doctrina de alguna decisión vinculante de esta Sala Constitucional, en cuanto al sentido y alcance que ha de atribuirse a alguna disposición constitucional al ser desarrollada por la ley, no existiendo ninguno de tales supuestos en el presente caso. Así se decide (*vid.* Sentencia de esta Sala N° 796/2014)[416].

Con este señalamiento <<ni el alcance de las interpretaciones de normas legales que se hayan realizado en la referida sentencia (…) en cuanto al sentido y alcance que ha de atribuirse a alguna disposición constitucional al ser desarrollada por la ley>> deja constancia la Sala que en su revisión necesariamente pasará por el análisis de la interpretación legal y su adecuación a la Constitución, especialmente, cuando se trata de las revisiones por uso del control difuso. Con lo que debe tenerse cuidado es con la desnaturalización de la revisión para convertirla en un tribunal de casación.

Por otra parte, resulta curioso que, del texto de la ley, no se evidencia, ni siquiera por delicadeza, la mención a las sentencias de amparo constitucional y la razón es simple, esto es, que ya la Sala Constitucional hace más de dos décadas se separó del contenido de lo establecido en el artículo 336.10 del texto fundamental, todo lo cual fue recogido por el legislador en la Ley Orgánica del Tribunal Supremo de Justicia vigente.

---

[416] SSC 185/2020, de 24 de noviembre.

Como se ha dicho, estas leyes vinieron a brindar el soporte que requería la Sala Constitucional para revisar fallos diferentes a los indicados por la Constitución. Así lo dijo el profesor CASAL al indicar:

> No hallamos apoyo normativo para la tesis de que la Sala Constitucional ostenta, en virtud de la Constitución y sin respaldo legislativo, un poder genérico de revisión de cualquier clase de sentencias definitivamente firmes que contengan serios errores de interpretación constitucional. A este respecto, no es acertado invocar el principio de supremacía constitucional, por cuanto en un sistema de justicia constitucional como el nuestro dicho principio vincula a todos los jueces del país[417].

Sin embargo, aun cuando la ley lo establezca, se es del pensar que los supuestos creados por el legislador deberían estar igualmente limitados a los fallos de control difuso y de amparo constitucional, pues, son estos los que el constituyente dispuso que podrían ser revisados por la Sala Constitucional. Dado que si era un caso de diferente naturaleza, donde se ejerce el control difuso, ello llegará a la Sala Constitucional y, si no se aplica el control difuso, pero se lesiona un derecho constitucional, el afectado podría ejercer un amparo constitucional y, eventualmente (sino se hubiera modificado la competencia judicial en amparo), también llegar a la Sala Constitucional para la revisión de este.

SENTENCIAS OBJETO DE LA FACULTAD REVISORA. DESDE EL PUNTO DE VISTA FUNCIONAL ¿ES LA SALA CONSTITUCIONAL EL ÚLTIMO INTÉRPRETE DE LA CONSTITUCIÓN? CASOS ESPECIALES

¿Será posible que la Sala Constitucional pueda revisar no sólo decisiones de los Tribunales de la República –tal como lo establece la norma constitucional- sino, además, que le sea posible revisar decisiones de las otras Salas del propio Tribunal Supremo?

En este sentido establecía el artículo 1° de la Ley Orgánica de la Corte Suprema de Justicia: <<La Corte Suprema de Justicia es el más alto Tribunal de la República y la máxima representación del Poder Judicial. Contra las decisiones que dicte, en Pleno o en alguna de sus salas, no se oirá ni admitirá recurso alguno>>. Por su parte la actual Ley Orgánica del

---

[417]   Casal, *Constitución...*, 137.

Tribunal Supremo de Justicia, en su artículo 3º, establece: <<El Tribunal Supremo de Justicia es el más alto Tribunal; contra sus decisiones, en cualquiera de sus Salas, no se oirá, ni admitirá acción ni recurso alguno, salvo lo que se dispone en esta Ley[418].

Así las cosas, es importante conocer cuál ha sido la postura de la Sala, sobre este particular y sobre lo dispuesto en la Ley del Tribunal Supremo de Justicia, para así luego precisar si realmente tiene cabida o no, a juicio de quien redacta, tal posibilidad, analizando para ello, la jerarquía como máximo intérprete de la Sala Constitucional, lo cual se trató en el primer capítulo.

No puede negarse que el criterio preponderante de la Sala ha sido el dejar sentado la posibilidad de revisar las sentencias de las otras salas del Tribunal Supremo, sin embargo, no fue siempre así. En el caso J.V. Supply, la Sala inadmitió la revisión de sentencias de las otras salas por no existir la ley orgánica que regulase la materia. Dijo la Sala Constitucional:

> Finalmente, en todo caso, tal y como lo dejó sentado esta Sala Constitucional en la sentencia antes mencionada –caso: Edgar Aranzazu y otros– para poder ser ejercida la referida facultad en torno a las sentencias dictadas por el resto de las Salas de este Tribunal Supremo de Justicia, se requiere que sea aprobada por la Asamblea Nacional la correspondiente Ley Orgánica. Así las cosas, y no habiendo sido aprobada la referida Ley Orgánica, la presente solicitud de revisión resulta inadmisible, y así se declara[419].

Sobre esta necesidad de la existencia de la ley que regule la justicia constitucional como soporte para justificar la revisión de las sentencias de las otras Salas, se ha pronunciado la doctrina, entre ellos, el profesor CASAL quien ha sostenido:

---

[418] La Ley Orgánica del Tribunal Supremo de Justicia de 2004, ya citada, disponía lo siguiente: <<*El Tribunal Supremo de Justicia es el más alto Tribunal de la República, contra sus decisiones, en cualquiera de sus Salas, no se oirá, ni admitirá acción o recurso alguno, salvo lo previsto en el artículo 5 numerales 4 y 16 de esta Ley*. Puede observarse como el numeral 22 del artículo 5to. de dicha ley no está como excepción en esta norma y ello obedece a que no estaba planteado como una clase de revisión sino de control concentrado de la constitucionalidad>>.

[419] SSC 887/2000 de 02 de agosto.

El numeral 10 del artículo 336 se refiere con toda claridad a las sentencias dictadas, en materia de amparo y de control de la constitucionalidad, "por los tribunales de la República", lo que no resulta aplicable a las Salas del Tribunal Supremo de Justicia, que forman parte del mismo tribunal. Cuando la Constitución quiso comprender a las Salas de ese Tribunal lo hizo expresamente, tal como se colige del artículo 335 de la Carta Magna, que sujeta a "las otras Salas del Tribunal Supremo de Justicia" a las interpretaciones constitucionales sentadas por la Sala Constitucional. El propio artículo 335 señala que el Tribunal Supremo de Justicia "será el máximo y último intérprete de esta Constitución", lo cual se extiende a todas las Salas que lo componen. Esta previsión hay que conciliarla, sin embargo, con lo establecido en la segunda parte de este precepto, que ata a las demás Salas de ese Tribunal a la doctrina constitucional sentada por la Sala Constitucional, lo cual abona la tesis, sostenida por dicha Sala, de la posibilidad de someter sentencias de otras Salas que quebranten abiertamente las interpretaciones constitucionales por ella sentadas a un mecanismo como el de la revisión. Ciertamente, los artículos 335, y 336, numeral 11, de la Constitución, en concordancia con lo que disponga la ley orgánica de la jurisdicción constitucional, podrían proporcionar asidero a la revisión, por la Sala Constitucional, de decisiones de las otras Salas del Tribunal Supremo de Justicia, en los supuestos de franco desacato. Pero ésta es una opción que el legislador debe ponderar. Fuera de este supuesto, las demás Salas del Máximo Tribunal ostentan la potestad de interpretar y proteger la Constitución, de manera autónoma y definitiva. Esto implica que en nuestro sistema de justicia constitucional todas las Salas de ese Tribunal son supremos custodios de la Constitución en sus respectivos ámbitos jurisdiccionales y dentro de las competencias que el ordenamiento jurídico les otorga, aunque se encuentran sometidas a las interpretaciones que haya efectuado la Sala Constitucional, en cuanto órgano primus inter pares en materia de interpretación constitucional. De ahí que las sentencias dictadas por las restantes Salas del Tribunal Supremo de Justicia no sean susceptibles de revisión por la Sala Constitucional, salvo en caso de franco desacato. La Sala Constitucional y las demás Salas de ese Tribunal se deben mutuo respeto competencial, más aún al ostentar un mismo rango, pertenecer al mismo órgano jurisdiccional y compartir la misión de interpretar y proteger, al más alto nivel jurisdiccional, las normas constitucionales. La Sala Constitucional ha de respetar la función de interpretación y defensa última de la Constitución que el propio artículo 335 implícitamente atribuye a las demás, pero éstas deben observar la doctrina vinculante que aquélla haya establecido, así como contribuir a que cumpla sus funciones de control concentrado de la constitucionalidad, en los términos que la ley determine. Con todo, somos conscientes de que este esquema de relaciones entre las Salas del Tribunal Supremo de Justicia, que seguimos pensando es el de la Constitución de 1999 -con prescindencia de la opinión que se tenga sobre el diseño de la justicia constitucional deseable para Venezuela-, parece no corresponder con los perfiles reales que está adquiriendo nuestro sistema en virtud de la jurisprudencia de la Sala Constitucional. En ejercicio de las facultades interpretativas de la Constitución que indudablemente ostenta, la Sala Constitucional se está erigiendo en una suerte de cuasi-Tribunal Constitucional inserto dentro del Tribunal Supremo de Justicia. Sólo el tiempo permitirá medir el exacto alcance de lo que pudiera ser una *mutación constitucional en progreso*, así como realizar un balance de sus efectos sobre el sistema de justicia constitucional[420].

No obstante, el criterio predominante, hasta la actualidad, ha sido el de poder revisar las decisiones de las otras Salas. Así lo dijo la Sala Constitucional en sus inicios:

En el caso Corpoturismo, se dispuso lo siguiente:

Ahora bien, ¿puede esta Sala, en los mismos términos anteriormente expuestos, revisar las sentencias definitivamente firmes dictadas por las demás Salas del Tribunal Supremo de Justicia? Por una parte, el numeral 10 del artículo 336 de la Constitución establece expresamente la potestad para conocer de las decisiones emanadas de los demás tribunales de la República. Por otra parte, el artículo 335 establece la potestad del Tribunal Supremo de Justicia para "velar" por la "uniforme interpretación y aplicación" de la Constitución y específicamente la misma norma, establece que "las interpretaciones que establezca la Sala Constitucional sobre el contenido y alcance de las normas y principios constitucionales son vinculantes para las demás Salas del Tribunal Supremo de Justicia y demás tribunales de la República". Es pues evidente, que esta norma constitucional le otorga entonces a esta Sala una potestad suprema en cuanto a la interpretación de los preceptos constitucionales y, por lo tanto, implícitamente le otorga la potestad a esta Sala para revisar las sentencias que con-

---

[420] Casal, *Constitución...*, 141-143.

tengan interpretaciones de la norma constitucional, ya que los fallos que obren en ese sentido están realizando controles de constitucionalidad de leyes y normas jurídicas, lo que conlleva igualmente a la potestad de esta Sala para corregir o anular aquellas sentencias que se fundamenten en grotescos errores de interpretación del Texto Fundamental o que contraríen una interpretación de la norma constitucional previamente establecida por esta Sala. En estos últimos supuestos, los juzgadores estarían practicando errados controles de constitucionalidad de leyes o normas. En consideración de lo anterior, ¿cómo podría esta Sala actuar como máxima autoridad y velar por la uniforme interpretación de la Constitución, si no puede revisar aquellas sentencias que interpreten erróneamente la Constitución? Es evidente que, con base en una interpretación integrada de la Constitución, y considerando su carácter de máxima autoridad constitucional, esta Sala posee la potestad para revisar las sentencias definitivamente firmes emanadas por las demás Salas del Tribunal Supremo de Justicia, siempre y cuando, por supuesto, dichas sentencias se refieran a sentencias que contengan interpretaciones o aplicaciones de la Constitución, y esto evidentemente actuando dentro de los límites establecidos por la propia Constitución. Es por ello, que la potestad de esta Sala para revisar sentencias definitivamente firmes de las demás Salas del Tribunal Supremo de Justicia conforme con lo establecido en el artículo 335 del Texto Fundamental debe, primeramente, enmarcarse dentro de los límites establecidos en el numeral 10 del artículo 336 de la Constitución, tal como fue previamente explanado. Al respecto, en sentencia de esta Sala de fecha 2 de marzo de 2000 (caso: Francia Josefina Rondón Astor) se estableció lo siguiente: *"...observa la Sala que, con la entrada en vigencia de la nueva Constitución, surge la posibilidad de revisar una sentencia de amparo una vez agotada la doble instancia, <u>sin necesidad de interponer una nueva acción de amparo</u>. No obstante, esta revisión está sometida a la discrecionalidad de la Sala. En efecto, esta novísima figura de la revisión extraordinaria cuyo fundamento es el artículo 336 numeral 10 de la Constitución de la República Bolivariana de Venezuela, ha sido creada con la finalidad de uniformar criterios constitucionales, así como evitar decisiones que lesionen los derechos y garantías que consagran la Carta Magna. Su eficacia dependerá de la forma como se sistematice y la correcta aplicación de sus postulados. En este contexto, esta Sala Constitucional ha venido diseñando la estructura de este medio extraordinario, cuando en decisión de fecha 20 de enero del año 2000, a raíz de la interpretación que hiciere del referido artículo 336 nu-*

meral 10 de la Constitución, señaló que, esta revisión respecto de las sentencias dictadas por los Juzgados Superiores de la República, Corte Primera de lo Contencioso Administrativo y las Cortes de Apelaciones en lo Penal se ejerce, bien de manera obligatoria -entre las cuales se encuentran las consultas o apelaciones a que se refiere el artículo 35 de la Ley Orgánica de Amparo sobre Derechos y Garantías Constitucionales- o de manera facultativa, cuando la decisión llegue a esta Sala una vez agotada la doble instancia. Ahora bien, esta discrecionalidad que se le atribuye a la revisión a que se ha hecho referencia, no debe ser entendida como una nueva instancia, ya que como se dijo precedentemente, la misma sólo procede en casos de sentencias ya firmes, esto es, decisiones que hubieren agotado todas las instancias que prevé el ordenamiento constitucional. De allí que la Sala no se encontraría en la obligación de pronunciarse sobre todos y cada uno de los fallos que son remitidos para su revisión, ni podría ser entendida su negativa, como violación del derecho a la defensa y al debido proceso de las partes, por cuanto se trata de decisiones amparadas por el principio de la doble instancia judicial. Todo lo anterior, facultaría a esta Sala a desestimar la revisión, sin motivación alguna, cuando en su criterio, constate que la decisión que ha de revisarse, en nada contribuya a la uniformidad de la interpretación de normas y principios constitucionales, ni constituya una deliberada violación de preceptos de ese mismo rango...". Asimismo, es importante nuevamente hacer referencia a lo establecido en la Exposición de Motivos de la Constitución en cuanto a la revisión de sentencias de las demás Salas de este Tribunal. En este sentido, la Exposición de Motivos señala: *"(...) la ley orgánica deberá consagrar un mecanismo de carácter extraordinario mediante el cual la Sala Constitucional pueda revisar los actos o sentencias de las demás Salas del Tribunal Supremo de Justicia que contraríen la Constitución o las interpretaciones que sobre sus normas o principios haya previamente fijado la Sala Constitucional, a fin de dar eficacia a los principios de supremacía y fuerza normativa de la Constitución consagrados en el artículo 7, conforme a los cuales todos los órganos que ejercen el poder público, sin excepción, están sujetos a la Constitución".* De conformidad con lo expuesto anteriormente, se considera, en primer término, que esta Sala posee la potestad de revisar, en forma extraordinaria y excepcional, y dentro de los límites antes indicados, las decisiones definitivamente firmes de amparo constitucional y de control de la constitucionalidad de normas jurídicas dictadas tanto por los demás tribunales de la República, como por las demás Salas del Tribunal Supremo de Justicia, y ASÍ SE DECLARA."[421].

La compleja sentencia del caso Baker Hughes, estableció además de lo señalado en la cita anterior que deberá ser concatenado con esta, lo siguiente:

1.- Desde esta perspectiva, tiene firme asidero la posibilidad de que este Máximo Intérprete revise decisiones, autos o sentencias de las demás Salas del Tribunal Supremo de Justicia que contraríen la Constitución o las interpretaciones que sobre sus normas o principios haya fijado la Sala. Ello es así, en primer lugar, desde que dichos operadores judiciales están también, a tenor de lo que expresa el primer párrafo del artículo 334 de la Constitución "...*en la obligación de asegurar la integridad de esta Constitución*". De igual modo, están obligadas las demás Salas, conforme al primer párrafo del artículo 335 constitucional, a garantizar "...*la supremacía y efectividad de las normas y principios constitucionales*", y serán, en sus respectivas jurisdicciones y según sus competencias, los máximos y últimos intérpretes de esta Constitución. Asimismo, en sus respectivas jurisdicciones y según sus competencias, velarán por su uniforme interpretación y aplicación. Ello significa que las demás Salas están siempre vinculadas directamente a los principios y normas de su competencia, por lo que su tarea interpretativa la cumplen conforme a la potestad que les confiere la Constitución; del mismo modo, a esta Sala Constitucional corresponde la jurisdicción constitucional y la protección de la Constitución, como lo disponen los artículos 266.1, 334.1, 335 y 336.1 eiusdem. Dicha potestad de revisión se deduce positivamente del artículo 335 eiusdem, cuando afirma que las "*interpretaciones que establezca la Sala Constitucional sobre el contenido y alcance de las normas y principios constitucionales son vinculantes para las otras Salas del Tribunal Supremo de Justicia y demás Tribunales de la República*". Tal vinculación no podría ser meramente ética, como lo era la Ley para el Monarca en un estadio de la evolución política del Estado Moderno, quien estaba supuesto a cumplirla en tanto código valorativo de conducta, pero no existía poder alguno, más que su propia conciencia, para hacer que la cumpliera. No estamos frente a una situación siquiera parecida a la que fue objeto de la reseña ante-

---

[421] SSC 93/2001 de 06 de febrero.

rior. Nuestra Constitución, por el contrario, al vincular a las demás Salas de este Tribunal Supremo a la doctrina de la Sala Constitucional (artículo 334, primer párrafo y articulo 335, segundo párrafo), según el principio de supremacía de la Constitución, y al dar potestad a esta Sala Constitucional para tutelar la Carta Magna como cúspide de la Jurisdicción Constitucional, en ejercicio del Poder de Garantía Constitucional, deviene, pues, autorizada para revisar tanto las decisiones que dicten las demás Salas en contravención de la Norma Fundamental, como en oposición a las interpretaciones que de la Constitución asiente la Sala Constitucional. 2.- Por otra parte, algún autor ha expresado que la garantía de la Constitución de cara a la actuación inconstitucional de las demás Salas del Tribunal Supremo podría ensayarse por otras vías de solución de orden institucional, mas no propiamente judiciales. Frente a esta afirmación, esta Sala considera que tales mecanismos carecen de la objetividad, imparcialidad y formalidad de los propiamente judiciales. Un ejemplo de ello es el siguiente. Andre Hauriou, teniendo frente a sí los mecanismos de presión a que debía recurrir la Asamblea Nacional francesa para garantizar el apego del Ejecutivo a la Constitución (donde la amenaza de dimisión por parte del cuerpo legislador era incluso aconsejada como último recurso para modificar ciertas actitudes gubernamentales), desliza la siguiente queja: "...*el hecho de que los actos del ejecutivo no estén sometidos al Consejo Constitucional y de que la facultad de discutir la constitucionalidad de una ley no haya sido concedida a los ciudadanos, restringe mucho el alcance de esta institución (del Consejo Constitucional), que aparece más como un medio del que dispone el ejecutivo para asegurar su supremacía sobre el Parlamento, que como el testimonio de una voluntad de someter en todas sus manifestaciones, el Estado al Derecho*" (Derecho Constitucional e Instituciones Políticas, Barcelona, Ariel, Trad. Por J. A. González, 1971, p. 173). Hauriou señala, además, que muchas veces, al no ser ejercidas o al fallar las medidas extremas de coacción y a falta de medios formales de impugnación, tales actos u omisiones contrarios a la Constitución quedaban impunes. Visto que nuestra Constitución si da testimonio –parafraseando al autor citado- de una voluntad de someter en todas sus manifestaciones el Estado al Derecho, la Sala ha precisado su competencia, tanto por lo que hace a la revisión de las decisiones de las demás Salas del Tribunal que violen alguna regla o principio constitucional, como respecto a aquellas decisiones que contraríen la doctrina que ésta fije (ver al respecto sentencias núms. 520 de 7-06-2000 y 1115 de 4-10-2000)[422].

En lo referido al artículo 1º de la Ley de la Corte Suprema de Justicia, pasó dicha sentencia a declarar judicialmente su derogatoria en los términos siguientes:

Visto que de la propia Constitución se colige la potestad de esta Sala de revisar las decisiones de las demás Salas de este Máximo Tribunal, y siendo que esta regla tiene un contenido distinto al que estableció el legislador en el artículo 1 de la Ley Orgánica de la Corte Suprema de Justicia, conforme al cual, no se admitirá recurso alguno contra las decisiones de las Salas que conformaban la entonces Corte Suprema de Justicia, es por lo que, en principio, dicho precepto legal devendría parcialmente nulo, por efecto de la Cláusula Derogatoria Única de la Constitución, según la cual, quedó "... derogada la Constitución de la República de Venezuela decretada el veintitrés de enero de mil novecientos sesenta y uno (y el) resto del ordenamiento jurídico mantendrá su vigencia en todo lo que no contradiga a esta Constitución". No obstante, en aplicación de la doctrina jurisprudencial de la interpretación constitucional de todo el ordenamiento (v. Sentencia n° 1225, de fecha 19-10-00), el sentido que hace compatible el artículo 1 de la Ley Orgánica de la Corte Suprema de Justicia con artículo 335 de la Constitución, en lo que toca al recurso de revisión de las sentencias de las demás Salas del Tribunal Constitucional *(sic)* por esta Sala Constitucional, es que el referido precepto de la Ley Orgánica en mención, al ser instituido por la Constitución un recurso de revisión constitucional extraordinario, sólo se refiere a los recursos preexistentes y supervivientes a la Constitución de 1999, distintos al recurso extraordinario de revisión constitucional de sentencias de las demás Salas del Máximo Tribunal. Así se establece"[423].

Por su parte la sentencia dictada en el caso DHL Fletes Aéreos, se pronunció en el sentido siguiente:

---

[422] SSC 33/2001, de 25 de enero.

[423] SSC 33/2001, de 25 de enero.

En fallos anteriores esta Sala ha venido delimitando el ámbito de su competencia, el cual, en ausencia de un texto normativo de rango legal que desarrolle los preceptos constitucionales relacionados con el Tribunal Supremo de Justicia y la Sala Constitucional, mediante la aplicación directa e inmediata de las normas y principios constitucionales contenidos en la Constitución de la República Bolivariana de Venezuela (vid. sentencia N° 1/2000, caso *Emery Mata Millán*). De esta forma, con el objeto de garantizar la continuidad en la prestación del servicio de administración de justicia, esta Sala Constitucional ha establecido criterios interpretativos acerca del tratamiento de las instituciones jurídicas previstas en el nuevo esquema constitucional, cuyo contenido debe ajustarse a un enfoque realista del momento histórico imperante. Específicamente, esta Sala se ha pronunciado acerca de la facultad que detenta para revisar las actuaciones de las demás Salas de este Supremo Tribunal que contraríen las normas y principios contenidos en la Constitución, así como aquellas que se opongan a las interpretaciones que sobre tales, haya realizado esta Sala Constitucional, en ejercicio de las atribuciones conferidas de forma directa por el Texto Constitucional, según se desprende del dispositivo contenido en el numeral 10, del artículo 336 de la Constitución de la República Bolivariana de Venezuela, no obstante la ausencia de desarrollo legislativo al respecto (vid. sentencias números 1312/2000, 33/2001 y 192/2001). En tal sentido, se señaló que la facultad de revisión persigue garantizar el cumplimiento, vigencia y respeto de los postulados constitucionales, así como la integridad de la interpretación, en tanto se trata de una Sala con facultades expresas para tal función, concebida como un órgano especializado para ello. Sin embargo, aún cuando la Sala posee los más amplios poderes de revisión sobre aquellas decisiones en las que el ordenamiento constitucional permite su intervención, no se trata de una potestad genérica e irrestringida, en el sentido que pueda revisar cualquier decisión, antes bien, debe tratarse de específicas decisiones que, en todo caso, serán precisadas en la legislación que se dicte[424].

Así, en estos términos, fue el pronunciamiento de la jurisprudencia del más alto tribunal, en Sala constitucional, para justificar la revisión de las decisiones de las otras salas de este tribunal.

---

[424] SSC 2.673, de 14 de diciembre.

Ahora bien, esos criterios pueden considerarse como los orígenes no solo de la posibilidad de revisar sentencias de otras Salas, sino del desbordamiento o extralimitación de competencias que ha mostrado la Sala Constitucional en lo que al tema del control constitucional se refiere.

Ella no solo puede revisar sentencias de otras Salas, sino también de cualquier tribunal y materia, lo cual puede hacer no solo a instancia de parte, sino también de oficio; llegando a revisar sentencias no solo definitivamente firmes sino también interlocutorias, sean de este régimen constitucional o del anterior y, cómo se verá, también puede revisar decisiones de un órgano del cual ella forma parte, como lo es la Sala Plena. Es decir, si esta no es la más clara demostración de activismo judicial, debe estar entre los ejemplos más emblemáticos.

Sin embargo, sobre el tema de la posibilidad de revisar las sentencias de las otras Salas del Tribunal Supremo, la Ley Orgánica del Tribunal Supremo de Justicia, inicialmente en 2004 y luego en 2010 y 2022, vino a darle un espaldarazo a la doctrina constitucional creada por la Sala Constitucional, permitiendo de manera clara y contundente la posibilidad de que se revisen fallos de otras Salas del Tribunal Supremo de Justicia, en los casos antes referidos que, como se podrá apreciar, abarca prácticamente todos los supuestos previsibles.

Si bien la Sala Constitucional, en la práctica[425], no había necesitado esta ley, de alguna manera ella viene a tratar de refrescar el rostro democrático con el que dice haber actuado durante estas más de dos décadas y, a fin de cuentas, se trata de una ley vigente cuya inconstitucionalidad solo puede declarar la misma Sala Constitucional.

Luego de la construcción del cauce de la revisión constitucional de sentencias para conocer de las sentencias de las otras Salas, ya la Sala Constitucional no tiene que ofrecer mayores motivaciones o refrendar criterios anteriores[426]. Ahora simplemente puede citar las actuales normas legales que la facultan para hacer todo lo que ella dijo que podía hacer. Así tenemos un ejemplo:

---

[425]   Pero sí en la teoría

[426]   Sin embargo, esto último lo hace.

IV

DE LA COMPETENCIA

Corresponde a esta Sala determinar su competencia para conocer de la presente solicitud de revisión y, a tal efecto, advierte que el artículo 336.10 de la Constitución de la República Bolivariana de Venezuela, le atribuye a esta Sala Constitucional la potestad de "revisar las sentencias definitivamente firmes de amparo constitucional y de control de constitucionalidad de leyes o normas jurídicas dictadas por los tribunales de la República, en los términos establecidos por la ley orgánica respectiva". Asimismo, esta Sala Constitucional en sentencia N° 93 del 6 de febrero de 2001 (Caso: Corpoturismo), determinó los límites y alcance de la potestad de revisar sentencias, que le fue atribuida constitucionalmente, indicando que procede la misma contra: "1. Las sentencias definitivamente firmes de amparo constitucional de cualquier carácter, dictadas por las demás Salas del Tribunal Supremo de Justicia y por cualquier juzgado o tribunal del país. 2. Las sentencias definitivamente firmes de control expreso de constitucionalidad de leyes o normas jurídicas por los tribunales de la República o las demás Salas del Tribunal Supremo de Justicia. 3. Las sentencias definitivamente firmes que hayan sido dictadas por las demás Salas de este Tribunal o por los demás tribunales o juzgados del país apartándose u obviando expresa o tácitamente alguna interpretación de la Constitución contenida en alguna sentencia dictada por esta Sala con anterioridad al fallo impugnado, realizando un errado control de constitucionalidad al aplicar indebidamente la norma constitucional. 4. Las sentencias definitivamente firmes que hayan sido dictadas por las demás Salas de este Tribunal o por los demás tribunales o juzgados del país que de manera evidente hayan incurrido, según el criterio de la Sala, en un error grotesco en cuanto a la interpretación de la Constitución o que sencillamente hayan obviado por completo la interpretación de la norma constitucional. En estos casos hay también un errado control constitucional". Ahora bien, la Ley Orgánica del Tribunal Supremo de Justicia, publicada en la Gaceta Oficial N° 5.991 Extraordinario del 29 de julio de 2010, recogió el anterior criterio jurisprudencial, al disponer en el artículo 25, numerales 10, 11 y 12, lo siguiente: Artículo 25.- Son competencias de la Sala Constitucional del Tribunal Supremo de Justicia: (omissis) 10. Revisar las sentencias definitivamente firmes que sean dictadas por los tribunales de la República, cuando hayan desconocido algún precedente dictado por la Sala Constitucional; efectuado una indebida aplicación de una norma o principio constitucional; o producido un error grave en su interpretación; o por falta de aplicación de algún principio o normas constitucionales. 11. Revisar las sentencias dictada por las otras Salas que se subsuman en los supuestos que señala en numeral anterior, así como la violación de principios jurídicos fundamentales que estén contenidos en la Constitución de la República, tratados, pactos o convenios internacionales suscritos y ratificados válidamente por la República, o cuando incurran en violaciones de derechos constitucionales. 12. Revisar las sentencias definitivamente firmes en las que se hayan ejercido el control difuso de la constitucionalidad de las leyes u otras normas jurídicas, que sean dictadas por las demás Sala del Tribunal Supremo de Justicia y demás tribunales de la República. En el presente caso se peticionó la revisión del fallo N° 59, publicado el 8 de diciembre de 2020, por la Sala de Casación Social de este Máximo Tribunal en el expediente identificado con la nomenclatura 19-0121, mediante el cual declaró: "Sin lugar el recurso de casación contra la sentencia dictada por el Juzgado Superior Tercero del Circuito Judicial de Protección de Niños, Niñas y Adolescentes de la Circunscripción Judicial del Área Metropolitana de Caracas y Nacional de Adopción Internacional del 20 de febrero de 2019. En consecuencia, esta Sala Constitucional juzga que la misma se inserta en la lista de decisiones jurisdiccionales que son susceptibles de revisión constitucional, razón por la cual asume su competencia para conocer de dicha solicitud. Así se declara[427].

O incluso de una manera más simple,

III

DE LA COMPETENCIA

Debe esta Sala determinar su competencia para conocer de la presente solicitud de revisión y al respecto observa que, conforme lo establece el numeral 10 del artículo 336 de la Constitución de la República Bolivariana de Venezuela, la Sala Constitucional tiene atribuida la potestad de "(…) *Revisar las sentencias definitivamente firmes de amparo constitucional y de control de constitucionalidad de leyes o normas jurídicas dictadas por los tribunales de la República, en los términos establecidos por la ley orgánica respectiva* (…)". Esta Sala

---

[427] SSC 21/2022, de 11 de febrero.

ha afirmado que la potestad de revisión de sentencias definitivamente firmes abarca tanto fallos que hayan sido dictados por los demás tribunales de la República, conforme lo previsto en el numeral 10 del artículo 25 de la Ley Orgánica del Tribunal Supremo de Justicia, así como las decisiones emitidas por las otras Salas de este Tribunal Supremo de Justicia, tal como lo prevé el numeral 11 de la citada disposición legal, pues la intención final de esta Sala Constitucional es ejercer su atribución como máxima intérprete de la Constitución, conforme lo establece el artículo 335 del Texto Fundamental. Así las cosas, en el presente caso se solicitó la revisión de la sentencia n.° RC-000089, dictada en fecha 30 de julio de 2020, por la Sala de Casación Civil de este máximo tribunal de la República, la cual casó de oficio la sentencia dictada el 16 de mayo de 2016, por el Juzgado Superior Accidental en lo Civil, Mercantil y Tránsito de la Circunscripción Judicial del Estado Yaracuy. Razón por la cual, esta Sala resulta competente para conocer de la presente revisión constitucional requerida, en virtud de tratarse de una sentencia definitivamente firme dictada por una Sala de esta máxima instancia judicial, conforme lo dispone el artículo 25.11 de la Ley Orgánica del Tribunal Supremo de Justicia. Así se declara[428].

Puede decirse, que ha sido un criterio constante, el que la Sala Constitucional puede no sólo revisar el tipo de sentencias que establece la norma constitucional prevista en el numeral 10 del artículo 336 de la Constitución nacional, sino además, cualesquiera otra que viole los principios constitucionales expuestos anteriormente, es decir, cuando se hayan transgredido las interpretaciones que haya hecho la Sala, o cuando se hiciere una interpretación groseramente errada de las normas constitucionales; pero, el punto central que justifica esta posición, está dado en que a pesar de que la Sala Constitucional no se ha considerado que tiene una jerarquía de supremacía funcional sobre el resto de las salas (lo cual ella ha dejado claro) es que a ésta no se le puede exigir otra conducta cuando se le ha ordenado, por la propia Constitución, el garantizar su protección. Así pues, tal actuación podrá verificarse a solicitud de parte o aún de oficio[429].

---

[428]   SSC 47/2022, de 07 de marzo.

[429]   SSC 33/01 de 25 de enero.

Ha sido criterio de la Sala Constitucional, que en aplicación de la normativa establecida por la propia Constitución para su protección, es ella quien principalmente debe garantizar su estabilidad e inviolabilidad, lo cual se evidencia –según la propia Sala- de los siguientes artículos: 7, (la Constitución es la norma suprema y fundamento del ordenamiento jurídico...) 266.1 (son atribuciones del Tribunal supremo de justicia, ejercer la jurisdicción constitucional), 334 (todos los jueces o juezas de la República, en el ámbito de sus competencias y conforme a lo previsto en esta Constitución y en la ley, están en la obligación de asegurar la integridad de esta Constitución...), 335 (el Tribunal Supremo de Justicia garantizará la supremacía y efectividad de las normas y principios constitucionales; será el máximo y último intérprete de esta Constitución y velará por su uniforme interpretación y aplicación. Las interpretaciones que establezca la Sala Constitucional sobre el contenido o alcance de las normas y principios constitucionales son vinculantes para las otras Salas del Tribunal Supremo de Justicia y demás tribunales de la República).

Es decir, el criterio para la Sala Constitucional en perfecto apego de la Constitución nacional, es ser el último intérprete de la Constitución nacional, lo cual, en la revisión, se revela con la facultad de revisar las decisiones de las otras salas, siendo esto expresamente autorizado por el legislador.

Como se ha indicado en el capítulo primero, algunos autores[430] han considerado que la Sala Constitucional no es el último ni máximo intérprete de la Constitución, por cuanto la norma no lo dice expresamente, sino que, por el contrario, atribuye tal facultad al Tribunal Supremo de Justicia de manera general, por lo que en conclusión cada Sala es el máximo garante de la Constitución en su esfera de competencia, sin preeminencia de una Sala sobre la otra. No obstante, se puede interpretar de afirmaciones de los profesores HARO y CASAL[431], que la interpretación del cuerpo normativo constitucional no puede ser netamente literal, por cuanto la misma al ser el marco fundamental de un Estado, debe siempre interpretarse con los fines que esta persigue, en el contexto que se encuentra y en consonancia de todas las normas que la integran.

---

[430]   Entre otros, Brewer Carías y al inicio Rondón de Sansó. Ver capítulo primero.

[431]   Haro, <<El mecanismo extraordinario de revisión de sentencias definitivamente firmes de amparo y control difuso de la constitucionalidad previsto en el artículo 336, numeral 10, de la Constitución>>, 239. Casal, *Constitución...*, 141-143.

Se considera acertada la afirmación de la Sala Constitucional, cuando señala de que no tendría sentido que ella fuera competente para emitir pronunciamientos vinculantes para las otras Salas de Tribunal Supremo, pero que, cuando éstas se aparten de aquellos, no pueda hacerse nada para detener tal vulneración de la Constitución.

Así pues, a pesar de que la Sala Constitucional, se ha cuidado mucho de señalar que ella tiene algún tipo de supremacía sobre el resto de las Salas[432], se es del criterio de que, si bien orgánicamente no lo tiene,

---

[432] Véase la sentencia dictada en el caso Baker, SSC 33/01, de 25 de enero, <<Según lo reseñado ampliamente, el principio de supremacía, que explica la potestad de la Sala para ejercer la revisión de las sentencias provenientes de las demás Salas, que se pretendan inconstitucionales, atiende a la "vinculación más fuerte" de la Constitución respecto a todos los actos del Poder Público, en la tradición del constitucionalismo norteamericano (higher, superior obligation and validity), seguido por los alemanes (stärkere Bindung, gesteigerte Verpflichtungskraft des Grundgesetzes). Por lo tanto, su imperatividad es política, ejecutable a través de medios judiciales, y priva sobre muy respetables pero secundarios criterios organizacionales, como lo sería el de jerarquía, por lo que, siendo las Salas iguales desde el punto de vista jerárquico, la función de garantía constitucional que ejerce esta Sala Constitucional, exige la puesta en práctica del recurso de revisión anotado, aun ante la igualdad que fue destacada en la decisión n° 158. Cabe recordar que un argumento como el que se controvierte fue el que puso en jaque el avance que significó el reconocimiento de los derechos fundamentales luego de la Revolución Francesa. Se elevó el criterio técnico político de la separación de poderes a una expresión tal de autonomía que provocó el aislamiento entre el poder ejecutivo, el poder legislativo y el poder judicial, al punto de que fueron impuestas penas a los jueces que osaran juzgar a la administración, pues tal cosa se entendía contraria al principio de separación de poderes, en virtud de que unos no eran superiores respecto a los otros. Se entendió tardíamente, que tal separación, siendo tal, no significa aislamiento. Así pues, no debe entenderse que igual jerarquía implica el no ejercicio de la función de garantía. Tal función es, tiene que ser, en razón de los valores que realiza y de la fuerza cohesionadora que cumple del cuerpo social, resistible respecto a la inconstitucionalidad, y su instrumento está constituido, precisamente, por los órganos de la jurisdicción constitucional. La Sala estima, en definitiva, que el ejercicio de la jurisdicción constitucional, conforme lo prevé el artículo 266.1 y el Título VIII sobre la Protección de la Constitución de la República Bolivariana de Venezuela, no implica superioridad jerárquica de la Sala Constitucional, sino potestad para garantizar la supremacía Constitucional, conforme al Estado de derecho y de justicia, proclamado por la Constitución de la República Bolivariana de Venezuela. La doctrina constitucional clásica ha asignado al Máximo Tribunal la atribución de dirimir los conflictos dentro de los poderes públicos ex auctoritate, pese al principio de la división del poder y la propiedad de las potestades que corresponden a cada rama del poder público. De modo que cuando el artículo 335 eiusdem atribuye a la Sala competen-

funcionalmente sí; debido a que, es a esta Sala a la que se la ha atribuido –respetando posiciones adversas– la verdadera función de un Tribunal Constitucional, lo cual se ha dificultado al no proveerse orgánicamente de tal investidura, por lo que, mientras expresamente no se modifique la estructura debe existir entre las Salas el respeto de sus competencias.

Aplicando aún una interpretación exegética, debe atenerse a los elementos de esta, como lo son el gramatical, histórico, teleológico, lógico y sistemático, sobre todo de estos dos últimos, según los cuales la interpretación gramatical no puede ser pura, sino, mediante la interpretación sistemática de las normas que contiene el cuerpo normativo. Es decir, si se cree que el ordenamiento jurídico es una yuxtaposición de normas, aisladas las unas de las otras, podría tener razón tal posición doctrinal, pero, debiendo ser interpretado el orden jurídico como un sistema de normas engranando las unas con las otras, no puede entenderse otra cosa de las disposiciones constitucionales, que la Sala Constitucional es el último y máximo intérprete de la misma.

Ahora, esto no significa que se comparta que la Sala Constitucional pueda revisar todo tipo de sentencias y, en ese sentido, se considera que la Ley Orgánica del Tribunal Supremo de Justicia se extralimitó y viola el texto constitucional. Podrá surgir la inquietud: ¿por qué si es válido el soporte de la ley para revisar decisiones de las otras Salas y no de otras materias?

La respuesta a esto estriba en que la propia Constitución somete a las otras Salas al criterio vinculante de la Sala Constitucional y, además, cuando el 336.10 se refiere a la posibilidad de revisar decisiones de otros tribunales, podría estar incluyendo también a las otras Salas del Tribunal Supremo, pero con una redacción que deberá ser interpretada por el legislador. Es cierto lo que afirma el profesor CASAL de que si el constituyente lo hubiere querido lo habría dicho expresamente como en el 335, pero, al menos, se considera que puede ser un tema de interpretación del legislador sobre el uso de la terminología concatenándolo con la materia-

---

cia para revisar las sentencias de las otras Salas, conforme a las disposiciones constitucionales citadas, no afecta el artículo 136 eiusdem, sino que consagra una atribución exigida por la racionalidad del sistema democrático, a saber, la de la garantía jurisdiccional de la supremacía y efectividad de las normas y principios constitucionales, conforme lo dispone el artículo 335 de la Constitución de la República Bolivariana de Venezuela. En suma, la competencia revisora de la Sala Constitucional no es jerárquica sino potestativa, y así se declara>>.

lización del carácter vinculante de sus decisiones[433]; en cambio, no queda lugar a dudas que sobre la clase de sentencias revisables se dijo expresamente que eran las de control difuso y las de amparo, donde el legislador podría establecer cuáles de esas sentencias eran revisables; esto es, serán revisables las sentencias de amparo donde se transgredan derechos constitucionales o se desconozcan precedentes o se transgreda algún principio constitucional, pero, siempre que sea una sentencia de amparo o de control difuso.

Se considera que la protección de la Constitución, como máximo y último intérprete, le corresponde a la Sala Constitucional[434], toda vez que ésta ha sido, a juicio de quien redacta, la intención del constituyente al atribuir a esta Sala no sólo la facultad de conocer del control concentrado y revisar el control difuso, así como las sentencias de amparo, sino que expresamente jerarquizó el valor de las interpretaciones de esta Sala respecto a las otras.

Por lo que si se afirma lo contrario, habría que sostener que al existir un pronunciamiento de la Sala Social, por ejemplo, sobre la desaplicación de una norma legal laboral, ya este pronunciamiento no podría ser revisado por la Sala Constitucional, incluso, se admitiría que al someterse la misma norma legal a un debate que verse sobre la constitucionalidad de la referida norma, la Sala Constitucional debería limitarse a reconocer lo declarado por el máximo intérprete en esta materia, que en ese caso sería la Sala Social. Lo cual no es cierto, porque precisamente la revisión constitucional de sentencias vino a ser el elemento cohesionador entre las desaplicaciones individuales y un criterio uniformador constitucional (siendo innecesario que la Sala Constitucional asumiera el monopolio de las pretensiones de amparo); para así evitar lo que ocurría antes de la entrada en vigencia de la Constitución de 1999 lo cual justificó la creación del novedoso mecanismo, tal como lo explica el profesor CHAVERO:

Es importante destacar que antes de la entrada en vigencia de la Constitución de 1999, no existía un órgano judicial encargado de ejercer el control absoluto de la constitucionalidad de las normas jurí-

---

[433] Incluso así lo dice también el profesor Casal opinando que el 336.11 de la Constitución y la Ley podrían resolver el problema. Casal, *Constitución...*, 141-143.

[434] Pues bien es sabido que todo Juez de la República es juez constitucional y por tanto llamado a proteger también a la Constitución en los casos concretos que por su competencia le corresponda conocer.

dicas y de las decisiones judiciales. Estas tareas se encontraban dispersas entre las distintas Salas de la antigua Corte Suprema de Justicia, pero sin que existiese una de ellas que tuviese la última palabra en materia de interpretación constitucional. Igualmente, no existía ningún mecanismo que atribuyera a un único tribunal, el control constitucional de las decisiones judiciales, por lo que una sentencia definitiva dictada por un tribunal de instancia podía diferir y hasta contrariar otra de una Sala de la Corte Suprema de Justicia, en relación a temas constitucionales. De hecho, la Sala Plena de la Corte Suprema de Justicia no podía conocer o revisar las decisiones dictadas por el resto de las Salas de la Corte Suprema de Justicia y mucho menos las de tribunales de instancia. De allí, que podía darse el caso que cada una de las distintas Salas de la Corte Suprema de Justicia tuviesen un criterio distinto referente, por ejemplo, al contenido de algún derecho fundamental o al alcance de alguna norma constitucional. Este problema se repetía también con los tribunales inferiores, pues no todos los casos podían llegar a la Corte Suprema de Justicia, por lo que los Juzgados Superiores de una determinada jurisdicción podían diferir de aquélla, con respecto a los criterios de interpretación constitucional. Así, por ejemplo, si una sentencia de un Tribunal Superior Civil ejercía el control difuso de la constitucionalidad de una norma jurídica, y por tanto tomaba una decisión desaplicando una norma de rango legal, por considerarla contraria a la Constitución, esa sentencia podía ser contraria a algún criterio constitucional expuesto por cualquiera de las Salas de la Corte Suprema de Justicia; e, incluso, podía ser contraria a una sentencia de las Salas que ejercían el control concentrado de la constitucionalidad de los actos normativos (Sala Plena y Político-Administrativa). Esta situación, sin duda, generaba cierta inseguridad jurídica, pues una misma norma constitucional podía ser entendida o interpretada en forma distinta por diversos tribunales, sin la posibilidad de unificar o consolidar un criterio único de interpretación constitucional. Ahora, con la Constitución de 1999 es difícil que ello ocurra, pues la Sala Constitucional puede, a través de los diversos mecanismos objeto del presente trabajo, verificar los criterios de interpretación constitucional de cualquier tribunal del país, lo que incluye al resto de las Salas del Tribunal Supremo de Justicia. Incluso, esta potestad de control puede ejercerse durante la tramitación del caso, tal y como vimos en el capítulo precedente (avocamiento). De allí, que uno de los objetivos de la Constitución de 1999 fue el de integrar el sistema de interpretación constitucional, toda vez que ahora existe un órgano judicial (Sala Constitucional) que, para bien o para mal, tiene la última palabra en materia de interpretación constitucional. Si ocurren desigualdades en materia de interpretación constitucional, ya no será por una falla del sistema de justicia constitucional, sino por razones de otra índole que escapan al mundo de lo jurídico[435].

En conclusión, se considera que el legislador con una interpretación constitucional podría establecer la posibilidad de revisar sentencias de las otras Salas (excepto de la Sala Plena) en interpretación de los artículos 335, 336.10 y 336.11. Igualmente, dicho legislador podría (más bien debería) establecer los supuestos de procedencia de la revisión, por ejemplo, desconocer precedentes o violaciones de derechos constitucionales, pero sin cambiar que las sentencias revisables serían las de control difuso y las de amparo, porque así lo establece expresamente el mencionado artículo 336.10 de la Constitución.

Sin embargo, puede que lo más sensato, para evitar este tipo de confusión, sea convertir a la Sala Constitucional en un Tribunal Constitucional, con jerarquía sobre el resto de las Salas del Tribunal Supremo. Lo cual, bajo los actuales derroteros, pinta un futuro de un activismo judicial sin precedentes a la fecha.

CASOS ESPECIALES: DECISIONES DE LA SALA CONSTITU-CIONAL, SALA PLENA, SALA SOCIAL, LAUDOS ARBITRALES

La actuación de la Sala Constitucional pareciera no tener límites, sin embargo, ella se ha impuesto uno, el cual es revisar sus propias decisiones. Esto es, según el criterio de la Sala Constitucional ella no puede revisar sus propias decisiones.

A esto cabe preguntarse ¿pero cuando ella revisa una de decisión de la Sala Plena (de la cual forma parte) no está revisando también su propia decisión (dado que es coautor de esta)? El criterio de la Sala Constitucional ha sido el siguiente[436]:

---

[435] Chavero Gazdik, *El control...*, 119-120.

[436] No necesariamente debe ser una nueva solicitud de revisión de sentencias. Basta que ya la Sala se haya pronunciado. Por ejemplo, véase lo que la Sala dijo cuando se le solicitó la revisión de una sentencia de amparo que ella dictó: <<Analizada como ha sido la presente solicitud, observa la Sala, que de conformidad con el artículo 3 de la Ley Orgánica que rige las actuaciones de este órgano decisor, el Tribunal Supremo de Justicia es la máxima instancia del Poder Judicial en la República Bolivariana de Venezuela, por lo tanto, contra sus decisiones, en cualquiera de

Al respecto, observa esta Sala que la decisión cuya revisión se solicita en esta oportunidad, ya fue objeto de una previa solicitud de revisión, que permitió que esta Sala valorara la constitucionalidad de la misma, desde la perspectiva de ese medio extraordinario de control. En este contexto, la Sala expresamente ha sostenido que en materia de revisión se considera que *"existe cosa juzgada cuando la Sala previamente ha emitido pronunciamiento respecto de la constitucionalidad de un acto jurisdiccional, sin importar que la parte solicitante sea diferente pues, lo que interesa es que se hubiere verificado la conformidad del fallo a la constitución ya sea por vía de revisión o amparo constitucional*, en este sentido, esta Sala ratifica el criterio expresado en sentencia N° 1.840 del 1 de diciembre de 2011 (caso: *Asociación Civil Carenero Yacht Club*)". Destacado

---

sus Salas, no se oirá, ni admitirá acción o recurso alguno, salvo lo que así disponga la ley. Tal excepción está referida, al mecanismo extraordinario y potestativo de revisión de sentencias (…) Por ello, visto que las decisiones dictadas por las Salas de este Máximo Tribunal sólo son susceptibles de control a través de la solicitud de revisión constitucional; y que la competencia exclusiva para conocer de dicha solicitud está asignada a la Sala Constitucional, siendo además que el artículo 252 del Código de Procedimiento Civil prohíbe a los órganos jurisdiccionales revocar o reformar sus propias decisiones, -excepción hecha con el mecanismo de la aclaratoria-, se colige que las sentencias que dicta esta Sala Constitucional adquieren desde su publicación, fuerza de cosa juzgada formal y material, lo que se traduce en que la relación jurídica generativa del fallo en cuestión no es atacable y en que el contenido de la decisión se debe tener en cuenta en todo proceso futuro entre las mismas partes y sobre el mismo objeto (véase sentencia N° 2.734 dictada por la Sala Constitucional de este alto Tribunal, el 18 de diciembre de 2001, caso: *Antonio José Varela*). Tratándose, por tanto, el presente caso, de una decisión emanada de esta Sala Constitucional, -a la cual corresponde ejercer la atribución contenida en el artículo 336.10 Constitucional-, la revisión sobre sus propios fallos significaría una inverosímil e infértil vía de impugnación que naturalmente no está consagrada legal ni constitucionalmente, siendo que ello violaría, por lo demás, el artículo 335 *eiusdem*, lo que, en concordancia con el artículo 266.1 del Texto Fundamental, prescribe la supremacía de la Sala respecto de la interpretación y aplicación última de las normas y principios constitucionales, y la potestad de ejercerla con fundamento en su universalidad, contra las sentencias dictadas por las demás Salas de este Alto Tribunal y las dictadas con condición definitivamente firme por los Tribunales de la República, más nunca, contra sus propios fallos. En virtud de lo anterior, esta Sala declara improponible en derecho la solicitud de revisión de la sentencia N° 1.184, dictada por esta misma Sala el 15 de diciembre de 2016, mediante la cual se declaró terminado el procedimiento por abandono del trámite, en la acción de amparo constitucional>>. SSC 240/2017 de 05 de mayo.

de esta Sala. (Cfr. Sentencia de esta Sala N° 13 del 1° de marzo de 2016 y 365 del 10 de mayo de 2010)[437].

No extrañaría que en el futuro, ante la llegada de nuevos magistrados estos argumenten que los antiguos operadores de la justicia constitucional no pueden estar por encima del presente y por tanto, sus decisiones no pueden someterlos, especialmente cuando se han detectado que son decisiones contrarias a la propia Constitución (o con una argumentación quizá más elaborada) y así justifiquen que en casos 'excepcionales y con absoluta prudencia' (criterios totalmente subjetivos) se podrán revisar las decisiones que hayan dictado sus predecesores y así permitir la revisión de las propias sentencias de la Sala Constitucional. Ya el tiempo responderá esta inquietud.

En el sentido de lo expuesto, es conveniente citar lo dicho por la Sala Constitucional que pudiera servir de fundamento para lo anteriormente expresado:

> [P]or lo tanto, si bien las decisiones dictadas en ejercicio de dicha potestad constituyen, en caso de que así se disponga, precedentes vinculantes para los demás tribunales de la República e incluso para las demás Salas que integran este Alto Tribunal; no pueden las partes solicitantes en revisión invocarlos para vincular a la Sala Constitucional, ya que en su condición de Máximo y último intérprete de la Carta Magna, puede estimarlo inaplicable al caso concreto o puede incluso modificar o reexaminar sus criterios, ante nuevos y distintos alegatos que no habían sido expuestos a su conocimiento con anterioridad, y que la lleven a considerar nuevas violaciones a principios y derechos constitucionales, para lo cual la Sala deberá motivar sus decisiones para justificar la razonabilidad del fallo contentivo del nuevo criterio[438].

De hecho, la Sala Constitucional cuando ha dictado una sentencia de inadmisibilidad y le han delatado que ha cometido un error al apreciar tal inadmisibilidad, ha procedido a revisar nuevamente la situación y ha expresado que, aun cuando es una facultad puramente discrecional, ella puede revocar sus decisiones para corregir los errores en que ha incurrido. Así se ha expresado la Sala Constitucional:

---

[437] SSC 23/2020 de 11 de febrero.
[438] SSC 220/2022, de 21 de junio.

A los fines de emitir pronunciamiento, esta Sala observa en primer lugar que la abogada (…) pretende que se dicte nueva decisión en el presente caso, por cuanto -a su criterio- se incurrió en un supuesto error material al analizar los instrumentos poder que cursan en la presente causa, de lo que se infiere que el pedimento se trata de una solicitud innominada de rectificación de la sentencia N° 0027 proferida por esta Sala el 9 de marzo de 2021, mediante la cual se declaró inadmisible por falta de representación judicial la solicitud de revisión constitucional presentada. Para pronunciarse sobre el pedimento planteado, esta Sala considera pertinente reiterar su sentencia N° 178/2018 (caso: *"Juan Carlos Lozada"*), conforme a la cual: *"la revisión es una potestad extraordinaria, excepcional y discrecional de esta Sala Constitucional* (…) Además, considerando que la potestad de revisión se asemeja al *"right of certiorari"* propio del sistema anglosajón, en cuanto le interesa el conocimiento de aquellos casos de relevancia constitucional y que ello justifica precisamente que no está sometida a lapso preclusivo alguno para su ejercicio, por lo cual puede ser llevada a cabo a solicitud de parte o de oficio (cfr. sentencias de esta Sala N° 178/2018 y 104/2019, caso: *"Jorge Gómez Mantellini"*). Así, en lo que atañe a la solicitud objeto de estos autos, visto el argumento de la parte solicitante, esta Sala no puede dejar de observar que junto al libelo de demanda fue consignado (…) el poder de representación judicial (…) Partiendo de lo anterior, esta Sala concluye que el mencionado abogado (…) efectivamente tenía poder de representación judicial y (…) por tanto, tenía la representación judicial de la empresa solicitante. Siendo así, esta Sala, de conformidad con lo dispuesto en los artículos 12, 14 y 252 del Código de Procedimiento Civil, articulados con el principio de justicia constitucional contenido de los artículos 26 y 257 de la Constitución, una vez verificado el error material involuntario, reitera el criterio contenido en el fallo N° 2.231/2003, conforme al cual en un caso similar se estableció que *"…mal podría mantenerse un pronunciamiento que tiene una connotación sancionatoria, fundamentada en un falso supuesto (...) por lo que necesariamente y, vista la peculiaridad del caso, constatado que no se analizaron en su totalidad los elementos necesarios para la decisión adoptada, esta Sala, en aras el principio constitucional de la justicia material como valor preeminente sobre el carácter formal normativo, y con fundamento en criterio anterior expuesto en un caso de igual similitud (vid. s. S.C. 115/2003)"*, se revoca el fallo N° 0027 del 9 de marzo de 2021, en el cual se declaró inadmisible la solicitud de revisión constitucional (Cfr. Sentencias Nros. 2231/ 2003; 1750/2001 y 752/2013). Así se decide[439].

Ahora, es lógico preguntarse, ¿tendrá también la Sala Constitucional, la potestad de revisar las decisiones dictadas por la Sala Plena del Tribunal Supremo de Justicia?

A ello debe decirse que, si bien en la sentencia dictada por la Sala Constitucional, sobre la revisión de la decisión tomada por la Sala Plena, en el caso del juicio seguido contra los militares declarados en desobediencia legítima (por los sucesos del 11 de abril de 2002)[440], la Sala, dejó aparentemente abierta la posibilidad de hacerlo; se piensa que ello, mientras la Sala no sea orgánicamente constituida en un verdadero Tribunal Constitucional, no puede realizarse, pues, sería una burla cometida en contra de la administración de justicia.

Basta considerar que con cada decisión que se tome en Sala Plena, con la cual la Sala Constitucional no esté de acuerdo[441], sería revisada y modificada, si ello es así, entonces debe dejársele a dicha Sala Constitucional la competencia atribuida a la Sala Plena, pues de lo contrario no tendría sentido. Tal como afirma el profesor CHAVERO, si a la Sala Plena no se le permite ejercer las competencias que la Constitución le atribuyó, no sería más que un adorno[442]. Sin embargo, sostuvo la Sala Constitucional lo siguiente:

El artículo 336, numeral 10 de la Constitución de la República Bolivariana de Venezuela (1999), establece como atribución de esta Sala Constitucional, la revisión de "sentencias definitivamente firmes de amparo constitucional y de control de constitucionalidad de leyes o normas jurídicas dictadas por los Tribunales de la República en los términos establecidos en la Ley Orgánica respectiva". Sobre la com-

---

[439] SSC 256/2021, de 02 de julio.

[440] SSC 2.815/2002, de 14 de noviembre.

[441] Recuérdese además que los magistrados de la Sala Constitucional también conforman la Sala Plena.

[442] <<Por tanto, la única competencia relevante que tiene asignada la Sala Plena es prácticamente de adorno, pues su decisión puede ser controlada y revisada por la Sala Constitucional, lo que parece confirmar la tesis de que más bien estamos en presencia de un Tribunal o Corte Constitucional que está por encima del resto de los órganos jurisdiccionales del Poder Judicial>>. Chavero Gazdik, *El control...*, 175.

petencia para conocer de las solicitudes de revisión de sentencias definitivamente firmes, se pronunció esta Sala en fecha 6 de febrero de 2001 (caso: Corpoturismo), dejando establecido que según lo pautado en el artículo 336, numeral 10 de la Constitución de la República Bolivariana de Venezuela, son susceptibles de revisión: (…) Así, el artículo 262 de la Constitución de la República Bolivariana de Venezuela, y el artículo 2 de la Ley Orgánica del Tribunal Supremo de Justicia, pautan claramente, que la Sala Plena es una de las Salas que integran este Máximo Tribunal. Por su parte, la Ley Orgánica del Tribunal Supremo de Justicia, en su artículo 5, numeral 4, promulgada el 20 de mayo de 2004, atribuye a esta Sala la competencia para "revisar las sentencias dictadas por una de las Salas, cuando se denuncie fundadamente la violación de principios jurídicos fundamentales contenidos en la Constitución de la República, Tratados, Pactos o Convenios Internacionales suscritos y ratificados válidamente por la República, o que haya sido dictada como consecuencia de un error inexcusable, dolo, cohecho o prevaricación…". Respecto a la facultad de revisión que posee esta Sala Constitucional, la misma se pronunció mediante fallo proferido en fecha 14 de noviembre de 2002, con relación a una solicitud de revisión contra la decisión que ocupa el presente análisis, señalando expresamente que "en el presente caso se pretende **la revisión de una sentencia definitiva de única instancia definitivamente firme**, que se dictó en un procedimiento de solicitud de antejuicio de mérito que interpuso el Fiscal General de la República" (negrilla de la Sala), estableciendo de igual forma, lo que a continuación se transcribe: "En el presente caso, el ciudadano Oleg Alberto Oropeza Muñoz, solicitó la revisión de la decisión del 14 de agosto del 2002, publicada el 19 de septiembre del 2002, que expidió la Sala Plena de este Supremo Tribunal, que declaró la no existencia del mérito para el enjuiciamiento de los ciudadanos (…), decretó el sobreseimiento según el artículo 378 del Código Orgánico Procesal Penal; y, como consecuencia de lo anterior, ordenó la suspensión de las medidas de cautela que se decretaron en dicha causa. En este sentido, la Sala reitera su criterio, que ha sostenido en diversas decisiones, como por ejemplo la sentencia No. 520 del 7 de junio de 2000. (…) De conformidad con el argumento expuesto, **esta Sala resulta competente para el conocimiento de la solicitud de revisión que se examina**, y así se decide". (Negrilla de la Sala). En virtud de lo antes expuesto, esta Sala se declara competente para conocer la solicitud de revisión planteada por el Fiscal General de la República. Así se decide[443].

Así, la Sala Constitucional se apoyó en lo preceptuado en el artículo 262 de la Constitución y en la Ley Orgánica del Tribunal Supremo de Justicia (2004), específicamente en su artículo 5.4 antes referido, para asumir la competencia para revisar decisiones de la Sala Plena[444].

En lo que respecta a la Sala Social debe decirse que rige todo lo cual se ha explicado anteriormente, pero con las siguientes salvedades: 1° las decisiones que casan los fallos en materia laboral resuelven también el fondo del asunto, convirtiéndose en una tercera instancia, por lo que, serán considerados como los fallos de última instancia en la materia en cuestión (siempre que desciendan al fondo) y son perfectamente revisables por las razones anteriormente expuestas. 2° respecto al recurso de control de legalidad, el cual la Sala Constitucional (a pesar de que la Sala Social ha establecido que no se trata de un recurso para la denuncia y violación de normas constitucionales) ha sostenido que es una vía ordinaria e idónea para declarar inadmisible al amparo[445], se trata de un recurso cuya admisibilidad es discrecional para la Sala Social y que conforme a la ley esta no está obligada a motivar dicha inadmisibilidad[446]. Por tanto, al

---

[443]   SSC 233/2005 de 11 de marzo.

[444]   SSC 233/2005 de 11 de marzo

[445]   Siendo ello así, aprecia esta Sala que el solicitante debió ejercer el control de la legalidad previsto en la señalada Ley, cuyo agotamiento, es obligatorio antes de recurrir al amparo constitucional, ello por cuanto de no existir constancia en autos del agotamiento previo de esta vía judicial, resulta evidente que en el presente caso opera la causal de inadmisibilidad prevista en el numeral 5 del artículo 6 de la Ley Orgánica de Amparo sobre Derechos y Garantías Constitucionales, el cual dispone que la acción de amparo constitucional resulta inadmisible. SSC 550/2012 de 25 de abril.

[446]   Es criterio reiterado de esta Sala Constitucional (*Vid.* sentencias N° 1222/06.07.2001; N° 324/09.03.2004; N° 891/13.05.2004; N° 2629/18.11.2004, entre otras), que **los requisitos intrínsecos de la sentencia, que indica el artículo 243 del Código de Procedimiento Civil, tales como la motivación y la congruencia, son de estricto orden público**, lo cual es aplicable a cualquier área del derecho y para todos los Tribunales de la República, **salvo el caso de las sentencias de revisión constitucional dictadas por esta Sala y aquellas que declaran inadmisible el control de legalidad que expide la Sala de Casación Social**, en las que, por su particular naturaleza, tales requisitos no se exigen de manera irrestricta u obligatoria. SSC 878/2015 de 20 de julio.

no ser esta la decisión definitivamente firme (salvo que fuere declarado con lugar y se entre a resolver al fondo), sino aquella contra la cual se ejerció el recurso es aquella la susceptible de revisión y no la inmotivada por autorización de la ley. Sobre esto último dijo la Sala Constitucional:

> Ahora bien, la Sala en ejercicio del prudente arbitrio a que se hizo referencia anteriormente y luego de una atenta lectura de los argumentos esgrimidos por el accionante, observa que la Ley Orgánica Procesal del Trabajo en su artículo 178 establece de manera expresa que *"...[E]n el supuesto que el Tribunal Supremo de Justicia en Sala de Casación Social decida conocer del asunto, fijará la audiencia siguiendo el procedimiento establecido en el Capítulo anterior. La declaración de inadmisibilidad del recurso se hará constar en forma escrita por auto del Tribunal, sin necesidad de motivar su decisión"*. Así las cosas, en atención a la discrecionalidad que la Ley Orgánica Procesal del Trabajo le otorgó a la Sala de Casación Social para la inadmisión del recurso de control de la legalidad sin motivación alguna, la Sala ha señalado que no procede la revisión de los fallos que inadmitan dicha impugnación extraordinaria, por cuanto en esos casos, el fallo que adquiriría firmeza sería el que fue objeto del recurso de control de la legalidad, contra el cual, dentro de los supuestos que ha establecido esta Sala, sí procedería, a su vez, la potestad extraordinaria y discrecional de revisión (Vid. Sentencia N° 1.530 de esta Sala del 10 de agosto de 2004, caso: *"Formiconi, C.A."*)[447].

En lo que respecta a la posibilidad del control constitucional de las sentencias emanadas de los tribunales arbitrales, finalmente, después de los tropiezos iniciales, la Sala Constitucional comenzó a dar fuerza a los medios alternos de resolución de conflictos[448], entre ellos, al arbitraje. También en sus sentencias se pronunció sobre la inadmisibilidad de la casación contra el recurso de nulidad contra el laudo[449] y sobre la inadmisibilidad del amparo contra este último, por ejemplo, en el caso Gustavo Yelamo (SSC 462/2010 de 20 de mayo) la Sala Constitucional indicó lo siguiente:

---

[447] SSC 9/2006 de 20 de enero.

[448] Se recomienda la lectura y estudio de la SSC 1.541/2008, de 17 de octubre. Igualmente, SSC 1067/2010, de 03 de noviembre.

[449] SSC 1.773/2011 de 30 de noviembre.

De la lectura del escrito contentivo de la acción de amparo constitucional interpuesta, se evidencia que la parte actora interpuso el presente amparo contra *"el LAUDO ARBITRAL emanado del Centro Empresarial de Conciliación y Arbitraje (CEDCA), (…)* denunciando la infracción de los derechos constitucionales establecidos en los artículos 26 y 49 de la Constitución de la República Bolivariana de Venezuela. Por su parte, el *a quo* declaró inadmisible la acción de amparo constitucional (…) Asimismo, se advierte que el 18 de febrero de 2010, la representación judicial de la parte accionante consignó escrito en el cual fundamentó tempestivamente la apelación interpuesta y señaló nuevamente que en virtud de que la Ley de Arbitraje consagra como único mecanismo para enervar los efectos de un laudo arbitral la acción de nulidad del laudo, pero con fundamento única y exclusivamente en seis causales taxativas, conforme a lo dispuesto en el artículo 44 de dicha Ley; por lo que el único mecanismo idóneo para la tutela de los derechos de su representado opera a través de la acción de amparo. En el caso bajo análisis, se sometió a arbitraje una demanda (…) por lo que al estar sujetas a la aplicación de las normas constitucionales, puede en principio ser objeto de una acción amparo constitucional, de conformidad con lo dispuesto en el artículo 4 de la Ley Orgánica de Amparo sobre Derechos y Garantías Constitucionales -Vid. Sentencia de esta Sala N° 174/06-. Ahora bien, esta Sala como garante de la supremacía constitucional, ha sentado criterios respecto al arbitraje como parte del sistema de justicia, que recogen y adecuan al foro, a los principios de derecho internacional que rigen la materia, siendo relevante destacar que los medios alternativos de solución de conflictos y, en particular el arbitraje, producen decisiones que se convierten en cosa juzgada -vgr. Laudo arbitral- y, por tanto, son parte de la actividad jurisdiccional y del sistema de justicia, pero no del Poder Judicial -Vid. Sentencias de esta Sala Nros. 1.139/00, 827/01 y 1.393/01-, y que por tal virtud son capaces de vincular (al igual que lo haría una sentencia) a las partes intervinientes en tales procedimientos. En tal sentido, cuando esta Sala afirmó la unidad funcional y teleológica de las actividades desarrolladas por los tribunales de la República y el sistema arbitral -Vid. Sentencias de esta Sala Nros. 1.139/00 y 1.541/08-, **se niega cualquier concepción que comporte asumir una visión de incompatibilidad entre la *"jurisdicción"* y el arbitraje. Por ello, el ordenamiento jurídico aplicable se caracteriza por la necesaria colaboración entre el arbitraje y los órganos jurisdiccionales del Poder Judicial como partes integrantes del sistema de justicia, cuyo objetivo final debe ser la con-**

secución de una sociedad justa de conformidad con los artículos 3, 26 y 253 de la Constitución de la República Bolivariana de Venezuela; de suerte tal que siendo coherentes con esta visión, no puede entonces seguir sosteniéndose que el arbitraje sea, en puridad de conceptos, una *"excepción"*. (...) También se ha reconocido el carácter constitucional del arbitraje y que *"el imperativo constitucional de que la Ley promoverá el arbitraje (artículo 258) y la existencia de un derecho fundamental al arbitraje que está inserto en el derecho a la tutela jurisdiccional eficaz, lo que lleva a la Sala a la interpretación de la norma legal conforme al principio pro actione que, si se traduce al ámbito de los medios alternativos de resolución de conflictos, se concreta en el principio pro arbitraje"* -Vid. Sentencia de esta Sala N° 192/08-.; pero ***"dejando a salvo que lo anterior no significa la promoción de un sistema de sustitución de los remedios naturales de control sobre el arbitraje, por los mecanismos propios de la jurisdicción constitucional (por ejemplo la errónea sustitución del recurso de nulidad de un laudo arbitral, por un amparo constitucional que a todas luces resultaría inadmisible a tenor de lo previsto en el artículo 6.5 de la Ley Orgánica de Amparo sobre Derechos y Garantías Constitucionales)"*** -Cfr. Sentencia de esta Sala N° 1.541/08-. (...) En ese marco conceptual, la pretensión de nulidad de un laudo arbitral se trata de una acción excepcional que sólo puede proceder en los supuestos contenidos en el artículo 44 de la Ley de Arbitraje Comercial, orientada a enervar la validez del mismo, ya que su procedencia sólo es posible por motivos taxativos, lo que comporta la imposibilidad de afirmar que tal recurso se constituya en una "apelación" sobre el mérito del fondo. Así, cualquier pretensión que propenda la nulidad de forma directa o indirecta debe interponerse conforme a la ley de procedimiento aplicable para ese arbitraje en específico (de acuerdo a lo que haya sido adoptado por las partes en su cláusula compromisoria o acuerdo arbitral), y conforme a las normas de conflicto que resultasen aplicables al Estado que haya sido seleccionado como lugar tanto para el desarrollo del procedimiento arbitral, como para la posterior emisión del laudo final. Así, esta Sala advierte de la retícula normativa vigente, así como los criterios jurisprudenciales vinculantes sostenidos reiteradamente, que si bien un laudo arbitral puede ser objeto de amparo, de conformidad con lo dispuesto en el artículo 4 de la Ley Orgánica de Amparo sobre Derechos y Garantías Constitucionales -Vid. Sentencia de esta Sala N° 174/06-, su admisibilidad pende no sólo del contenido del artículo 6 *eiusdem* -y en particular de la causal contenida en el 6.5 *eiusdem*-, ya que el juez competente que conozca de tales acciones, debe al momento de asumir la competencia y decidir sobre la admisibilidad del mismo, tomar en consideración que esta Sala ha señalado que el arbitraje y el resto de los medios alternativos de resolución de conflictos en tanto envuelven el ejercicio de actividad jurisdiccional, se materializan en *"la existencia de un derecho fundamental al arbitraje que está inserto en el derecho a la tutela jurisdiccional eficaz"* -Vid. Sentencia de esta Sala N° 192/08-, lo cual se traduce en que la procedencia y validez de los medios alternativos de resolución de conflictos y, en particular del arbitraje, se verifica en la medida en que éstos respondan a los principios y límites que formal y materialmente el ordenamiento jurídico ha establecido al respecto, por lo que el recurso de nulidad se erige en ese contexto como el medio jurisdiccional idóneo que garantiza el control de los laudos arbitrales. En tal sentido, desde el punto de vista sustantivo, el contenido y extensión de los supuestos regulados en el artículo 44 de la Ley de Arbitraje Comercial, permiten ventilar en el correspondiente juicio de nulidad, denuncias como las formuladas por el presunto agraviado, vinculadas con la violación del derecho a la defensa y a la tutela judicial efectiva, bien sea por contravención al procedimiento legalmente establecido o bien porque el laudo es contrario a normas de orden público (…) Asimismo, desde una perspectiva adjetiva el recurso previsto en los artículos 43 al 47 de la Ley de Arbitraje Comercial, garantiza los derechos de los interesados frente a la posible ejecución del laudo arbitral, en la medida que prevé expresamente que a solicitud del recurrente, el Tribunal pueda suspender la ejecución del mismo, previa constitución de una caución que garantice la ejecución del laudo y los perjuicios eventuales en el caso que el recurso fuere rechazado -Cfr Artículo 43 *eiusdem* y sentencia de esta Sala N° 1.121/07-. Aunado a las anteriores consideraciones, esta Sala advierte de las actas del expediente -folios 1155 al 1183- que el presunto agraviado interpuso conforme al artículo 43 de la Ley de Arbitraje Comercial, recurso de nulidad contra *"el LAUDO ARBITRAL* (…) -sobre la base de los mismos fundamentos que sustentan su actual pretensión de amparo (…) De ello resulta pues, que en el caso de autos se verifique la causal de inadmisibilidad establecida en el artículo 6.5 de la Ley Orgánica de Amparo sobre Derechos y Garantías Constitucionales[450].

---

[450] SSC 462/2010 de 20 de mayo.

Sin embargo, de la lectura de la referida sentencia no se extrae que el amparo sea inadmisible contra el laudo arbitral, pues, tal como se indicó ella tiene, entre líneas, las siguientes afirmaciones: <<En el caso bajo análisis, se sometió a arbitraje una demanda (...) por lo que al estar sujetas a la aplicación de las normas constitucionales, puede en principio ser objeto de una acción amparo constitucional>> y, posteriormente lo ratificó diciendo: <<si bien un laudo arbitral puede ser objeto de amparo>>. Por lo que, no sería correcto afirmar que de esta sentencia se extrae la imposibilidad del ejercicio de una pretensión de amparo contra un laudo arbitral. Posteriormente, la sentencia conocida como el caso Van Raalte de Venezuela, también indicó que la sentencia que resuelva el recurso de nulidad contra el laudo queda sujeta al control constitucional:

> Por lo tanto, sobre la base de la jurisprudencia parcialmente transcrita, es claro que no procede el recurso de casación, contra la sentencia que resuelve la pretensión de nulidad de un laudo arbitral, bien sea resolviendo el fondo o inadmitiéndolo, lo cual no obsta para la procedencia de otros medios de control jurisdiccional, que en virtud de la Constitución u otras leyes especiales, sometan cualquier decisión jurisdiccional al control de los órganos competentes que integran el Poder Judicial, tal como ocurre en caso **del amparo constitucional o la solicitud de revisión constitucional**[451].

Si se comprende que el arbitraje es un mecanismo que las partes han escogido para que un tercero ajeno al poder judicial estatal resuelva la controversia que existe entre ellos, es lógico pensar que cualquier intento por judicializar su decisión (laudo) debe ser vista con desconfianza y analizarla con ponderación, siempre teniendo como norte lo que fue la intención de las partes contratantes. En la misma tendencia se ha movido el Derecho Comparado[452].

---

[451] SSC 1.773/2011, de 30 de noviembre.

[452] <<El Tribunal Constitucional ha dado un espaldarazo a la legitimidad de las decisiones tomadas por medio de arbitrajes. Los jueces del Constitucional sentenciaron por unanimidad el pasado 15 de febrero [2021] que los tribunales no pueden revocar los laudos arbitrales entrando en el fondo de la cuestión, y limita su intervención a posibles irregularidades en el proceso, pero no al contenido. La sentencia pone coto así a una práctica habitual por parte de algunos tribunales superiores de justicia, que cuestionaban decisiones tomadas por este método extrajudicial de resolución de conflictos. El fallo concede el amparo solicitado a una particular y sus dos hijas en un caso privado. Las denunciantes acudieron a la justicia después de que el

Sobre el tema de la inadmisibilidad del amparo contra el laudo arbitral se ha pronunciado la doctrina en los términos siguientes:

El amparo contra el laudo arbitral podría estar fundado en el artículo 4 de la Ley Orgánica de Amparo, o sea, un amparo contra una decisión de un tribunal o sentencia de un tribunal, o apoyado también sobre el artículo 2, o sea, la decisión o acto de personas naturales, que serían, en efecto, los árbitros. Este amparo, sin embargo, tampoco es procedente. En primer lugar, como ya ha señalado claramente la doctrina venezolana, el amparo contra el laudo no puede estar fundado en un amparo contra una decisión de un tribunal de la República, ya que el tribunal arbitral no es un tribunal de la República. El segundo argumento que, en mi opinión, es el más fuerte, es que para que proceda el amparo, es necesario que no exista un medio procesal breve, sumario y eficaz, acorde con la protección constitucional (LOA, artículo 5). En el caso de una sentencia arbitral, la propia Ley de Arbitraje consagra el recurso de nulidad (LA, artículos 43 y 44). La existencia del recurso de nulidad significa que la parte puede perfectamente ejercer el recurso de nulidad para los efectos de pedir la nulidad del fallo por una razón contraria al orden público (LA, artículo 44). Este fundamento ha sido igualmente acogido por nuestra

---

Tribunal Superior de Justicia de Madrid (TSJM) declarara nulo un laudo dictado en un arbitraje. El Constitucional les ha dado la razón, y ha considerado que el TSJM se extralimitó al anular ese laudo, yendo más allá de sus competencias. La sentencia subraya que "la institución arbitral –tal como la configura la propia Ley de Arbitraje– es un mecanismo heterónomo de resolución de conflictos, al que es consustancial la mínima intervención de los órganos jurisdiccionales por mor del respeto a la autonomía de la voluntad de las partes". El fallo también sostiene que "la valoración del órgano judicial competente sobre una posible contradicción del laudo con el orden público no puede consistir en un nuevo análisis del asunto sometido a arbitraje". Esto es, que los tribunales no pueden asumir "el papel del árbitro en la solución de la controversia" La anulación fue acordada por la Sala Civil y Penal del Tribunal Superior de Justicia de Madrid en 2018, en términos que el Constitucional ha estimado lesivos para los derechos fundamentales de las demandantes (…) El tribunal de garantías ha estimado que la anulación del laudo, por una supuesta falta de motivación, supuso una vulneración del derecho de las demandantes a la tutela judicial efectiva. La relevancia de la sentencia deriva de que consolida una doctrina del Constitucional que blinda el sistema de arbitraje en el ordenamiento jurídico español frente a extralimitaciones jurisdiccionales>>. Reportaje de José María Brunet consúltese en: https://elpais.com/economia/2021-02-19/el-tribunal-constitucional-blinda-el-sistema-de-arbitraje.html?event=go&event_log=go&prod=REGCRART&o=cerradoam

doctrina, así como recientemente por jurisprudencia en sentencia del Tribunal Supremo en el caso Soficrédito contra Grupo Inmensa y otros (2001). Igualmente debe tomarse en cuenta el argumento que presentamos contra el amparo en el procedimiento arbitral, que tampoco es procedente el amparo por cuanto la parte ya ha consentido a que se efectúe o se resuelva la controversia mediante el procedimiento de arbitraje (LOA, artículo 6 N° 4)[453].

Por su parte RENGEL NUÑEZ, opina igualmente que el amparo es inadmisible contra el laudo y, en sus comentarios sobre el artículo 43 de la Ley de Arbitraje Comercial, hace un resumen de la tendencia doctrinal en esta materia:

La doctrina nacional es conteste con lo anterior. Rengel Romberg cuando analiza el artículo 43 de la LAC, establece que pone fin a la multiplicidad de recursos contra el laudo admitiendo solamente el recurso de nulidad, y señala que en su opinión la ley se quedó corta y olvidó la tendencia universal de evitar en lo posible la remisión del procedimiento arbitral a los tribunales estatales siempre que sea posible (…) En el mismo sentido se pronuncia Henríquez La Roche señalando que el único recurso de impugnación que procede contra el laudo arbitral es el de nulidad. Por su parte, Hung nos dice que los recursos contra las sentencias viciadas constituyen en cierta forma un reconocimiento permanente a la falibilidad humana y a la necesidad de una sentencia justa (…) La institución arbitral está orientada por el principio de la autonomía de la voluntad de las partes, la libertad de las formas y la economía procesal, y la escogencia de la vía arbitral lleva implícita la escogencia de una vía rápida y expedita de solución del conflicto jurídico existente entre las partes, y la multiplicidad de recursos precisamente atenta contra dicha finalidad. También Mezgravis comenta que, por razones sicológicas y sociales, los recursos han existido en casi todas las épocas, y que el reconocimiento del derecho a impugnar una decisión responde a una tendencia natural del ser humano frente al temor de que se consumen vicios o irregularidades, y a la necesidad de sentir confianza en que una injusticia podría ser reparada por un nuevo juzgamiento de la situación, lo cual provoca la consagración de los recursos y las discusiones acerca de si debe haber

---

[453] James O. Rodner, <<La anulación del laudo arbitral>> consultado en: http://rvlj.com.ve/wp-content/uploads/2021/05/La-anulacion-del-laudo-arbitral.pdf, 844-845.

una, dos o más instancias. Coincide este autor en que la LAC sigue indiscutiblemente la tendencia mundial a reducir a su mínima expresión la intervención judicial en el proceso arbitral, al establecer que contra el laudo arbitral únicamente procede el recurso de nulidad. Esto hace por supuesto que contra el laudo arbitral resulte inadmisible la acción de amparo constitucional, dado su carácter excepcional o residual, que requiere entre otras cosas que no exista otro medio, ordinario o extraordinario que sea eficaz para resolver la situación e impedir lesiones a derechos constitucionales, como lo analiza de forma muy completa Mezgravis en su estudio sobre el amparo constitucional y el arbitraje[454].

Sin embargo, cónsono con lo que venía señalándose de la lectura entre líneas de las decisiones de la Sala Constitucional, esta ha continuado admitiendo el amparo constitucional contra el laudo arbitral y así lo hizo nuevamente en su sentencia del 1º de noviembre de 2022 en la cual admitió un amparo constitucional contra una medida cautelar (laudo cautelar), ello lo fundamentó en los términos siguientes:

Ante lo decidido, procede esta Sala al análisis del alegato esgrimido por el árbitro de urgencia respecto a que el sistema arbitral está construido sobre las premisas de no intervención judicial y complementariedad entre la jurisdicción ordinaria y arbitral, y según su decir, permitir la revisión constitucional de cualquier decisión adoptada por los tribunales arbitrales, afectaría irremediablemente el derecho a la tutela judicial efectiva y de acceder a los medios alternativos de solución de conflictos, siendo que esta posición fue también asumida por la empresa apelante (…) que sostuvo la denuncia en la que arguyó que el fallo objeto de impugnación contraviene el principio pro arbitraje (…)contenido en el artículo 258 de la Constitución y la doctrina jurisprudencial que sobre esta materia ha desarrollado esta Sala Constitucional. Siendo esto así, es pertinente acotar que ya esta Sala ha tenido oportunidad de analizar la figura del arbitraje (…) Denótese como ya esta Sala precisó que los tribunales arbitrales despliegan una auténtica función jurisdiccional (…) Cónsono con lo *supra* expuesto, es importante destacar que incluso esta Sala ya previó la posibilidad

---

[454] Pedro Rengel Nuñez, <<Artículo 44>> en *Comentarios a la ley de arbitraje comercial venezolana,* coord., Caterina Jordan Procopio y Fernando Sanquírico Pittevil (Caracas: Cierc, 2023), 1.402-1.403. Consultado en https://www.cierc.com /_files/ugd/d2f4e0_38d0421a9d304d8fab1a74b4e6bb5ab9.pdf?index=true

de admitir el ejercicio de la acción de amparo en contra laudos arbitrales, tal y como se estableció en la sentencia n.° 894 del 27 de junio de 2012 y recientemente en la sentencia identificada con el n.° 179 del 14 de mayo de 2021, sin que tal posición pueda considerarse como una intervención del Poder Judicial sobre el reconocido derecho constitucional de acceso a los medios alternos de resolución de controversias, pues no se limita este derecho sino que se examina su resultado para evitar una posible afectación a los derechos y garantías de índole constitucional que asisten a los justiciables (...) en el caso de marras se entró a conocer de una acción constitucional en la que se propuso una pretensión de tutela en contra un laudo arbitral de contenido cautelar, siendo que su examen no puede considerarse como una intervención de la jurisdicción ordinaria al arbitraje, sino como un mecanismo –por demás excepcional– que patentiza esa necesaria cohabitación de los medios alternativos de resolución de conflictos como mecanismos de justicia privada donde de igual forma debe prevalecer el contenido del Texto Constitucional (...) Decidido lo anterior, pasa de seguidas esta Sala a examinar el alegato de inadmisibilidad de la presente acción de amparo que intentan hacer valer (...) por el hecho de que, según su criterio, estaba dada la posibilidad de ejercicio de otras vías que permitían el control del laudo arbitral cautelar de urgencia; a tal efecto es de observar que, según lo previsto en el artículo 6.5 de la Ley Orgánica de Amparo sobre Derechos y Garantías Constitucionales, cuyo contenido ha sido desarrollado a través de los criterios pacíficos y reiterados de esta Sala, se tiene que el amparo constitucional, como acción destinada al restablecimiento de un derecho o una garantía constitucional que ha sido lesionada, solo se admite -para su existencia armoniosa con el sistema jurídico- ante la inexistencia de una vía idónea para ello, que por su rapidez y eficacia, impida la lesión de los derechos que la Constitución vigente garantiza (...) Acogiendo y aplicando los razonamientos *supra* explanados al caso *sub examine*, se aprecia que la parte accionante interpuso demanda de amparo para el restablecimiento de la situación presuntamente infringida, solicitando tutela para la protección de sus derechos de índole constitucional, referentes al derecho a la defensa, debido proceso y a la tutela judicial efectiva, según su decir, infringidos por un laudo de contenido cautelar dictado por un tribunal arbitral de urgencia en el marco de un procedimiento de arbitraje institucional de derecho. Siendo esto así, advierte esta Sala del análisis acucioso y pormenorizado de las actas procesales que dan cuerpo al presente expediente que en el decurso del proceso cautelar instruido en la sede arbitral los entonces demandados aquí peticionarios de amparo constitucional al verse impuestos de las medidas de carácter preventivo que afectaron sus intereses patrimoniales, ejercieron eventualmente una formal oposición ante el propio árbitro de urgencia que dictaminó la referidas medidas, ello de conformidad a los lineamientos fijados por el propio árbitro atendiendo el contenido del reglamento que regula los procesos arbitrales en el centro de arbitraje en el que se instruía el procedimiento contencioso, siendo esta oposición desechada y ratificado el contenido de condena cautelar a que se contrajo el veredicto objeto de oposición. Precisado lo anterior, es de acotar que ante el agotamiento formal de la oposición que válidamente hicieron valer los afectados por las medidas preventivas, los aquí apelantes aducen que todavía estaba dada la posibilidad jurídica contemplada en el reglamento institucional del centro arbitral de suspender dichas medidas asegurativas a través de la constitución de una fianza, pero debe entenderse que esta opción no es un mecanismo como tal de enervar los efectos de la decisión identificada como lesiva, sino un medio sustitutivo de cumplimiento del fin asegurativo que persigue la medida de cautela que en modo alguno puede erigirse como un medio o recurso que opere en contra de la misma. Por otro lado, se arguyó la posibilidad de solicitar que el tribunal arbitral de mérito revisara las medidas precautelativas, pero no se contaba con la conformación de dicho tribunal, por lo que puede inferirse que esta solicitud resultaría evidentemente ineficaz y de circunstancial inidoneidad para la tutela que aspiraban los hoy demandantes de amparo; de manera que, ante el agotamiento de la oposición ante el propio tribunal arbitral de urgencia se pudo materializar el uso de los medios idóneos para restablecer la situación jurídica delatada como infringida y los mismos seguían lesionando, por distintos motivos, los derechos y garantías constitucionales invocados, por lo que esta Sala considera válida la admisión del presente amparo ante las circunstancias fácticas y las connotaciones particulares en que se suscitó el proceso cautelar instruido en sede arbitral; en consecuencia a ello, los argumentos recursivos aducidos en este sentido por los apelantes son desechados por esta Sala. Así se decide[455].

Ahora, volviendo al tema de la revisión constitucional de sentencias, la pregunta a responder sería si los laudos arbitrales pueden ser objeto de

---

[455] SSC 882/2022, de 1º de noviembre.

revisión por parte de la Sala Constitucional. Sin embargo, visto lo anterior, no es difícil concluir que, si la Sala Constitucional admite amparos contra laudos, mucho más sencillo será que tramite una revisión constitucional.

No cabe duda que los árbitros también son jueces constitucionales y, por tanto, guardianes de la Constitución al momento de cumplir la función de tutelar intereses jurídicos mediante su función arbitral, por lo que, efectivamente, si pueden desaplicar la Constitución para un caso en concreto, también su actuación debiera ser verificada por la Sala Constitucional para verificar y aprobar esa desaplicación del texto legal, no porque así lo hayan decidido las partes escogiendo otra ley para la solución de la controversia, sino, porque el árbitro ha considerado que la ley escogida por las partes para la decisión de la controversia es incompatible con el texto constitucional.

En 2017 la Cámara de Comercio de Caracas remitió a la Sala Constitucional, en cumplimiento a lo establecido en los artículos 25.12 y 33 de la Ley Orgánica del Tribunal Supremo de Justicia, copia certificada de un laudo arbitral por el cual se desaplicó, por control difuso, el literal "j" del artículo 41 del Decreto con Rango, Valor y Fuerza de Ley de Regulación del Arrendamiento Inmobiliario para el Uso Comercial. En dicha recepción, la Sala Constitucional, entre otros aspectos, expuso lo siguiente:

> Como puede observarse, esta Sala Constitucional se aviene a la tesis de que la actividad que despliegan los árbitros es auténtica función jurisdiccional, de allí que no sólo los tribunales ordinarios y las distintas Salas que conforman este Tribunal Supremo de Justicia, sino también los tribunales arbitrales estén en la obligación de ejercer el control difuso siempre que consideren que una norma jurídica de cualquier categoría (legal, sublegal), colidiere o es incompatible con alguna disposición constitucional, debiendo aplicar ésta con preferencia (…) De modo que cuando en nuestro ordenamiento jurídico y más concretamente el artículo 336, numeral 10, de la Constitución le atribuye a la Sala Constitucional la potestad de *"revisar las sentencias definitivamente firmes de amparo constitucional y de control de constitucionalidad de leyes o normas jurídicas dictadas por los Tribunales de la República, en los términos establecidos por la Ley Orgánica respectiva"*, debe interpretarse que ello comprende también la revisión de aquellos laudos arbitrales definitivamente firmes en los que se hubiere desaplicado por control difuso alguna norma jurídica (…) Tal potestad de revisión de decisiones definitivamente firmes abarca en-

tonces no solo aquellos fallos que hayan sido expedidos tanto por las otras Salas del Tribunal Supremo de Justicia como por los demás tribunales de la República, tal y como se observa en el artículo 25, numerales 10 y 11, de la Ley Orgánica del Tribunal Supremo de Justicia, sino también de aquellos laudos arbitrales definitivamente firmes en los que se hubiere desaplicado por control difuso alguna norma jurídica, pues la intención final es que la Sala Constitucional ejerza su atribución de máximo intérprete de la Constitución, conforme lo establece el artículo 335 del Texto Fundamental (…) De este modo, la consulta sobre control difuso de constitucionalidad a que se refiere el artículo 33 de la Ley Orgánica del Tribunal Supremo de Justicia, resulta aplicable también a los laudos arbitrales definitivamente firmes en los que se realice dicha desaplicación[456].

No pareciera existir dudas que, en caso de que el laudo desaplique por control difuso una disposición legal, este deba ser revisado por la Sala Constitucional bien por remisión expresa o bien ante la solicitud de una revisión constitucional de sentencias, puesto así lo contempla la Constitución nacional.

Sin embargo, cuando no se trata de un control difuso, sino de un laudo común y corriente, se estima que, tal como se comentó anteriormente para explicar que la Sala Constitucional no tiene potestad para revisar cualquier tipo de sentencias (sino que su competencia debe estar limitada a las sentencias de amparo y que ejerzan el control difuso, en los supuestos que le fije el legislador[457]) lo mismo ha de ocurrir con un laudo

---

[456] SSC 347/2018, de 10 de mayo (auto publicado el 11 de mayo).

[457] <<No obstante, esta potestad extraordinaria que Texto Fundamental (sic) le otorga a esta Sala no es amplia ni ilimitada, sino que se encuentra restringida, no sólo porque se refiere de una manera taxativa a un determinado tipo de sentencias definitivamente firmes, sino que, del mismo modo, en base en la unión, integración y coherencia que debe existir en las normas constitucionales como parte de un todo (...) La necesidad de certeza jurídica que justifica la cosa juzgada se encuentra limitada por la propia Constitución, ya sea en forma directa o a través de la potestad que esta otorga al legislador. En el derecho venezolano la inviolabilidad de la cosa juzgada es, en principio, inquebrantable, y es extrema su protección tal como se señaló anteriormente. En consecuencia, la potestad extraordinaria de esta Sala para quebrantar discrecional y extraordinariamente la garantía de la cosa juzgada judicial es restringida, por lo que debe interpretarse, entonces, la potestad de revisión extraordinaria de sentencias definitivamente firmes de esta Sala, de una manera estrictamente limitada, y sólo en lo que respecta al tipo de sentencias o a las circunstancias que de forma específica establece la Constitución>>. Carla Crazut Jiménez, <<Progreso de

arbitral, especialmente, cuando las partes le han dicho a los terceros (incluyendo a la administración pública de justicia) que no quieren que su asunto sea ventilado ni tramitado ante los órganos públicos de justicia. Por lo que, esta voluntad debería ser respetada, tal como se respeta la aplicación preferente del arbitraje cuando resultó el medio seleccionado por las partes para la atender su disputa.

Pero la Sala Constitucional ha sostenido lo contrario. Así, en una solicitud de avocamiento que se realizara contra un procedimiento arbitral, una vez que las partes recibieron el borrador del laudo (paso previo, según el Reglamento del Centro Empresarial de Conciliación y Arbitraje, antes de dictar el laudo final y sobre el cual las partes pueden presentar observaciones), la Sala si bien desechó la solicitud de avocamiento, reiteró que el laudo puede ser objeto no solo de amparo constitucional, sino también de revisión constitucional. Dijo la Sala, en SSC 151/2021 de 30 de abril, lo siguiente:

> En caso concreto, se solicitó el avocamiento de esta Sala respecto de la causa llevada ante el Tribunal Arbitral constituido ante el Centro Empresarial de Conciliación y Arbitraje (CEDCA) (…) al alegar la parte solicitante presuntas lesiones de orden constitucional, por lo que calificó como excesos cometidos luego de dictado el "borrador del laudo definitivo", que habrían llevado a la presunta desnaturalización de la función del Tribunal arbitral, que a juicio de la parte solicitante, ni siquiera las observaciones a las que hubiere lugar, pudieran corregir lo que califica como graves y erróneas consideraciones conforme al borrador del laudo suministrado a las partes, sobre el cual se denunció violación del principio dispositivo que rige al proceso arbitral y el propio procedimiento civil en Venezuela, por cuanto, según esgrime la parte solicitante, se pone en riesgo la preservación de derechos tan elementales como el derecho a la defensa, al debido proceso sobre todo en cuanto al derecho a probar y a la tutela judicial efectiva. Ahora bien, del marco normativo previamente expuesto en concatenación a los alegatos esgrimidos por la parte solicitante para justificar el ejercicio de la presente solicitud y de la propia revisión de las actas del expediente arbitral, se desprende lo siguiente: i) La solicitud de avocamiento se refiere a una causa que no cursa en un Tribunal de

---

la protección constitucional en Venezuela>>, en *Libro homenaje a Enrique Tejera París: Temas sobre la Constitución de 1999* (Caracas: Centro de Investigaciones Jurídicas, 2001), 285-86.

inferior jerarquía o de otra de las Salas que conforman este Máximo Tribunal de la República, sino en el Tribunal Arbitral constituido ante el Centro Empresarial de Conciliación y Arbitraje (CEDCA). Sobre este punto, es preciso advertir que el arbitraje ha sido concebido por esta Sala como un integrante del Sistema de Justicia, no en una relación de subordinación sino en una relación de colaboración respecto del Poder Judicial, que ofrece la oportunidad de desahogar o descongestionar el sistema de justicia de las distintas causas que le corresponde conocer, siempre y cuando, ese sea el medio escogido por las partes para dirimir sus conflictos intersubjetivos de intereses, dado que su propia esencia le da el carácter de alternativo y por tanto el arbitraje se erige en una jurisdicción alternativa, mientras que la jurisdicción ordinaria es la manifestación propia del sometimiento a la vía judicial (*Vide*. s. SC N° 0702, dictada el 18 de octubre de 2018, caso: "*Centro de Arbitraje de la Cámara de Caracas*"). ii) El objeto del presente avocamiento lo constituye "un borrador de laudo definitivo" que fue entregado a las partes sometidas a arbitraje, el cual está sujeto a observaciones por las partes contendientes en ese proceso, para que luego de acogidas o desestimadas por el tribunal arbitral, se emita el laudo definitivo; con lo cual se tiene que las presuntas violaciones de orden constitucional denunciadas por la parte solicitante no resultan concretadas ni provenientes de la amenaza de un proceso de arbitraje que evidencie un graven desorden procesal o escandalosas violaciones al ordenamiento jurídico que perjudiquen la paz pública o la institucionalidad democrática, en los términos establecidos en el artículo 107 de la Ley Orgánica del Tribunal Supremo de Justicia, pues de acuerdo a lo narrado por la solicitante lo que se cuestiona del proceso de arbitraje es el contenido del "borrador del laudo definitivo", el cual además de ser un paso previo a la emisión del laudo definitivo, será objeto de observaciones por las partes contendientes y de acuerdo a su acogimiento o rechazo por parte del tribunal arbitral, podrían variar las circunstancias denunciadas como lesivas por la parte aquí solicitante del avocamiento. iii) Finalmente, aprecia esta Sala, que de persistir las lesiones de orden constitucional, luego de realizadas las observaciones respectivas al "borrador del laudo definitivo" y una vez dictado el laudo arbitral definitivo, la respectiva impugnación del mismo, de considerarse pertinente, procedería bien por la vía ordinaria ante la interposición de un eventual recurso de nulidad de laudo arbitral de conformidad con lo establecido en la Ley de Arbitraje Comercial, o bien por vía excepcional a través del ejercicio de una acción de amparo constitucional o mediante el mecanismo de revisión constitucional, según corresponda. Así las cosas, la Sala advierte que en el caso concreto no se dan los supuestos para avocar o asumir el conocimiento del avocamiento solicitado[458].

Podría pensarse que la Sala Constitucional enmendó el error de iniciar los trámites de su eventual avocamiento, pero, si se tiene en cuenta que el 20 de febrero de 2020, mediante medida cautelar dictada por la Sala Constitucional[459], se suspendió el procedimiento arbitral hasta que fue dictada esta decisión el 30 de abril de 2021 (recuérdese que hubo una paralización del sistema de justicia por efectos de la pandemia conocida como Covid-19), puede apreciarse como la celeridad, que es una de las bondades del arbitraje, quedó pulverizada con el solo hecho de que la administración pública de justicia asomara la posibilidad de poder intervenir en el conocimiento de este asunto.

Ahora bien, parte de la doctrina ha considerado, sin mayor limitación, la posibilidad de que los laudos arbitrales puedan ser objeto de revisión constitucional, lo cual coincide con la doctrina de la Sala Constitucional. Ha dicho la doctrina:

> También contra los laudos arbitrales puede interponerse el recurso de revisión constitucional. Tengamos en cuenta que los laudos arbitrales son decisiones con fuerza de cosa juzgada dictadas por árbitros imparciales –que actúan como jueces– en la solución de una situación de controversia, sometida a su conocimiento por la voluntad de las partes involucradas[460].
>
> 3.1. El recurso de revisión constitucional es un mecanismo para garantizar el principio de supremacía constitucional en la actividad jurisdiccional, siendo que el Arbitraje es parte integrante del sistema de justicia, está sometido al principio de primacía de la Constitución y, por ende, aquellos mecanismos destinados a garantizarlo (…) 3.3. El tribunal arbitral es un órgano jurisdiccional en cuanto a sus decisiones, y por ende califica como tribunal. 3.4. El laudo arbitral es una sentencia. 3.5. El laudo arbitral sólo puede ser impugnado de forma ordinaria mediante el recurso de nulidad. 3.6. La sentencia de nulidad del laudo arbitral es recurrible mediante la revisión constitucional, así

---

[458] SSC 151/2021, de 30 de abril.

[459] SSC 42/2020 de 20 de febrero.

[460] Badell Madrid, *Derecho…*, 427.

lo ha establecido expresamente la Sala Constitucional del Tribunal Supremo de Justicia (…) 3.8. El laudo arbitral que quede definitivamente firme por no haberse ejercido el recurso de nulidad constituye una sentencia definitivamente firme y podría ser objeto del recurso de revisión constitucional. La sala Constitucional, sin embargo, lo ha admitido sólo invocando sus poderes de oficio. 3.9. Siguiendo los criterios expuestos en la sentencia del caso CEMEX, podría la Sala Constitucional justificar la revisión no sólo de los laudos arbitrales definitivos, sino también las medidas cautelares que pudiera decretar el tribunal arbitral, por no existir contra éstas medios ordinarios de impugnación. La Sala Constitucional ha admitido el amparo contra la decisión cautelar de un tribunal arbitral (sentencia n° 2635, 19/11/2004, CASO: Consorcio Barr)[461].

Como se ha afirmado respecto a la extralimitación de la Sala Constitucional para la revisión de cualquier sentencia aun cuando estuviera definitivamente firme, se considera que lo mismo ocurre con la revisión de un laudo arbitral que no contenga el ejercicio de un control difuso y que claramente no será una sentencia de amparo. Puede ser cierto que es el criterio de la Sala Constitucional su revisión, pero ¿es realmente revisable conforme al 336.10 de la Constitución? ¿acaso hay algo que la Sala Constitucional diga que no es revisable por ella? Si, hasta ahora, solo sus propias decisiones.

Con esto se da por finalizado, al menos para estos fines, lo relativo al alcance que ha tenido la revisión constitucional de sentencias conforme lo que ha sido la actuación de la Sala Constitucional.

FINALIDAD DE LA REVISIÓN CONSTITUCIONAL DE SENTENCIAS

La necesidad de preceptuar este tipo de mecanismos protectores de las constituciones de los estados se ha justificado desde diversas perspectivas. Respecto a su incorporación en el ordenamiento jurídico venezolano, se ha dicho:

---

[461] Rafael Badell Madrid, <<El recurso de revisión constitucional en el arbitraje>>, *Revista comité de arbitraje*, n.º 2 (2010-2011): 17. Consultado en https://cedca.org.ve/revista-marc/ o bien en: https://dokumen.tips/documents/el-recurso-de-revision-constitucional-en-el-revista-comite-de-arbitraje-2010.html?page=1

la principal razón que llevó a que el Constituyente de 1999 creara una Sala Constitucional, estableciendo entre sus competencias la posibilidad de revisar las sentencias de amparo constitucional y aquellas derivadas del control difuso de la constitucionalidad, fue la exigencia de uniformar los criterios de interpretación del texto fundamental a los efectos de crear un verdadero sistema de control de constitucionalidad integral (...) En tal sentido, nuestra Carta Magna estableció, además del control concentrado y difuso, dos elementos que contribuyen a conformar este sistema integral: uno, el carácter vinculante para las otras Salas del Tribunal Supremo de Justicia y todos los tribunales de la República de las interpretaciones que la Sala Constitucional haga de las normas constitucionales; y otro, el mecanismo señalado en el artículo 336, numeral 10, de revisión extraordinaria de las sentencias definitivamente firme de amparo constitucional y control difuso[462].

Para abordar el tema de la finalidad de la revisión constitucional de sentencias es conveniente partir de la Exposición de Motivos de la Constitución donde alguna o algunas personas opinaron[463] sobre dicha finalidad. Así, dicho texto indica:

(...) se atribuye a la Sala Constitucional la competencia para revisar las decisiones definitivamente firmes dictadas por los tribunales de la República en materia de amparo constitucional y control difuso de la constitucionalidad, a través de un mecanismo extraordinario que deberá establecer la ley orgánica que regule la jurisdicción constitucional, sólo con el objeto de garantizar la uniformidad en la interpretación de las normas y principios constitucionales, la eficacia del Texto Fundamental y la seguridad jurídica (...) cuya finalidad constituye únicamente darle uniformidad a la interpretación de las normas y principios constitucionales[464].

Sobre la finalidad de la revisión constitucional de sentencias se ha pronunciado ampliamente la doctrina; por lo que, para no extender más allá de lo necesario este capítulo, solo se expondrán algunas de las tesis que se han presentado sobre este tema.

---

[462] Pesci Feltri, *La revisión...*, 10,11.

[463] Esta afirmación se hace en estos términos, conforme a lo que se ha explicado sobre la referida Exposición de Motivos.

[464] Exposición de Motivos de la Constitución de 1999, ya citada.

En estén sentido RAFAEL BADELL sostiene,

De esta forma, la finalidad práctica de ese recurso se encuentra en la estabilidad de la aplicación de la normativa constitucional por todos los jueces de la República, sobre todo en sistemas cuyas decisiones o sentencias no están regidas por el principio del *stare decisis* o del precedente judicial, pero en los que igualmente se exige la presencia de cierta uniformidad en los criterios constitucionales por motivos de correcta protección de la Constitución y de seguridad jurídica[465].

Por su parte el profesor CHAVERO explica la finalidad de este mecanismo de la manera siguiente:

Del análisis de la Exposición de Motivos de la Constitución, así como de las experiencias comparadas en lo que a la revisión constitucional se refiere, podemos afirmar que los principales objetivos de este recurso es lograr y mantener la uniformidad de criterios constitucionales y garantizar el carácter vinculante de las decisiones de la máxima instancia del control constitucional de los actos del Poder Público (Sala Constitucional)[466].

Luego realiza las siguientes precisiones,

1. La uniformidad de criterios de interpretación constitucional (…) Con no poca frecuencia se presentaban en nuestro sistema situaciones disímiles que atentaban contra el grado mínimo de seguridad jurídica que se requiere en un Estado de Derecho (…) Es por ello, que cuando la Constitución de 1999 crea una instancia superior en materia de control constitucional de los actos del Poder Público (Sala Constitucional) se pretende unificar y homogeneizar los distintos criterios que puedan existir sobre los valores, principios, normas y derechos fundamentales establecidos en nuestra Constitución. Ahora bien, ello

---

[465] Badell Madrid, *Derecho…*, 126, 413. También el mismo autor sostuvo: <<La potestad revisora, en definitiva, tiene por objeto hacer valer los principios constitucionales y la uniformidad en la interpretación de las normas constitucionales y legales, es decir, como lo ha señalado la SC, tiene una función "nomofiláctica" de defensa de la Constitución y leyes, siendo su consecuencia jurídico procesal: *"declarar la inexistencia o nulidad de la sentencia definitivamente firme sometida a revisión, e incluso de todo el proceso que la precede*>>. Badell Madrid, *Derecho…*, 125-126, 412.

[466] Chavero Gazdik, *El control…*, 124.

no pudiese ser posible si no se le permite a esta Sala la posibilidad de acceder al conocimiento de asuntos constitucionales que fueron debatidos en instancias inferiores (…) Se trata de establecer una última y final posición ante la interpretación y alcance del Texto Fundamental o ante la disparidad de criterios que puedan tener los distintos jueces que ejercen jurisdicción constitucional. Por tanto, no cabe duda que el recurso extraordinario de revisión cumple una función unificadora importante. Este cometido es esencial para nuestro Estado de Derecho, pues la seguridad y certeza jurídica son valores fundamentales que encuentran respaldo expreso en nuestra Constitución, y además son consustanciales con cualquier comunidad organizada. En suma, consideramos que es preferible disponer de un criterio definitivo, aunque sea errado; que permitir la coexistencia de distintas posiciones, pues los criterios errados pueden combatirse con mejores argumentos; pero la desigualdad que se genera ante la ausencia de una última palabra es, simplemente, imposible de solventar.

2. La garantía del carácter vinculante de las decisiones de última instancia (…) Por tanto, el recurso extraordinario de revisión cumple una función de policía, en el sentido que le permite a la Sala Constitucional asumir el conocimiento de una sentencia definitivamente firme que ha desconocido un criterio de interpretación constitucional previamente expuesto por la misma Sala Constitucional (…) En este supuesto, somos del criterio que el carácter vinculante de las decisiones de la Sala Constitucional no puede limitarse únicamente a las interpretaciones sobre el contenido y alcance de las normas y principios constitucionales, pues de lo contrario se vería insatisfecho el principio de seguridad jurídica, debido a que permanecería una de las razones que justificó la aparición de esta importante herramienta procesal.

3. Corrección de errores graves de interpretación constitucional (…) otro de los principales objetivos del recurso extraordinario de revisión es la corrección de errores graves de interpretación constitucional en que hayan incurrido el resto de los tribunales de nuestra organización judicial. En efecto, al ser la Sala Constitucional, conforme a lo dispuesto en el artículo 335 de la Constitución, el máximo y último intérprete del Texto Fundamental, tiene entonces la competencia para revisar los fallos que ésta considere contrarios a la sana y adecuada interpretación de las normas y principios constitucionales. Con este objetivo puede verse claramente la gran importancia del recurso extraordinario de revisión, pues con tan sólo justificar que se ha cometido un error grave de interpretación constitucional; o que incluso,

se ha dejado de aplicar o valorar un principio o derecho constitucional en una determinada controversia, la Sala Constitucional puede traer a su seno el conocimiento de cualquier sentencia definitivamente firme para revocarla, modificarla o confirmarla. E insistimos que rara vez puede encontrarse algún asunto judicial donde no pueda encontrarse alguna vinculación constitucional.

En suma, podemos concluir en que si bien la Sala Constitucional ha señalado en sus decisiones que la finalidad del recurso extraordinario de revisión es buscar la uniformidad y homogeneidad ante los distintos criterios jurisprudenciales que puedan tener el gran número de tribunales que ejercen competencias constitucionales en nuestro sistema judicial (ya sea a través del control difuso o concentrado); hacer respetar sus interpretaciones vinculantes sobre las normas y principios constitucionales frente al resto de los tribunales del país; así como corregir los errores o las omisiones graves de interpretación constitucional; no es menos cierto que en la práctica este remedio procesal, como veremos, se ha convertido en un mecanismo de depuración de errores constitucionales y legales, lo que ha implicado que la Sala Constitucional se ha convertido en la última instancia de las distintas jurisdicciones de nuestro ordenamiento jurídico.

Por tanto, nos atrevemos a afirmar que la verdadera finalidad de la revisión extraordinaria es lograr un control absoluto de todas las posibles decisiones de los distintos tribunales del país, de modo tal que no haya ninguna decisión que escape del alcance de la Sala Constitucional. Este mecanismo procesal ha convertido a esta Sala en un verdadero Tribunal o Corte Constitucional[467].

Al analizar la finalidad de la revisión constitucional, FLAVIA PESCI sostiene que:

> De lo anterior, nos interesa resaltar que la facultad extraordinaria de la Sala Constitucional de revisión de sentencias definitivamente firmes tiene, evidentemente, como fin último, lograr una interpretación uniforme en el desarrollo y funcionamiento del amparo y la interpretación de los derechos fundamentales objeto del mismo; así como corregir las disfunciones que se derivan del ejercicio del control difuso de la constitucionalidad de las leyes llevado a cabo por los jue-

---

[467] Chavero Gazdik, *El control...*, 125-148.

ces de la República, a los fines de evitar interpretaciones y criterios distintos en torno a la exégesis y alcance de la Constitución para crear, en definitiva, la mayor **certeza jurídica** en la interpretación de la misma y de las leyes que pudieran contradecir su texto[468].

Por su parte, y sobre el tema de la necesidad, pertinencia y finalidad de este mecanismo de protección, ESCARRÁ[469] ha afirmado lo siguiente:

En efecto, se considera que tal potestad de revisión de los fallos judiciales se hace necesaria, toda vez que la misma se encuentra orientada hacia la finalidad de mantener incólume el orden constitucional, asegurándose de esta manera que los fallos judiciales sometidos a su revisión, no atenten contra derechos establecidos en el ordenamiento constitucional (…) No obstante, de igual forma se considera como otra de las finalidades del recurso de revisión constitucional, la preservación y unificación de los criterios de interpretación constitucional, (sustentado ello en el carácter vinculante de las decisiones de la Sala Constitucional), finalidad ésta que encuentra coincidencia o semejanza con el *writ of certiorari* norteamericano, en el cual estimo se inspira la potestad de revisión constitucional.

El Profesor CASAL ha sostenido, al referirse a la finalidad de la facultad revisora de la Sala Constitucional, que:

[H]emos sostenido que el mecanismo previsto en el numeral 10 del artículo 336 de la Constitución pretende, en lo que atañe a la revisión de sentencias de control difuso de la constitucionalidad, asegurar certeza jurídica en un asunto de tanta importancia general como la determinación de las leyes compatibles con la Constitución. En lo concerniente a la revisión de las sentencias de amparo, se procura, básicamente, el establecimiento de criterios uniformes sobre el funcionamiento del amparo y la interpretación de los derechos fundamentales, aunque tal atribución puede ser empleada también para corregir graves violaciones de derechos constitucionales que hayan cometido o consentido los jueces al resolver peticiones de amparo. En cuanto a lo primero (…) la finalidad perseguida es fundamentalmente objetiva, pues de lo que se trata es de evitar la posible coexistencia de criterios judiciales dispares sobre la constitucionalidad de un texto

---

468   Pesci Feltri, *La revisión…*, 12.

469   Escarrá, <<¿Existe en Venezuela un recurso de certiorari?>>, 349-350.

legal. En la revisión de sentencias de amparo, la finalidad es básicamente objetiva, ya que se persigue la obtención de criterios uniformes sobre aspectos funcionales del amparo y sobre la interpretación general de los derechos fundamentales[470].

Asimismo, sobre el tema de la finalidad del medio se ha indicado que la revisión constitucional de sentencias procura la defensa del derecho objetivo y la uniformidad de la interpretación de las normas y principios constitucionales[471].

Como se ha visto, la doctrina referida es conteste en la necesidad y pertinencia de este mecanismo de protección constitucional, pues, indudablemente este sirve para garantizar la uniformidad en la interpretación y aplicación de la Constitución.

En tal sentido, y en referencia a las decisiones de los primeros años de la Sala Constitucional, se puede apreciar lo sostenido por esta en el caso Amabelic Rodríguez Sosa, en la cual se estableció:

> el recurso en cuestión se admitirá solo a los fines de preservar la uniformidad de la interpretación de normas y principios constitucionales o cuando exista una deliberada violación de preceptos de ese rango, lo que será determinado por la Sala en cada caso, siendo siempre facultativo de ésta su procedencia[472].

En el caso Baker Hughes, entre otras cosas, se dijo:

> Por ello, del análisis conjunto de las normas que contiene el Capítulo I del Título VIII de la Carta Magna, denominado "De la Garantía de la Constitución", considera esta Sala que dicha tutela debe ser estimada en tanto función de garantía, la cual está enlazada con lo que Matteucci denomina función de la Constitución. Este autor destaca que, además de su forma escrita y su legitimidad, la Constitución se caracteriza por tener, entre otras, la función de *"...garantizar los derechos de los ciudadanos (e) impedir que el Estado los viole"*; dicha función, sigue diciendo, la realiza la Constitución a través del poder judicial, al cual le incumbe *"...controlar la justicia de la ley, es decir, su conformidad a la constitución, <u>ya que de otra manera no existiría</u>*

---

470   Casal, Constitución…, 124.

471   Cuenca Espinoza, *Revisión...*, 18.

472   SSC 2.655/2001, de 14 de diciembre.

ningún remedio legal contra su posible violación" –subrayado de la Sala– (Matteucci, N., *Organización del Poder y Libertad*, Madrid, Trotta, 1998, Trad. de F. J. Ansuátegui y M. Martínez N., p. 25)[473].

Igualmente, en el Caso DHL Fletes Aéreos, expresó:

En tal sentido, se señaló que la facultad de revisión persigue garantizar el cumplimiento, vigencia y respeto de los postulados constitucionales, así como la integridad de la interpretación, en tanto se trata de una Sala con facultades expresas para tal función, concebida como un órgano especializado para ello[474].

Ahora, en sentencias más recientes, la Sala Constitucional sobre la finalidad de la revisión constitucional de sentencias, dijo lo siguiente:

una potestad extraordinaria, cuya finalidad es la unificación de criterios de interpretación para la garantía de la supremacía y eficacia de las normas y principios constitucionales, lo cual conduce a la seguridad jurídica[475].

Resulta conveniente reiterar que la facultad revisora que le ha sido otorgada a este órgano jurisdiccional (…) su finalidad primordial es garantizar la uniformidad en la interpretación de normas y principios constitucionales y en ningún momento debe ser considerada como una nueva instancia[476].

Cónsono con lo expuesto, estima esta Sala que la pretensión recursiva esgrimida por el peticionante resulta ajena a la finalidad del mecanismo extraordinario de revisión de sentencias definitivamente firmes consagrado en el artículo 336.10 de la Constitución y previsto en el artículo 25.11 de la Ley Orgánica del Tribunal Supremo de Justicia, el cual, no puede ser concebido como un medio de impugnación que se pueda intentar bajo cualquier fundamentación, sino como una potestad extraordinaria, excepcional y discrecional que ejerce esta Sala Constitucional con la finalidad de uniformar la doctrina de inter-

---

[473] SSC 33/2001, de 25 de enero.

[474] SSC 2.673/2001, de 14 de diciembre.

[475] SSC 14/2021, de 04 de marzo.

[476] SSC 46/2021, de 07 de abril.

pretación del Texto Fundamental, para garantizar la supremacía y eficacia de las normas y principios constitucionales[477].

Ello así, la Sala considera necesario reiterar que "(…) *la revisión no constituye una tercera instancia, ni un instrumento ordinario que opere como un medio de defensa ante la configuración de pretendidas violaciones, sino una potestad extraordinaria y excepcional de esta Sala Constitucional cuya finalidad no es la resolución de un caso concreto o la enmendatura de 'injusticias', sino el mantenimiento de la uniformidad de los criterios constitucionales en resguardo de la garantía de la supremacía y efectividad de las normas y principios constitucionales, lo cual reafirma la seguridad jurídica (…)*" -Cfr. Sentencia de esta Sala N° 2.943/2004, caso: *Construcciones Pentaco JR, C.A.*-[478]

Asimismo, se ha establecido de forma reiterada que la revisión extraordinaria ha sido concebida como un medio para preservar la uniformidad de la interpretación de las normas y principios constitucionales, o para corregir graves infracciones a sus principios o reglas (*vid.* sents. 1760/2001 y 1862/2001), cuya finalidad no es la resolución de un caso concreto sino la uniformidad de los criterios constitucionales en resguardo de la garantía de la supremacía y efectividad de las normas y principios constitucionales (Sentencia de la Sala Constitucional, n.° 44 del 02-03-2000, ratificado criterio en sentencia n.° 1611 del 27 de octubre de 2011)[479].

Ahora bien, la revisión establecida en el artículo 336.10 constitucional, constituye una facultad extraordinaria, excepcional, restringida y discrecional que posee esta Sala Constitucional con la finalidad objetiva de resguardo de la integridad del texto constitucional mediante la vigilancia o control del acatamiento de las interpretaciones vinculantes que hubiese hecho, por parte del resto de los tribunales del país con inclusión de las demás Salas de este Tribunal Supremo de Justicia, para el mantenimiento de una interpretación uniforme de sus normas y principios jurídicos fundamentales, y la correcta interpretación y aplicación de sus principios y normas, lo cual conlleva a la seguridad jurídica. De allí, que se cuestione y deba impedirse que

---

[477] SSC 58/2021, de 07 de abril.

[478] SSC 94/2021, de 16 de abril.

[479] SSC 222/2021, de 11 de junio.

la misma se utilice como sucedáneo de los medios o recursos de impugnación o gravamen, o se emplee como mecanismo procesal para el replanteamiento y juzgamiento del mérito de lo debatido y decidido de forma definitivamente firme, como si fuese una nueva instancia o de conocimiento del proceso, al que debió ponérsele fin con el acto de juzgamiento cuestionado, con el sólo propósito del restablecimiento de la situación jurídica supuestamente infringida, es decir, con un claro interés jurídico subjetivo que abiertamente colide con la finalidad objetiva de dicho instrumento o medio de protección del texto constitucional (revisión objetiva), a menos que se intente contra actos jurisdiccionales dictados por las otras Salas que integran este Tribunal Supremo de Justicia por causa de violaciones a derechos constitucionales, con fundamento en la decisión n° 325 del 30 de marzo de 2005 (caso: *Alcido Pedro Ferreira y otros*), donde se amplió el objeto de la revisión al restablecimiento de situaciones jurídicas subjetivas por afectación a esos derechos por causa de una decisión del resto de las Salas (revisión subjetiva), lo cual estipuló la Ley Orgánica del Tribunal Supremo de Justicia (artículo 25.11), sin que ello desdiga de su finalidad de resguardo del texto constitucional y, con ello, de la seguridad jurídica, mediante la restitución o restablecimiento de situaciones que por su gravedad trasciendan la esfera jurídica subjetiva de las partes involucradas en caso de especie[480].

Como puede apreciarse el criterio de la Sala Constitucional se ha mantenido desde sus inicios, así lo ha ratificado:

Así entonces, la revisión constitucional no constituye una tercera instancia, ni un recurso ordinario concebido como medio de defensa ante las violaciones o injusticias sufridas por a raíz de determinados fallos, sino una potestad extraordinaria y excepcional de esta Sala Constitucional cuya finalidad es mantener la uniformidad de los criterios constitucionales en resguardo de la garantía de la supremacía y efectividad de las normas y principios constitucionales, lo cual reafirma otro valor como lo es la seguridad jurídica. (Sentencia N° 1725/2003 del 23 de junio, recaída en el caso: *Carmen Bartola Guerra*); por lo tanto, no hay ninguna duda sobre el carácter eminentemente discrecional de la revisión y con componentes de prudencia jurídica, estando por tanto destinada a valorar y razonar normas sobre

---

[480] SSC 336/2021, de 22 de julio.

hechos concretos a fin de crear una situación jurídica única e irrepetible. De allí, que pueda afirmarse que la revisión constitucional tiene como finalidad hacer valer los principios constitucionales que sustentan el carácter normativo de la Constitución y la uniformidad en la interpretación de las normas constitucionales y legales, es decir, tiene una función nomofiláctica, de defensa de la Constitución y leyes que conforman el ordenamiento jurídico; y su consecuencia jurídico procesal: declarar la inexistencia o nulidad de la sentencia definitivamente firme sometida a revisión, e incluso de todo el proceso que la precede. Así, si ha habido infracción a principios fundamentales o a interpretaciones vinculantes de esta Sala Constitucional, la revisión posibilita corregir errores, que por estar cubiertos por la cosa juzgada no deben permanecer inmutables, constituyendo un daño social mayor que el principio de inviolabilidad de lo juzgado; pudiendo generar una verdadera injusticia, que no es posible sostener[481].

Es decir, se puede claramente evidenciar de estas afirmaciones, que el mecanismo de revisión extraordinario persigue como fin último mantener la coherencia del orden jurídico, esto es, evitar la disconformidad de interpretaciones y aplicaciones de las normas constitucionales a los casos concretos, tratando así de crear criterios uniformes de acuerdo a lo que prescribe la carta magna. Dicha afirmación es cierta, no obstante, lo referido a si este mecanismo debe ser también útil para resolver los derechos de los justiciables involucrados, se abordará más adelante.

En principio, y salvo lo que se sugerirá más adelante, puede decirse que la revisión de sentencias no tiene como fin último el acabar con la certeza jurídica que pueda revestir al orden de las relaciones jurídicas, sino, mantener la igualdad de los ciudadanos ante la Constitución en aplicación directa de la misma.

LA REVISIÓN CONSTITUCIONAL DE SENTENCIAS BAJO LA ÓPTICA DE LA JURISDICCIÓN: CARACTERES

La idea este punto es ir delineando las características que ha ido adquiriendo la revisión constitucional de sentencias que, al final, permitirá presentar algunas ideas sobre su naturaleza.

---

[481] SSC 21/2022, de 11 de febrero.

Los caracteres de la revisión constitucional de sentencias vienen dados principalmente por la doctrina de la propia Sala Constitucional, pues, la Constitución poco arroja sobre el particular (más allá que delimitar su alcance).

Dicha doctrina constitucional, como se ha dicho, fue incorporada legalmente mediante la Ley Orgánica del Tribunal Supremo de Justicia (2010/2022), la cual recogió en gran medida lo que la Sala Constitucional ha dicho en estos años. Sin embargo, dicha Ley tampoco ha dado muchas luces sobre lo que son las características de este mecanismo de revisión de sentencias, solo se limitó a indicar los supuestos de procedencia y los órganos cuyas sentencias son revisables (alcance).

Lo que esperaba el constituyente, la Constitución y el justiciable, era que el legislador diera cumplimiento a lo que dicho texto fundamental le ordenó y, en consecuencia, que, durante los primeros años de entrada en vigencia de la Constitución, dictara la ley de la justicia o jurisdicción constitucional cuyos desaciertos podían ser enmendados en el tiempo. Al no ocurrir esto, la Sala Constitucional en vez de tratar el punto como una omisión legislativa, comenzó a ir dictando sus propias pautas de funcionamiento con las consecuencias que hoy todos conocen[482].

Así, en esta parte se hará referencia a si la actividad revisora de la Sala es un deber (con o sin correlativo de derecho para el sujeto procesal lo cual se verá más adelante), o si se trata de una facultad y de ser así, cual es el carácter de la misma, esto es, si la misma es discrecional, excepcional; en fin, se tratará de resumir cómo es visto este mecanismo a través de la jurisdicción (entiéndase a través de los ojos de la Sala Constitucional expresados en sus sentencias).

---

[482] <<La lectura global de la jurisprudencia de la Sala Constitucional en materia de revisión de sentencias anterior a la LOTSJ, conduce a afirmar que en sus pronunciamientos se entremezclaban aseveraciones que eran argumentadas como interpretaciones necesarias y por lo tanto definitivas de la Constitución, y criterios que servían más bien de puente hasta la promulgación de la legislación respectiva. Pero no es fácil distinguir entre las primeras y los segundos. Este es justamente uno de los problemas de la llamada jurisdicción normativa y, en general, de la manera en que la Sala Constitucional en ocasiones ha actuado ante omisiones del legislador: con el pretexto de colmar la omisión o carencia normativa relacionada con la aplicación de disposiciones constitucionales inmediatamente operativas, se introduce una red interpretativa provisional que luego se petrifica, al menos parcialmente, coartando la libertad de configuración normativa del legislador>>. Jesús María Casal, <<La facultad de revisión de sentencias después de la Ley Orgánica del Tribunal Supremo de Justicia>> en *El derecho público a los 100 números de la revista de derecho público* (Caracas: Editorial Jurídica Venezolana, 2006), 1.061.

Antes de entrar al análisis de la visión del órgano jurisdiccional sobre las características que tiene el ejercicio de esta competencia, debe destacarse previamente que la Sala Constitucional no considera que la revisión constitucional sea un recurso, ni una instancia y, por tanto, estima que no es un derecho del justiciable. Posteriormente se analizará lo relativo a la visión de la revisión constitucional de sentencias desde la óptica del justiciable y se expondrán los argumentos para ratificar o contrariar lo sostenido por la Sala Constitucional.

Esta afirmación sobre que la revisión constitucional de sentencias no es un recurso ni una tercera instancia, es un criterio reiterado y pacífico de dicha Sala, ello a pesar de que esta, en muchos de sus fallos, no ha sido cuidadosa con el uso de la terminología; es decir, si bien en algunos casos lo llama recurso, realmente en el fondo no lo trata como tal, o, al menos así lo ha manifestado.

En los primeros pasos de la Sala Constitucional puede observarse el tratamiento indistinto que esta le dio a la terminología de la revisión, lo cual, sin duda, confundía respecto a la naturaleza de esta competencia, esto es, no quedaba claro si, a juicio de la Sala, se trataba de un recurso, una consulta o alguna otra forma de acudir a la jurisdicción. Si bien la Sala había establecido grandes rasgos que apuntaban a considerar que no se trataba de un recurso, en el aspecto gramatical-literal no hizo tal distinción. Véase, por ejemplo, como en un mismo fallo se hace referencia a la revisión como recurso y como solicitud:

> Al respecto esta Sala acoge, en caso de ser admitido el *recurso* de revisión extraordinario de sentencias definitivamente firmes, el procedimiento de apelación de sentencias de amparo constitucional establecido en la Ley Orgánica de Amparo sobre Derechos y Garantías Constitucionales y en la jurisprudencia de esta Sala (…) y considerando además que existen una serie de *solicitudes* de revisión interpuestas ante esta Sala y que es obligación de esta Sala analizar su admisibilidad y procedencia en respeto de la tutela judicial efectiva; es menester, en esta oportunidad, determinar el procedimiento que debe aplicarse en caso de *solicitud* de revisión extraordinaria de sentencias definitivamente firmes de conformidad con los términos establecidos anteriormente (…) Por las razones antes expuestas, esta Sala Constitucional del Tribunal Supremo de Justicia, administrando justi-

cia en nombre de la República y por autoridad de la Ley, declara **INADMISIBLE** el *recurso* de revisión interpuesto[483]. –cursivas incorporadas–

De esta manera se puede apreciar como la jurisprudencia no se dedicó a la tarea de precisar conceptualmente la naturaleza de la revisión. Así como en otros fallos la jurisprudencia deja expresa constancia de que la actividad revisora de la Sala no constituye una tercera instancia[484] y menos un recurso de carácter extraordinario y, en otras, deja constancia, por lo menos tácita, de que se está ante un verdadero recurso.

Como demostración de esta constante variación terminológica utilizada por la Sala Constitucional puede hacerse referencia a la SSC 1.320/2001, donde afirmó lo siguiente: <<este Tribunal Supremo de Justicia, en Sala Constitucional, administrando Justicia en nombre de la República y por autoridad de la Ley, declara NO HA LUGAR la solicitud de revisión extraordinaria de la sentencia dictada el 31 de agosto de 2000[485]>>. Lo mismo ocurrió en otras sentencias, a saber:

En este sentido, la discrecionalidad que se le atribuye a la facultad de revisión constitucional no debe entenderse como una nueva instancia y, por tanto, el recurso en cuestión se admitirá solo a los fines de preservar la uniformidad de la interpretación de normas y principios constitucionales o cuando exista una deliberada violación de preceptos de ese rango, lo que será determinado por la Sala en cada caso, siendo siempre facultativo de ésta su procedencia. De manera que, corresponde a esta Sala Constitucional conocer el recurso de revisión planteado. Así se declara[486].

---

[483] SSC 93/2001, de 06 de febrero.

[484] Al analizar la Jurisprudencia constitucional el profesor Casal ha dicho: <<Por lo que respecta a la naturaleza de la figura contemplada en el numeral 10 del artículo 336 de la Constitución, la Sala Constitucional la ha considerado un instrumento procesal de carácter excepcional, discrecional o selectivo, y que bajo ningún concepto da lugar a una tercera instancia. Ni siquiera constituiría una manifestación del derecho al debido proceso y a la defensa (...) Aquí reside uno de los aspectos medulares de la jurisprudencia constitucional sobre la revisión de sentencias de amparo o de control difuso de la constitucionalidad. Para la Sala Constitucional el interesado nunca podría esgrimir un derecho a la revisión, al ser esta el resultado de una facultad discrecional de la misma Sala>>. Casal, *Constitución...*, 126,128.

[485] SSC 1.320/2001, de 03 de agosto.

[486] SSC 2.655/2001, de 14 de diciembre.

En el presente caso se solicita la revisión de una sentencia definitivamente firme dictada en sede constitucional y, de acuerdo a lo que ya se dejó expuesto, esta Sala, declara su competencia para conocer el Recurso *Extraordinario* de Revisión interpuesto, de acuerdo con el Principio de Protección de la Constitución, contenido en el primer párrafo del artículo 334 de la Constitución y del segundo párrafo del artículo 335 eiusdem, en concordancia con el artículo 336, numeral 10 de la misma Constitución. Así se decide[487].

Como esas, se encuentra un importante número de sentencias que indistintamente se refieren a la revisión como un recurso, o bien, como una solicitud. Entre otras, en el caso Víctor Celso Valor la Sala explicó que esta función es una potestad que no es obligatoria y que está sometida a la discrecionalidad que la Sala considere, que tampoco se trata de un recurso extraordinario, por lo que no debe ser entendida como una nueva instancia[488].

No obstante, aunque la Sala se ha seguido refiriendo a la revisión constitucional como un recurso[489] o como una solicitud[490], está claro que esta ha mantenido el criterio por el cual rechaza que la revisión constitucional pueda ser considerada como un recurso o una nueva instancia.

Así lo ha dicho la Sala en algunos fallos más recientes:

Asimismo, debe insistirse en que la revisión no constituye una tercera instancia, ni un medio ordinario que pueda ser intentado bajo cualquier fundamentación, sino una potestad extraordinaria, cuya finalidad es la unificación de criterios de interpretación constitucionales, para la garantía de la supremacía y eficacia de las normas y principios constitucionales, lo cual conduce a la seguridad jurídica.

En efecto, no puede pretenderse que la revisión sustituya ningún medio ordinario o extraordinario, incluso el amparo, por cuanto dicha facultad discrecional busca de manera general, objetiva y abstracta, la

---

[487]   SSC 1.615/2000, de 26 de diciembre.

[488]   SSC 298/2000, de 03 de mayo.

[489]   SSC 72/2022, de 08 de marzo (auto); SSC 220/2022, de 21 de junio: <<De manera que, corresponde a esta Sala Constitucional, conocer el recurso de revisión planteado, y así se Declara>>

[490]   Entre otras, SSC 222/2022, de 21 de junio.

obtención de criterios unificados de interpretación constitucional y no el resguardo de derechos e intereses subjetivos y particularizados del solicitante[491].

En efecto, ha sido criterio reiterado que esta Sala no sustituye la apreciación soberana del juzgador, toda vez, que la revisión no es un recurso ejercido ante un órgano judicial superior con la pretensión de que se analice nuevamente la controversia, sino que procede en casos excepcionales de interpretación y violación de principios y normas constitucionales (Vid. s S.C 430/2003 y 1790/2007 entre otras). De esta forma, debe esta Sala recordar que la revisión no constituye una tercera instancia, ni un medio judicial ordinario, sino una potestad extraordinaria, excepcional y discrecional de esta Sala Constitucional con el objeto de unificar criterios constitucionales, para garantizar con ello la supremacía y eficacia de las normas y principios constitucionales, lo cual generaría seguridad jurídica, y no para la defensa de los derechos subjetivos e intereses del solicitante[492].

De modo que resulta evidente que la pretensión de la parte solicitante va dirigida a que se revise el acto jurisdiccional debido a su inconformidad con el mismo, lo cual no se ajusta a los fines de esta potestad extraordinaria, toda vez que "(…) *no sustituye la apreciación soberana del juzgador* (…) [pues] *no es un recurso ejercido ante un órgano judicial superior con la pretensión de que se reestudie la controversia, sino que procede en casos excepcionales de interpretación y violación de principios y normas constitucionales (…)*" (*vid.* sentencia N° 1790 del 5 de octubre de 2007)[493].

Así las cosas, se observa que la presente solicitud de revisión constitucional, no se subsume en alguno de los supuestos de procedencia de la excepcional institución de la revisión constitucional, por lo que esta Sala debe enfatizar que la revisión extraordinaria a que alude el artículo 336.10 de la Constitución de la República Bolivariana de Venezuela, no es un recurso ordinario ni una instancia más en el proceso, sino una potestad extraordinaria, excepcional y discrecional de tutela constitucional dirigida a velar por la uniformidad en la interpretación del Texto Fundamental, por la seguridad jurídica, por

---

491 SSC 10/2022, de 11 de febrero.

492 SSC 21/2022, de 11 de febrero.

493 SSC 73/2022, de 8 de marzo.

la supremacía y eficacia de las normas y principios constitucionales, y, por tanto, por la protección del mismo, como norma suprema y fundamento del ordenamiento jurídico, como característica central de un Estado Constitucional (*vid.* arts. 7, 334 y 335 de la Constitución de la República Bolivariana de Venezuela)[494].

Y, en un caso donde un juez de alzada tramitó erradamente una revisión ejercida también de manera confusa. Dijo la Sala:

En este contexto, advierte la Sala que en el caso de autos la parte accionante ejerció mediante diligencia, lo que calificó como una "*Solicitud de Revisión*" ante el Juzgado Superior Segundo en lo Civil, Mercantil y del Tránsito de la Circunscripción Judicial del Estado Zulia, órgano jurisdiccional que se encuentra ubicado en el domicilio del peticionante, asimismo, posteriormente consignó un escrito "***formalizando el recurso de revisión***", lo que evidencia la actuación impropia no solo de la profesional del derecho, sino también del órgano jurisdiccional, al tramitar la pretensión del accionante como un medio de impugnación ordinario (apelación) ajeno al ordenamiento jurídico adjetivo aplicable, llegando incluso a remitir a esta Sala las actas originales del expediente signado con el N° 13.486, como si se tratase de una apelación en ambos efectos, con lo cual, aun bajo el principio *pro actione*, no puede esta Sala calificar la pretensión como una solicitud de revisión en los términos expuestos *supra*, toda vez que formalmente (mediante diligencia) y materialmente (ausencia de consideraciones o fundamentos de la solicitud) no es posible sustituirse en la carga procesal del solicitante, pues resulta ajeno al procedimiento de revisión de sentencias[495].

En conclusión, a pesar del descuidado manejo terminológico, resulta claro que, al menos por ahora, la Sala Constitucional descarta la posibilidad de entender la revisión constitucional de sentencias como un recurso.

CARACTERES: POTESTAD, DEBER, FACULTAD

En la estructura del Derecho Objetivo, se encuentra al deber como correlativo de una facultad, y que en el ámbito de la administración

---

494 SSC 134/2022, de 14 de junio.

495 SSC 74/2022, de 08 de marzo.

configuraría la potestad-deber[496] para el órgano, lo cual, como hasta ahora se ha interpretado por la Sala, no opera en este mecanismo de la revisión, por cuanto frente al posible "deber" de esta, no existe como reflejo un sujeto facultado para exigir el cumplimiento del mismo –por ahora– puesto que no se ha reconocido como un derecho adquirido para éste.

Por lo que, al ser establecido como una atribución que delimita la competencia funcional de este órgano, sin existir un sujeto al cual se le haya concedido la posibilidad de exigir el cumplimiento de la supuesta obligación (deber en este caso); la misma se convierte inexorablemente en una facultad que sólo tendrá como límites los que la propia Sala se imponga[497], todo en virtud de los criterios jurisprudenciales y en aras de mantener una certeza que otorgue una confianza legítima.

No obstante, esto último no es una condición *sine qua non.* Como muestra puede observarse cómo en el *writ of certiorari,* no existen límites a la actuación revisora de la Suprema Corte de los Estados Unidos de América, por lo que, de tal actuación no se deriva una confianza legítima para los justiciables, todo lo contrario, se trata de mantener impredecible el criterio de admisibilidad y procedencia de la facultad revisora. Similar posición a la que ha asumido la Sala Constitucional al señalar que sus propias decisiones (si bien por ahora tienen cosa juzgada para el caso en concreto) no la atan a situaciones futuras[498].

---

[496] En lo que respecta a la revisión constitucional, lo cual se tratará más adelante, Kiriakidis sostiene que <<sería realmente paradójico pretender que la revisión es una facultad que la Sala puede decidir usar o no, sin dar justificación alguna. Si la supremacía constitucional es un derecho de los ciudadanos, entonces la Sala no tiene una facultad, sino un DEBER de velar porque esa supremacía prevalezca, y a ello se suma el deber de responder y resolver los asuntos de su competencia que le planteen los ciudadanos>> Jorge Kiriakidis, <<Sobre la facultad de control que la Sala Constitucional puede ejercer sobre las sentencias de las restantes salas del Tribunal Supremo de Justicia >>, *Revista de Derecho Constitucional*, n.º 3 (2000): 340.

[497] Y los que pueda ir estableciendo la ley.

[498] <<[P]or lo tanto, si bien las decisiones dictadas en ejercicio de dicha potestad constituyen, en caso de que así se disponga, precedentes vinculantes para los demás tribunales de la República e incluso para las demás Salas que integran este Alto Tribunal; no pueden las partes solicitantes en revisión invocarlos para vincular a la Sala Constitucional, ya que en su condición de Máximo y último intérprete de la Carta Magna, puede estimarlo inaplicable al caso concreto o puede incluso modificar o reexaminar sus criterios, ante nuevos y distintos alegatos que no habían sido expuestos a su conocimiento con anterioridad, y que la lleven a considerar nuevas

Ahora, si bien puede considerarse válida la argumentación anterior, esto es, que se trata de un deber constitucional que no tiene un agente que pueda exigirlo y, por tanto, ello deviene en una facultad para la Sala Constitucional; también debe tomarse en cuenta que, a pesar de no existir una ley sobre la justicia constitucional, desde 2004 y con cambios luego en 2010 y 2022 se tiene una Ley Orgánica del Tribunal Supremo de Justicia que ha venido a detallar en cuáles supuestos debe la Sala Constitucional revisar las sentencias objeto de dicho mecanismo. Por tanto, si se cumple el supuesto de hecho la Sala debe, previa revisión, declarar la nulidad del fallo revisado.

Con este tipo de delimitaciones ya no pareciera estar tan claro que se trate de una mera facultad para la Sala, pues, la Constitución y la Ley le ordenan revisar los fallos cuando se den unos supuestos específicos, por lo que, en atención a la tutela judicial efectiva, al derecho de acceso a los órganos jurisdiccionales e incluso al principio de petición, cuando un justiciable lleva un caso en el cual denuncia los supuestos establecidos por la ley, ya no pareciera que quedara tan simple para la Sala decir que se trata de una mera facultad y, por tanto, no atenderlo.

De hecho, a pesar de que la Sala Constitucional ha pregonado otra cosa, en la práctica, a pesar de las enormes demoras en algunos casos, ella ha procurado atender y dar respuesta a todas y cada una de las solicitudes que, por revisión constitucional, se presentan ante ella. Con lo cual, a pesar de que considera que no se trata de un derecho del justiciable, ni de un recurso y, por tanto, no lo trata como tal, sus actuaciones parecieran evidenciar lo contrario.

Acá pareciera existir una confusión entre la procedencia del mecanismo y su admisibilidad, pues, la primera debe abarcar a la segunda, pero no al contrario. Por tanto, se considera conveniente para la salud del sistema de justicia constitucional venezolano, separar ambas nociones.

La admisibilidad estará unida a unos supuestos y la procedencia a la existencia real de esos supuestos y, adicionalmente, al orden público constitucional que se habrá de proteger. Así, por ejemplo, si no se trata de una sentencia definitivamente firme, o haciendo abstracción de los excesos de la Sala, sino se tratara de una sentencia de amparo o control

---

violaciones a principios y derechos constitucionales, para lo cual la Sala deberá motivar sus decisiones para justificar la razonabilidad del fallo contentivo del nuevo criterio>>. SSC 220/2022, de 21 de junio.

difuso (o tratándose de ellas no se denuncie alguno de los supuestos establecidos en la Ley Orgánica del Tribunal Supremo de Justicia) la solicitud sería inadmisible, pero ya estaría satisfecha la tutela judicial efectiva. Por el contrario, si se tratara de esos casos, se admitirían y aún la Sala podría considerar la improcedencia de la revisión (entendida esta como nulidad del fallo) por no ser cierto lo denunciado o porque, a juicio de la Sala, no tiene la importancia o el valor constitucional (violación del orden público constitucional) necesario para su declaratoria. En tal caso, el fallo se habría revisado, pero sería declarada no ha lugar la nulidad (improcedencia de la revisión).

En cambio, la Sala sostiene que es una facultad, no un recurso y que no debe motivar su decisión ni tiene que revisar todos los casos, pero, al final, lo hace. Lo cual no quiere decir que debe declarar ha lugar la revisión. Por ejemplo, cuando la Sala dice que analizó un caso y que no es cierto que se haya aplicado erradamente un principio constitucional, lo cierto es que ya lo revisó, que fue lo que le pidió el justiciable conforme al 336.10 de la Constitución. Ahora, si lo revisó bien o no, o al menos con el detalle que se esperaba, ese es otro tema.

Por ahora, bajo la visión de la Sala Constitucional es una facultad, pero ¿qué clase de facultad es?

Caracteres: facultad discrecional, excepcional, prudente que no requiere motivarse y que puede ser ejercida de oficio

Sobre estos caracteres que ha delineado la Sala Constitucional para la revisión de sentencias, el profesor CASAL ha indicado que:

> Por lo que respecta a la naturaleza de la figura contemplada en el numeral 10 del artículo 336 de la Constitución, la Sala Constitucional la ha considerado un instrumento procesal de carácter excepcional, discrecional o selectivo, y que bajo ningún concepto da lugar a una tercera instancia. Ni siquiera constituiría una manifestación del derecho al debido proceso y a la defensa (…) Aquí reside uno de los aspectos medulares de la jurisprudencia constitucional sobre la revisión de sentencias de amparo o de control difuso de la constitucionalidad. Para la Sala Constitucional el interesado nunca podría esgrimir un derecho a la revisión, al ser esta el resultado de una facultad discrecional de la misma Sala.[499]

---

[499] Casal, *Constitución...*, 126,128

La Sala Constitucional no solo ha indicado que se trata de una facultad, sino que, bien como lo apunta el profesor CASAL[500], ha dado rasgos o caracteres a dicha facultad. En este sentido, la sentencia del caso Emery Mata Millán, estableció:

La labor revisora de las sentencias de amparo que atribuye el numeral 10 del artículo 336 de la vigente Constitución a esta Sala y que será desarrollada por la ley orgánica respectiva, la entiende esta Sala en el sentido de que en los actuales momentos una **forma de ejercerla es mediante la institución de la consulta**, prevista en el artículo 35[501] de la Ley Orgánica de Amparo Sobre Derechos y Garantías Constitucionales, pero como la institución de la revisión a la luz de la doctrina constitucional es otra, y las instituciones constitucionales deben entrar en vigor de inmediato, cuando fuera posible, sin esperar desarrollos legislativos ulteriores, considera esta Sala que en forma **selectiva, sin atender a recurso específico y sin quedar vinculado por peticiones en este sentido, la Sala por vía excepcional puede revisar discrecionalmente las sentencias de amparo** que, de acuerdo a la competencia tratada en este fallo, sean de la exclusiva competencia de los Tribunales de Segunda Instancia, quienes conozcan la causa por apelación y que por lo tanto no susceptibles de consulta, así como cualquier otro fallo que desacate la doctrina vinculante de esta Sala, dictada en materia constitucional, ello conforme a lo dispuesto en el numeral 10 del artículo 336 de la Constitución de la República Bolivariana de Venezuela[502].

Por su parte la sentencia del caso Corpoturismo, manifestó:

Con base en una interpretación uniforme de la Constitución y considerando la garantía de la cosa juzgada establecida en el numeral 7° del artículo 49 de la Constitución de la República Bolivariana de Venezuela, en principio, es inadmisible la revisión de sentencias definitivamente firmes en juicios ordinarios de cualquier naturaleza por parte de esta Sala. Y en cuanto a las decisiones de las otras Salas de este Tribunal es inadmisible cualquier demanda incluyendo la acción de amparo constitucional contra cualquier tipo de sentencia dictada

---

[500] Ver cita anterior.

[501] Esta consulta obligatoria fue posteriormente anulada (declaratoria de derogatoria tácita) por la Sala Constitucional, véase SSC 1.307/2005, de 22 de junio.

[502] SSC 1/2000, de 20 de enero.

por ellas, con excepción del proceso de revisión extraordinario establecido en la Constitución, y definido a continuación. Sólo de manera **extraordinaria, excepcional, restringida y discrecional**, esta Sala posee la potestad de revisar lo siguiente[503].

Así también, manteniendo el criterio sentado en el caso Corpoturismo, la Sala Constitucional se pronunció en el fallo del 17 de julio de 2001, en el caso de Francisco Rojas Marciales, en el cual se dispuso:

> En cuanto a la potestad revisora de sentencias de amparo definitivamente firmes por parte de esta Sala, prevista en los artículos 335 y 336, numeral 10 de la Constitución, en sentencia del 6 de febrero de 2001, caso: Corporación de Turismo de Venezuela (Corpoturismo), se estableció que la referida norma constitucional no pretende de manera alguna crear una tercera instancia en los procesos de amparo constitucional o de control de constitucionalidad de leyes o normas jurídicas, sino que la misma viene a incorporar una potestad estrictamente excepcional, extraordinaria y potestativa para la Sala Constitucional, que debe cohesionarse con la garantía constitucional de la cosa juzgada judicial y cuya interpretación debe ser realizada de una manera estrictamente limitada. Al respecto se estableció en dicho fallo que la admisibilidad de las solicitudes de revisión es potestativa para la Sala, no siendo admisibles, en todo caso, aquellas que no se refieran a las sentencias o a las circunstancias que fueron definidas en el mismo[504].

Puede apreciarse, en este sentido, que las sentencias en cuestión han tocado algunos aspectos de relevancia de la referida facultad de la Sala como lo son el carácter extraordinario, potestativo, excepcional y totalmente discrecional de tal actividad, señalando incluso que no es necesaria ni obligatoria la motivación de la negativa de no admitir, tal como lo dispuso en la sentencia del caso Corpoturismo, antes citada, en la que textualmente indicó:

> En lo que respecta a la admisibilidad de tales solicitudes de revisión extraordinaria esta Sala posee una potestad discrecional de admitir o no admitir el recurso cuando así lo considere, y, en todo caso, la

---

[503] SSC 93/2001, de 06 de febrero.
[504] SSC 1.250/2001, de 17 de julio.

Sala no admitirá aquellos recursos que no se refieran a las sentencias o a las circunstancias que define la presente decisión. En este sentido, se mantiene el criterio que dejó sentado la sentencia dictada por esta Sala en fecha 2 de marzo de 2000 (caso: Francia Josefina Rondón Astor) en cuanto a que esta Sala no está en la obligación de pronunciarse sobre todos y cada uno de los fallos que son remitidos para su revisión[505], y la negativa de admitir la solicitud de revisión extraordinaria como violación del derecho a la defensa y al debido proceso de las partes, por cuanto se trata de decisiones amparadas por el principio de la doble instancia judicial. Por lo tanto, esta Sala puede en cualquier caso desestimar la revisión, *"...sin motivación alguna, cuando en su criterio, constate que la decisión que ha de revisarse, en nada contribuya a la uniformidad de la interpretación de normas y principios constitucionales..."*[506].

De esta manera se observa como la sala Constitucional ha erigido un criterio que, en apariencia, trata de evidenciar la aplicación de un *writ of certiorari,* en el cual no se hace necesaria la expresión del criterio sustentado para no proceder a la revisión. No obstante, debe admitirse que este criterio no es nuevo, tal como lo dice el fallo citado, dicho criterio venía calando ya desde la sentencia del caso Francia Rondón Astor, en la cual también se había establecido, lo siguiente:

Ahora bien, esta discrecionalidad que se le atribuye a la revisión a que se ha hecho referencia, no debe ser entendida como una nueva instancia, ya que como se dijo precedentemente, la misma sólo procede en casos de sentencias ya firmes, esto es, decisiones que hubieren agotado todas las instancias que prevé el ordenamiento constitucional. De allí que la Sala no se encontraría en la obligación de pronunciarse sobre todos y cada uno de los fallos que son remitidos para su revisión, ni podría ser entendida su negativa, como violación del derecho a la defensa y al debido proceso de las partes, por cuanto se trata de decisiones amparadas por el principio de la doble instancia judicial. Todo lo anterior, facultaría a esta Sala a desestimar la revisión, sin motivación alguna, cuando en su criterio, constate que la de-

---

[505] Esto queda modificado con la entrada en vigencia de la Ley Orgánica del Tribunal Supremo de Justicia en lo que respecta al control difuso de la constitucionalidad.

[506] SSC 93/2001, de 06 de febrero.

cisión que ha de revisarse, en nada contribuya a la uniformidad de la interpretación de normas y principios constitucionales, ni constituya una deliberada violación de preceptos de ese mismo rango[507].

Tales criterios de la Sala se han mantenido en vigencia durante estas más de dos décadas de operatividad, esto puede apreciarse del siguiente fallo:

Determinada la competencia, la Sala pasa a pronunciarse sobre la solicitud de revisión sometida a su conocimiento y, al efecto, observa: La revisión a que hace referencia el artículo 336, numeral 10 de la Constitución de la República Bolivariana de Venezuela, la ejerce de manera facultativa esta Sala Constitucional, siendo discrecional entrar al análisis de los fallos sometidos a su conocimiento. Ello es así, por cuanto la facultad de revisión no puede ser entendida como una nueva instancia, ya que sólo procede en casos de sentencias que han agotado todos los grados jurisdiccionales establecidos por la Ley y, en tal razón, tienen la condición de definitivamente firmes (Vid. sentencias del 2 de marzo de 2000 caso: Francia Josefina Rondón Astor, del 13 de julio de 2000 caso: Asociación de Propietarios y Residentes de la Urbanización Miranda). De manera, que la Sala se encuentra en la obligación de considerar todos y cada uno de los fallos que son remitidos para su revisión, pero no de concederla y proceder a realizarla, por lo que su negativa no puede, en caso alguno, constituir violación del derecho a la defensa y al debido proceso de las partes. En efecto, esta Sala en sentencia del 6 de febrero de 2001, (caso: Corpoturismo), sostuvo que la revisión viene a incorporar una facultad que sólo puede ser ejercida de manera extraordinaria, excepcional, restringida y discrecional, a fin de salvaguardar la garantía de la cosa juzgada, cuya inmutabilidad es característica de la sentencia judicial. De allí que, para que prospere una solicitud de revisión es necesario que se verifique que la decisión cuestionada haya efectuado un errado control de la constitucionalidad al aplicar indebidamente la norma constitucional; o bien haya incurrido en un error grotesco en cuanto a la interpretación de la Constitución; o haya obviado por completo la interpretación de la norma constitucional o violado de manera grotesca los derechos constitucionales[508].

---

[507]   SSC 44/2000, de 02 de marzo.

[508]   SSC 248/2022, de 29 de junio.

Así pues, a criterio de la Sala Constitucional, la revisión constitucional de sentencias es una facultad potestativa, excepcional, extraordinaria, selectiva, discrecional, restringida, limitada y cuya negativa no requiere de motivación alguna. Así, la revisión constitucional de sentencias, según la Sala Constitucional, está revestida de una serie de caracteres que la hacen prácticamente inaccesible al justiciable.

A lo anterior, también agrega la Sala que el uso y ejecución de la revisión constitucional de sentencias, debe ser manejado de forma prudente por cuanto está en juego la cosa juzgada. Ha dicho la Sala Constitucional:

Determinado así el objeto de la presente solicitud de revisión, es pertinente aclarar que esta Sala, al momento de la ejecución de su potestad de revisión de sentencias definitivamente firmes, está obligada, de acuerdo con una interpretación uniforme de la Constitución y en consideración a la garantía de la cosa juzgada, a guardar la máxima prudencia en cuanto a la admisión y procedencia de peticiones que pretendan la revisión de veredictos que han adquirido el carácter de cosa juzgada judicial; de allí que esté facultada para desestimar cualquier requerimiento como el de autos, sin ningún tipo de motivación, cuando, en su criterio, se verifique que lo que se pretende en nada contribuye con la uniformidad de la interpretación de normas y principios constitucionales, en virtud, pues, del carácter excepcional y limitado que ostenta la revisión[509].

Independientemente de si se asume que se trata de un recurso en el cual el justiciable tenga un derecho a solicitar la revisión (aunque esta no prospere), no se discute que igualmente la revisión tendrá un carácter excepcional, restringido, limitado, extraordinario; quedando únicamente en discusión si realmente es una facultad puramente potestativa, selectiva y discrecional de la Sala Constitucional; lo cual, sin duda alguna, plantea una subjetividad para la cual quizá el ordenamiento jurídico no está todavía preparado.

Cuando se afirma lo anterior, se hace referencia a que el sistema de justicia venezolano le falta mucho por adquirir las condiciones requeridas por la Constitución nacional (artículo 26, entre otros), por lo que se le hace un grave daño a dicho sistema si a esta situación se le añade una subjetividad que fácilmente puede transformarse en arbitrariedad, especialmente si viene escudada por la ley y por la interpretación constitucional.

---

[509] SSC 01/2022, de 31 de enero.

312

Solo como una pequeña referencia de lo que se trata de expresar debe mencionarse que las solicitudes de revisión usualmente tardan varios años en ser resueltas[510], pero, sin explicación alguna, otras son resueltas y atendidas en tiempo récord[511]; a tales fines puede apreciarse la decisión 640/2018 en la que a pesar de ser presentada (sin copia certificada del fallo objeto de revisión) un viernes 28 de septiembre y siendo consignado el fallo (bajo pena de inadmisibilidad) el lunes 1° de octubre, fue atendida y dictada una medida cautelar el martes 2 de ese mismo mes y año; en cambio, algunos casos pasan hasta varios años y nunca se resuelve sobre la cautelar solicitada y, luego al resolverse el tema de fondo de la revisión[512], se indica que es inoficioso pronunciarse, bien porque fue desechada la solicitud o bien porque se declaró procedente.

Vale la pena mencionar el voto salvado de la sentencia a la que se hizo referencia en el párrafo anterior, donde queda expuesta la situación señalada. Así se dijo:

---

[510] Inicialmente la estimación era de unos 6 meses hasta un año para ser resueltas; pero los tiempos se han ampliado. Como ejemplo véase SSC 1.171/2022, de 14 de diciembre. Dicha solicitud se presentó el 02 de octubre de 2017, con solicitud de medida cautelar y, a pesar de la insistencia del solicitante, la Sala decidió el 14 de diciembre de 2022; esto es, pasados más de 4 años a la presentación de la solicitud.

[511] La referencia del año 2021 fue que cada revisión de sentencias tardó más de 02 años para ser resuelta. Si se toma en cuenta la pandemia se podría hacer un ajuste (por demás inexacto) e indicar que el tiempo aproximado para resolver cada solicitud es de 1,5 años (año y medio). Las solicitudes resueltas en menos de un año representaron el 13% de las decisiones que resolvieron las revisiones constitucionales de sentencias. En total fueron 14 casos de menos de un año, de los cuales 03 fueron declarados inadmisibles, 04 declararon ha lugar la revisión y 07 no ha lugar. Esto es, de los casos resueltos en menos de 01 año, el 78,57% entró a analizar el fondo de la revisión y el 21,43% no lo hizo. Ver anexo al final de los capítulos. Tómese en cuenta que esta información es imprecisa, en virtud de que la fuente es la página www.tsj.gov.ve y, en algunos casos las sentencias no estaban cargadas o no se podía tener acceso a ellas. Sin embargo, se pudo acceder a la gran mayoría y esos son los resultados.

[512] Cuando se dice tema de fondo, no se trata de la pretensión de la parte actora ni de las defensas del demandado (conocido esto como el asunto de fondo del litigio), se hace referencia es al tema principal objeto de la revisión constitucional; esto es, a su objeto.

En primer lugar, es necesario mencionar que la solicitud de revisión antes aludida fue presentada ante la Secretaría de esta Sala el viernes 28 de septiembre del año en curso y de la misma dio cuenta el lunes 1° de octubre del mismo año. Ello así, quien suscribe no ha contado con el tiempo suficiente para reflexionar sobre los fundamentos de la tutela cautelar peticionada por Agrícola Tomoporo C.A., ni leer la sentencia N° 0647, dictada, el 6 de agosto de 2018, por la Sala de Casación Social, objeto de la revisión solicitada (…) En segundo lugar, el fallo del cual se discrepa se fundamenta en la supuesta situación de riesgo en que se encuentra la pretensión deducida por Agrícola Tomoporo C.A. en el juicio por rescisión anticipada de contrato de comodato e indemnización por daños y perjuicios, en el cual se produjo el fallo impugnado, por conllevar a la supuesta desposesión jurídica del bien objeto de la controversia. De la simple lectura de lo antes transcrito, se evidencia que los fundamentos de la tutela cautelar otorgada resultan insuficientes para motivar dicha decisión, debido a que no se hizo un análisis de los requisitos exigidos por el artículo 130 de la Ley Orgánica del Tribunal Supremo de Justicia, con relación a las circunstancias fácticas y jurídicas del caso que, de forma sucinta y verosímil, permita considerar la necesidad y utilidad del ejercicio del poder cautelar de esta Sala. Así como tampoco se señala cuáles serían los intereses públicos en juego que afectan la integridad de la interpretación del Texto de la Constitución y al bloque de la legalidad. En este sentido, poner en peligro *"la pretensión deducida del solicitante"* (refiriéndose al objeto de la controversia) no se vincula en el texto de la sentencia a la finalidad de proteger el interés general. Además, otorgarle la cualidad de parte al solicitante o peticionario, convierte al ejercicio de la potestad extraordinaria de revisión constitucional en un verdadero juicio, lo cual contradice la tradición jurisprudencial desarrollada por esta Sala. Por ello, de conformidad con el principio de seguridad jurídica que informa la garantía procesal de la cosa juzgada y la presunción de constitucionalidad que sobre ella recae, hasta que esta Sala no realice un examen, por lo menos preliminar y provisorio, sobre la conformidad con el Texto Fundamental del fallo objeto de la presente solicitud de revisión, no puede concederse una medida cautelar que suspenda la ejecución de un fallo de última instancia que resolvió el fondo de la controversia dictada por otra de las salas que conforman a este Alto Tribunal. En este sentido, considera quien suscribe que la mayoría sentenciadora no debió acordar, en los términos en los cuales se fundamentó, la medida cautelar en referencia. Por último, en la sesión en la cual se aprobó la decisión disentida esta Sala Constitucional estimó pertinente fijar, por auto separado, audiencia para escuchar a las partes del juicio en el cual se dictó el fallo cuestionado. En tal sentido, considera quien disiente que esta será la oportunidad en la cual este órgano jurisdiccional podrá considerar los alegatos que tengan a bien esgrimir los interesados y tener acceso a la totalidad de las actas que conforman el expediente del aludido juicio, con lo cual podrá evaluar los elementos de convicción necesarios para dictar una decisión conforme a derecho. Queda en estos términos expresado el presente voto salvado. Fecha *ut retro*[513].

Si bien puede considerarse la cita, a los fines que interesan a esta disertación, un poco extensa, lo que se trató fue de exponer la denuncia que hace el magistrado disidente y que deja entrever parte de la debilidad y falta de madurez o seriedad del sistema de justicia constitucional venezolano y, adicionalmente, a pesar de que la falta de tiempo (por lo expedito de la tramitación de la solicitud cautelar) fue la base de su argumentación, de seguidas pasa a argumentar en contra de lo decidido; todo lo cual ocurrió dentro del mismo tiempo que manifestó no tener. Por lo que, para quien redacta, el encabezado citado del voto salvado se traduce en un 'dejar en evidencia' que hizo el magistrado ante lo que no fue una adecuada tramitación de la solicitud conforme a lo que viene siendo el comportamiento de la Sala y el principio de igualdad de todos ante la ley. Quizá puede que no haya sido esa intención, pero, conforme a estos hechos, y sin mayor información que pueda justificar las actuaciones, es la conclusión que se ha podido construir.

Así las cosas, de la forma como se ha manejado hasta hoy la revisión de sentencias, no se discute que se ha perfilado como una facultad discrecional, lo cual no debe ocurrir, por lo menos, cuando se trata de la revisión de los fallos en los que se ha ejercido el control difuso de la constitucionalidad. No obstante, esta discrecionalidad, en la práctica, no es pura o idéntica al *writ of certiorari*, por cuanto la Sala Constitucional ha venido dando respuesta, aunque sea tardíamente, a todos los asuntos o revisiones que se le plantean[514] (bien sea para declararlas inadmisibles, no ha lugar o procedentes) e incluso ha motivado todas y cada una de sus

---

[513] SSC 640/2018, de 02 de octubre.

[514] De hecho, ha reconocido que es parte de la tutela judicial efectiva: <<considerando además que existen una serie de solicitudes de revisión interpuestas ante esta Sala y que es obligación de esta Sala analizar su admisibilidad y procedencia en respeto de la tutela judicial efectiva>> SSC 93/2001 de 06 de febrero.

decisiones (parte de su motivación es explicar que no tiene por qué motivar) y, antes de la entrada de la Ley Orgánica del Tribunal Supremo de Justicia estableció las pautas que, en teoría se debían seguir[515], para poder obtener la admisión y, eventualmente, una revisión constitucional de un fallo.

Sobre la posibilidad de que la Sala Constitucional atienda todas y cada una de las solicitudes se ha pronunciado el profesor BREWER CARÍAS al sostener:

> Debe insistirse, por otra parte, en relación con este "mecanismo extraordinario de revisión" que la intención de la norma fue su previsión, no como un derecho de los interesados, sino como una potestad de la Sala Constitucional de efectuar la revisión, sin tener obligación alguna para ello. Lo contrario hubiese sido totalmente desquiciante para el orden judicial y hubiera impedido a la Sala cumplir la función de garantizar la uniformidad en la interpretación de las normas y principios constitucionales.[516]

Se es del pensar que la actuación de la Sala Constitucional, desde su propia óptica y sin adelantar opinión sobre la perspectiva del justiciable, puede resultar confusa lo cual comporta que aún esté indefinida, en cuanto a si su actividad es totalmente reglada, parcialmente reglada –sistema alemán– o si por el contrario se encuentra en la libertad total –*writ of certiorari*–.

Si se revisa el artículo 336.10 de la Constitución y lo previsto en la Ley Orgánica del Tribunal Supremo de Justicia, puede considerarse que su actividad está reglada total o, al menos, parcialmente (como el amparo alemán), de hecho, ella en sus motivaciones citas las reglas que le permiten la actuación.

---

[515] La frase en teoría está referida a que la Sala ha dicho, tal como se ha citado anteriormente, que sus decisiones no la atan. Sin embargo, deben seguirse sus criterios generales tanto para lograr la admisibilidad, como para tener la posibilidad de una revisión del fallo (procedencia).

[516] Allan R. Brewer-Carías, *El sistema de justicia constitucional en la Constitución de 1999: Comentarios sobre su desarrollo jurisprudencial y su explicación, a veces errada, en la exposición de motivos* (Caracas: Editorial Jurídica Venezolana, 2000), 122-123.

Empero, y tal como ha sido explicado, la Sala se ha puesto más de una vez por encima del texto constitucional y la ley y, expresamente, ha dicho que su facultad es similar al *writ of certiorari*, por lo que, si bien ella está fundamentando sus decisiones, también está advirtiendo que no es su deber, por lo que puede comenzar a abstenerse de hacerlo en cualquier momento, sin que se pueda conocer las razones que la han llevado para desechar un determinado asunto.

En conclusión, desde el punto de vista del órgano, no está completamente definida la naturaleza de la revisión de sentencias, aun cuando se han expuesto los principales rasgos que se le han atribuido a esta.

Como aporte agregado a lo anterior, se ratifica que todavía el sistema de justicia constitucional venezolano no está en el nivel de asumir un sistema de discrecionalidad pura, por cuanto la sociedad venezolana no ha evolucionado[517] al punto de que entre los magistrados y los justiciables exista la confianza suficiente para dejar en manos de aquellos la potestad incontrolable de administrar justicia. Igualmente, siempre se ha considerado que la discrecionalidad irrestricta es la base o piedra angular de la arbitrariedad, siendo la motivación una de las manifestaciones más preciadas del derecho a la defensa de los ciudadanos, todo a pesar de que contra estas decisiones no exista recurso, ni solicitud alguna. En el mismo sentido, lo había indicado el profesor CASAL (en una edición anterior de su obra, sobre justicia constitucional), cuando sostuvo:

> No compartimos, por los motivos expuestos en otro lugar, el intento de implantar en nuestro país, en esta fase fundacional de la nueva justicia constitucional, el modelo norteamericano del *certiorari*. Entre otras razones, importa destacar que el punto de vista que ha de privar al definir los perfiles del sistema de justicia constitucional es el del justiciable.

> Es preciso garantizarle, dadas las condiciones extraordinarias que la ley establezca, sin perjuicio del margen de apreciación que ha de reconocerse a la Sala Constitucional, el acceso al órgano jurisdiccional, como también el conocimiento de los criterios que conducen a

---

[517] Se piensa que la sociedad no está aún apta para ello, no sólo por la posibilidad de corromper a magistrados, sino también, por cuanto, al dejar carta abierta para los justiciables, estos harían rutinaria la interposición de solicitudes y se entraría así en la vieja discusión de la justicia y la seguridad jurídica.

admitir o rechazar las solicitudes de revisión de sentencias de amparo o control difuso de la constitucionalidad. Se trata, además, de propiciar la confianza objetiva en la administración de justicia[518].

Adicional a las características que la Sala Constitucional le ha indilgado a la revisión constitucional de sentencias y, no satisfecha con que los justiciables, que a decir de ella *no tienen derecho a pedirla*, sea quienes presenten las solicitudes, también ha establecido que se trata de una facultad que puede ejercer oficiosamente.

Así lo ha expresado en numerosos fallos, como demostración se hará referencia a algunos de ellos:

No obstante lo anterior, cabe indicar que esta Sala Constitucional, en defensa y resguardo del orden público, ha procedido a la revisión de oficio en casos que se encuentren incursos en algunas de las causales previstas en el fallo de esta Sala N° 93/2001, recaída en el caso: *"Corpoturismo"*, ahora plasmadas en la Ley Orgánica del Tribunal Supremo de Justicia, pese a la desestimación de la pretensión que hubiese sido interpuesta, originado su intervención (*vid.* sentencia de esta Sala N° 664/08). Ello en virtud de la condición de este órgano judicial de máximo garante del derecho positivo y custodia de los derechos fundamentales, lo cual implica que está obligado a permanecer alerta ante cualquier situación que pueda menoscabar una garantía constitucional[519].

Por ello, la revisión constitucional atribuida a esta Sala no puede ni debe entenderse como una tercera instancia ni como parte de los derechos a la defensa, a la tutela judicial efectiva y al amparo consagrados en la Constitución y en las leyes, sino como un mecanismo extraordinario cuya finalidad consiste en mantener la uniformidad a la interpretación de la norma y principios constitucionales; debiendo concebirse como expresión jerárquica y procesal de salvaguarda de la Constitución; por lo tanto, si bien las decisiones dictadas en ejercicio de dicha potestad constituyen, en caso de que así se disponga, precedentes vinculantes para los demás tribunales de la República e incluso

---

[518] Jesús María Casal, *Constitución y justicia constitucional* (Caracas: Universidad Católica Andrés Bello, 2004), 129.

[519] SSC 218/2019, de 12 de julio.

para las demás Salas que integran este Alto Tribunal; no pueden las partes solicitantes en revisión invocarlos para vincular a la Sala Constitucional, ya que en su condición de Máximo y último intérprete de la Carta Magna, puede estimarlo inaplicable al caso concreto o puede incluso modificar o reexaminar sus criterios, ante nuevos y distintos alegatos que no habían sido expuestos a su conocimiento con anterioridad, y que la lleven a considerar nuevas violaciones a principios y derechos constitucionales, para lo cual la Sala deberá motivar sus decisiones para justificar la razonabilidad del fallo contentivo del nuevo criterio. Desde esta perspectiva, tiene firme asidero la posibilidad de que esta Sala Constitucional revise, incluso de oficio, decisiones, autos o sentencias de las demás Salas del Tribunal Supremo de Justicia que contraríen la Constitución o las interpretaciones que sobre sus normas o principios haya fijado la Sala; a fin de garantizar –se insiste- la supremacía constitucional conforme al estado de derecho y justicia proclamado por la Constitución. Así entonces, la revisión prevista en el numeral 10 del artículo 336 de la Constitución de la República Bolivariana de Venezuela, no permite a las partes una nueva posibilidad de atacar las determinaciones judiciales de primero y segundo grado. Su sentido y razón consisten en asegurar que, por parte del tribunal que tiene a su cargo la guarda de la integridad y supremacía de la Carta Magna, se unifiquen los criterios con base en los cuales ella se interpreta y aplica en materia de derechos, se elabore la doctrina constitucional y se tracen las pautas de la jurisprudencia, a propósito de casos paradigmáticos, sobre el alcance de los principios, postulados, preceptos y reglas de la Constitución, corrigiendo, si hay lugar a ello, las desviaciones y errores de equivocadas interpretaciones y decisiones judiciales. De esta manera, el ejercicio de la mencionada potestad discrecional le permite a la Sala Constitucional reservarse las razones por las cuales decide revisar o no un caso en particular; siendo plausible si así lo estima pertinente explicar, como se señaló, el porqué de tal decisión. Corolario de lo anterior, y sin que ello implique una violación del principio *stare decisis*, la Sala Constitucional decidirá cada caso sometido a su consideración mediante la revisión considerando una situación jurídica concreta y sin que esté necesariamente vinculada a la alegada aplicación de criterios sentados en casos de revisión previos; pues se insiste que las situaciones jurídicas en que se encuentran los justiciables son susceptibles de sufrir variaciones de un caso respecto a otro, por tanto las distintas posturas adoptadas por esta Sala en ejercicio de su potestad revisora no tienen el mismo valor si las distintas situaciones alegadas por los particulares han variado; aceptar lo contrario supondría una especie de petrificación de su potestad revisora en detrimento de su función de guardián y último intérprete supremo de la Constitución de la República Bolivariana de Venezuela.[520]

De ahí que, esta Sala Constitucional en sentencia (N° 365 del 10/5/2010, caso: Fernando Pérez Amado), amplió los supuestos de revisión cuando entre otras cosas señaló: *"Tiene firme asidero la posibilidad de que esta Sala Constitucional revise, incluso de oficio, decisiones, autos o sentencias de las demás Salas del Tribunal Supremo de Justicia que contraríen la Constitución o las interpretaciones que sobre sus normas o principios haya fijado la Sala; a fin de garantizar –se insiste- la supremacía constitucional conforme al estado de derecho y justicia proclamado por la Constitución"*. Ahora bien, en el caso sub *iudice*, esta Sala Constitucional sobre la petición formulada de revisión constitucional de una sentencia definitivamente firme de adopción, que por sí sola, para el momento en que fue dictada no hubo una vulneración del orden público, constitucional o legal, pero que se alega una causa penal sobrevenida (sentencia de condena) que atenta contra la institución de la adopción y el ejercicio y disfrute pleno de los derechos constitucionales de la niña adoptada, el cual –a su criterio- lesiona su interés superior, su derecho y garantía irrenunciable inherente a la persona humana y su derecho a la identidad. Del planteamiento íntegro realizado, esta Sala evidencia, que su pretensión está vinculado al derecho a la identidad de una adolescente- producto de la filiación establecida por una adopción decretada-, la cual ha sido considerado por esta Sala Constitucional como un derecho humano que debe ser garantizado por el Estado, tomando en consideración, que las normas sustantivas y adjetivas que regulan los derechos de niños, niñas y adolescentes son de eminente orden público, por lo que esta Sala a los fines de garantizar la tutela del derecho fundamental a la identidad, le resulta imperioso conforme al artículo 336.10 Constitucional revisar de oficio la presente causa, objeto de revisión. Así se decide.[521]

---

[520] SSC 21/2022, de 11 de febrero.

[521] SSC 60/2022, de 8 de marzo. Ratificada, entre otras, en SSC 220/2022, de 21 de junio.

Sobre la necesidad de que sean las partes las que soliciten la revisión constitucional y sobre la discrecionalidad de la Sala, indicó el profesor BREWER CARÍAS lo siguiente:

> Por tanto, esta potestad revisora de sentencias constitucionales asignada a la Sala Constitucional, como lo propusimos a la Asamblea Nacional Constituyente, se concibió para ser ejercida mediante el ejercicio de un recurso extraordinario, es decir, a instancia de parte interesada, que en estos casos es una de las parte en el proceso respectivo donde se hubiese dictado la sentencia, con la precisión, sin embargo, de que el mismo es siempre del conocimiento discrecional por parte de la Sala Constitucional; ello, a los efectos evitar que se pudiera abrir una vía de recurso que pudiera considerarse como de obligatoria admisión y decisión por la Sala, contra todas las sentencias referidas, lo cual sería imposible de manejar por la multitud de casos en los cuales podría interponerse[522].

La facultad oficiosa de la Sala Constitucional no está limitada a que, ante el conocimiento de un caso que deseche, verbigracia, la inadmisibilidad de un amparo revise de oficio la sentencia; sino que este carácter oficioso pasa porque ella inicie el procedimiento de revisión constitucional de sentencias sin que medie ningún interesado presentando alguna solicitud.

Así lo hizo, por ejemplo, en aquel caso que tuvo repercusión política como lo fue del cacique Yukpa Sabino Romero. Dijo la Sala:

> Esta Sala Constitucional del Tribunal Supremo de Justicia, tiene conocimiento, por notoriedad judicial, que el (…) dictó sentencia mediante la cual condenó, por el procedimiento especial de admisión de los hechos, a los ciudadanos (…)en el juicio seguido por la provocación de la muerte al ciudadano (…) La Sala se ha pronunciado en diversas oportunidades sobre la notoriedad judicial, señalándola como el conocimiento que ésta pueda tener, de las decisiones de tribunales, en el ejercicio propio de las funciones inherentes a ella, siendo sufi-

---

[522] Allan Brewer-Carías, <<La metamorfosis jurisprudencial y legal del recurso extraordinario de revisión constitucional de sentencias en Venezuela>> en *Derecho procesal constitucional*, Director. Eduardo Velandia Canosa (Bogotá: Editores Ltda., 2012), 272.

ciente para activar la potestad de revisar cualquier decisión de tribunales u otras Salas de esta máxima instancia judicial (Ver sentencias nros. 150 del 24 de marzo de 2000 y 1759 del 15 de diciembre de 2014, entre otras). Ahora bien, se observa que la referida sentencia, que no fue objeto de impugnación por ninguno de los sujetos procesales, no sólo está directamente vinculada a aspectos de orden legal y a valores, principios, normas, derechos y garantías constitucionales, tales como el debido proceso, la tutela judicial efectiva y la justicia (vid. arts. 1, 2, 3, 26, 49 y 257, del Texto Fundamental), las cuales han sido objeto de interpretación por parte de la jurisprudencia de esta Sala Constitucional, sino que, aunado a éstos, existe un ámbito intrínseco de protección que debe ser verificado, que es el relacionado con los derechos indígenas, ya que el daño principal no sólo fue infringido al ciudadano Sabino Romero, un cacique de la comunidad étnica *Yukpa*, que liderizó una lucha por el derecho a las tierras ancestrales de su pueblo, y que, por ende, tuvo una repercusión dentro de la precitada colectividad indígena, por lo que la protección constitucional no solo abarca el ámbito procesal sino unos sujetos especiales de protección (Cfr. artículos 119 y 121 de la Constitución de la República Bolivariana de Venezuela) que ameritan el examen oficioso y extraordinario por parte de esta Sala Constitucional, a objeto de verificar los diferentes elementos de hecho y de derecho presentes en la tramitación de la causa originaria, con relación al Texto Fundamental, sin que ello signifique, necesariamente, la modificación del asunto objeto del referido examen. Al respecto, el artículo 335 de la Constitución de la República Bolivariana de Venezuela, dispone lo siguiente: *"El Tribunal Supremo de Justicia garantizará la supremacía y efectividad de las normas y principios constitucionales; será el máximo y último intérprete de la Constitución y velará por su uniforme interpretación y aplicación..."*. Por su parte, en sentencia n.° 93/2001 (caso: *"Corpoturismo"*), esta Sala ratificó su potestad extraordinaria, excepcional, restringida y discrecional de revisar las sentencias dictadas por las demás Salas del Tribunal Supremo de Justicia y por cualquier juzgado o tribunal del país, cuando estas, se hayan apartado o hayan obviado alguna interpretación constitucional incluidas en sentencias emitidas por esta Sala, existentes antes de la sentencia bajo revisión. A su vez, el artículo 25.10 de la Ley Orgánica del Tribunal Supremo de Justicia, dispone que es competencia de esta Sala revisar las sentencias cuando hayan desconocido algún precedente dictado por la Sala Constitucional, entre otros supuestos. En tal sentido, esta Sala, en la búsqueda de verificar el apego o no de la decisión (...) resuelve lo siguiente: **1.- ORDENA** a la Secretaría de esta Sala, abrir el correspondiente expediente a los fines de ejercer, de oficio, la revisión de la sentencia (…) **2.- ORDENA** al Juzgado (…) copia certificada de todas las actuaciones del expediente (…)[523]

KIRIAKIDIS, al referirse a la discrecionalidad de la Sala Constitucional y, por cuanto considera que la competencia[524] de la Sala es un deber y no una facultad discrecional, ha indicado que lo que es discrecional es la posibilidad de ejercerla o no de oficio, esto es, que <<cuando la Sala dice que la facultad de revisión es "discrecional" lo que está diciendo es que la facultad oficiosa de revisión lo es>>[525], pues a decir del autor referido la

---

[523] SSC 1.165/2015 de 14 de agosto. Luego al resolver la revisión sobre este caso la Sala Constitucional, al analizar su competencia, indicó: <<Ahora bien, visto que en el caso de autos se revisa de oficio la decisión definitivamente firme dictada el 15 de agosto de 2014, por el Juzgado Itinerante Décimo Séptimo (17°) de Primera Instancia en Función de Juicio de la Circunscripción Judicial del Área Metropolitana de Caracas, esta Sala Constitucional declara su competencia para el conocimiento de la misma, conforme lo *supra* expuesto. Así se decide>>. SSC 253/2019, de 08 de agosto.

[524] Algunos han limitado su naturaleza a que simplemente se trata de una competencia; lo cual, si bien es una competencia (entendida como una atribución encomendada por el orden jurídico) se considera insuficiente para abarcar este tema. <<A nuestro juicio, el mecanismo de revisión constitucional previsto en el ordinal 10 del artículo 336 constitucional, más que una potestad discrecional y extraordinaria de la Sala Constitucional, que decide ejercer o no según el caso y, según su reiterada jurisprudencia, sin estar [sujeta] a motivar el porqué de su decisión, en realidad es una competencia de la Sala que le fuere otorgada por el texto constitucional; en consecuencia, la Sala debe ejercer esa competencia con apego a los principios y derechos de obtención de una tutela judicial efectiva del debido proceso de los justiciables, estando por ello obligada, a emitir un fallo congruente y motivado declarando procedente o no la revisión planteada, en cumplimiento de lo previsto en los artículos 26, 49.1 y 51 de la Constitución Nacional. En tal sentido, cabe agregar, la previsión contenida en el artículo 335 de la Constitución Nacional, según la cual la Sala Constitucional podrá dictar sentencias vinculantes en interpretación de normas y principios constitucionales, no faculta a dicha Sala, a darle carácter de potestad discrecional y extraordinaria, que decide cuándo y cómo ejercerla sin motivación alguna en caso de que decida no ejercerla, al mecanismo de revisión constitucional previsto en el ordinal 10 del artículo 336 de la Constitución de la República Bolivariana de Venezuela>>. Luis Meléndez García, *La revisión constitucional según la doctrina y la jurisprudencia venezolana* (Caracas: vadell hermanos, 2008), 13.

[525] Kiriakidis, <<Sobre la facultad de control que la Sala Constitucional puede ejercer sobre las sentencias de las restantes salas del Tribunal Supremo de Justicia >>, 340.

Sala al mencionar la discrecionalidad <<no se está refiriendo a los casos en que esta revisión se desencadena a instancia de parte interesada, pues en esos casos, se está frente al ejercicio de verdaderos derechos de los particulares>>[526].

Está claro el carácter excepcional y extraordinario que posee el mecanismo de revisión constitucional y así lo ha ratificado la ley que, por ahora, ha ocupado el puesto que le corresponde a la futura ley de la justicia constitucional.

La revisión constitucional de sentencias no puede proceder alegremente contra cualquier situación jurídica; por lo que, a pesar de que la Sala haya ampliado el rango de acción o mejor dicho el alcance del mencionado medio revisorio, así como también lo ha hecho la Ley Orgánica del Tribunal Supremo de Justicia[527], no se discute que el mismo es extraordinario y excepcional incluso para su admisión, más aún para su procedencia.

LA REVISIÓN CONSTITUCIONAL DE SENTENCIAS BAJO LA ÓPTICA DEL JUSTICIABLE: ¿ES UN RECURSO? ¿DERECHO A LA REVISIÓN CONSTITUCIONAL DE SENTENCIAS?

Lo que se perseguirá en este aparte es presentar lo que se ha dicho sobre la naturaleza de la revisión constitucional de sentencias desde el punto de vista del justiciable. Asimismo, se presentará la opinión de quien redacta sobre cómo debe ser entendida esta importante figura del Derecho venezolano. Se trata de precisar si la revisión constitucional de sentencias es una verdadera tercera instancia tratándose de un recurso, si es un recurso autónomo e independiente, excepcional y de derecho, o más bien, si es una mera solicitud que se dirige al imperio constitucional, para que éste, si lo considera conveniente, proceda a ejercer tal facultad, ello en una forma de cooperación o intervención coadyuvante con el sistema de justicia.

---

[526] Kiriakidis, <<Sobre la facultad de control que la Sala Constitucional puede ejercer sobre las sentencias de las restantes salas del Tribunal Supremo de Justicia>>, 340.

[527] Si hacemos una interpretación general de la Constitución (su fuerza normativa, obligación de garantizar su uniformidad por los jueces, el rango constitucional de los derechos humanos) puede apreciarse que, nada aportó la referida ley, respecto a lo que ya había delineado la Sala Constitucional en sus fallos. La explicación de este razonamiento la encontrarán más adelante.

La Exposición de Motivos niega la posibilidad de que la revisión constitucional pueda ser concebida como un recurso, donde el justiciable tenga derecho a este; así lo indica:

Ahora bien, la referida competencia de la Sala Constitucional no puede ni debe entenderse como parte de los derechos a la defensa, tutela judicial efectiva y amparo consagrados en la Constitución, sino, según lo expuesto, como un mecanismo extraordinario de revisión cuya finalidad constituye únicamente darle uniformidad a la interpretación de las normas y principios constitucionales[528].

En los mismos términos se ha pronunciado, durante estas más de dos décadas, la Sala Constitucional, al sostener:

De allí que la Sala no se encontraría en la obligación de pronunciarse sobre todos y cada uno de los fallos que son remitidos para su revisión, ni podría ser entendida su negativa, como violación del derecho a la defensa y al debido proceso de las partes, por cuanto se trata de decisiones amparadas por el principio de la doble instancia judicial[529].

Esta función, es una potestad de revisión que no es obligatoria y que está sometida a la discrecionalidad que la Sala considere. No se trata tampoco de un recurso extraordinario, por lo que no debe ser entendida como una nueva instancia, y por ello no existe la obligación por parte de la Sala de pronunciarse en todas y cada una de las decisiones que le sean enviadas para revisión, sin que la decisión de no revisar una sentencia pueda considerarse como una violación del derecho a la defensa y al debido proceso, por cuanto se trata de decisiones que han pasado ya por las dos instancias que consagra nuestro sistema judicial. La existencia de la institución de la revisión contra las sentencias de amparo demuestra que contra el fallo de última instancia donde el Juez Constitucional decida un amparo, no hay ni recurso alguno, ni la posibilidad de disfrazar una tercera instancia mediante un amparo contra sentencia[530].

---

[528]   Constitución de 1999 ya citada.

[529]   SSC 44/2000, de 02 de marzo.

[530]   SSC 298/2000, de 03 de mayo.

En este mismo sentido, la Sala ha sostenido en casos anteriores que la labor de resguardo del Texto Constitucional mediante la revisión extraordinaria de sentencias, no se cristaliza de forma similar al establecido para los recursos de gravamen o impugnación, diseñados para cuestionar la sentencia, para ese entonces, definitiva. De allí que, el hecho configurador de la revisión extraordinaria no es el mero perjuicio, sino que, además, se verifique un desconocimiento absoluto de algún precedente dictado por esta Sala, la indebida aplicación de una norma constitucional, un error grotesco en su interpretación, lo cual se justifica en que los recursos de gravamen o de impugnación gozan de una presunción de que los jueces de instancia o casación, de ser el caso, actúan como garantes primigenios de la Carta Magna. Sólo cuando esa presunción logra ser desvirtuada es que procede, en tales casos, la revisión de la sentencia (Vid. Sentencia de la Sala N° 2.957 del 14 de diciembre de 2004, caso: *"Margarita de Jesús Ramírez"*, ratificada en el fallo N° 748 del 8 de junio de 2009, caso: *"Gregorio Carrasquero"*). De modo que, la solicitud de revisión puede ser declarada ha lugar únicamente en casos donde a discreción de esta Sala la decisión objetada haya errado en el control de la constitucionalidad al aplicar indebidamente la norma constitucional; o bien cuando haya incurrido en un error de interpretación u omitido alguna disposición constitucional, o un precedente establecido por esta Máxima Instancia Jurisdiccional, o cuando tratándose de una solicitud de revisión contra un fallo dictado por alguna de las restantes Salas del Tribunal Supremo de Justicia, éste haya violentado algún derecho constitucional, tal como estableció el legislador en los numerales 10 y 11 del artículo 25 de la Ley Orgánica del Tribunal Supremo de Justicia[531].

Así las cosas, se observa que la presente solicitud de revisión constitucional, no se subsume en alguno de los supuestos de procedencia de la excepcional institución de la revisión constitucional, por lo que esta Sala debe enfatizar que la revisión extraordinaria a que alude el artículo 336.10 de la Constitución de la República Bolivariana de Venezuela, no es un recurso ordinario ni una instancia más en el proceso, sino una potestad extraordinaria, excepcional y discrecional de tutela constitucional dirigida a velar por la uniformidad en la interpretación del Texto Fundamental, por la seguridad jurídica, por la supremacía y eficacia de las normas y principios constitucionales,

---

[531] SSC 05/2021, de 8 de febrero.

y, por tanto, por la protección del mismo, como norma suprema y fundamento del ordenamiento jurídico, como característica central de un Estado Constitucional (*vid.* arts. 7, 334 y 335 de la Constitución de la República Bolivariana de Venezuela)[532].

Parte de la doctrina se ha pronunciado en el mismo sentido, sosteniendo que no existe un derecho a la revisión de sentencias y que no se trata de un recurso. Así, el profesor BREWER CARÍAS ha indicado que:

En todo caso, es de destacar que, conforme a nuestra apreciación y propuesta, el texto del ordinal 10 fue aprobado en la Asamblea Nacional Constituyente iniciándose con la frase "Revisar, a juicio de la Sala, las sentencias...", con el objeto de dejar claro a nivel constitucional, que se trataba de una potestad de revisión que nunca puede ser obligatoria, sino realizada a juicio de la Sala, la cual la puede ejercer en forma discrecional. La frase mencionada, sin embargo, fue inexplicablemente eliminada. De lo que se trataba era de evitar que se pudiera abrir un recurso de obligatoria admisión y decisión por la Sala, contra todas las sentencias referidas, lo cual sería imposible de manejar por la magnitud de casos. De allí la discrecionalidad que debe tener la Sala Constitucional para escoger los casos en los cuales juzga conveniente conocer del recurso de revisión (...) [d]ebe insistirse, por otra parte, en relación con este "mecanismo extraordinario de revisión" que la intención de la norma fue su previsión, no como un derecho de los interesados, sino como una potestad de la Sala Constitucional de efectuar la revisión, sin tener obligación alguna para con ello. Lo contrario hubiese sido totalmente desquiciante para el orden judicial y hubiera impedido a la Sala cumplir la función de garantizar la uniformidad en la interpretación de las normas y principios constitucionales[533].

HARO, por su parte, y compartiendo la misma idea, ha señalado que:

el mecanismo extraordinario de revisión previsto en el artículo 336, numeral 10, de la Constitución, *no es un recurso, no es un recurso de revisión, ni un recurso extraordinario de revisión,* como erradamente han sostenido o insinuado algunos (...) En efecto, no se puede calificar el referido mecanismo extraordinario de revisión co-

---

[532] SSC 134/2022, de 14 de junio.

[533] Brewer-Carías, *La Constitución...,* 979-980, 983-984.

mo un recurso porque no tiene por objeto la defensa de los derechos subjetivos o intereses de las personas, sino, antes bien, garantizar la uniformidad en la interpretación del Texto Constitucional, de manera que, como hemos señalado, no forma parte de los derechos a la defensa, tutela judicial efectiva y amparo (...) La calificación de recurso técnica y procesalmente no es la más apropiada y sólo la podríamos utilizar si consideramos que esa *revisión* forma parte de los referidos derechos a la defensa, tutela judicial efectiva y amparo. Por ello, debemos referirnos no a un recurso extraordinario de revisión, sino, a una *solicitud* de revisión que, por su puesto, tiene carácter extraordinario (...) En todo caso, debemos ratificar lo que ya hemos señalado, la calificación y naturaleza jurídica que debe dársele al mecanismo extraordinario de revisión de sentencias previsto en el artículo 336, numeral 10 de la Constitución, debe corresponderse con la finalidad de este instituto jurídico, cual es, garantizar la uniformidad en la interpretación de la Constitución. Por ello, no puede calificarse como un *Recurso Extraordinario de Revisión*, dado que técnicamente le estamos dando un sentido que no tiene y lo estamos tratando como si fuera parte de los derechos a la defensa, tutela judicial efectiva y amparo[534].

Por su parte PORTOCARRERO manifiesta lo siguiente:

Todo lo expuesto, nos lleva, en primer lugar, a descartar que la revisión constitucional de sentencias sea un medio de gravamen en manos de las partes (...) Por otra parte, tampoco se puede hablar en puridad de que la revisión de sentencias es una acción autónoma de impugnación, la cual al igual que la noción de "recurso" supone un agravio para al [sic] accionante[535].

CUENCA, al analizar las diferentes posturas sobre el particular (tanto en la doctrina como en la jurisprudencia) sostiene que <<se puede concluir que el mecanismo extraordinario de revisión no es un recurso, porque, efectivamente, no es un derecho subjetivo concreto y definitivo que pueda ser exigido vía jurisdiccional[536]>>.

---

[534]   Haro, <<El mecanismo extraordinario de revisión de sentencias definitivamente firmes de amparo y control difuso de la constitucionalidad previsto en el artículo 336, numeral 10, de la Constitución>>, 244-245,248.

[535]   Portocarrero, *La revisión...*, 79-80.

[536]   Cuenca Espinoza, *Revisión...*, 29.

Por el contrario, otra buena parte de la doctrina ha considerado que la revisión no es pura facultad sino un deber[537] y, adicionalmente que se trata de un recurso. Así lo indica el profesor CHAVERO al sostener:

> Quizás la gran diferencia entre la revisión constitucional y el resto de los recursos tradiciones estribe en: i) el hecho de que no exista un procedimiento para tramitar estas solicitudes; ii) en algunos casos se ejerce de oficio por la propia Sala Constitucional; y iii) la motivación de las sentencias que niegan la revisión son bastante simples, sin necesidad de referirse a cada uno de los argumentos presentados por el solicitante, pues muchas veces la Sala Constitucional se limita a destacar que este remedio no es una tercera instancia o el caso no presenta ninguna denuncia constitucional relevante. En suma, consideramos que estamos en presencia de un (recurso), independientemente de las facultades de oficio que tiene la Sala Constitucional[538].

ESCOVAR LEÓN, en su artículo intitulado "Interpretación y revisión a la manera constitucional venezolana", señaló que la revisión constitucional <<no es un medio impugnativo, pero en su devenir forense se ha convertido en un recurso *tout court*[539], porque no se ha limitado a la revisión, sino que se afirma una potestad <<anulatoria>> de sentencias[540]>>. En el mismo sentido CARLOS ESCARRÁ cuando se refiere al robustecimiento del sistema de control constitucional ha expresado que parte de este lo ha constituido *'el recurso de revisión constitucional'*[541].

Por su parte el también profesor ARGÜELLO LANDAETA se inclinó a favor de la noción de recurso al indicar que:

> A nuestro juicio la revisión constitucional contra sentencias definitivamente firmes de amparo constitucional y de control de constitucionalidad de leyes o normas jurídicas dictadas por los tribunales de

---

[537] Ver las referencias a Kiriakidis, antes formuladas.

[538] Chavero Gazdik, *El control...*, 156.

[539] Expresión francesa que significa: en resumen, o a secas.

[540] Escovar León, <<Interpretación y revisión a la manera constitucional venezolana>>, 457.

[541] Escarrá, <<¿Existe en Venezuela un recurso de certiorari?>>, 338. Otros autores también lo han denominado recurso, como es el caso de Rondón de Sansó. Ver, Rondón de Sansó, *Análisis...*, 49-50.

la República, participa de las características de una acción constitucional y de un recurso extraordinario. No obstante que la Sala Constitucional del Tribunal Supremo de Justicia ha considerado a la revisión como una facultad, potestad[542].

MEJÍA ARNAL y ABREU BURELLI, quienes contaban con amplia experiencia académica y profesional sobre lo que podría considerarse un recurso, también consideraron a la revisión constitucional de sentencias como un recurso. Así se expresaron:

Este efecto repositorio establece el lazo de unión entre el proceso en el cual se dictó la sentencia recurrida y el procedimiento del recurso, lo cual conduce a considerar que el amparo contra una sentencia es un recurso excepcional; sin embargo, la Sala Constitucional del Tribunal Supremo de Justicia lo califica de acción, lo cual en principio no excluiría su carácter recursivo. Similar es el efecto de la revisión constitucional establecida en el artículo 336 de la Constitución (…) Ahora bien, la Sala Constitucional se atribuye la facultad discrecional de rechazar la revisión si considera innecesaria su intervención para restablecer el orden constitucional, lo cual la priva de una de las características de los recursos: ser acto de parte. En efecto, la discrecionalidad da a entender que la actuación del ciudadano que solicita la revisión es más bien una denuncia, que no constituye el ejercicio de un derecho que necesariamente dé lugar a una respuesta del Tribunal Supremo de Justicia[543].

Asimismo, al ofrecer su clasificación de los remedios procesales en el ordenamiento jurídico venezolano, de manera expresa incluyen la revisión constitucional de sentencias como un recurso. Así lo expresaron

1. Recursos[:] 1.1. Medios de gravamen[:] 1.1.1. Siempre ordinarios: Apelación, oposición a la intimación 1.2. Peticiones de impugnación[:] 1.2.1. Ordinarias: Regulación de competencia, recurso de hecho, aclaratoria y ampliación del fallo, recurso ordinario de nuli-

---

[542] Israel Argüello Landaeta, <<El recurso de revisión constitucional contra sentencias definitivamente firmes de amparo constitucional y de control de constitucionalidad de leyes y normas jurídicas dictadas por los tribunales de la República, en los términos establecidos por la ley orgánica respectiva >>, en *I El estado constitucional y el derecho administrativo en Venezuela libro en homenaje a Tomás Polanco Alcantara* (Caracas: Universidad Central de Venezuela, 2005), 36.

[543] Abreu Burelli y Mejía Arnal, *La casación...*, 143-144.

dad, recurso de nulidad en casación, revocatoria por contrario imperio a solicitud de parte, reclamo ante el comitente, oposición de parte a medidas preventivas. 1.2.2. Extraordinarias: Casación, oposición de terceros al embargo. 1.2.3. Excepcionales: Invalidación, amparo contra decisiones judiciales, revisión constitucional. 2. Medios no recursivos de impugnación[:] Procedimiento de nulidad incidental, tacha de testigos, tacha documental. 3. Demandas de nulidad[:] Demanda de falsedad del artículo 507, ordinal 2°, del Código Civil[544].

Así, dichos autores consideran, en contra de lo indicado por la Sala Constitucional, que se trata de un recurso, específicamente de una petición de impugnación excepcional.

Conviene señalar que la facultad revisora de la cual goza la Sala Constitucional, es similar al ejercicio del recurso de revisión de la cosa juzgada, en el ámbito civil o penal, es decir, a través de la facultad revisora se persigue la protección constitucional, mediante la aplicación directa de la propia Constitución o, de las interpretaciones que de éstas se deriven, las cuales también, por tener rango constitucional –si fueron realizadas por la Sala en cuestión interpretando la Constitución[545]-, deben tener una aplicación inmediata, todo en perjuicio de la presunción absoluta surgida, llamada cosa juzgada.

Guarda estrecha vinculación la revisión constitucional de sentencias con la llamada acción (*rectius*: pretensión) de impugnación o de revisión (juicio o demanda de invalidación), en lo referido a poder determinar si se trata o no de un recurso. Sin embargo, en el tema de la invalidación, la discusión se presenta por un aspecto más formal que material, esto es, por la ubicación de fases o etapas del recurso. Esto es, el conocido juicio rescindente (que deja sin efecto a la sentencia dictada) y el juicio rescisorio (que sustituye la decisión dictada por otra).

---

[544]   Abreu Burelli y Mejía Arnal, *La casación...*, 151.

[545]   Acá vale la pena insistir que la revisión constitucional debe igualmente abarcar no únicamente el texto constitucional y la doctrina constitucional derivada de la jurisprudencia de la Sala Constitucional, sino, además, todo aquello que hoy se conoce como el *Bloque de la Constitucionalidad* y que abarca no sólo la norma contenida en el texto constitucional sino los tratados en materia de derechos humanos, las leyes constitucionales, etc.

Algunos autores, entre ellos GUASP[546], consideran que es acción[547] (entiéndase pretensión) y no así recurso., cuando el juicio rescindente y el juicio rescisorio se encuentran en procedimientos diferentes y, por el contrario, se entenderá que se trata de un recurso, cuando estas fases se hallan en un mismo procedimiento; así, por ejemplo, la apelación es un recurso, la casación es otro.

En este sentido, se marca distancia de la tesis de GUASP y, por el contrario, se comparte la posición asumida por ABREU Y MEJÍA, en la cual establecen, en este sentido que:

la unión entre ambos procedimientos no se da por su unidad formal, en un mismo expediente, sino por su efecto de nueva decisión de la controversia –juicio rescisorio-. Cada vez que la revocatoria o nulidad del fallo vaya seguida del pronunciamiento de un nuevo juicio, que lo sustituya, de inmediato o en un proceso autónomo, el remedio procesal deberá considerarse recurso[548].

De seguidas se realizarán ciertas precisiones que quizá han llevado a algunos autores a considerar a la revisión constitucional de sentencias como un recurso.

Para IBAÑEZ FROCHAM citado por ABREU Y MEJÍA el recurso es el acto procesal mediante el cual la parte en el proceso, o el legitimado para actuar en él, solicita que se subsanen los errores que lo perjudican cometidos por una resolución judicial[549].

---

[546] Jaime Guasp, citado por Abreu Burelli y Mejía Arnal, *La casación...*, 134.

[547] Aquí la referencia a acción es entendida como juicio o demanda. Para diferenciarlo de un recurso. Por ejemplo, algunos se refieren al amparo como una acción, pretensión, demanda para referirse a que es un juicio autónomo y otros se refieren al recurso de amparo. Algo similar ocurre, por ejemplo, con la invalidación; se encuentra el juicio de invalidación, la demanda de invalidación o el recurso de invalidación.

[548] Abreu Burelli y Mejía Arnal, *La casación...*, 134. Por tanto, para considerar que se está ante un recurso lo fundamental no está si sus dos fases se dan o no en un mismo procedimiento, pues, los recursos pueden tener sus dos fases separadas (a esos se les llama recursos excepcionales).

[549] Abreu Burelli y Mejía Arnal, *La casación...*, 133.

Así, para la doctrina italiana, que se refieren al recurso como medio de impugnación, el recurso puede ser clasificado entre los llamados medios de gravamen y las acciones de impugnación, cuyo criterio de clasificación es que el referido recurso se dirija a controlar jurídicamente la actividad de los particulares frente a la ley –medios de gravamen– o bien se dirija al control de la actividad de los órganos del Estado, especialmente los judiciales –acciones de impugnación– señalándose como ejemplos evidentes de la primera el recurso de apelación y de la segunda el recurso de casación.

Siguiendo esta clasificación, pudiera pensarse que la revisión ejercida por la Sala Constitucional es un recurso de los llamados acciones o peticiones de impugnación, por cuanto además de anular la sentencia objeto de la revisión cuando sea procedente, permite el control judicial de la actividad del Estado, específicamente de los órganos de la jurisdicción. No obstante, el asunto no es tan simple, porque, *bien como lo dice la definición antes referida, la idea de recurso va aparejada a la legitimación o al carácter de parte de los sujetos intervinientes, por lo que, al ser esto así considerado, podría pensarse, en consecuencia, que es, por tanto, un derecho adquirido para los justiciables*. Lo cual ha negado tanto la Exposición de Motivos de la Constitución (la cual no tiene el peso que debería tener) como la Sala Constitucional.

Es decir, a pesar de que al tratar de conseguir la naturaleza de la revisión constitucional de sentencias, el investigador puede conseguirse con la negativa de la Sala Constitucional de tratarla (al menos teóricamente) como recurso, también puede existir la inclinación a aceptarla como tal (recurso), para lo cual hay que pasearse por una noción básica y es que la idea de recurso implica un derecho ya adquirido para el sujeto procesal, cuyo ejercicio sería facultativo, a lo cual debe acotarse que ni la Constitución ni la Ley Orgánica del Tribunal Supremo de Justicia lo han reconocido expresamente.

En el caso de la Constitución esta solo se refiere a la competencia y, en el caso de la Ley Orgánica del Tribunal Supremo de Justicia, aun cuando refiere a los supuestos de procedencia, excluye a este mecanismo de los procedimientos que requieren sustanciación y cuyas normas hacen referencia a las causales de admisibilidad e inadmisibilidad; ello a pesar de que la propia Sala Constitucional use las disposiciones del procedimiento (sustanciación) para declararlo inadmisible, con lo cual una vez más, en la práctica, pareciera tratarlo como recurso (a pesar de su argumentación contraria).

Parte de la doctrina ha expresado esta dificultad de precisar la naturaleza de la revisión constitucional de sentencias al menos hasta que el legislador lo resuelva. Así tenemos lo explicado por el profesor CASAL al sostener:

[I]mporta en este momento aclarar la significación del mecanismo previsto embrionariamente en el numeral 10 del artículo 336. Este precepto no contempla una tercera instancia de amparo; ni siquiera constituye, en nuestra opinión, una expresión del derecho al amparo consagrado en el artículo 27 de la Carta Fundamental. Se trata de un mecanismo extraordinario en virtud del cual la Sala Constitucional puede conocer de causas de amparo ya resueltas los por jueces competentes (…) Nos parece preferible la previsión de un recurso extraordinario que el reconocimiento de la facultad de revisar cualquier sentencia de última instancia de amparo que la Sala Constitucional, "sin atender a recurso específico", considere merecedora de revisión, como se sostiene en la sentencia de esa Sala dictada el 20 de enero de 2000 (n° 01), en el caso Emery Mata Millán y, tácitamente, en el caso Domingo Gustavo Ramírez Monja (n° 02), de la misma fecha (…) La problemática planteada alcanza especial significación en el caso del amparo constitucional, no así en el del control difuso de la constitucionalidad, ya que en este segundo supuesto, por las razones antes enunciadas, lo adecuado sería admitir toda solicitud de revisión de sentencias de última instancia en que se haya desaplicado una ley en razón de su inconstitucionalidad. Una somera aproximación al mecanismo norteamericano del certiorari y a sus intentos de recepción en países europeos puede sernos de utilidad al reflexionar sobre el sistema más adecuado para nosotros (…) En estos sistemas la acción que se intenta es un amparo, mientras que en el nuestro se trata de un mecanismo extraordinario de revisión de ciertas sentencias, el cual no representa un ejercicio del derecho al amparo consagrado en el artículo 27 de la Constitución. Pero el legislador puede regularlo de tal modo que dados determinados supuestos legales la revisión deba ser admitida, frente a lo cual el justiciable podría aducir el derecho a la tutela judicial. Con algunas matizaciones, ésta es la orientación que estimamos más adecuada para el sistema venezolano, al menos en esta primera andadura de la justicia constitucional regulada en la Carta Fundamental de 1999. No compartimos, por los motivos expuestos en otro lugar, el intento de implantar en nuestro país, en esta fase fundacional de la nueva justicia constitucional, el modelo norteamericano del certiorari. Entre otras razones, importa destacar que el punto de vista que ha de privar al definir los perfiles del sistema de justicia constitucional es el del justiciable. Es preciso garantizarle, dadas las condiciones extraordinarias que la ley establezca, sin perjuicio del margen de apreciación que ha de reconocerse a la Sala Constitucional, el acceso al órgano jurisdiccional, como también el conocimiento de los criterios que conducen a admitir o rechazar las solicitudes de revisión de sentencias de amparo o de control difuso de la constitucionalidad. Se trata, además, de propiciar la confianza objetiva en la administración de justicia, tal como ha sido entendida por el Tribunal Europeo de Derechos Humanos. Estos propósitos pueden lograrse sin sacrificar la prontitud en la resolución de los asuntos, siempre que se delimite acertadamente el ámbito de la facultad de revisión de sentencias y se descargue a la Sala Constitucional de las competencias que provisionalmente ha asumido en materia de amparo. Con prescindencia, no obstante, de la opinión que se tenga sobre este particular, lo cierto es que no existe un perfil constitucional acabado de la facultad de revisión que se corresponda con el dibujado por la Sala Constitucional. La Constitución entregó al legislador, en buena medida, la configuración del mecanismo de la revisión de sentencias de amparo y de control difuso de la constitucionalidad previsto en el numeral 10 del artículo 336, por lo cual la jurisprudencia de dicha Sala sobre la naturaleza de esta figura sólo resulta aceptable como un conjunto de criterios transitorios aplicables mientras no se dicta la ley orgánica de la jurisdicción constitucional[550].

En términos similares, FLAVIA PESCI se ha pronunciado sobre este tema en el cual, como se ha explicado, la Sala Constitucional ha sido quien ha impuesto y creado, por omisión legislativa, los caracteres de la revisión constitucional de sentencias, con el agravante de que en el futuro, tal como ocurrió con la ley de 2010 y 2022, la ley lo que venga a hacer es recoger lo que ya ha establecido la propia Sala Constitucional para que sea incorporado formalmente en el ordenamiento jurídico venezolano. Sostuvo la autora en referencia:

> Consideramos que del carácter extraordinario de esta institución procesal no es dado derivar que no sea propiamente una acción, un recurso, o una demanda ya que su extraordinariedad procede porque se puede hacer valer sólo por las razones y los fines que determina la

---

[550] Casal, *Constitución...*, 94-95, 98, 129-130.

norma constitucional, razones y fines que no son otros que establecer criterios uniformes en materia de interpretación constitucional, con el objeto último de crear seguridad jurídica. Por lo tanto, no estamos de acuerdo con la idea según la cual el recurso de revisión sea una solicitud, ni mucho menos se está de acuerdo con las consecuencias que la Sala ha derivado de tal interpretación. Así, para la Sala la consecuencia inmediata de que el mecanismo de revisión no sea considerado un recurso ni una demanda por ser un instituto procesal extraordinario, es que la Sala se auto atribuye amplias facultades para decidir si entrar o no a revisar la sentencia que le pudiera plantear un particular, sin considerarse obligada a dar una respuesta motivada en caso de que decida que no ha lugar la revisión solicitada. Es preciso subrayar que la Constitución se refiere a la revisión como una de las competencias de la Sala Constitucional y que la función principal del Tribunal Supremo de Justicia y, por tanto, de cada una de sus salas, es la función jurisdiccional, es decir, la resolución de las controversias propuestas a su conocimiento mediante un pronunciamiento expreso, la sentencia. No hay la menor duda de que quién interpone el recurso de revisión es porque pretende de la Sala Constitucional un pronunciamiento expreso sobre la constitucionalidad o no de la sentencia cuya revisión solicita, por considerar que la misma pudiera afectar sus derechos constitucionales si contiene una interpretación errónea de la Constitución o si no aplica la interpretación vinculante emanada de la propia Sala. Efectivamente, no es una tercera instancia porque no se pretende con esta acción que la Sala se pronuncie sobre el fondo de la controversia; sino que se busca que ésta mediante un análisis objetivo de la Constitución y de la sentencia objeto de revisión, verifique si la misma aplica los criterios vinculantes emanados por la Sala o si, por el contrario, se aparta de ellos, de lo cual depende su validez. De forma tal que el proceso iniciado con la interposición del recurso de revisión es un proceso distinto de aquél en el que se produce la decisión cuya revisión se solicita, por lo tanto, es un recurso con una pretensión muy específica: la declaratoria de nulidad de un fallo por incorrecta aplicación o interpretación de normas y principios constitucionales. Es una demanda propiamente dicha, en cuyo proceso es obligado garantizar el derecho al contradictorio de los interesados, previa notificación de los mismos ya que al ser un proceso autónomo y diferente del cual se origina la sentencia, las partes de aquel juicio no están a derecho en el procedimiento de revisión. En tal sentido, se insiste en que la revisión constitucional un verdadero proceso con intereses jurídicos controvertidos dignos de tutela judicial y del cual derivan expectativas de derecho, por lo que no consideramos que la potestad atribuida a la Sala Constitucional en esta materia sea calificada como una simple actividad discrecional, potestativa del órgano jurisdiccional. De ahí que sea inconstitucional afirmar, como lo ha hecho y justificado la Sala, que tiene libertad para decidir si pronunciarse o no sobre el recurso de revisión cuando lo considere pertinente. Tampoco es ajustado al sistema de justicia consagrado en la Constitución que, en el caso de que la acción de revisión constitucional no sea admitida o declarada improcedente, tal decisión no requiera de motivación alguna, ya que la revisión es uno de los mecanismos a través de los cuales se expresa el derecho constitucional de accionar y cuya interposición obliga a la Sala Constitucional ha emanar una sentencia precisa aplicando el derecho mediante la motivación de su decisión, con el fin de proteger el derecho al debido proceso y el derecho a una administración de justicia imparcial y transparente, tal y como lo exige nuestro texto constitucional. Creemos que tratar este instituto procesal como una mera solicitud excepcional y aceptar las consecuencias de ello, constituye una violación flagrante de la Constitución; en primer término, porque se está en presencia de una clara denegación de justicia, pues no se garantiza a los ciudadanos su derecho constitucional a la tutela judicial efectiva; y, en segundo lugar, porque la Sala suspende el ejercicio de su competencia al no ejercer la función jurisdiccional que tiene atribuida constitucionalmente y a la cual le debe su propia existencia. La doctrina jurisprudencial de la Sala atenta, paradójicamente, contra la premisa fundacional del sistema constitucional de justicia: el ciudadano, que además de estar llamado a controlar la aplicación de la Constitución, se le debe garantizar el acceso al órgano jurisdiccional y el conocimiento de los criterios que conducen a admitir o rechazar las acciones de revisión de sentencias de amparo o de control difuso de la constitucionalidad que interpone[551].

Así, si se pretende ofrecer un balance lo más objetivo posible, se tiene que ni la Constitución ni la ley, establecen que la revisión de sentencias sea discrecional para la Sala, ni tampoco se refieren a que las decisiones deban ser inmotivadas y, mucho menos se hace referencia al criterio de selección que debe aplicarse para decidir cuáles asuntos se han de cono-

---

[551] Pesci Feltri, *La revisión...*, 24-27.

cer y cuáles no. Tampoco en esos cuerpos normativos se hizo referencia a los particulares como sujetos beneficiarios de un recurso o de un derecho (a que su fallo les sea revisado).

Esta ausencia normativa es la que ha permitido que la Sala Constitucional (con claras deficiencias que van desde el uso laxo de la terminología[552], así como la contradicción entre lo argumentado y como actúa[553]) haya construido cuáles son los caracteres y la naturaleza de la revisión constitucional de sentencias. Y, tratándose de una figura nueva, sin precedente alguno en nuestro ordenamiento jurídico, prácticamente puede concluirse que viene siendo una creación pretoriana, prevista en la Constitución, pero cuya crianza y desarrollo ha estado plenamente en manos del órgano encargado de ejercer dicha competencia.

DE LA NATURALEZA DE LA REVISIÓN CONSTITUCIONAL DE SENTENCIAS: CONCLUSIONES

Se ha podido revisar cuáles son los caracteres que la Sala Constitucional ha dicho que tiene la revisión constitucional de sentencias, asimismo, se pudo hacer un resumen de las diferentes posiciones que argumentan sobre si se trata de un recurso o no; por lo que ahora, en este punto, se presentará una sencilla propuesta sobre el tema en cuestión.

De lo primero que se quiere echar mano es de lo expuesto por la propia Sala Constitucional, quien es férrea detractora de la noción o naturaleza de recurso de esta figura.

La Sala Constitucional, cuando fundamentaba la posibilidad de extender el alcance de este mecanismo a la revisión de las sentencias de las otras Salas se paseó por la necesidad del justiciable y, dentro de su argumentación se formuló dos preguntas ¿el ciudadano debe soportar la violación a sus derechos o garantías constitucionales (…)? ¿cuánto tiempo debe pasar antes que la Sala logre desarrollar una doctrina densa, amplia y diversa sobre aspectos fundamentales, que haga posible cumplir esta garantía de revisión?[554].

---

[552] Se refiere al mecanismo como mecanismo, recurso, consulta, potestad, etc.

[553] Motiva que no debe motivar, señala que debe dar respuesta a todos, pero que es discrecional, etc.

[554] SSC 33/2001, de 25 de enero.

Por otro lado, también la Sala Constitucional ha indicado que es su deber pronunciarse sobre todos los asuntos sometidos a su conocimiento en virtud de la tutela judicial efectiva. Ha dicho la Sala que <<considerando además que existen una serie de solicitudes de revisión interpuestas ante esta Sala y que es obligación de esta Sala analizar su admisibilidad y procedencia en respeto de la tutela judicial efectiva>>[555]. Criterio que se ha mantenido hasta estos días, señalando la Sala:

> Asumida como fue la competencia de esta Sala Constitucional para conocer la presente solicitud, es menester indicar que la revisión de sentencias ha sido concebida como una vía extraordinaria tendiente a preservar la uniformidad de la interpretación de las normas y principios constitucionales y para corregir graves infracciones a sus principios o reglas, estando la Sala en la obligación de considerar todos y cada uno de los fallos que son remitidos para su revisión, pero no de concederla, por tratarse de una potestad discrecional, por lo que su negativa no puede, en caso alguno, constituir violación del derecho a la defensa y al debido proceso de las partes[556].

Así se tiene que la argumentación de la Sala Constitucional es que el justiciable no tiene derecho a la revisión constitucional de sentencias, pero, por otro lado, le resuelve cada una de las solicitudes y está clara que el justiciable no merece soportar un fallo que lesione sus derechos, pues, eso iría contra los principios que prevé la Constitución nacional.

Es cierto que, si la Sala Constitucional estuviera obligada a revisar cada sentencia que se le lleva a su conocimiento, ello sería una tarea muy difícil de cumplir. Sin embargo, esto no es lo que puede marcar la naturaleza de la revisión constitucional de sentencias, pues, a este tema habría que brindársele una solución.

Resulta utópico, o al menos ingenuo, creer que el particular que acude a la Sala Constitucional para llevar una solicitud de revisión de su sentencia, lo hace porque quiere proteger el orden jurídico constitucional y coadyuvar a la Sala Constitucional en su trabajo de control de la constitucionalidad; pues, lo cierto es que cuando ese justiciable acude a llevar esa solicitud lo hace porque el fallo le causa un perjuicio y porque él piensa que dicho perjuicio tiene como fundamento una lesión constitucional (o

---

[555] SSC 93/2001, de 06 de febrero.

[556] SSC 216/2021, de 28 de mayo. Ver también SSC 9/2006, de 20 de enero.

quizá no lo piensa pero es la única alternativa que cree que le queda). Por ello, el trabajo aquí debe consistir en poder crear un sistema que permita separar las solicitudes de las partes que crean realmente en la lesión constitucional de aquellas otras solicitudes en que solo la intentaron porque no les queda más remedio.

Como se dijo en otro capítulo, si la inteligencia artificial hiciera este trabajo con exacta precisión y rapidez[557], nadie discutiría que se trata de un recurso, por lo que se insiste que el retardo que pueda causar no es lo que debe definir la naturaleza del mecanismo extraordinario.

---

[557] No cabe la menor duda que la inteligencia artificial llegará el momento que tendrá la capacidad de resolver todas estas cuestiones. La pregunta a responder es si tendrá la sensibilidad del hombre justo que requiere nuestro tiempo. <<El desarrollo de algoritmos de ejecución digital, el aprendizaje por parte de las máquinas y la inteligencia artificial suscita ventajas y desafíos sin precedentes para la satisfacción y el respeto de los derechos fundamentales (…) Ninguna autoridad individual o colegiada –legisladores, tribunales o reguladores– tiene la capacidad de procesamiento de información necesaria para calcular qué decisiones optimizan la satisfacción de los derechos fundamentales. Para suplir esta deficiencia, estas autoridades pueden valerse del análisis de *big data* de que es capaz la inteligencia artificial. Por esta razón, se ha señalado que la inteligencia artificial puede llevar a la adopción de decisiones administrativas más eficientes (…) Con todo, en la mayoría de los casos, los procesos de inteligencia artificial carecen de transparencia. La opacidad resulta de la dificultad para hacer evidentes las razones que los algoritmos tienen en cuenta y aquellas que excluyen, así como de la necesidad de simplificación de procedimientos. Esta opacidad solo puede subsanarse si se permite a los concernidos desafiar las decisiones algorítmicas que los afectan y con las que están en desacuerdo. El problema radica en que, a fin de garantizar la eficacia de la inteligencia artificial, a quien desafíe un resultado algorítmico debe imponerse una carga de argumentación y probatoria especial. En ocasiones, será difícil cumplir con dicha carga. Antes bien, lo correcto debería ser lo contrario, a saber, que los sistemas digitales tengan capacidad para explicitar las razones jurídicas y fácticas que fundamentan sus sugerencias y decisiones. Es más, el derecho fundamental al debido proceso debe incluir un derecho a la revelación de estas razones. Con todo, esta solución tampoco parece óptima. La dificultad de explicar y entender los procesos y decisiones algorítmicas produce un efecto de "caja negra", que hace evanescente cualquier pretensión de equidad entre las partes que deliberan sobre tales decisiones. Esta dificultad debería conducir a regulaciones estrictas en cuanto al empleo de la inteligencia artificial en la toma de decisiones públicas y a que seres humanos siempre tengan la palabra final>>. Carlos Bernal <<Derechos fundamentales e inteligencia artificial>>. Consultado en: en https://academic.oup.com/icon/advance-article/doi/10.1093/icon/moac099/7109154

Lo que, si no se cree que sea la solución a esto, y así lo ha dicho la historia, es restarle protagonismo al justiciable quien es la razón del orden jurídico. Ello llevaría el asunto a los orígenes de la casación donde al inicio solo se utilizaba al justiciable para que el Rey pudiera controlar las rebeliones, sistema este que finalmente cedió para que los asuntos de orden privado tomaran protagonismo y, al final, es lo que hoy día conocemos por la casación.

El colapso del sistema de justicia o de la Sala Constitucional no se debe a que se pueda considerar que la revisión constitucional sea o no un recurso excepcional, así tampoco la solución será aplicar un *writ of certiorari,* como bien lo explica LÁZZARI al referirse al *certiorari* argentino. Sostiene el autor:

> Se acaba de enunciar en el acápite anterior que resulta imprescindible dotar de exhaustiva fundamentación a las decisiones judiciales, como característica propia que las hace compatibles con el debido proceso y al mismo tiempo como única alternativa para superar el descrédito generalizado que padece la justicia. Particularmente se hizo hincapié en que no se satisface adecuadamente la motivación cuando solamente se introduce la mera cita de un texto legal. Y bien. Qué decir entonces de los mecanismos conforme a los cuales los tribunales superiores están habilitados para introducir restricciones diversas de las corrientes, el temido certiorari negativo del artículo 280 del Código Procesal Civil, por ejemplo, que permite a la Corte Suprema según su sana discreción, y con la sola invocación de esa norma, rechazar el recurso por falta de agravio federal suficiente o cuando las cuestiones planteadas resultaren insustanciales o carentes de trascendencia. La continuación lineal del capítulo precedente llevaría rápidamente a pensar que poco esfuerzo ha de demandar una cerrada crítica a tales sistemas. Sin embargo, la realidad una vez más sienta plaza. Se ha hablado hasta el hartazgo del atosigamiento judicial y de la imposibilidad en que se encuentran los tribunales superiores de resolver en tiempo oportuno la enorme cantidad de recursos extraordinarios que se presentan ante sus estrados. Permítaseme transmitir mi modesta experiencia como integrante de uno de esos tribunales, el de la Provincia de Buenos Aires. Para no ir muy atrás alcanza con referir las sentencias definitivas que ha dictado dicha Suprema Corte, y en las que intervine, desde el primer día de febrero del corriente año hasta el momento en que se redacta este informe (penúltima semana de abril de 2003). En total fueron 492 pronunciamientos, distribuidos

así: 246 en causas penales, 104 en civiles y comerciales, 84 en laborales y 58 en demandas de inconstitucionalidad, conflictos de poderes, amparos y contencioso administrativos; 492 sentencias en menos de tres meses, lo que importa un promedio de 8,2 fallos por cada día hábil de labor. Y ese ritmo no alcanza en absoluto. Porque aguardan en los casilleros en números redondos alrededor de 4.800 expedientes penales, 1.200 laborales, 600 civiles y comerciales y 1.400 de la materia administrativa. Sin contar con los que diariamente siguen registrando su arribo. A lo que se agregan las interlocutorias, y las tareas institucionales, administrativas y de superintendencia. ¿Puede pensarse seriamente que es manejable con facilidad una situación de estas características? ¿Puede convenirse sin rubor que un juez se encuentra durante cada día hábil en condiciones reales de estudiar en profundidad más de ocho conflictos, por supuesto cada uno de ellos complejo y difícil, con expedientes integrados por numerosos cuerpos, arribando a más de ocho soluciones y exponiéndolas fundadamente en igual dimensión? Es cierto que se cuenta con la colaboración de funcionarios especializados que informan los expedientes, obtienen los precedentes aplicables, proveen la doctrina adecuada al caso y facilitan enormemente la función del juez. Pero es este último, en definitiva, quien toma la decisión y asume sobre sus espaldas la responsabilidad que le cabe, y cuando no le alcanzan los elementos que le han sido aportados investiga también por sí mismo. Su evaluación le obliga a medir las consecuencias para finalmente reflejar en su voto las propias apreciaciones y vivencias. Entonces, las horas del día no alcanzan y las problemáticas personales y familiares pasan a segundo plano. Exigencias en suma de tal magnitud que generan el desasosiego de inquirir si es válido persistir en tales caminos o, por el contrario, llegó la hora de detenerse un instante en esa vorágine para repensar las cosas. Entonces, se impone una conclusión que no es para nada novedosa. Los juicios deben concluir, en principio, en las instancias ordinarias. Solamente razones de excepción autorizan la intervención de ulteriores instancias extraordinarias, para revisar determinadas cuestiones también ajenas a lo ordinario o corriente. Tal la función particular de este tipo de órganos jurisdiccionales, hoy lamentablemente convertidos en pura y simple tercera instancia. Y aquí emergen los mecanismos señalados al principio. Factores disuasivos de la excesiva e innecesaria recurribilidad y elementos correctores que permitan asegurar el funcionamiento correcto de aquellos tribunales. Porque tan incompatible con el debido proceso es un decisorio en el que no se evidencian un examen exhaustivo de la causa y la decisión fundada de la misma, como aquel que suplanta tales aspectos con una valoración aparente, precaria y superficial que a la postre desemboca en clisés o reiteraciones en serie. En función de cuanto queda expuesto no considero incompatible con el debido proceso la utilización de factores que permitan reducir a términos razonables la intervención de los tribunales superiores. Pero esta consideración es válida a condición de que los mecanismos que se implementen no descansen en la pura discrecionalidad, en cuyo caso conllevan arbitrariedad. En este orden, el sistema del artículo 280 del Código Procesal de la Nación, para el cual alcanza con la sola cita de dicho texto para rechazar el recurso, se enfrenta con el sistema constitucional, es francamente discriminatorio y arrasa con la seguridad jurídica. A lo que se agrega su infracción desde la perspectiva de la Convención Americana sobre Derechos Humanos. Contrariamente, no infringen tales postulados el artículo 30 de la ley 402 de la Ciudad Autónoma de Buenos Aires ni el artículo 31 bis de la ley 5827, texto según ley 12.961 de la Provincia de Buenos Aires. El primero establece que "El Tribunal Superior de Justicia puede rechazar el recurso de inconstitucionalidad por falta de agravio constitucional suficiente o cuando las cuestiones planteadas resultaren notoriamente insustanciales o carentes de trascendencia, mediante resolución fundamentada". El segundo expresa: "En cualquier estado de su tramitación, si la Suprema Corte de Justicia considerare que el recurso extraordinario no reúne los requisitos esenciales, o que ha sido insuficientemente fundado, o que ese mismo tribunal ha desestimado otros recursos sustancialmente análogos, podrá fundadamente rechazarlo con la sola invocación de cualquiera de las circunstancias precedentemente expuestas". Ha quedado subrayado el punto por el cual transita la constitucionalidad de estos arbitrios: la decisión ha de ser fundada. Si lo es -y en este sentido no importa la extensión del fundamento sino concretamente la ponderación concreta y específica del déficit que trasunta el recurso-, no hay incompatibilidad con el debido proceso[558].

---

[558] Eduardo de Lázzari, <<Qué características debe contener un sistema procesal civil para ser compatible con el derecho al debido proceso>>, en *Debido proceso: Realidad y debido proceso. El debido proceso y la* prueba (Santa Fe: Rubinzal-Culzoni, 2003), 72-75.

La extensión de la cita anterior se considera justificada no solamente por el tema expuesto, sino por la condición del exponente; esto es, se trata de un juez quien está abiertamente explicando lo que toda persona sabe, esto es, que los recursos con los que cuenta el sistema de justicia son insuficientes para atender lo que por ley les corresponde. Ese es el problema de fondo.

No es cierto que nueve magistrados de la Corte Suprema de los Estados Unidos puedan resolver todos los temas constitucionales que esa sociedad demanda, salvo que se apliquen políticas que, por preservar la institucionalidad, permitan la cohabitación, por muchos años, del sistema con las lesiones constitucionales[559].

En el caso venezolano deben hacerse las siguientes precisiones:

1.- La competencia de la Sala Constitucional prevista en el artículo 336.10 de la Constitución nacional es, como su nombre lo indica, una competencia del órgano, esto es, una atribución que le ha conferido la Constitución y, por tanto, dicho órgano debe ejercerla. No puede la Sala Constitucional negarse a ejercer una competencia constitucional. Distinto es que no se den los supuestos para su ejercicio. No existe, en ninguna parte del ordenamiento jurídico, una norma que autorice a la Sala Constitucional a ejercer dicha competencia de manera discrecional o puramente potestativa, por el contrario, como todo órgano, debe interpretarse que tal facultad es una potestad-deber.

2.- Los artículos 26, 49.8 y 257 reconocen que toda persona tiene derecho de acceso a los órganos de justicia, además que el Estado garantizará la justicia (con toda una serie de características), que el justiciable tiene derecho a solicitar del Estado restablecimiento de la situación jurídica lesionada por error judicial y, por último, que el proceso no es un fin en sí mismo, sino que tiene como fin la justicia. Todo lo cual coincide con la propia Sala Constitucional cuando esta se pregunta si es correcto que ¿el ciudadano deb[a] soportar la violación a sus derechos o garantías consti-

---

[559] No se trata de presentar críticas u opiniones sobre un sistema que pueden considerarse modelo constitucional y democrático. Se trata simplemente de sentido común, esto es, sin el *writ of certiorari* (o incluso con él) es muy difícil que nueve magistrados cumplan eficientemente la función de tutelar constitucionalmente a más de trescientos treinta millones de personas naturales y un incontable número de entidades jurídicas.

tucionales(…)[560]? Todo lo cual forma parte del entramado de la tutela judicial efectiva a la cual responde la Sala Constitucional cuando, a pesar de decir que su facultad es discrecional y que sus decisiones no tienen por qué ser motivadas, señala que es su obligación dar respuesta a todos los requerimientos en virtud de garantizar esta tutela.

Precisado lo anterior, se considera pertinente señalar que pareciera confundirse el tema de la admisibilidad con el de la procedencia. Es cierto que la Ley Orgánica del Tribunal Supremo de Justicia dispone que la competencia prevista en los artículos 25.10, 25.11 y 25.12 no requieren sustanciación y, en consecuencia, lo relativo a las causales de inadmisibilidad no le resultarían aplicables, pero eso no ha sido atendido por la Sala Constitucional que, en una cantidad importante de sus decisiones, ha declarado la inadmisibilidad de las revisiones ejercidas por no cumplirse con los requisitos para que estas sean admitidas, por ejemplo, falta de consignación del fallo a revisar o falta de comprobación de la representación procesal, entre otros.

Entonces, si se tiene claro que un tema es la admisibilidad y otro diferente la procedencia, el asunto puede resultar más sencillo de entender. Así, si se parte de la idea de que conforme al 336.10 la Sala Constitucional solo puede revisar fallos en materia de amparo y de control constitucional debe decirse que esta revisión solo se hará si se supera el filtro de la admisibilidad.

En el caso del control difuso de la constitucionalidad esta revisión deberá hacerse siempre (bien por revisión o bien por remisión expresa). Acá solo tendría la Sala Constitucional que verificar que se trata del ejercicio del control difuso para que proceda a la revisión del caso, pero este filtro previo, permitirá no revisar aquellos casos en los cuales por error se solicite la revisión o se remita el expediente y no se haya ejercido el control difuso.

Ahora, si en el caso anterior la revisión procede siempre que se esté ante un control difuso ¿cuál es la razón para limitarla en el amparo especialmente tomando en cuenta las precisiones antes realizadas? La razón no sería otra que, por política judicial, evitar el conocimiento de tantos asuntos ¿pero no es lo que se hace hasta ahora?

---

[560] SSC 33/2001, de 25 de enero.

También se podría argumentar que ello solo vale la pena hacerlo (la revisión constitucional) en los casos de verdadera importancia constitucional ¿pero es que acaso la lesión causada a una persona por violación de la Constitución no es razón suficiente (cuando incluso el Estado está obligado a reestablecer la situación jurídica causada por un error judicial)?

Igualmente podría argumentarse que para eso está el amparo contra sentencia, pero el tema es que fue la Sala Constitucional quien mezcló el conocimiento de ambas instituciones, todo lo cual lo hace parecer redundante[561].

Entonces, no se trata de que en el caso del amparo se revisen todas las sentencias, pues, la revisión se hará una vez que se haya resuelto sobre la admisibilidad. Al menos por ahora, la solicitud debe contener alguno de los supuestos previstos por la ley para solicitar la revisión, debe además hacerlo la parte con legitimación para ello y acompañar los documentos requeridos; de esta manera se tutela la pretensión aun cuando la respuesta fuera que es inadmisible y luego, si es admisible, se revisará el caso y ello no significa que será procedente, sino que, en todos los casos se habrá tutelado el interés jurídico del justiciable (esto es su derecho a no tener razón).

Esto no significa que hay que declarar todas las revisiones ha lugar o procedentes, no, pero sí que todas las admitidas deberán ser revisadas. Todo esto con las debidas motivaciones, aun cuando puedan ser muy simples en el caso de la improcedencia y la inadmisibilidad, y sin esa discrecionalidad que tanto pregona la Sala Constitucional.

Ello no comportará que la actuación de la Sala Constitucional dejará de ser prudente o que se convertirá en una tercera instancia, no, pues, el tema de fondo llevado no es el debatido en las instancias, sino, el si existe una violación constitucional producida por un fallo reñido con la Constitución que está lesionando al solicitante. Igualmente se tendrá que ser prudente con la declaratoria de procedencia, por cuanto, frente a lo delatado está una cosa juzgada que, de ser cierta la violación sería, en palabras de la propia Sala Constitucional, una cosa juzgada aparente.

---

[561] El amparo se ha inclinado como un mecanismo para hacer cesar una lesión constitucional y reestablecer una situación jurídica infringida y la revisión se inclina más por una protección objetiva de la Constitución. No obstante, lo que se quiere resaltar es que, también la revisión constitucional puede aplicarse para cumplir ambas finalidades.

Pensar que la revisión constitucional es un mecanismo puro de protección de la Constitución es una alternativa a todas estas ideas. Quizás sería un camino teóricamente inobjetable, pero que estaría construido sobre la miseria que deja la injusticia. Qué sentido tiene tener un mecanismo destinado a garantizar la supremacía constitucional, cuando quien debiera ser el beneficiario de todo el sistema (con su supremacía y demás controles) es puesto a un lado para proteger al propio sistema.

Nada más allá que el exceso de trabajo y el colapso de la Sala Constitucional –que no es poco-, impediría que se considere a la revisión como un recurso. Sin embargo, así como con la casación se puede hacer justicia, sin perder su función nomofiláctica, lo mismo puede ocurrir con la revisión constitucional de sentencias. De nada sirve la historia si no se aprende de ella.

Ahora para evitar este colapso de la Sala Constitucional existen remedios tanto jurídicos como materiales, se hará referencia a los primeros:

a) Si la revisión constitucional se entiende únicamente como un mecanismo de protección a la Constitución, sin que importe hacer justicia (a lo cual llaman los artículos 26, 49.8 y 257 de la Constitución), ningún justiciable utilizaría esta vía, sino que, guardando las distancias, preferiría hacer uso del amparo contra sentencias. Si es así ¿por qué el justiciable sigue haciendo uso de la revisión si la Sala ha dicho que no es un recurso ni un derecho de este?

La respuesta viene dada con la estadística. En todos los casos quien solicita la revisión es porque considera que la sentencia le causa un perjuicio (agravio). Será difícil, para no decir imposible, encontrar que una persona denuncie lesiones constitucionales de un fallo que le favorece y que perjudica a su contraparte y, que en base a ello solicite, la revisión (todo por el fin altruista de proteger a la Constitución). Y, si esa imaginaria hipótesis se hiciera real, de inmediato la Sala le diría que es inadmisible porque no tiene agravio y, por tanto, carecería de legitimación y, si el tema de verdad lo amerita, lo revisaría de oficio.

Obsérvese que la Sala Constitucional considera que la revisión no es recurso, que las partes no tienen derecho a él, pero sanciona con la inadmisibilidad, por ejemplo, la falta de presentación del poder; cabe preguntarse, pero si es un tema de protección a la Constitución, en el cual la parte solo es un denunciante, ¿por qué es tan exigente como si se tratara de una actividad recursiva?

Igualmente, por ejemplo, si los efectos de la sentencia fueran para el futuro y no para el caso en concreto, ¿cuantas solicitudes de revisiones hubiera actualmente? Todo esto ocurre, por la sencilla razón de que el solicitante en revisión quiere quitarse de encima un agravio causado por una sentencia, nada más lo mueve.

b) La Sala Constitucional desnaturalizó a la revisión constitucional, pues, ella modificó el sistema imperante y, por tanto, la revisión pasó a tratar asuntos para los cuales no fue creada.

Se trata de que si la Sala Constitucional no hubiera modificado la competencia sobre el amparo constitucional y ella no se hubiera convertido en la alzada de todos los casos de amparo constitucional del país, ella estaría mucho menos colapsada e igualmente, a través de la revisión constitucional, se hubiera logrado el cometido de revisar las sentencias de amparo, ya no como una segunda instancia, sino como un juez de exclusivo control constitucional.

Ello se hubiera aplicado con los tribunales de la República y, de manera excepcional (conforme a lo antes expresado en este capítulo) respecto a las decisiones de las otras Salas. Lo cual hubiera fortalecido el sistema de justicia constitucional sin que la Sala Constitucional se hubiera sobrecargado de trabajo, por el contrario, estuviera realizando un exclusivo trabajo de control constitucional (revisar cómo se ejerció el control difuso y, adicionalmente, cómo se tuteló la pretensión de amparo).

Por tanto, poco vale decir que la revisión constitucional, si se acepta que es un recurso y un derecho del justiciable solicitarla, colapsa al sistema de justicia, cuando la Sala asumió para sí, todas las causas de amparo constitucional como alzada.

c) Si lo anterior no resultara suficiente, en ese proceso de desnaturalización, la Sala Constitucional amplió el alcance de la revisión constitucional para revisar no solo los fallos de control difuso y amparo, sino cualquier sentencia (sea definitivamente firme o no, de cualquier tribunal y tiempo) que contraríe a la Constitución, lo cual puede hacer incluso de oficio.

Por tanto, no es posible usar el argumento del exceso de trabajo o la imposibilidad de lograrlo, cuando se asume una amplía incompetencia[562]

---

[562] Incompetencia, porque es una actuación fuera de su competencia.

en estos términos, lo cual indudablemente es muy superior a los recursos que por revisión constitucional pueden conocerse. Por tanto, esta no puede seguir siendo la excusa para justificar su actuación.

d) En conclusión, lo más sensato sería que la Sala Constitucional devuelva las competencias de amparo que asumió[563], además que limite la revisión a los fallos indicados por el texto constitucional y, considere que se trata de un recurso del justiciable que además de coadyuvar al control de la constitucionalidad y a mantener el orden público constitucional le permitiría revertir un fallo constitucionalmente lesivo (sin que ello implique que resultará ganancioso en el juicio, pues, necesariamente no existe una relación entre la revisión y la declaratoria con lugar de su pretensión o defensa); por lo que, deberá pronunciarse sobre cada una de las solicitudes que reciba y someterlas a un filtro de admisibilidad el cual, de ser superado, conllevará la revisión de la sentencia (esa es la competencia, revisar, lo cual no se traduce a anulación) pudiendo ser declarada la nulidad o no del fallo.

---

[563] El adecuado ejercicio por la Sala Constitucional de la facultad revisora prevista en el numeral 10 del artículo 336, y de las demás atribuciones que le otorga de manera directa el artículo 336 de la Constitución, presupone que ésta sea liberada de algunos asuntos cuyo conocimiento ha asumido. Me refiero a la competencia para resolver, en primera o segunda instancia, todos los amparos autónomos que cursan ante el Tribunal Supremo de Justicia. Es sabido que la Sala Constitucional, en los casos Emery Mata Millán y Domingo Gustavo Ramírez Monja concentró las competencias para conocer de tales amparos. Esta concentración de competencias debe, sin embargo, ser interpretada como un criterio provisional, aplicable hasta que la ley orgánica de la jurisdicción constitucional, o la ley orgánica de amparo, distribuya las competencias de amparo que correspondan al Tribunal Supremo de Justicia entre sus distintas Salas, por cuanto la Constitución no ordena concentrar en la Sala Constitucional estas competencias. Pues bien, la experiencia acumulada hasta la fecha indica que la Sala Constitucional, pese a la enorme dedicación y esfuerzo de sus Magistrados, se está sobrecargando de asuntos, por lo que la ley debería distribuir entre las otras Salas del Tribunal Supremo de Justicia la competencia para conocer de las consultas o apelaciones de sentencias de amparo dictadas por Tribunales Superiores, o sus equivalentes -con las excepciones que rigen en determinados ámbitos jurisdiccionales, así como de los amparos interpuestos contra decisiones judiciales de estos tribunales. Parece razonable que el legislador siga en estos supuestos la competencia de la Sala que normalmente estará llamada a revisar, mediante apelación o recurso de casación, según la Sala de que se trate, las demás sentencias pronunciadas por esos tribunales. Casal, *Constitución...*, 143.

Esto último es importante que se tenga presente, porque pareciera que es lo que la Sala Constitucional trata de evitar y, por ello, hacia allá van todas sus afirmaciones sobre la discrecionalidad de la revisión, la inmotivación, prudencia, entre otras.

Esto es, pareciera que la Sala Constitucional presenta toda esta argumentación para explicar que no tiene que revisar (cuando lo que quiere decir es anular) todo fallo que se someta a su conocimiento. Esto, si es así, es cierto, la Sala Constitucional no tiene que anular todos los fallos que se le lleven, pero lo que sí debe es revisarlos (siempre que sea admisible) para ver si deben ser anulados o no.

Por tanto, se es del criterio que, con las herramientas que actualmente se tienen (artículo 336.10 de la Constitución y artículo 25 de la Ley Orgánica del Tribunal Supremo de Justicia) y en aras de la tutela judicial efectiva, el derecho a la defensa –como derecho humano- no se puede permitir que la Sala Constitucional potestativamente seleccione aquellas causas en las cuales resolverá o no la revisión planteada, dejando en el resto una expectativa perdurable para todos los sujetos del proceso, razón por la cual, se considera que es necesario que la Sala Constitucional se pronuncie sobre todas las solicitudes –como lo dice el profesor CASAL– aun sucintamente, para que no exista una violación flagrante al derecho a la tutela judicial efectiva, puesto que si se requiere un amplia motivación de todas éstas, se corre el riesgo de sobrecargar de trabajo a la Sala Constitucional, tal como lo dijo el profesor BREWER[564].

Para concluir puede decirse que, a pesar de lo sostenido por la Sala Constitucional, se considera que la revisión constitucional de sentencias es efectivamente un recurso que tiene una doble finalidad, siendo una de ellas la tutela o protección del derecho del justiciable, lo cual solo se logra si efectivamente existe dicha lesión y si este ejerce el recurso y cumple con las condiciones mínimas para que le sea admitido.

No obstante, se espera que la futura ley de la jurisdicción o justicia constitucional establezca claramente las causales de admisibilidad y no solo de procedencia y, además, reencause la actuación de la Sala y la limite a la competencia del artículo 336.10 de la Constitución y reestructure el sistema en general, donde la revisión realmente sea diferente al

---

[564]   Haro, <<La jurisdicción constitucional en la constitución de 1999>>, 536.

amparo contra sentencia[565] y se establezcan en qué casos puedan tales fallos ser revisados de esa manera excepcional y prudente. Mantener la posición de la Sala, es construir un sistema a espaldas del justiciable, al cual dicho sistema se debe.

Si todo regresa a la normalidad la Sala Constitucional tendrá mucho menos trabajo del que tiene (lo cual puede significar mayor tiempo de calidad para cada asunto) y estará en la cúspide del control constitucional revisando los amparos en los cuales se solicite la revisión y además controlando el control difuso ejercido por cualquier juez de la República. Esto permitiría tener un sistema de justicia más saludable, menos politizado y donde igualmente se garantizaría la supremacía, uniformidad y el carácter normativo de la Constitución, pero, con un debido proceso para el justiciable. Mantenerlo como está es una concentración innecesaria del poder que nunca es favorable para un Estado de Derecho.

---

[565] En la práctica el justiciable refiere a la protección objetiva de la Constitución, pero en el fondo busca ser amparado.

CAPÍTULO V

TRÁMITE JURISPRUDENCIAL Y LEGAL PARA EL EJERCICIO DE LA REVISIÓN

La Constitución, como debe ser, no trae regulación procedimental sobre el mecanismo de revisión constitucional de sentencias, por lo que ha sido inicialmente la Sala Constitucional y ahora la Ley Orgánica del Tribunal Supremo de Justicia las que han establecido dicha regulación.

DEL PROCEDIMIENTO PARA LA REVISIÓN CONSTITUCIONAL DE SENTENCIAS: GENERALIDADES

Se ha visto como el criterio predominante en este asunto es que para los particulares se trata de un recurso o al menos una solicitud (o denuncia) y, para la Sala Constitucional, se trata de una facultad que sólo puede ser ejercida –de oficio o instancia de parte- de manera extraordinaria y excepcional, bajo el imperio de una total discrecionalidad para ella, indicando, expresamente la Sala, que no es necesaria ni obligatoria la motivación de las decisiones por las cuales se niegue la revisión. Pero ¿qué se ha dicho sobre su tramitación?

En este sentido en la sentencia del caso Emery Mata Millán, dispuso lo siguiente:

La labor revisora de las sentencias de amparo que atribuye el numeral 10 del artículo 336 de la vigente Constitución a esta Sala y que será desarrollada por la ley orgánica respectiva, la entiende esta Sala en el sentido de que en los actuales momentos una forma de ejercerla es mediante la institución de la consulta, prevista en el artículo 35 de la Ley Orgánica de Amparo Sobre Derechos y Garantías Constitucionales, pero como la institución de la revisión a la luz de la doctrina constitucional es otra, y las instituciones constitucionales deben entrar en vigor de inmediato, cuando fuera posible, sin esperar desarrollos legislativos ulteriores, considera esta Sala que en forma selectiva, sin atender a recurso específico y sin quedar vinculado por peticiones en este sentido, la Sala por vía excepcional puede revisar discrecionalmente las sentencias de amparo que, de acuerdo a la competencia tratada en este fallo, sean de la exclusiva competencia de los Tribunales de Segunda Instancia, quienes conozcan la causa por apelación y que por lo tanto no susceptibles de consulta, así como cualquier otro fallo que desacate la doctrina vinculante de esta Sala, dictada en materia constitucional, ello conforme a lo dispuesto en el numeral 10 del artículo 336 de la Constitución de la República Bolivariana de Venezuela[566].

Tal como se ha indicado este criterio fue, repetidamente, objeto del voto disidente del magistrado HÉCTOR PEÑA TORRELLES, quien acertadamente, expresó:

> Por otra parte, quien suscribe considera que la facultad prevista en el numeral 10 del artículo 336 no es asimilable a la consulta[567] o apelación prevista en el artículo 35 de la Ley Orgánica de Amparo sobre Derechos y Garantías Constitucionales por cuanto esta Sala no es un tribunal de alzada ni superior materialmente de ningún Tribunal de la República. La aludida competencia de **revisión** debe interpretarse como una potestad extraordinaria de revisión de sentencias dictadas por el resto de los tribunales cuando éstos conozcan como jueces constitucionales de amparo o cuando ejerzan el control difuso de la constitucionalidad de las normas, para verificar cuestiones de derecho relativas a la interpretación de las normas y principios constitucionales, a los fines de lograr una uniformidad de criterios[568].

Más tarde, en la ya citada sentencia del caso Corpoturismo, se reguló lo referido al procedimiento destinado a regir en el caso de la revisión. En dicho fallo se expuso:

> [P]artiendo de la protección constitucional a la tutela judicial efectiva establecida en los artículos 26 y 27 de la Constitución que establece el derecho de las partes de acudir al poder judicial para defender sus derechos e intereses, tomando a su vez en consideración que no ha sido dictada la ley orgánica que regule el procedimiento de

---

[566] SSC 01/2000, de 20-01-00.

[567] Es importante tener presente que, tal como se dijo anteriormente, la consulta en materia de amparo fue anulada (declarada derogada) por la misma Sala Constitucional.

[568] SSC 01/2000, de 20-01-00.

revisión extraordinaria, y considerando además que existen una serie de solicitudes de revisión interpuestas ante esta Sala y que es obligación de esta Sala analizar su admisibilidad y procedencia en respeto de la tutela judicial efectiva; es menester, en esta oportunidad, determinar el procedimiento que debe aplicarse en caso de solicitud de revisión extraordinaria de sentencias definitivamente firmes de conformidad con los términos establecidos anteriormente. En este sentido, es necesario definir un procedimiento especial para llevar a cabo la potestad revisora de esta Sala. Esto, de acuerdo a lo establecido en el artículo 102 de la Ley Orgánica de la Corte Suprema de Justicia, el cual establece que *"cuando ni en esta Ley, ni en los códigos y otras leyes nacionales se prevea un procedimiento especial a seguir, la Corte podrá aplicar el que juzgue más conveniente, de acuerdo con la naturaleza del caso"*. Al respecto esta Sala acoge, en caso de ser admitido el recurso de revisión extraordinaria de sentencias definitivamente firmes, el procedimiento de apelación de sentencias de amparo constitucional establecido en la Ley Orgánica de Amparo sobre Derechos y Garantías Constitucionales y en la jurisprudencia de esta Sala[569].

Se insiste que la Sala –como ya se ha afirmado- ha establecido límites a su propia discrecionalidad, al manifestar que <<considerando además que existen una serie de solicitudes de revisión interpuestas ante esta Sala y que es obligación de esta Sala analizar su admisibilidad y procedencia en respeto de la tutela judicial efectiva[570]>>, con lo cual está asumiendo que es obligatorio pronunciarse sobre las solicitudes que fueran realizadas[571]. Es cierto que la Sala ha insistido en que no debe motivar, pero, por lo menos si acepta que debe pronunciarse sobre si admite o no se admite tal o cual solicitud, ello a los efectos de no mantener a los justiciables en una eterna expectativa.

En cuanto a la remisión al procedimiento en segunda instancia en amparo, debe decirse que la norma en cuestión no establece *per se,* algún tipo de regulación procedimental, salvo que la decisión deberá producirse dentro de los treinta días siguientes. No obstante, dicha decisión a dictarse (según la referida ley) debería ser la sentencia que resuelva definitiva-

---

[569] SSC 93/2001 de 06 de febrero.

[570] SSC 93/2001 de 06 de febrero.

[571] Ver también, entre otras, SSC 9/2006, de 20 de enero.

mente el asunto. En la práctica, como se ha explicado, la Sala no ha respetado este plazo para pronunciarse sobre la revisión constitucional de sentencias.

Por su parte, la actual ley que rige el asunto (Ley Orgánica del Tribunal Supremo de Justicia) excluye la revisión constitucional de sentencias del procedimiento que dicha ley establece para los asuntos que se ventilen ante la Sala Constitucional y, expresamente, lo incluye dentro de los asuntos que no requieren sustanciación, en los cuales la decisión deberá ser dictada dentro de los treinta días. Establece la ley en referencia lo siguiente:

> Causas no sujetas a sustanciación. Artículo 145. En las causas en las que no se requiera sustanciación, la Sala decidirá en un lapso de treinta días de despacho contados a partir del día en que se dé cuenta del recibo de las actuaciones, salvo lo que preceptúan la Constitución de la República y leyes especiales. No requerirán sustanciación las causas a que se refieren los numerales 5, 6, 10, 11, 12, 13, 14, y 15 del artículo 25 de esta Ley. Queda a salvo la facultad de la Sala Constitucional de dictar autos para mejor proveer y fijar audiencia si lo estima pertinente[572].

CLASES DE PROCEDIMIENTO: CON Y SIN CONTRADICTORIO. AUDIENCIA DISCRECIONAL

Ahora, como quiera que la Ley Orgánica del Tribunal Supremo de Justicia no trajo cambios sobre el procedimiento, ello significa que no tuvo repercusión sobre lo resuelto en la mencionada sentencia del caso Corpoturismo, con la única diferencia que antes era una remisión a le ley de amparo y ahora a la mencionada ley que regula el trabajo del Tribunal Supremo. Por tanto, los complementos que la Sala Constitucional había dictado de aquel criterio resultan todavía aplicables. Tal es el caso donde la Sala Constitucional complementó lo decidido en el caso Corpoturismo para incluir la posibilidad de realizar una audiencia[573] en el trámite de la revisión constitucional[574].

---

[572] Ley ya citada.

[573] SSC 291/2002, de 19 de febrero: <<la Secretaría de la misma procederá a fijar la audiencia, cuyo objeto será escuchar los argumentos de los interesados en torno al recurso de revisión interpuesto>>.

[574] Consúltese SSC 775/2001, de 18 de mayo.

Tal criterio complementario fue ratificado por la Sala Constitucional en la decisión 1288/2005, de 17 de junio. Dijo la Sala:

Como complemento de la sentencia parcialmente trascrita [Corpoturismo], la Sala en sentencia N° 775 del 18 de mayo de 2001 (caso: *"Rosana Orlando de Valerio"*), admitió la posibilidad de emitir la decisión que resulte de una solicitud de revisión constitucional determinada, previa realización de una audiencia en la que las partes expongan sus alegatos. Al respecto, señaló que: *"(...) dentro de esa facultad que posee la Sala, y complementando el procedimiento referido en la sentencia antes citada, en aquellas ocasiones que discrecionalmente así lo considere, la Sala puede dictar un procedimiento previo que permita analizar la procedencia o no de la admisión del recurso de revisión y, en tal sentido, antes de admitir o negar el recurso extraordinario de revisión, la Sala podrá, sólo si a su discreción lo considera, y a manera de ahondar en el conocimiento del proceso objeto de la sentencia impugnada, así como proteger, si es necesario, la tutela judicial efectiva de la recurrente o de quien lo requiera, adoptar las medidas que sean convenientes, así como ordenar las actividades concernientes que le permitan aclarar la situación planteada, y, con base en ello, complementar el análisis necesario para dictar el auto de admisión o negar la admisión del recurso extraordinario de revisión. Atendiendo ese orden de ideas, la Sala, previo a la decisión sobre la admisión de la demanda, considera, aplicar el procedimiento de la audiencia pública constitucional correspondiente a los juicios de amparo constitucional definido en la sentencia del 1° de febrero de 2000 (caso: José Amado Mejía Betancourt), en el sentido de que con el objeto de analizar la admisión o no del recurso extraordinario de revisión puede este sentenciador celebrar una audiencia oral y pública con el fin de oír de las partes interesadas, del Ministerio Público y la Defensoría del Pueblo sus argumentos con relación a la revisión solicitada (...)"*. De las sentencias parcialmente citadas, se pueden distinguir dos (2) procedimientos para la resolución de las solicitudes de revisión planteadas ante esta Sala, la primera sin contradictorio y, la segunda, con la tramitación de un contradictorio sumario a través de la convocatoria de una audiencia en la que pueden participar las partes del proceso cuya sentencia es objeto de la revisión solicitada, así como todas las demás personas que considere necesario la Sala para la resolución de la solicitud planteada[575].

Como puede apreciarse, la Sala consideró que la revisión constitucional de sentencias tiene dos tipos de procedimientos, uno de ellos sin contradictorio y el otro con una audiencia contradictoria donde no solo pueden participar las partes del juicio del que emanó la sentencia cuya revisión se solicita, sino además aquellos terceros que la Sala considere necesario para la resolución de la solicitud presentada. ¿Qué determina que se aplique uno u otro procedimiento? La discrecionalidad de la Sala. Continúa indicando la sentencia:

> Ciertamente, es potestativo de la Sala la convocatoria de una audiencia para lograr un mejor conocimiento del caso, permitiendo sobre la base del principio de inmediación la participación de aquellas personas que considere necesario. No obstante, puede declarar *prima facie* ha lugar la solicitud de revisión en caso de que estime que los elementos que constan en el expediente son suficientes y el pronunciamiento de la Sala contribuya a la interpretación de las normas o principios constitucionales o se contraríe en la sentencia objeto de revisión, criterios vinculantes de la Sala o, en caso contrario, desestimar la solicitud por ser una potestad discrecional[576].

Pareciera que la Sala, con este proceder, da la oportunidad tanto de atacar la constitucionalidad de la ley o el acto, como la de defender dicha constitucionalidad por parte de aquellos sujetos procesales que tengan un interés directo en sostener una de las dos razones. Esto, claro está, no implica que la Sala renuncie a la discrecionalidad en la tramitación – selección de los casos- que ella misma se ha forjado, y menos que se haya perdido el carácter extraordinario del asunto, no, lo que pareciera suceder, es que la Sala brinda la oportunidad de esgrimir las razones por las cuales se considera que deba revocarse –o anularse- el fallo (por incurrir en violación directa de las normas y/o criterios constitucionales) así como la posibilidad de intervención de aquel juzgador que ejerció el control difuso o intervino en el amparo –y los interesados como es obvio-. Se supone entonces que, al igual que en los casos de amparo contra decisiones judiciales, pueda existir -en este mecanismo- la posibilidad de defender la decisión tomada.

---

[575] SSC 1288/2005 de 17 de junio.
[576] SSC 1288/2005 de 17 de junio.

Sin embargo, la experiencia indica que la razón de este tipo de audiencias responde a la necesidad que, en algunos casos, tiene la Sala de escudriñar y obtener respuestas a múltiples interrogantes que pueden surgirles, más que a la intención de escuchar unos discursos que, en la mayoría de los casos, están recogidos en los escritos que se presentan.

Tal audiencia fue más tarde (2010) recogida y establecida como optativa por el artículo 145 de la Ley Orgánica del Tribunal Supremo de Justicia, cuya ley actual (2022) lo conserva vigente.

SOBRE LA NOTIFICACIÓN DEL FALLO

Sobre la notificación del fallo dictado, la Sala hace la distinción atendiendo al tipo de procedimiento (contencioso o no) y a si la declaratoria fue con lugar o sin lugar de la solicitud de revisión, destacando que, en los procedimientos sin contención, cuando la solicitud es declarada improcedente, solo se ha de considerar como parte al solicitante (al cual la Sala en la práctica notifica si dicta la decisión fuera de los treinta días), pero, cuando la revisión es declarada ha lugar, en virtud de la afectación de la cosa juzgada, es necesario notificar a todos los involucrados. Y, cuando se trata de un procedimiento contencioso (con audiencia) no es necesario notificar a todos los que están a derecho, por lo que, solo procedería la notificación cuando los sujetos han dejado de estar a derecho (por dictarse fuera del lapso la decisión). Dijo la Sala Constitucional lo siguiente:

> En el primer supuesto, referido a la declaratoria sobre el fondo del asunto planteado sin la celebración de una audiencia, la Sala puede declarar no ha lugar la solicitud formulada, en el marco del ejercicio de su potestad extraordinaria de revisión, en cuyo caso sólo se puede considerar como parte aquella que interpuso la solicitud revisión puesto que se trata de un control objetivo de la constitucionalidad de decisiones definitivamente firmes, ya que esa declaratoria o la inadmisibilidad de la solicitud de revisión, al afectar únicamente al solicitante, no hace necesario la notificación del particular que obtuvo una decisión favorable con autoridad de cosa juzgada, en las instancias correspondientes. Sin embargo, cuando la solicitud es declarada ha lugar por la Sala, surge la necesidad de notificar a todas aquellas partes, diferentes a la solicitante, involucradas en el juicio que dio origen a la sentencia de la cual se alega una presunta inconstitucionalidad, debido a que sólo en ese supuesto, se afecta desde el punto de vista objetivo la intangibilidad de la cosa juzgada y,

desde una perspectiva subjetiva, los derechos o intereses de la parte que obtuvo una decisión favorable una vez agotadas las instancias correspondientes. Por ello, si bien la Sala ha reiterado el carácter extraordinario y discrecional de la potestad de revisión, por constituirse dicha facultad en una excepción a la garantía constitucional de la cosa juzgada, es preciso reseñar que la consecuencia inmediata de una decisión judicial que aparentemente quebranta dicha garantía en orden a tutelar los principios y derechos fundamentales que informan al ordenamiento constitucional, trae consigo la necesidad de notificar a las partes involucradas en el correspondiente proceso primigenio. (…) Ahora bien, sin dejar de advertir las diferencias en cuanto al objeto y naturaleza de la acción de amparo contra decisión judicial y la solicitud de revisión constitucional, la Sala considera que los parámetros generales establecidos en el anterior criterio, referidos a la necesidad de notificar *"(...) a todas aquellas partes, diferentes a la accionante, involucradas en el juicio que dio origen a la sentencia de la cual se alega una presunta inconstitucionalidad (...) "*, en el supuesto de las revisiones sólo sería aplicable en aquellos casos en los cuales la Sala anule la sentencia objeto de la solicitud de revisión constitucional, por haber sido declarada ha lugar. Lo anterior, con el firme propósito de resguardar el principio de seguridad jurídica al permitirles a las partes en el juicio que dio origen a la sentencia anulada, conocer su actual situación jurídica. Por otra parte, en los casos en los cuales la Sala estime necesario que en el proceso para sustanciar una solicitud de revisión se debe convocar a una audiencia, en la que pueden participar las partes del proceso cuya sentencia es objeto de la revisión solicitada, así como todas las demás personas que se consideren necesarias para la resolución de la solicitud planteada, se deberá distinguir si la sentencia es dictada dentro del lapso, en cuyo caso no es necesario notificar a las partes por encontrarse a derecho, o fuera del mismo, con lo cual se hace imperioso la respectiva notificación de la decisión. Así, habiéndose notificado o hecho parte quienes ya lo habían sido en el juicio principal u originario, debe discriminarse si la sentencia de esta Sala ha sido dictada o no dentro del lapso de treinta (30) días (Vid. sentencia de esta Sala del 6 de febrero de 2001, caso: *"(Corpoturismo ")*[577].

---

[577] SSC 1288/05, de 17 de junio.

ANTE QUIÉN SE REALIZA LA SOLICITUD[578]

Inicialmente la Sala Constitucional exigía que la presentación de la solicitud de revisión constitucional de sentencias debía hacerse directamente ante la Sala Constitucional. Así, dijo la Sala:

[L]a solicitud de revisión requiere de su presentación directa ante esta Sala Constitucional. Por tanto, lo que ocurrió en el caso de autos es inadmisible, toda vez que el demandante, en la incidencia de recusación de autos, no podía solicitar se remitiera el expediente a esta Sala Constitucional para que la sentencia, pasada con autoridad de cosa juzgada, fuera objeto de revisión[579].

[L]a potestad revisora de sentencias de amparo definitivamente firmes por parte de esta Sala, así como de control de constitucionalidad de leyes o normas jurídicas dictadas por los tribunales de la República es competencia única y exclusiva de la Sala Constitucional, conforme a lo previsto en los artículos 335 y 336 de la Constitución de la República Bolivariana de Venezuela y la solicitud de revisión tiene que ser presentada directamente ante esta Sala Constitucional. Por tanto, la interposición del recurso ante el tribunal que dictó la sentencia cuya revisión se pretende y la remisión del expediente a esta Sala por dicho Tribunal, es inadmisible, toda vez que el accionante en el juicio de amparo no podía interponer la revisión como un recurso, como lo hizo, ni podía solicitar se remitiera el expediente a esta Sala Constitucional para que la sentencia, pasada con autoridad de cosa juzgada, fuera objeto de revisión. Tampoco podía el tribunal remitente remitir el expediente a esta Sala, como si fuere el caso de un anuncio del recurso extraordinario de casación, sino que debió declarar su incompetencia para pronunciarse respecto a la solicitud, dado que, agotadas las dos instancias judiciales y por no versar la solicitud sobre una petición de aclaratoria, prevista en el artículo 252 del Código de Procedimiento Civil, al Tribunal sólo le faltaba enviar el expediente al tribunal de la causa[580].

---

[578] SSC 2009/2002, de 19 de agosto.

[579] SSC 712/2002, de 02 de abril.

[580] SSC 2009/2002, de 19 de agosto.

Ahora bien, a pesar de que la propia Ley Orgánica del Tribunal Supremo de Justicia excluye la aplicación del procedimiento de esa ley para los casos que no tienen sustanciación[581] (en los cuales menciona expresamente a los artículos referidos a la revisión constitucional), la Sala Constitucional, como se ha indicado con anterioridad, si ha aplicado estas disposiciones para varios aspectos de la revisión[582], entre ellos, lo relativo

---

[581] Capítulo II. Procesos ante la Sala Constitucional. Demandas sujetas a tramitación. Artículo 128. Hasta tanto se dicte la Ley que regula la Competencia Constitucional las demandas a que se refieren los numerales 1, 2, 3, 4, 7, 8, 9 y 17 del artículo 25 de esta ley se tramitarán conforme a lo que dispone este capítulo. Causas no sujetas a sustanciación Artículo 145 En las causas en las que no se requiera sustanciación, la Sala decidirá en un lapso de treinta días de despacho contados a partir del día en que se dé cuenta del recibo de las actuaciones, salvo lo que preceptúan la Constitución de la República y leyes especiales. No requerirán sustanciación las causas a que se refieren los numerales 5, 6, 10, 11, 12, 13, 14, y 15 del artículo 25 de esta Ley. Queda a salvo la facultad de la Sala Constitucional de dictar autos para mejor proveer y fijar audiencia si lo estima pertinente. Ley Orgánica del Tribunal Supremo de Justicia (2022) ya citada.

[582] Dijo la Sala Constitucional en este sentido lo siguiente: <<En cuanto a la aplicación de dicho artículo y, en consecuencia, de las causales de inadmisión, a las solicitudes de revisión constitucional, esta Sala Constitucional dispuso, recién entrada en vigencia y aplicación la ley orgánica que la contiene (vid., a este respecto, ss SC Nº 942, del 20.08.2010, caso: Transporte Paccor C.A., y 952, del 20.08.2010, caso: Festejos Mar C.A.), en ese sentido, lo siguiente: Antes de emitir cualquier pronunciamiento en torno al asunto sometido al conocimiento de la Sala, es menester efectuar algunas consideraciones procesales con ocasión de la entrada en vigencia de la novísima Ley Orgánica del Tribunal Supremo de Justicia, publicada en la Gaceta Oficial N° 5.991 Extraordinario del 29 de julio de 2010, que resultan además de trascendencia para resolver el caso de autos. Señala la Constitución de la República Bolivariana de Venezuela, en su artículo 24, que *"Las leyes de procedimiento se aplicarán desde el momento mismo de entrar en vigencia, aun en los procesos que se hallaren en curso…"* A la letra de lo señalado en dicho precepto, los procesos que cursan actualmente ante esta Sala es menester tramitarlos con base en las nuevas reglas procesales; y, de ser necesario, las actuaciones procesales realizadas encauzarlas dentro del neo diseño procedimental. Teniendo tal mandato constitucional como referente, se observa que en el nuevo esquema procesal dispuesto en la reciente Ley se distingue entre las causas que requieren sustanciación (artículo 128) y las que no (artículo 145), a los efectos de someter a cada una de ellas a reglas procesales distintas. Así, siguiendo la distinción legislativa, las causas que requieren sustanciación son: la nulidad de actos normativos, bien sean nacionales (numeral 1) estadales o municipales (numeral 2), o los dictados por el Ejecutivos Nacional (numeral 3); los actos dictados en ejecución directa de la constitucional (numeral 4); las omisiones legislativas en cualquiera de sus divisiones verticales (numeral 7); los recursos de colisión de leyes (numeral 8); las controversias constitucionales entre

al órgano ante el cual debe presentarse. Dispone la Ley Orgánica del Tribunal Supremo de Justicia[583], en su artículo 129 lo siguiente:

cualesquiera de los órganos del Poder Público (numeral 9); y la demanda de interpretación de leyes (numeral 17). Por su parte, de conformidad con el artículo 145 de esa misma Ley, *"En las causas en las que no se requiera sustanciación, la Sala decidirá en un lapso de treinta días de despacho contados a partir del día en que se dé cuenta del recibo de las actuaciones, salvo lo que preceptúan la Constitución de la República y leyes especiales"*, agregando luego que *"No requerirán sustanciación las causas a que se refieren los numerales 5, 6, 10, 11, 12, 13, 14 y 15 del artículo 25. Queda a salvo la facultad de la Sala Constitucional de dictar autos para mejor proveer y fijar audiencia si lo estima pertinente"*. Las causas a que se refiere el artículo aludido son: las de verificación de la constitucionalidad de los Tratados internacionales suscritos por la República (numeral 5); la constitucionalidad de los decretos que declaren los Estados de excepción (numeral 6); **las revisiones de sentencia en cualesquiera de sus sub tipos: las dictadas por cualquier tribunal de la República (numeral 10), las dictadas por las otras Salas del Tribunal Supremo de Justicia (numeral 11) y las que realizan control difuso de la constitucionalidad de leyes (numeral 12);** los conflictos de cualquier naturaleza que se presenten entre Salas (numeral 13); la constitucionalidad del carácter orgánico de las Leyes y decretos leyes (numeral 14); y la constitucionalidad de una Ley antes de la promulgación (numeral 15). Lo cierto es que ambos tipos de procedimiento se encuentran agrupados bajo el mismo Capítulo II "De los procesos ante la Sala Constitucional"; de tal modo que el término procesal "sustanciación" es el concepto clave para distinguir cuáles son las reglas procesales exclusivas de las causas a que se refieren el artículo 128. Así, la ciencia procesal nos indica que la sustanciación de la causa comienza con la admisión de la demanda, que es el acto con el cual nace el proceso. De ese modo, se colige que las reglas procesales del Capítulo II de las Disposiciones Transitorias de la Ley Orgánica del Tribunal Supremo de Justicia que son de aplicación exclusiva para las causas a que se refieren el artículo 128 son las contenidas en los artículos 135 y siguientes, al ser las que regulan la sustanciación de las causas una vez producida la admisión de la demanda. **De ese modo, por interpretación en contrario, las normas a que se refieren los artículos 129 (requisitos de la demanda), artículo 130 (solicitud de medidas cautelares); artículo 131 (oposición a la medida cautelar); artículo 132 (designación de ponente); artículo 133 (causales de inadmisión) y el artículo 134 (despacho saneador) son reglas comunes no sólo a ambos tipos de procedimiento (los que requieren sustanciación y los que no), sino además a cualquiera que se siga ante esta Sala Constitucional**, pese a que no sea objeto de regulación de la Ley Orgánica del Tribunal Supremo de Justicia, como sería el caso, por ejemplo, de los amparos constitucionales, como bien lo precisa el título del Capítulo en referencia al disponer *"De los procesos ante la Sala Constitucional"*. Así se declara. (Resaltado añadido; s SC n.° 952/2010)>>. SSC 343/2021, de 22 de julio.

[583] Ya dicha norma estaba contenida, en términos similares, en el artículo 19 de la ley de 2004.

El demandante presentará su escrito, con la documentación indispensable para que se valore su admisibilidad, ante la Sala Constitucional o ante cualquiera de los Tribunales que ejerzan competencia territorial en el lugar donde tenga su residencia, cuando su domicilio se encuentre fuera del Área Metropolitana de Caracas. En este último caso, el Tribunal que lo reciba dejará constancia de la presentación al pie de la demanda y en el Libro Diario, y remitirá a la Sala Constitucional el expediente debidamente foliado y sellado, dentro de los tres días hábiles siguientes. En el caso de que la demanda sea presentada sin la documentación respectiva se pronunciará su inadmisión[584].

Con lo cual quedó desechado el criterio original de la Sala Constitucional[585], quien, en aplicación de la norma mencionada, ahora permite que la revisión constitucional sea presentada fuera de la sede de esta. Así lo ha dicho la Sala:

En el caso que nos ocupa, la Sala observa que el Juzgado Superior Accidental del Trabajo de la Circunscripción Judicial del Estado Bolivariano de Nueva Esparta, de conformidad con lo dispuesto en el artículo 129 de la Ley Orgánica del Tribunal Supremo de Justicia, remitió los autos correspondientes a esta Sala, dado que el domicilio de la solicitante se encuentra fuera del Área Metropolitana de Caracas, la referida instancia jurisdiccional actúo conforme a derecho en una correcta aplicación de la precitada norma legal, la cual señala: (…) En este sentido, esta Sala ha señalado que la revisión es una solicitud independiente, que se coloca en conocimiento de la Sala Constitucional para ejercer discrecionalmente dicha potestad. A tal efecto, en sentencia N° 782 del 7 de abril de 2006, (caso: *José Pascual Bautista Contreras y otro*) sostuvo: "(…) *la revisión de una sentencia constituye una atribución exclusiva otorgada constitucionalmente a la Sala Constitucional(…), por lo cual su acceso debe entenderse*

---

[584] Ley Orgánica del Tribunal Supremo de Justicia (2022) ya citada.

[585] <<Resulta admisible la posibilidad de interposición de la solicitud de revisión constitucional ante cualquier tribunal que ejerza competencia territorial en el lugar donde tenga residencia el solicitante, cuando su domicilio se encuentre fuera del Área Metropolitana de Caracas, conforme a la interpretación del contenido del artículo 129 de la Ley Orgánica del Tribunal Supremo de Justicia, que efectuó esta Sala Constitucional en la sentencia N° 196 del 21 de marzo de 2014, reiterada en el fallo N° 694 del 10 de agosto de 2016, y más recientemente en la sentencia N° 677 de fecha 14 de agosto de 2017>> SSC 74/2022, de 8 de marzo.

como el ejercicio de una solicitud independiente, que es del conocimiento exclusivo de la Sala Constitucional, por lo cual, no es, ni puede entenderse como un recurso ordinario o extraordinario, que se deriva de la acción principal." En virtud de lo anterior, esta Sala Constitucional acepta la remisión de las documentales remitidas por parte del Juzgado Superior Accidental del Trabajo de la Circunscripción Judicial del Estado Bolivariano de Nueva Esparta, dado el carácter independiente de la revisión constitucional del juicio primigenio, por tanto, este es el debido tratamiento procesal en estos casos, por no corresponderse a un recurso de casación o como si se tratara de una tercera instancia[586].

GENERALIDADES SOBRE LOS PRESUPUESTOS DE ADMISIBILIDAD

Puede considerarse que ni la Constitución ni la Ley Orgánica del Tribunal Supremo de Justicia (esta porque excluye a la revisión del procedimiento ordinario ante la Sala Constitucional) prevén unas causales de admisibilidad para la tramitación y tutela de las solicitudes de revisión constitucional. Sin embargo, como se ha dicho, la Sala ha hecho uso de las normas que prevé dicha ley, para tratar estos temas.

Las causales para la admisión de la revisión constitucional de sentencias pueden resumirse de la manera siguiente según lo ha dicho la propia Sala Constitucional: 1) que se trate de una sentencia definitivamente firme, por haber sido agotados los recursos establecidos en el ordenamiento jurídico o haber transcurrido los lapsos dispuestos en la normativa aplicable a tal efecto (presupuestos de la sentencia n.° 93, del 6 de febrero de 2001, caso: *Corpoturismo*); dejando a salvo las excepciones que ha indicado la propia Sala y sobre las cuales se ha hecho referencia anteriormente; y, 2) que no se configure alguna de las causales de inadmisibilidad previstas en el artículo 133 de la Ley Orgánica del Tribunal Supremo de Justicia, adaptadas a la naturaleza especial de la revisión[587].

Sobre las generalidades de la admisibilidad de la revisión constitucional de sentencias ha dicho la Sala Constitucional lo siguiente:

---

[586]   SSC 460/2021, de 1° de octubre.

[587]   SSC 460/2021, de 1° de octubre.

Al respecto, esta Sala Constitucional considera pertinente reiterar los siguientes aspectos procesales de las solicitudes de revisión constitucional: 1.- Resulta admisible la posibilidad de interposición de la solicitud de revisión constitucional ante cualquier tribunal que ejerza competencia territorial en el lugar donde tenga residencia el solicitante, cuando su domicilio se encuentre fuera del Área Metropolitana de Caracas, conforme a la interpretación del contenido del artículo 129 de la Ley Orgánica del Tribunal Supremo de Justicia, que efectuó esta Sala Constitucional en la sentencia N° 196 del 21 de marzo de 2014, reiterada en el fallo N° 694 del 10 de agosto de 2016, y más recientemente en la sentencia N° 677 de fecha 14 de agosto de 2017. 2.- La solicitud de revisión constitucional debe presentarse por escrito, con la documentación indispensable para que se valore su admisibilidad, en atención a lo dispuesto en el artículo 129 de la Ley Orgánica del Tribunal Supremo de Justicia. Dicho escrito no sólo debe establecer los supuestos en que tal revisión puede proceder, sino también, *"los requisitos que permitan ordenar la admisibilidad de la revisión en cuanto a las denuncias constitucionales de fondo que sean presentadas, de manera que sea un filtro de recursos de revisión que no puedan prosperar, como aquéllos en los que sólo se procure una nueva instancia o la simple inconformidad con un fallo que desfavorezca a la parte solicitante, volviendo a plantear el caso sin presentar una argumentación que conlleve al estudio de la interpretación constitucional"* (Véase sentencia de esta Sala N° 1.963 del 21 de noviembre de 2006). 3.- Las causales de inadmisibilidad contenidas en el artículo 133 de la Ley Orgánica del Tribunal Supremo de Justicia, son aplicables a cualquier demanda o solicitud que requiera trámite procedimental o no esté sujeta a sustanciación (solicitudes de revisión constitucional), tal como estableció esta Sala Constitucional en la sentencia N ° 942 del 20 de agosto de 2010[588].

Causales de inadmisibilidad: particularidades.

El artículo 133 de la referida ley dispone:

Se declarará la inadmisión de la demanda: 1. Cuando se acumulen demandas o recursos que se excluyan mutuamente o cuyos procedimientos sean incompatibles. 2. Cuando no se acompañen los docu-

---

[588]   SSC 74/2022, de 8 de marzo.

mentos indispensables para verificar si la demanda es admisible. 3. Cuando sea manifiesta la falta de legitimidad o representación que se atribuya la o el demandante o de quien actúe en su nombre, respectivamente. 4. Cuando haya cosa juzgada o litispendencia. 5. Cuando contenga conceptos ofensivos o irrespetuosos. 6. Cuando haya falta de legitimación pasiva[589].

A continuación, y de manera breve y precisa, se abordarán cada uno de los supuestos previstos en el artículo 133 referido a las causales de inadmisibilidad, el cual ha venido aplicando la Sala Constitucional.

1. Cuando se acumulen demandas o recursos que se excluyan mutuamente o cuyos procedimientos sean incompatibles.

Es importante distinguir lo que es la acumulación de pretensiones de la acumulación de causas o procesos. La primera está referida a cuando el demandante o pretensor acumula todas las pretensiones que tiene frente a un demandado (siempre que no tengan procedimientos incompatibles, no se excluyan mutuamente[590] o no correspondan a tribunales con competencia material diferente) o bien cuando el demandado incorpora una nueva pretensión mediante la reconversión o mutua petición[591]. En cambio, la acumulación de causas o procesos está referida a la reunión de dos o más procedimientos (lo cuales pueden contener una o varias pretensiones) en uno solo. En todos los casos, la finalidad es la economía procesal y, en lo posible, el evitar sentencias que pudieran resultar contradictorias[592].

---

[589] Ley Orgánica del Tribunal Supremo de Justicia (2022) ya citada.

[590] Salvo que se ejerzan como subsidiarias y no tengan procedimientos incompatibles.

[591] Es de recordar que las pretensiones acumulables son aquellas pretensiones que sea conexas (identidad de sujetos y objeto, objeto y título, título y sujetos o solo identidad de títulos). En el caso de la acumulación de prensiones entre los mismos sujetos, la ley autoriza la acumulación objetiva por el solo hecho de existir la conexidad subjetiva. Ver artículos 52, 77 y 78 del Código de Procedimiento Civil ya citado.

[592] <<La acumulación tiene su fundamento en la realización de dos principios básicos del proceso: el de economía procesal y el de no contradicción. El primero, consiste en el ahorro de tiempo y de recursos en la obtención de la finalidad del proceso, que es realizar el derecho con el mínimo de gastos y esfuerzo; y el segundo, principio lógico jurídico según el cual dos conductas no pueden estar en el mismo lugar y tiempo, permitidas y prohibidas, y que en el campo específico de las proposiciones lógicas del derecho procesal, postula que dos sentencias contradictorias pasadas en autoridad de cosa juzgada, no pueden ser válidas en un mismo lugar y tiempo (cfr. Eduardo Couture: *Fundamentos del Derecho Procesal Civil,* Buenos Aires, Edicio-

Si la Sala Constitucional no reconoce a la revisión constitucional de sentencias como un recurso ni un derecho del justiciable, no tendría sentido que considere a la solicitud como una pretensión o petición de este y menos que fuere acumulable de manera facultativa, porque, ¿cómo puede pedir el justiciable que se le acumulen procedimientos o solicitudes en un mismo asunto si él es simplemente una especie de denunciante? Es por razones como esta que toma más peso la noción de la revisión como un recurso.

Debe recordarse que la acumulación puede ser, entre otros modos, facultativa e imperativa. La primera es la que solicitan las partes y la segunda la que la ley le ordena al juez (por ejemplo, en los casos de quiebra). Entonces, no tiene mucho sentido considerar que la revisión de sentencias no es un recurso o una petición y menos una pretensión, pero que la parte puede pedir que se le acumule o plantear dos solicitudes acumuladas. Tampoco existe norma jurídica alguna, a la fecha, que ordene a la Sala Constitucional que acumule ciertas revisiones constitucionales; por lo que, si esta lo hace, es de oficio, y no porque se lo ordene alguna norma (acumulación imperativa), dado que el artículo que prevé la actuación de oficio también remite a la ley[593].

No obstante, lo contradictorio que puede resultar la posibilidad de acumular sin que la ley lo permita, autorice u ordene; lo cierto es que la Sala Constitucional ha tolerado y regulado lo referido a la acumulación en la revisión constitucional de sentencias. Y ha aplicado la inadmisibilidad para las solicitudes de revisión desde sus inicios. Así lo dijo en SSC 2.248/2002 de 1° de octubre:

> Ahora bien, en el caso concreto de la situación que se examina, se pone de manifiesto que no existe conexión entre las pretensiones de las recurrentes, toda vez que no existe identidad de sujetos, tampoco la hay respecto al objeto ni al título que las accionantes pretenden hacer valer para legitimar su pretensión de revisión, puesto que se trata de tres diferentes sentencias que presuntamente infringen la juris-

---

nes Depalma, 3ra. Ed., p. 487). La acumulación de causas, en este sentido, es plenamente aplicable dentro del proceso de revisión, en tanto exista un grado de conexión entre ellas que haga posible que se dicten sentencias contradictorias, pues ello no es sino la aplicación de un principio básico del proceso, como lo es el de uniformidad procesal>>. SSC 57/2021, de 07 de abril.

[593] Artículo 89 de la Ley Orgánica del Tribunal Supremo de Justicia (2022) ya citada.

prudencia de la extinta Corte Suprema de Justicia y, la última de ellas, la jurisprudencia vinculante de esta Sala en materia de distribución de competencias para conocer de la acción de amparo. Además, al no estar íntimamente vinculadas todas las pretensiones, en cuanto a su fundamentación y objeto, las mismas no pueden analizarse en conjunto ni su tramitación realizarse por un sólo procedimiento ni puede una sola decisión comprenderlas a todas, razón por la cual estima esta Sala, que en el caso de autos se verifica la causal de inadmisibilidad prevista en el numeral 4º del artículo 84 de la Ley Orgánica de la Corte Suprema de Justicia, relativa a la acumulación de las acciones, que se excluyen o cuyos procedimientos sean incompatibles, esto es, la inepta acumulación. Así se declara[594].

Puede apreciarse como se deja clara la imposibilidad de pretender acumular grupos de fallos que por más que hayan cometido las mismas desviaciones respecto a la doctrina de la Sala no guardan la mínima conexión entre sí.

Las reglas que ha utilizado la Sala para permitir la acumulación y, por el contrario, para prohibirla, son las previstas en el Código de Procedimiento Civil. Ha dicho la Sala:

Ahora bien, en el caso concreto, se plantearon ante la Sala dos solicitudes de revisión de la sentencia N° 375 del 21 de octubre de 2019 y las decisiones Nos. 0007 y 0008 del 10 de febrero de 2020, dictadas por la Sala de Casación Social de este Tribunal Supremo de Justicia. Al respecto, el artículo 98 de la Ley Orgánica del Tribunal Supremo de Justicia establece que "Las reglas del Código de Procedimiento Civil regirán como normas supletorias en los procesos que cursen ante el Tribunal Supremo de Justicia. Sin embargo, cuando en el ordenamiento jurídico no se preceptúe un proceso especial a seguir se podrá aplicar el que las Salas juzguen más conveniente para la realización de la justicia, siempre que tenga fundamento legal". Por lo tanto, cuando al juez constitucional le corresponda conocer y resolver un caso de acumulación procesal de solicitudes de revisión constitucional, deberá ocurrir para resolverlo, supletoriamente, a lo dispuesto en la materia por el Código de Procedimiento Civil. La acumulación tiene su fundamento en la realización de dos principios básicos del proceso: el de economía procesal y el de no contradicción. El prime-

---

[594] SSC 2.248/2002, de 1º de octubre.

ro, consiste en el ahorro de tiempo y de recursos en la obtención de la finalidad del proceso, que es realizar el derecho con el mínimo de gastos y esfuerzo; y el segundo, principio lógico jurídico según el cual dos conductas no pueden estar en el mismo lugar y tiempo, permitidas y prohibidas, y que en el campo específico de las proposiciones lógicas del derecho procesal, postula que dos sentencias contradictorias pasadas en autoridad de cosa juzgada, no pueden ser válidas en un mismo lugar y tiempo (cfr. Eduardo Couture: *Fundamentos del Derecho Procesal Civil*, Buenos Aires, Ediciones Depalma, 3ra. Ed., p. 487). La acumulación de causas, en este sentido, es plenamente aplicable dentro del proceso de revisión, en tanto exista un grado de conexión entre ellas que haga posible que se dicten sentencias contradictorias, pues ello no es sino la aplicación de un principio básico del proceso, como lo es el de uniformidad procesal. En el presente caso, dado que se verificó el supuesto fáctico previsto en el artículo 52, ordinal 3° del Código de Procedimiento Civil, esto es, "identidad de título y objeto, aunque las personas sean diferentes", y no son aplicables las causales de improcedencia de la acumulación de causas, previstas en el artículo 81 eiusdem, esta Sala, en aras de velar por los principios de economía procesal y no contradicción, y visto que la causa en la cual se previno es la contenida en el expediente N° 20-000173 de la numeración llevada por esta Sala, debe acumularse a ésta la causa contenida en el expediente N° 20-000280 de la misma numeración. Visto lo anterior, ORDENA a la Secretaría de esta Sala Constitucional proceder a la acumulación de la causa contenida en el expediente 2020- 000280 a la causa contenida en el expediente 2020-000173, para su resolución conjunta, de conformidad con los alegatos expuestos en la presente decisión Así se decide[595].

Si bien se está de acuerdo que la acumulación debe tener una causa o elemento común; así como en la conformación de los litisconsorcios; esto es, debe existir una conexidad entre las pretensiones, con lo cual se coincide con lo expuesto por la Sala Constitucional; no obstante, la duda surge es en lo que respecta a la naturaleza de la revisión. Si para la Sala no es un recurso, ni un derecho tutelable del justiciable, sino, que prácticamente es una especie de denuncia que coadyuva con el control objetivo de la Constitución ¿por qué se va a declarar inadmisible por inepta acumulación? En todo caso, debería la Sala tomar nota de lo denunciado

---

[595] SSC 57/2021, de 07 de abril.

370

y, de ser posible, separar las causas, a los fines de resolverlas y, de existir la lesión objetiva de la Constitución, debería anular el o los fallos involucrados. Y con ello la Sala no estaría supliendo cargas de las partes, pues, la carga es el imperativo en el propio interés y, si ella no tiene un interés legítimo alguno, dado que no se trata de un recurso, mal podría la Sala cercenar o coartar la labor de quien le está ayudando a hacer su trabajo. Obviamente, no se está de acuerdo con este análisis, se trae a colación solo para exponer la dificultad de que la revisión realmente no sea un recurso de los justiciables.

2. Cuando no se acompañen los documentos indispensables para verificar si la demanda es admisible. 3. Cuando sea manifiesta la falta de legitimidad o representación que se atribuya la o el demandante o de quien actúe en su nombre, respectivamente.

Se han acumulado ambas causales por su similitud, en el entendido de que la no presentación del instrumento poder (representación) es también un documento que se ha considerado indispensable para la admisión de la solicitud o lo que es lo mismo, su no presentación genera la inadmisibilidad.

Lo normal es que el numeral segundo se refiera, por ejemplo, a la no consignación de la copia certificada del fallo objeto de la revisión y la tercera a los documentos que acrediten la representación y, como quiera que ambos supuestos conllevan la inadmisibilidad, se abordarán conjuntamente.

Sobre la necesidad de que las partes solicitantes acompañen copia certificada tanto del poder, como del fallo sobre el cual se solicita la revisión constitucional, ha indicado la Sala lo siguiente:

Cónsono con lo precedentemente expuesto, es importante indicar que los requirentes de revisión deben consignar al momento de interponer la solicitud, copia certificada de la sentencia cuya revisión se pretende, así como el original o copia certificada del instrumento poder en donde se desprenda el carácter con el que actúan y que los faculte -aunque sea de manera general- para solicitar la revisión constitucional, debido a que no existe contraparte que pueda impugnar los documentos que sean consignados con la solicitud, de allí la necesidad de esta Sala de comprobar de forma fehaciente la existencia y contenido del fallo y la representación judicial de quien se presente en nombre de la solicitante (*vid.* sentencias de esta Sala números 157/2005; 47/2010; 1520/2011; 1125/2012; 400/2013; 17/2014; 1427/2015,

14/2016 y 19/2016), elementos que no constan en autos, toda vez que no se evidencia del presente expediente los registros estatutarios de la persona jurídica solicitante ni del instrumento poder de quien afirma obrar como apoderado judicial de dicha peticionaria, lo que impide a esta Sala corroborar la veracidad de tales aseveraciones. En este sentido, el incumplimiento de la carga antes mencionada acarrea la inadmisión de la solicitud por expresa disposición legal, de conformidad con el artículo 133, numerales 2 y 3, de la Ley Orgánica del Tribunal Supremo de Justicia, que prevé: "*Artículo 133: Se declarará la inadmisión de la demanda: (…) 2. Cuando no se acompañen los documentos indispensables para verificar si la demanda es admisible. 3. Cuando sea manifiesta la falta de legitimidad o representación que se atribuya el o la demandante, o de quien actúe en su nombre, respectivamente*". Al respecto, esta Sala ha referido que las causales de inadmisibilidad contenidas en el artículo 133 de la Ley Orgánica del Tribunal Supremo de Justicia son plenamente aplicables a cualquier tipo de recurso, demanda o solicitud que se intente ante esta Sala Constitucional (*vid.* sentencia n.° 942 del 20 de agosto de 2010, ratificada en sentencia n.° 1125 del 2 de agosto de 2012). En atención a lo anterior, ante la interposición de cualquier tipo de recurso, demanda o solicitud, la parte debe consignar los documentos indispensables para su admisibilidad y en caso de ser apoderado judicial demostrar de forma fehaciente la identificación del instrumento poder que le fuere otorgado, así como su consignación en autos en original o en copia certificada, en aras de la seguridad jurídica que debe imperar en todo procedimiento, ya que esta se concibe como una carga procesal legalmente establecida para el trámite de este tipo de solicitudes, siendo que del cumplimiento de esta depende el reconocimiento de la pretensión postulada. De conformidad con todo lo anteriormente referido, en el presente asunto, el abogado solicitante no cumplió con la carga procesal de acompañar con su pretensión el instrumento poder suficiente y eficaz que acredite la condición de apoderado judicial que se atribuyó y tampoco la copia certificada de la sentencia cuya revisión se solicita, motivo por el cual esta Sala Constitucional, con fundamento en lo dispuesto en los numerales 2 y 3 del artículo 133 de la Ley Orgánica del Tribunal Supremo de Justicia, declara inadmisible la solicitud de revisión propuesta. Así se decide[596].

---

[596] SSC 154/2022, de 14 de junio.

El argumento de la Sala Constitucional para requerir estos documentos en copia certificada es el siguiente: << debido a que no existe contraparte que pueda impugnar los documentos que sean consignados con la solicitud, de allí la necesidad de esta Sala de comprobar de forma fehaciente la existencia y contenido del fallo y la representación judicial de quien se presente[597]>>. Dijo en otro fallo la Sala:

Es en virtud de esa falta de contradicción, que, en este tipo de solicitudes, no se admiten copias simples de los documentos públicos o autenticados a las que hace referencia el artículo 429 del Código de Procedimiento Civil, ni de los actos de juzgamientos cuestionados, pues, la ausencia de contraparte limita, en cierta forma, la posibilidad de verificación o comprobación de la certeza de tales documentos por parte de esta Sala. De allí, que la consecuencia jurídica, ante este tipo de omisiones o ausencia de acompañamiento de los recaudos en original o copias certificadas de los documentos indispensables para el trámite y resolución de la solicitud de revisión constitucional, sea su inadmisión, con fundamento en el artículo 133.2 de la Ley Orgánica del Tribunal Supremo de Justicia. En efecto, esta Sala Constitucional ha dispuesto este tipo de consecuencias jurídicas en los casos como el de autos (vid., en este sentido, entre muchas otras, ss SC Nº 157, del 02.03.2005; 47, del 05.03.2010; 1350, del 05.08.2011; 1520, del 11.10.2011; 1125, del 02.08.2012; 1255, del 14.08.2012; 400, del 26.04.2013; 1245, del 16.08.2013; 17, del 18.02.2014; 1427, del 13.11; 14, del 01.03.2016; 19, del 01.03.2016; 0099, del 14.08.2020 y 0114, del 14.08.2020), en los siguientes términos: Al respecto, esta Sala ha establecido que, **por cuanto en la revisión constitucional no existe una contraparte que pueda impugnar los documentos que sean traídos a los autos en copia simple con la solicitud de revisión, el artículo 429 del Código de Procedimiento Civil no es aplicable**. Cabe destacar que el artículo 429 del Código de Procedimiento Civil señala, en cuanto al valor probatorio de las copias simples, lo siguiente: Los instrumentos públicos y los privados reconocidos o tenidos legalmente por reconocidos, podrán producirse en juicio originales o en copia certificada expedida por funcionarios competentes con arreglo a las leyes. **Las copias o reproducciones fotográficas, fotostáticas o por cualquier otro medio mecánico claramente inteligible, de estos instrumentos, se tendrán como fidedignas si no**

---

fueren impugnadas por el adversario, ya en la contestación de la demanda, si han sido producidas con el libelo, ya dentro de los cinco días siguientes, si han sido producidas con la contestación o en el lapso de promoción de pruebas. Las copias de esta especie producidas en cualquier otra oportunidad no tendrán ningún valor probatorio si no son aceptadas expresamente por la otra parte. La parte que quiera servirse de la copia impugnada podrá solicitar su cotejo con el original, o a falta de éste con una copia certificada expedida con anterioridad a aquélla. El cotejo se efectuará mediante inspección ocular o mediante uno o más peritos que designe el juez, a costa de la parte solicitante. Nada de esto obstará para que la parte produzca y haga valer el original del instrumento o copia certificada del mismo si lo prefiere. **La necesidad de consignar un instrumento fehaciente obedece a la certeza que debe obtener esta Sala, respecto del contenido del fallo que pretende impugnarse a través de la revisión, dada la entidad de la sentencia que pretende revertirse. Por ello, la Sala ha considerado que quien pide una revisión debe presentar copia auténtica (fehaciente) del fallo a revisarse, no pudiendo suplantarse el mismo, ni siquiera por la vía del artículo 429 del Código de Procedimiento Civil, ya que en materia de revisión no hay contraparte que controle lo aportado por el solicitante. De allí que, a juicio de la Sala, quien incoa una revisión tiene la carga de aportar al Tribunal la decisión impugnada, por no ser función de la Sala recabar dicho fallo** (…). Así, el criterio de la Sala, anteriormente citado, es aplicable a los casos como el de autos por la necesidad de comprobar de forma fehaciente, mediante documento auténtico, la representación judicial de quien se presente en nombre de los accionantes, en aras de la seguridad jurídica y, además, debido a que el artículo 133, numeral 3 de la vigente Ley Orgánica del Tribunal Supremo de Justicia prevé como causal de inadmisibilidad de las demandas que se interpongan ante la Sala Constitucional, la manifiesta falta de representación o legitimación que se atribuya el o la demandante, o de quien actúe en su nombre. De esta manera, se concluye que con la solicitud de revisión debe, necesariamente, **consignarse original o copia certificada del poder de quien se atribuya la representación judicial de otro, so pena de inadmisión de la solicitud, todo ello en razón de que no debe existir duda acerca de esa representación en cuanto a los efectos jurídicos en cabeza de aquel que podría no haber conferido tal cualidad a quien hubiere actuado en su nombre** y, además, como antes se señaló, **en estos procesos no existe una contraparte que pueda**

impugnar los documentos que sean traídos a los autos en copia simple con la solicitud de revisión, por lo que el artículo 429 del Código de Procedimiento Civil no es aplicable. Así se decide. En virtud de las anteriores consideraciones, y por cuanto la abogada Claribel Castillo Meza no acreditó la representación que alegó tener, la revisión constitucional bajo análisis resulta inadmisible de conformidad con lo que preceptúa el artículo 133, numeral 3 de la Ley Orgánica del Tribunal Supremo de Justicia. Así se decide (Resaltado añadido. s SC n.° 1245, del 16.08.2013).". En otro fallo, en este mismo sentido, esta Sala Constitucional expuso: Al respecto, esta Sala ha referido que las causales de inadmisibilidad contenidas en el artículo 133 de la Ley Orgánica del Tribunal Supremo de Justicia son plenamente aplicables a cualquier tipo de recurso, demanda o solicitud que se intente ante esta Sala Constitucional (*vid.* sentencia n.° 942 del 20 de agosto de 2010, ratificada en sentencia n.° 1125 del 2 de agosto de 2012). **En atención a lo anterior, ante la interposición de cualquier tipo de recurso, demanda o solicitud, la parte debe consignar los documentos indispensables para su admisibilidad y en caso de ser apoderado judicial demostrar de forma fehaciente la identificación del instrumento poder que le fuere otorgado, así como su consignación en autos en original o en copia certificada, en aras de la seguridad jurídica que debe imperar en todo procedimiento, ya que esta se concibe como una carga procesal legalmente establecida para el trámite de este tipo de solicitudes, siendo que del cumplimiento de esta depende el reconocimiento de la pretensión postulada.** (Resaltado de esta decisión, s SC n.° 0114, del 14.08.2020)[598].

Ahora bien, en un juicio civil donde estén presente ambas partes, los documentos privados reconocidos (auténticos) y los públicos pueden consignarse en copia[599], toda vez que estos gozan de todo su valor, salvo que la contraparte los impugne. Es decir, estos tienen toda su fuerza probatoria sea en original o en copia , lo cual viene a ser la regla[600] y, la

---

[598]   SSC 343/2021 de 22 de julio.

[599]   En los procedimientos laborales incluso el documento puramente privado también puede presentarse en copia y goza de todo su valor, salvo que fuere impugnado por el adversario.

[600]   Artículo 429 del Código de Procedimiento Civil ya citado.

excepción, es que si alguien impugna las copias[601] habrá que comprobar su autenticidad presentando los originales. Por tanto, no es correcto que se exija la copia certificada de un documento que la propia ley permite acompañar en copia simple, por la razón de que no existe ninguna contraparte que lo pueda impugnar, pues, en todo caso la buena fe se presume (y además existe una presunción a favor de tales documentos) y la mala hay que probarla.

En el caso de las sentencias a revisar, la situación es todavía más grave que la de un poder autentico (recuérdese que la Sala considera que la revisión es un asunto autónomo por lo que el poder *apud acta* del juicio principal no es aceptado); pues, la sentencia es claramente un documento emanado o producido por un funcionario público (juez), sin intervención de las partes. Por lo que, si bien no se entrará en el debate de si se trata de un documento público o no, basta decir que emana del mismo poder ante el cual se está presentando dicha copia; por lo que no existe duda que siendo la Sala Constitucional la cúspide del Poder Judicial, no tenga forma rápida y eficaz de comprobar la existencia y veracidad de dicho fallo[602].

Por tanto, si la lesión del orden público constitucional existe y, la Sala Constitucional considera que no se trata de un recurso ni de un derecho del justiciable y, por tanto, este no puede reclamar un derecho a la revisión constitucional (con lo cual el justiciable se transforma en una especie de sujeto coadyuvante del sistema de justicia que delata o denuncia una transgresión constitucional) ¿por qué la Sala es tan exigente con el tema de la copia certificada del poder?

Es que acaso si la lesión existe, pero lo que hay es una copia simple del poder, ¿la Sala debe dejar incólume la lesión porque la parte (que no es titular de ningún derecho) no acreditó en copia certificada la representación, por ejemplo, procesal? ¿Cómo es que la Sala puede revisar de

---

[601] Dado que cuando se trata de originales deben ser objeto de una pretensión de tacha donde hay que comprobar la falsedad de estos.

[602] Si a la Administración Pública se le prohíbe solicitar copia certificadas de documentos que reposen en ella o de documentos públicos (ver, entre otros, los artículos 11, 18 y 27 de la Ley de Simplificación de Trámites Administrativos) ¿Cuál es la justificación para que el poder judicial solicite copias certificadas de sentencias dictadas por el mismo poder judicial? Ley de Simplificación de Trámites Administrativos, de 17 de noviembre de 2014 (Gaceta Oficial núm. 40.549 de 26 de noviembre de 2014).

oficio (lo cual en caso de ser procedente afecta a todos los involucrados quienes no se lo pidieron), pero no acepta una copia simple de un poder judicial? ¿Cómo si a la parte le impugnan el poder se le concede un plazo para subsanar, pero al que no se lo impugnan (porque no existe contraparte), pero solo ha acompañado copia simple de un instrumento auténtico, no le conceden ningún plazo para subsanar, sino que se declara inadmisible la solicitud? Es errado este criterio.

Igualmente resultaba absurdo el criterio cuando la Sala Constitucional requería que el poder tuviera facultad expresa. Es decir, se requería facultad expresa para ejercer un recurso, que no es un recurso. Decía la Sala:

En el marco de lo expuesto, esta Sala observa que el poder otorgado por el ciudadano José I. Hernández al abogado actuante, no consta la facultad para presentar la solicitud de revisión constitucional ante esta Sala, por lo que considera que dicho instrumento resulta insuficiente en derecho y, siendo así, no se encuentra acreditada la debida representación judicial en el caso de autos. En este sentido, el quinto aparte del artículo 19 de la Ley Orgánica del Tribunal Supremo de Justicia, establece que: *"...Se declarará inadmisible la demanda, solicitud o recurso cuando así lo disponga la ley; o si el conocimiento de la acción o recurso compete a otro tribunal; o si fuere evidente la caducidad o prescripción de la acción o recurso intentado; o cuando se acumulen acciones o recursos que se excluyan mutuamente o cuyos procedimientos sean incompatibles; o cuando no se acompañen los documentos indispensables para verificar si la acción o recursos es admisible; o cuando no se haya cumplido el procedimiento administrativo previo a las demandas contra la República, de conformidad con la Ley Orgánica de la Procuraduría General de la República; o si contiene conceptos ofensivos o irrespetuosos; o es de tal modo ininteligible que resulte imposible su tramitación; o cuando sea manifiesta la falta de representación o legitimidad que se atribuya al demandante, recurrente o accionante; o en la cosa juzgada...".* En consideración a lo antes expuesto, y como quiera que la Sala no puede suplir la carga que corresponde única y exclusivamente a quien pretende del órgano jurisdiccional el acto de administración de justicia, máxime cuando ello es requerido para determinar la admisibilidad de la pretensión, que en este caso es de revisión constitucional, de conformidad con lo previsto en el artículo 19 de la Ley Orgánica del

Tribunal Supremo de Justicia, aparte quinto, se declara inadmisible la revisión formulada por manifiesta falta de representación, y así se decide[603].

Nada más absurdo que esta exigencia, es decir, conforme a la Ley de Abogados y el Código de Procedimiento, cualquier abogado puede realizar actos de importancia en beneficio de una parte[604], pero, a criterio de la Sala, no podía su apoderado solicitar la revisión de una sentencia por presunta lesión constitucional.

¿Acaso cuando se le solicita a la Sala Constitucional que simplemente analice la posibilidad de revisar un fallo por lesión constitucional, se está disponiendo del derecho en litigio?, ¿se puede afectar a la parte material con esa actuación más allá de la lesión constitucional?

Se insiste, dicho criterio, afortunadamente ya superado, resultaba reñido con el derecho, pues, la ley es clara y, si el poder sirve para todos los recursos ordinarios y extraordinarios[605] y, por el contrario, la revisión no es un recurso, sino que es una mera solicitud para que el imperio de protección constitucional pondere si vale la pena analizar y resolver lo pedido, ¿cómo iban a exigir facultad expresa? *Simplemente olvidaban aquella regla de quien puede lo más puede lo menos.*

Ahora, si bien la Sala Constitucional corrigió tal desviación, es importante recordarla, por cuanto nunca se está exento de que retomen criterios que se creen superados, por lo que no huelga cualquier referencia a lo indebido de este.

Sin embargo, como se ha dicho, la Sala Constitucional corrigió el rumbo de ese errado criterio y, el 05 de agosto de 2011, dijo lo siguiente:

---

[603] SSC 1.662/2008, de 31 de octubre.

[604] El Código de Procedimiento Civil autoriza a que cualquier abogado, que reúna las condiciones para ser apoderado judicial, pueda presentarse por el demandando en juicio sin tener poder de este (artículo 168). En el mismo sentido Ley de Abogados, en su artículo 19, dispone que: <<Es función propia del abogado, informar y presentar conclusiones escritas en cualquier causa sin necesidad de poder especial ni de que la parte por quien abogue esté presente o se lo exija, a menos que exista oposición de ésta>>.

[605] Artículo 153 del Código de Procedimiento Civil ya citado.

la exigencia de legitimación procesal se encuentra satisfecha cuando el poder conforme al cual actúa un abogado tiene facultades '...al menos genéricas...', se concluye que, en el marco doctrinario, constitucional y jurisprudencial expuesto, deben admitirse las solicitudes de revisión planteadas conforme a poderes que habiliten genéricamente para actuar en sede jurisdiccional, aun cuando no conste en ellos facultad expresa para solicitar revisiones, pues cualquier solicitud que tienda a poner en marcha el aparato jurisdiccional del Estado y, en especial, el control constitucional de su actuación (como es el caso de la revisión constitucional de sentencias), se encuentra informada del principio de informalidad de la justicia dispuesto en el Texto Fundamental. Todo dentro de esa visión y misión del papel de los magistrados y magistradas, jueces y juezas se torna en la hermenéutica jurídica y la creación del derecho en la adaptación de los nuevos valores incorporados en la Constitución de la República Bolivariana de Venezuela[606]

Dicho criterio se ha mantenido hasta la actualidad, así el 14 de agosto de 2020, ratificó la Sala el referido criterio indicando lo siguiente:

Al respecto, esta Sala ha referido que las causales de inadmisibilidad contenidas en el artículo 133 de la Ley Orgánica del Tribunal Supremo de Justicia son plenamente aplicables a cualquier tipo de recurso, demanda o solicitud que se intente ante esta Sala Constitucional (*vid.* sentencia n° 942 del 20 de agosto de 2010, ratificada en sentencia n° 1125 del 2 de agosto de 2012). En atención a lo anterior, ante la interposición de cualquier tipo de recurso, demanda o solicitud, la parte debe consignar los documentos indispensables para su admisibilidad y en caso de ser apoderado judicial demostrar de forma fehaciente la identificación del instrumento poder que le fuere otorgado, así como su consignación en autos en original o en copia certificada, en aras de la seguridad jurídica que debe imperar en todo procedimiento, ya que esta se concibe como una carga procesal legalmente establecida para el trámite de este tipo de solicitudes, siendo que del cumplimiento de esta depende el reconocimiento de la pretensión postulada. No obstante lo precedentemente expuesto, se considera necesario hacer notar que esta Sala en su sentencia identificada con el n° 1.350 del 5 de agosto de 2011, señaló que: (...) Ello

---

[606] SSC 1.350/2011, de 05 de agosto.

así, se entiende que esta Sala, procurando la consecución de la justicia material por encima de las formalidades procesales exacerbadas y siendo laxa con los requisitos exigidos para actuar ante este órgano jurisdiccional, ha establecido que esta facultad para intentar las solicitudes de revisión no debe estar consagrada de manera expresa en el documento poder que se confiera a un abogado para actuar en juicio, sin embargo, en el asunto *sub examine* el profesional del derecho que afirmó actuar en nombre y representación del ciudadano señalado como solicitante previamente identificado, tal y como antes se indicó, solo se limitó a consignar copia certificada por el tribunal de instancia del expediente en que consta la sentencia que requirió fuere revisada por esta Sala, no pudiendo verificarse de tales reproducciones fotostáticas que el mencionado instrumento poder constara allí en original o copia certificada por el órgano notarial correspondiente, motivos por lo que se estima que en el caso de autos no se cumplió con la carga procesal de acompañar poder suficiente y eficaz que acredite la condición de apoderado judicial de quien se afirmó ser el solicitante de revisión constitucional, en consecuencia, esta Sala Constitucional, con fundamento en lo dispuesto en el numeral 3 del artículo 133 de la Ley Orgánica del Tribunal Supremo de Justicia, declara inadmisible la solicitud de revisión propuesta. Así se decide[607].

Como puede apreciarse la Sala ya no requiere la facultad expresa, pero si continúa requiriendo el poder en original o en copia certificada (lo cual es innecesario por cuanto, -y haciendo abstracción de si es un documento público o privado reconocido o tenido legalmente por reconocido-, a los efectos legales tiene el mismo valor que el documento público y sus copias gozan de pleno valor) así como copia certificada de la sentencia.

Cuando la Sala exige copia certificada de la sentencia cuya revisión se solicita, surge la inquietud ¿qué pasa con la Ley Infogobierno[608]? ¿Por

---

[607] SSC 114/2020, de 14 de agosto.

[608] <<Artículo 3. Finalidad de la ley. Esta Ley tiene como fines: 1.- Facilitar el establecimiento de relaciones entre el Poder Público y las personas a través de las tecnologías de información. 2. Establecer las condiciones necesarias y oportunas que propicien la mejora continua de los servicios que el Poder Público presta a las personas, contribuyendo así en la efectividad, eficiencia y eficacia en la prestación de los servicios públicos. 3. Univerzalizar el acceso de las personas a las tecnologías de información libres y garantizar su apropiación para beneficio de la sociedad. 4. Garantizar el ejercicio de los derechos y el cumplimiento de los deberes de las

personas, a través de las tecnologías de información. 5. Promover el empoderamiento del Poder Popular a través de la generación de medios de participación y organización de las personas, haciendo uso de las tecnologías de información. 6. Garantizar la transparencia de la gestión pública, facilitando el acceso de las personas a la información pública. 7. Apoyar el fortalecimiento de la democracia participativa y protagónica en la gestión pública y el ejercicio de la contraloría social. 8. Contribuir en los modos de organización y funcionamiento del Poder Público, apoyando la simplificación de los trámites y procedimientos administrativos que éstos realizan. 9. Establecer los principios para la normalización y estandarización en el uso de las tecnologías de información, a los sujetos sometidos a la aplicación de esta Ley. 10. Promover la adquisición, desarrollo, investigación, creación, diseño, formación, socialización, uso e implementación de las tecnologías de información libres a los sujetos sometidos a la aplicación de esta Ley. 11. Establecer las bases para el Sistema Nacional de Protección y Seguridad de la Información, en los términos establecidos en la presente Ley y por otros instrumentos legales que regulen la materia. 12. Fomentar la independencia tecnológica y con ello fortalecer el ejercicio de la soberanía nacional, sobre la base del conocimiento y uso de las tecnologías de información libres en el Estado (...) Artículo 6. Obligatoriedad del uso de las tecnologías de información. El Poder Público, en el ejercicio de sus competencias, debe utilizar las tecnologías de información en su gestión interna, en las relaciones que mantengan entre los órganos y entes del Estado que lo conforman, en sus relaciones con las personas y con el Poder Popular, de conformidad con esta Ley y demás normativa aplicable (...) Artículo 7. Principio de igualdad. La obligación establecida en el artículo anterior en ningún caso se entenderá como un modo de restricción o discriminación para las personas, por lo que, el acceso a la prestación de los servicios públicos, como a cualquier actuación del Poder Público, debe ser garantizada por cualquier medio existente, sin perjuicio de las medidas que la presente Ley y la normativa que a tal efecto se establezca, con el fin de hacer efectivo el derecho de las personas a utilizar las tecnologías de información en sus relaciones con el Estado. Artículo 8. Derecho de las personas. En las relaciones con el Poder Público y el Poder Popular, las personas tienen derecho a: 1.- Dirigir peticiones de cualquier tipo haciendo uso de las tecnologías de información, quedando el Poder Público y el Poder Popular obligados a responder y resolver las mismas de igual forma que si se hubiesen realizado por los medios tradicionales, en los términos establecidos en la Constitución de la República y la Ley (...) 4. Acceder a la información pública a través de medios electrónicos, con igual grado de confiabilidad y seguridad que la proporcionada por los medios tradicionales. 5. Acceder electrónicamente a los expedientes que se tramiten en el estado en que éstos se encuentren, así como conocer y presentar los documentos electrónicos emanados de los órganos y entes del Poder Público y el Poder Popular, haciendo uso de las tecnologías de información. 6. Utilizar y presentar ante el Poder Público y demás personas naturales y jurídicas, los documentos electrónicos emitidos por éste, en las mismas condiciones que los producidos por cualquier otro medio, de conformidad con la presente Ley y la normativa aplicable. 7. Obtener copias de los documentos electrónicos que formen parte de procedimientos en los cuales se tenga la condición de qué solicitar una copia certificada de una sentencia que la Sala Constitucional puede conocer por notoriedad judicial (hecho notorio judicial)? Si la sentencia debió ser cargada por el juzgado que la dictó en la página web del Tribunal Supremo de Justicia, ¿por qué exigir una copia certificada? ¿Por qué aplicar reglas de inadmisibilidad a procedimientos que la propia Ley Orgánica del Tribunal Supremo de Justicia excluye de la aplicación del capítulo donde están dichas causales[609]?

Tales interpretaciones solo pueden justificarse como una decisión de política judicial para filtrar o reducir el volumen de casos que son llevados ante la Sala Constitucional, sin embargo, como se ha explicado la solución no está en este tipo de políticas, sino en sincerar las funciones de la Sala Constitucional y otorgarle a la revisión de sentencias el lugar para el cual fue creada.

---

interesado o interesada (…) Artículo 11. Repositorio digital del Poder Público y el Poder Popular. El Poder Público debe contar con repositorios digitales en los cuales se almacene la información que manejen, así como los documentos que conformen el expediente electrónico, a fin de que sean accesibles, conservados o archivados, de conformidad con la presente Ley y la normativa que regule la materia (…) Artículo 13. Principio de transparencia. El uso de las tecnologías de información en el Poder Público y el Poder Popular garantiza el acceso de la información pública a las personas, facilitando al máximo la publicidad de sus actuaciones como requisito esencial del Estado democrático y Social de Derecho y de Justicia, salvo aquella información clasificada como confidencial o secreta, de conformidad con la ley que regule el acceso a la información pública y otras normativas aplicables (…) Artículo 18. Portal de Internet. Los órganos y entes del Poder Público y el Poder Popular, en el ejercicio de sus competencias, deben contar con un portal de internet bajo su control y administración. La integridad, veracidad y actualización de la información publicada y los servicios públicos que se presten a través de los portales es responsabilidad del titular del portal. La información contenida en los portales de internet tiene el mismo carácter oficial que la información impresa que emitan (…) Artículo 26. Validez de los archivos y documentos electrónicos. Los archivos y documentos electrónicos que emitan el Poder Público y el Poder Popular, que contengan certificaciones y firmas electrónicas tienen la misma validez jurídica y eficacia probatoria que los archivos y documentos que consten en físico. Artículo 27. Copias impresas de los documentos electrónicos. Cuando la Ley exija que un documento debe ser presentado en formato impreso y se encuentre en formato electrónico, tal requisito queda satisfecho cuando éste se presente en formato impreso y contenga un código unívoco que lo identifique y permita su recuperación en el repositorio digital institucional correspondiente, de conformidad con la normativa que rige la materia>>. Ley Infogobierno, de 10 de octubre de 2013 (Gaceta Oficial núm. 40.274 de 17 de octubre de 2013).

[609] Artículo 145 de la Ley Orgánica del Tribunal Supremo de Justicia (2022) ya citada.

3. Cuando haya cosa juzgada o litispendencia.

A lo que se refiere la Ley Orgánica del Tribunal Supremo de Justicia no es si la sentencia a revisar goza del carácter de cosa juzgada, pues, precisamente son este tipo de fallos los revisables, esto es, son revisables las sentencias definitivamente firmes. La cosa juzgada a la que se refiere este numeral es a la cosa juzgada surgida del procedimiento en cuestión, es decir, a la cosa juzgada causada por una actuación previa de la Sala Constitucional.

Para no repetir lo anteriormente expuesto, solo se dirá que efectivamente la Sala Constitucional ha señalado que cuando ella ya ha resuelto una revisión constitucional[610] y, aun cuando su decisión no genera precedentes para ella en el futuro[611], dicho fallo si adquiere cosa juzgada, por lo que, si se vuelve a intentar la misma revisión (aun cuando el solicitante sea diferente[612]) igualmente existirá cosa juzgada y, por tanto, la solicitud será inadmisible[613].   La litispendencia, entendida como la

---

[610]   O algún otro asunto (como por ejemplo un amparo).

[611]   <<Precisamente, por ser la revisión constitucional una potestad discrecional, la Sala no está atada a un precedente de la misma para el caso concreto, pues pudiera re-examinarse un criterio anterior de la Sala ante nuevas solicitudes de revisión que conlleven nuevos o distintos alegatos aun cuando exista cosa juzgada al respecto, pudiendo estimarlas o rechazarlas; pues el precedente invocado por las partes no puede funcionar *stricto sensu* con la eficacia persuasiva del precedente judicial, toda vez que cada caso será decidido en atención al análisis de los valores jurídicos que rodean una situación concreta; aceptar lo contrario conllevaría una suerte de petrificación de la potestad que le ha sido otorgada a la Sala Constitucional mediante la revisión>>. SSC 21/2022, de 11 de febrero.

[612]   <<En este contexto, la Sala expresamente ha sostenido que en materia de revisión se considera que *"existe cosa juzgada cuando la Sala previamente ha emitido pronunciamiento respecto de la constitucionalidad de un acto jurisdiccional, sin importar que la parte solicitante sea diferente pues, lo que interesa es que se hubiere verificado la conformidad del fallo a la constitución ya sea por vía de revisión o amparo constitucional,* en este sentido, esta Sala ratifica el criterio expresado en sentencia N° 1.840 del 1° de diciembre de 2011 (caso: Asociación Civil Carenero Yacht Club)"*. Destacado de esta Sala. (Cfr. Sentencia de esta Sala N° 13 del 1° de marzo de 2016 y 365 del 10 de mayo de 2010)>>. SSC 112/2021, de 16 de abril.

[613]   <<En este sentido, los pronunciamientos que dicta esta Sala Constitucional adquieren, desde su publicación, el carácter de cosa juzgada formal, a que se refiere el artículo 272 del Código de Procedimiento Civil, lo cual se traduce en que la relación jurídica que genera la sentencia en cuestión no es atacable y al mismo tiempo, se perfecciona el carácter de cosa juzgada material que dispone el artículo 273 *eius-*

existencia de dos causas idénticas ante dos autoridades judiciales igualmente competentes[614], es de poca frecuencia, pues, solo la Sala Constitucional es la única competente para conocer de las revisiones constitucionales de sentencia, por lo que, en tal caso, la litispendencia sería ante la misma Sala Constitucional.

Tal litispendencia, que es una consecuencia de la noción de la cosa juzgada, en caso de existir, necesariamente conllevará la extinción de uno de los procedimientos, aplicándose las reglas ordinarias. Y, en el caso de que se trate de un procedimiento sin citación/notificación por no ser fijada la audiencia, lo más sensato es extinguir el que se presentó más tarde. Acá no se produce la acumulación, por cuanto, no se trata de pretensiones conexas, sino idénticas (identidad de sus tres elementos).

La Sala ha actuado conforme a lo expresado, así dijo:

dem, que impone que se tenga en cuenta el contenido de la decisión en todo proceso futuro entre las mismas partes y sobre el mismo objeto, a lo cual se agrega el carácter vinculante de las mismas. Por lo tanto, los actos de juzgamiento de la propia Sala Constitucional están excluidos de la potestad de revisar las sentencias definitivamente firmes de amparo constitucional y de control de constitucionalidad de leyes o normas jurídicas dictadas por los tribunales de la República, en los términos establecidos por la ley orgánica respectiva que le atribuyen el cardinal 10 del artículo 336 de la Constitución de la República Bolivariana de Venezuela y en los cardinales 11 y 12 del artículo 25 de la Ley Orgánica del Tribunal Supremo de Justicia y no podría ser de otro modo a tenor del principio de cosa juzgada formal que postula la inimpugnabilidad de las mismas, en el sentido de que la relación jurídica generadora del fallo no es atacable ante el propio sentenciador, pues solo lo sería si contra la sentencia en cuestión hubiese algún medio de impugnación ante un tribunal superior. En el caso bajo examen no es posible, como se afirmó, que la Sala revise por este u otro medio sus veredictos; ni tampoco está dispuesto un medio de impugnación del cual pueda servirse el solicitante para la tramitación de su pretensión, pues, esta Sala no tiene superior jerárquico. Sobre la base de lo que se expuso y en virtud de que en este caso se ha solicitado la revisión de un acto jurisdiccional que, en materia de revisión constitucional, emitió esta Sala Constitucional el 14 de agosto de 2019, esta solicitud de revisión constitucional resulta inadmisible. Así se decide. Finalmente, se estima imperioso para esta Sala hacer un llamado de atención a los profesionales del derecho que elaboraron esta solicitud, para que en futuras oportunidades eviten incurrir en este tipo de requerimientos manifiestamente inadmisibles que copan de trabajo innecesario a este órgano jurisdiccional y retardan la sana y debida administración de justicia>>. SSC 91/2021, de 16 de abril.

[614] Artículo 61 del Código de Procedimiento Civil ya citado.

en el presente caso se pudo observar que en las solicitudes de revisión presentadas (…) existe una identidad de sujetos, objeto y título, que al ser conocida por esta Sala, origina la declaratoria de litispendencia -en este caso- con relación al expediente (…) por ser el último que presentó la parte solicitante y haberlo advertido la Sala con posterioridad a la causa que cursa en el expediente (...) razón por la cual resulta imperioso declarar de oficio la existencia de la litispendencia y en consecuencia la extinción de la causa contenida en el expediente (…) , todo ello a los fines de evitar decisiones contradictorias[615].

4. *Cuando contenga conceptos ofensivos o irrespetuosos.*

No es usual apreciar escritos con este tipo de conceptos o frases que atentan contra la majestad de la administración de justicia y que poco coadyuvan a mantener la imparcialidad del ser humano encargado de impartir justicia. Sin embargo, ocurre y la ley lo sanciona con la inadmisibilidad.

Pero ¿cuán ofensivo o irrespetuoso debe ser un concepto para ganarse una declaratoria de inadmisibilidad? Evidentemente, en este campo se cae en los famosos conceptos jurídicos indeterminados (como la injuria) y donde la subjetividad juega un importante papel.

En cualquier caso, es trabajo del patrocinador (abogado asistente o apoderado) drenar las frustraciones de su cliente y presentar un escrito sobrio, claro y que sin ser hiriente, ofensivo o irrespetuoso sea contundente; porque el no hacerlo, a quien afectará es a la parte material y, eventualmente, al apoderado por el decoro en el ejercicio de su profesión.

Han existido varios llamados de atención de la Sala Constitucional, unos más graves que otros, en este tema, en un fallo más o menos reciente y en materia de revisión constitucional de sentencias, dijo la Sala:

Finalmente, la Sala estima necesario hacer mención a la conducta irrespetuosa plasmada en el escrito presentado por la abogada María de los Ángeles Palacios Maldonado, inscrita en el Instituto de previsión Social del Abogado bajo el N° 21.815, con el uso de expresiones como *"suelta esta perla"*, *"meter la pata"*, *"le corrigió la plana"* o *"plomo en el ala"*, para referirse a las actuaciones de la Sala de Casa-

---

615 SSC 50/2004 de 03 de febrero.

ción Social de este Tribunal Supremo de Justicia, con lo cual lesiona al oficio de la judicatura, pues los abogados, como actores fundamentales del proceso de justicia, deben ser verdaderos garantes del decoro en el ejercicio de su profesión, bajo riesgo de quedar innecesariamente empañada la tarea de defender sus intereses, como en este caso, o los legítimos intereses de quienes representan, en perjuicio directo de éstos. Por este motivo, la Sala apercibe a la mencionada profesional del Derecho para que se abstenga de dirigir peticiones ante éste o cualquier otro órgano jurisdiccional en los términos advertidos[616].

5. *Cuando haya falta de legitimación pasiva.*

En los casos de revisión constitucional no existe formalmente una parte demandada, pues, lo que expresa el solicitante es que mediante tales circunstancias un fallo dictado en un procedimiento de amparo o de control difuso (deber ser) está violando la Constitución y el orden público constitucional, por lo que le solicita a la Sala Constitucional que, previa verificación de lo denunciado anule el fallo para que se haga cesar la situación lesiva.

De hecho, si la Sala Constitucional fija una audiencia y decide llamar a todos los eventuales afectados por la revisión, esto sería una decisión futura y discrecional de la Sala, por lo que mal se podría demandar a un sujeto en específico como si se trata de una pretensión contra otra persona.

En el caso Servio Tulio León, la Sala Constitucional indicó lo siguiente:

> Las pretensiones y las sentencias de la llamada jurisdicción constitucional difieren de las que se ventilan y dictan por los tribunales civiles, mercantiles y demás que ejercen la función jurisdiccional. Ello es producto de que el control constitucional lo tienen todos los tribunales del país, y con él se persigue, mediante la actuación de los jueces constitucionales, la supremacía constitucional y la efectividad de las normas y principios constitucionales. Tal control, al ser ejercido, no tiene por qué estar dirigido contra alguien, contra opositores desconocidos, ya que todos los habitantes del país podrían estar conformes con la forma de control que un individuo en particular proponga; pero como es el Tribunal Supremo de Justicia el máximo garante de la supremacía y efectividad constitucionales, es él como

---

[616] SSC 941/2017 de 09 de noviembre.

máximo Tribunal Constitucional, por medio de las Salas con competencia para ello, quien al ser instado debe asegurar la integridad de la Constitución (artículos 334 y 335 de la vigente Constitución), mediante decisiones jurisdiccionales. Esta especial estructura de las pretensiones atinentes a lo constitucional, lleva a que muchas veces no haya nadie formalmente demandado, lo que hasta hace dudar de su carácter contencioso, pero como no se persigue mediante ellas la formación de nuevas situaciones jurídicas y el desarrollo de las existentes, los procesos que en ese sentido se instauren no pueden considerarse de jurisdicción voluntaria (artículo 895 del Código de Procedimiento Civil), por lo que ésta no es la naturaleza de las causas constitucionales[617].

Del despacho saneador

El despacho saneador está previsto en el artículo 134 de la Ley Orgánica del Tribunal Supremo de Justicia para los procedimientos que se sigan ante esa Sala, el cual, tal como se explicó anteriormente, resulta aplicable a los procedimientos no contenciosos por así decidirlo la Sala Constitucional[618]. Dicho artículo dispone:

En las demandas que sean de tal modo ininteligibles que resulte imposible su tramitación, se ordenará la corrección en lugar de su admisión. En el caso de que la parte demandante no corrija el escrito dentro del lapso de tres días de despacho, o en el supuesto de que, si lo hiciere, no subsanare la falta advertida, la Sala Constitucional negará la admisión de la demanda.

La Sala Constitucional con cierta frecuencia ha hecho uso de este mecanismo, lo cual puede apreciarse de los ejemplos siguientes:

El 29 de julio de 2016, la Sala dictó decisión N° 632, en la que ejerció su potestad de despacho saneador -de conformidad con lo previsto en el artículo 134 de la Ley Orgánica del Tribunal Supremo de Justicia- ordenando a la parte actora que corrigiera su solicitud, dentro de los tres (3) días de despacho siguientes a su notificación, más nueve (9) días de despacho que se le concedieron como término de la distancia, de manera que señalara específica y razonadamente los he-

---

[617]   SSC 1.077/00, de 22 de septiembre.

[618]   SSC 942/2010, de 20 de agosto y SSC 952/2010, de 20 de agosto.

chos constitutivos como lesivos de sus derechos constitucionales y determinara, con exactitud, cuál es la sentencia objeto de revisión y de qué forma la misma desconoce criterios vinculantes de la Sala (…) El 26 de septiembre de 2016, en respuesta al despacho saneador, el abogado Gerson Orlando Blanco Pérez, consignó escrito de corrección en el que especificó que la solicitud de revisión es contra la decisión dictada el 16 de octubre de 2015, por el Juzgado Superior Cuarto en lo Civil, Mercantil, del Tránsito, Agrario y Bancario de la Circunscripción Judicial del Estado Táchira. Con motivo del despacho saneador, la solicitante de revisión, consignó escrito de corrección el 26 de septiembre de 2016, en similares términos al de su escrito originario, aduciendo que en la sentencia objeto de revisión *"se observan graves inconsistencias de orden constitucional, como por ejemplo en este caso el juzgado superior cuarto fundamento* (sic) *la sentencia en el hecho de que no se presentaron las tablillas siendo esto un hecho incierto por cuanto en las copias que acompañé con la apelación consigne las tablillas del juzgado primero de los municipios igual mente* (sic) *hay graves inconsistencias de orden constitucional en la sentencia dictada por el juzgado segundo civil ya que dice que pre cuyo* (sic) *el lapso de seis meses para interponer el recurso lo cual es falso ya que a mi representada le notificaron y materializaron el desalojo el día 15 de enero de 2015"*. (sic) (…) Del análisis efectuado al escrito anteriormente transcrito así como de la corrección que fue presentada con motivo del despacho saneador, esta Sala observa que, tal como ha sido planteada la solicitud de revisión no se deduce con certeza, cuál es el contenido de la tutela invocada, ya que si bien se precisó cuál es la sentencia objeto de revisión, no se indicó ni explicó si la misma desconoció algún criterio jurisprudencial vinculante dictado por esta Sala Constitucional, si efectuó una indebida aplicación de una norma o principio constitucional, o si se produjo un error grave en su interpretación, o que estuviere incursa en la falta de aplicación de algún principio o norma constitucional (…) Adicionalmente se observa que en el presente caso no existen violaciones a derechos constitucionales de la solicitante en revisión (…) Con base en lo expuesto, esta Sala concluye que la presente revisión sólo comprende un cuestionamiento del fallo objetado, a modo que se realice un nuevo pronunciamiento como si se tratase de un recurso ordinario de apelación, lo cual no resulta procedente, pues la Sala ha señalado inveteradamente (…) Finalmente, en virtud de la potestad discrecional que tiene esta Sala para desestimar las solicitudes de revisión en aquellas circunstancias donde no se encuentre en peligro la uniformidad de la interpretación de normas y principios constitucionales, ni se constate una grotesca violación de derechos de ese mismo orden, o de algún criterio jurisprudencial sentado por esta Máxima Instancia Constitucional, se declara no ha lugar la solicitud de revisión interpuesta. Así se declara[619].

En el fallo que se expondrá de seguidas, puede apreciarse como la Sala Constitucional dio por notificado, a los fines del despacho saneador, al solicitante dejando la notificación en el buzón de su domicilio, dado que este no se encontró. Este fallo recibió un voto disidente[620]. Dijo la Sala en el fallo en referencia:

---

[619] SSC 30/2017, de 23 de febrero.

[620] Esta decisión tuvo un voto disidente que fue dictado en los términos siguientes: <<Quien disiente, observa que la mayoría sentenciadora está aplicando la consecuencia jurídica establecida en el referido artículo 134 de la Ley Orgánica del Tribunal Supremo de Justicia, por un supuesto incumplimiento del solicitante, sin que se haya configurado el presupuesto necesario para hacerlo, toda vez que si bien fue acordada la corrección del libelo presentado, la notificación ordenada para comunicárselo al interesado no fue practicada de la manera efectiva, tal como se expresa en el fallo del cual se disiente: [El 2 de diciembre de 2016 el abogado Édgar Nicolás Pineda González, actuando en su condición de Alguacil de esa Sala, consignó oficio n° 16-794, del 14 de noviembre de 2016, dirigido al ciudadano EUDORO RAMÍREZ SAAVEDRA, ya que el mismo no pudo ser localizado en su domicilio procesal, se dejó copia en el buzón del apartamento. Se acordó agregar la presente diligencia al expediente respectivo.] Como puede apreciarse, se está aplicando una sanción sin existir certeza de que el acto comunicacional ordenado se haya llevado a cabo de manera efectiva, esto es, que el interesado se haya enterado de la orden impartida, o al menos ello pueda presumirse; en el presente caso, no puede afirmarse que ese requisito previo para hacer surgir en cabeza del interesado la carga de corregir, se haya satisfecho. Efectivamente, no es lo mismo dejar una boleta de notificación con otra persona, en el domicilio procesal señalado por el interesado, que dejarlo "en el buzón del apartamento", práctica incluso, menos garantista que aquel uso forense conocido como "boleta dejada", en el que se dejaba a veces la boleta de notificación "por debajo de la puerta". De manera entonces que, con prácticas como la que queda avalada por la mayoría sentenciadora en la sentencia de la cual se disiente, se le hace un flaco servicio a la garantía de acceso a la justicia, aun en casos en los que como el de autos, se trata de una solicitud excepcional como la que comporta la revisión constitucional. Tampoco reparó la mayoría sentenciadora, en la actitud nada diligente por parte de la abogada Teresa López, quien actuando en su condición de Defensora Pública Provisoria Primera con competencia ante esta Sala, se limitó a señalar que se había reunido con el solicitante el 12 de marzo de 2015 y que éste le informó que se había dado por notificado en la presente causa, y a pesar de tener la obligación de asistirlo en la corrección ordenada, no hizo lo necesario

la Sala ejerció despacho saneador y (i) ordenó la notificación a la parte actora de que debía corregir su demanda o solicitud de manera que cumpliese con los extremos del artículo 133 de la Ley Orgánica del Tribunal Supremo de Justicia y las normas que correspondan según el tipo de solicitud o demanda que se trate, para lo cual se le concedieron tres (3) días de despacho; (ii) informó al ciudadano actor que para la corrección de su escrito debía contar con asistencia jurídica y para ello podía solicitar los servicios de los Defensores Públicos ante esta Sala Constitucional o contratar los de un abogado privado, además, (iii) ordenó la notificación a los Defensores o Defensoras Públicas con competencia ante esta Sala Constitucional, para que en caso de que el ciudadano Eudoro B. Ramírez Saavedra manifestase su interés en la asesoría prestada por esa institución, le asistan en la corrección ordenada en este auto. Para permitir una efectiva asesoría al justiciable, el lapso de tres (3) días de despacho para la corrección comenzaría a correr desde la última de las notificaciones ordenadas, a la que se adicionarían, los cinco (5) días de despacho, a los que se refiere el artículo 4 de la Ley de Abogados. El 17 de marzo de 2015 la abogada Teresa López, actuando en su condición de Defensora Pública Provisoria Primera con competencia ante esta Sala, informó haberse reunido con el solicitante el 12 de marzo de 2015 y que éste le informó que se había dado por notificado en la presente causa. Adicionalmente señaló que luego de una revisión del expediente en el Juzgado de origen, le señaló *"a viabilidad (previo estudio) de realizar una Revisión Constitucional (por solicitud del ciudadano Ramírez Saavedra), a la última sentencia dictada por el Tribunal Noveno de Municipio Ejecutor de medidas e Itinerante de Primera Instancia."*. El 18 de octubre de 2016, la Sala mediante sentencia n.º 817, por cuanto no existía constancia en los autos de que se hubiere realizado la notificación a la parte actora del auto del 10 de marzo de 2015, n.º

---

para darle cumplimiento a tal deber. En ese sentido, era necesario también que, esta Sala Constitucional le recordara a la referida abogada, que como auxiliar de justicia que es, tenía la función de procurarse la información y documentación necesaria para defender la posición que sostenía el ciudadano Eudoro B. Ramírez Saavedra a través de su solicitud de revisión, para dar así, cumplimiento a las obligaciones propias de su cargo, y a las que esta Sala se ha referido de manera reiterada (...) De conformidad con lo antes expuesto, quien disiente considera que, en sintonía con el principio *pro actione*, la solicitud de revisión constitucional no ha debido ser declarada inadmisible sin haberse tenido certeza de la notificación del solicitante acerca del acto para mejor proveer dictado a su favor>>. SSC 67/2017, de 23 de febrero.

176, la Sala procedió a dar cumplimiento al despacho saneador que establece el artículo 136 de la Ley Orgánica del Tribunal Supremo de Justicia, y ordenó notificar al ciudadano Eudoro B. Ramírez Saavedra, en su domicilio procesal, de la sentencia n° 176 del 10 de marzo de 2015. El 2 de diciembre de 2016 el abogado Édgar Nicolás Pineda González, actuando en su condición de Alguacil de esta Sala, consignó oficio n° 16-794, del 14 de noviembre de 2016, dirigido al ciudadano EUDORO RAMÍREZ SAAVEDRA, ya que el mismo no pudo ser localizado en su domicilio procesal, se dejó copia en el buzón del apartamento. Se acordó agregar la presente diligencia al expediente respectivo. **ÚNICO** La Sala ordenó la corrección a la que se refiere el artículo 134 de la Ley Orgánica del Tribunal Supremo de Justicia con fundamento en que la solicitud adolecía de falta de precisión sobre la situación fáctica que fundamentan su pretensión, el hecho, acto u omisión objeto del escrito presentado, su pretensión, y, en fin, la situación jurídica del mismo, para que esta Sala pudiese determinar la naturaleza de la demanda o solicitud y demás circunstancias necesarias para pronunciarse al punto de resultar imposible la determinación del trámite que corresponde al caso bajo análisis. El artículo 134 de la Ley Orgánica del Tribunal Supremo de Justicia, aplicable tanto en las demandas que requieren sustanciación como en las que no, establece: *"**Artículo 134:** En las demandas que sean de tal modo ininteligibles que resulte imposible su tramitación, se ordenará la corrección en lugar de su admisión. En el caso de que la parte demandante no corrija el escrito dentro del lapso de tres días de despacho, o en el supuesto de que, si lo hiciere, no subsanare la falta advertida, la Sala Constitucional negará la admisión de la demanda. "* En garantía del derecho de la parte actora al acceso a la justicia se añadió al lapso para corrección, un tiempo prudencial de 5 días para permitir que el referido ciudadano consiguiera asesoría de un profesional del derecho para la corrección y a ese efecto se notificó también a la Defensa Pública, la cual se dio por notificada de la decisión el 17 de marzo de 2015. Por su parte, el viernes 2 de diciembre de 2016 fue notificada en su domicilio procesal la parte actora, momento a partir del cual comenzó a correr el lapso para la corrección, tres (3) días de despacho del lapso establecido en el artículo 134 de la Ley Orgánica del Tribunal Supremo de justicia, a saber martes 6, miércoles 7 y jueves 8 de diciembre; más cinco (5) días el término establecido en el artículo 4 de la Ley de Abogados a saber, martes 13, miércoles 14, jueves 15, martes 20 y miércoles 21 de diciembre. En el referido lapso la parte actora no consignó escrito alguno de corrección de su demanda, razón por la cual la Sala debe declarar inadmisible la pretensión bajo análisis. Así se decide[621].

Como muestra de un auto donde se acuerda el despacho saneador, se pueden citar los siguientes:

> Como puede apreciarse, el accionante no deja clara la vía judicial que ejerce y en la que pretende enmarcar su pretensión, al plantear, en primer lugar, la revisión de una sentencia, para luego demandar un pretendido "avocamiento de revisión" de unos expedientes vinculados al hecho que denuncia. Tal situación demuestra que el solicitante de autos y, en especial, el abogado que lo asiste, no ajusta de forma precisa la pretensión a las vías judiciales que prevé el ordenamiento jurídico vigente, y que, en fin, confunde dos instituciones inherentes a la jurisdicción constitucional que son disímiles entre sí, en cuanto a su naturaleza, funciones, finalidades, competencia, tramitación, entre otros rasgos característicos, que son la revisión constitucional, por una parte, y, por otra, el avocamiento (el cual sólo es aplicable a causas en trámite y, en fin, en procesos sobre los cuales no existe sentencia definitivamente firme), lo que afecta de forma sustancial la inteligibilidad de la demanda en cuestión. Al respecto, el artículo 134 de la Ley Orgánica del Tribunal Supremo de Justicia dispone lo siguiente (…) Por tanto, esta Sala Constitucional del Tribunal Supremo de Justicia, en atención a lo establecido en el artículo 134 de la Ley Orgánica del Tribunal Supremo de Justicia, ordena al solicitante de autos, actuando con la debida asistencia o representación jurídica, proceda dentro de un lapso de tres (3) días de despacho, contados a partir de la notificación del presente auto, a corregir la solicitud, indicando con claridad y precisión cuál es el cauce procesal, bajo el que pretende desarrollar su pretensión. Finalmente, se advierte al solicitante, que, en caso de no corregir el escrito dentro del lapso fijado, o en el supuesto de que, si lo hiciere, no subsanare la falta advertida, la Sala Constitucional declarará inadmisible la presente demanda, con fundamento en el único aparte del artículo 134 de la Ley Orgánica del Tribunal Supremo de Justicia[622].

---

[621]   SSC 67/2017, de 23 de febrero.

[622]   SSC 68/2017 de 23 de febrero (auto). En este caso la decisión fue la siguiente: <<El 23 de febrero de 2017, esta Sala Constitucional del Tribunal Supremo de Justicia,

Ahora bien, como puede apreciarse de los alegatos del solicitante, no quedan claros los términos de su pretensión, ni los motivos que, a su juicio, hacen procedente la solicitud de revisión constitucional, toda vez que no indica con precisión el perjuicio que le causa la decisión cuya revisión se pretende, o si existe algún *"desconocimiento absoluto de algún precedente dictado por esta Sala, la indebida aplicación de una norma constitucional, un error grotesco en su interpretación o, sencillamente, de su falta de aplicación"*. Tal situación demuestra, en criterio de esta Sala, que el solicitante de autos no precisa debidamente su pretensión, de manera tal que pueda esta Máxima Instancia Constitucional analizar si procede o no la presente solicitud de revisión constitucional interpuesta. Al respecto, el artículo 134 de

---

mediante decisión n.° 68, libró de conformidad con el artículo 134 de la Ley Orgánica del Tribunal Supremo de Justicia, despacho saneador requiriendo a los solicitantes precise cual es el cauce procesal de su pretensión.(...) El 03 de marzo de 2017, el profesional del derecho Marcos Alfonso Rodríguez Veroes, quien dice actuar en representación del ciudadano ROSILL Vicente Silano Rafalli, consignó escrito en el cual solicita la revisión del expediente AP21-L-2005-001843 que cursó por ante el Juzgado Vigésimo Tercero de la Circunscripción Judicial del Trabajo del Área Metropolitana de Caracas (...) Ahora bien, de la lectura realizada al "escrito de corrección de la demanda" (...), como parte actora en la presente causa, esta Sala observa que el mismo es insuficiente para determinar cuál es el tipo de acción o cauce procesal, a través del que se pretende incoar los argumentos de su pretensión. Ello se aprecia así, pues en una primera oportunidad –que originó la orden de corrección del escrito, impartida en la decisión n.° 68/2017–, el solicitante no dejó clara la vía judicial que ejerce y en la que pretende enmarcar su pretensión, pues luego de plantear la revisión constitucional de una sentencia penal, luego se refiere a la demanda de un pretendido "avocamiento de revisión" de unos expedientes vinculados al hecho que denuncia, tanto en el campo laboral como el penal. Luego, emitida la respectiva orden de corrección, para que precise el tipo de acción bajo el cual pretende encausar sus pretensiones, el solicitante mediante escrito se limita a indicar que (...) No quedando claro para la Sala si se trata de una solicitud de revisión constitucional, en cuyo caso debió señalar cuál era la sentencia cuya revisión solicita –toda vez que hace referencia a la revisión de una causa laboral–, o si se trata de una revisión de un proceso laboral a través de alguno de los tipos de cauces procesales que ofrece el ordenamiento jurídico, para la tutela de los derechos de su representado. En este sentido, en la decisión de esta Sala n.° 68 del 23 de febrero de 2017, se indicó (...) Así las cosas, y puesto que la parte actora no corrigió las deficiencias que presentó la solicitud por él interpuesta, pese al auto que ordenó su corrección, lo cual impide a esta Sala formarse una opinión respecto de la situación jurídica expuesta; resulta forzoso declarar inadmisible la presente solicitud, con fundamento en las normas transcritas *supra*. Así se decide>>. SSC 691/2017 de 14 de agosto.

la Ley Orgánica del Tribunal Supremo de Justicia dispone lo siguiente: (…) Ello así, esta Sala Constitucional del Tribunal Supremo de Justicia, atendiendo al dispositivo contenido en el artículo 134 de la Ley Orgánica del Tribunal Supremo de Justicia, ordena al solicitante de autos, actuando con la debida asistencia o representación jurídica, proceda dentro de un lapso de tres (3) días de despacho más nueve (9) días por el término de la distancia siguientes, contados a partir de la notificación del presente auto, a corregir su solicitud, indicando con claridad y precisión los términos de su pretensión y explique de qué modo la decisión que adversa es susceptible de ser revisada por esta Sala. Finalmente, se advierte al solicitante que, en caso de no corregir el escrito dentro del lapso fijado, o en el supuesto de que, si lo hiciere, no subsanare la falta advertida, esta Sala Constitucional declarará inadmisible la presente demanda, con fundamento en la norma parcialmente transcrita *supra*[623].

---

[623] SSC 656/2017 de 14 de agosto. En este caso la decisión final fue la siguiente: <<El ciudadano Luis Alfonzo Bautista Contreras solicitó la revisión constitucional de la sentencia "interlocutoria con fuerza de definitiva" N. °128/2016, dictada el 3 de noviembre de 2016, por el Juzgado Superior Estadal de lo Contencioso Administrativo de la Circunscripción Judicial del Estado Táchira, que declaró la inadmisibilidad de la acción de amparo interpuesta por el hoy solicitante, contra la Universidad Bolivariana de Venezuela, sede Táchira. Ahora bien, esta Sala Constitucional consideró que los alegatos del solicitante no son claros en los términos de su pretensión, ni los motivos que a su juicio hacen procedente la presente solicitud de revisión constitucional, toda vez que no indicó con precisión el perjuicio que le causó la decisión cuya revisión se pretende, o si existe algún *"desconocimiento absoluto de algún precedente dictado por esta Sala, la indebida aplicación de una norma constitucional, un error grotesco en su interpretación o sencillamente, de su falta de aplicación"*. Mediante sentencia N.° 656 del 14 de agosto de 2017, esta Sala Constitucional, de conformidad con lo establecido en el artículo 134 de la Ley Orgánica del Tribunal Supremo de Justicia, ordenó al solicitante en autos, actuando con la debida asistencia o representación jurídica, proceda dentro de un lapso de tres (3) días de despacho más nueve (9) días por el término de la distancia siguientes, contados a partir de la notificación del presente auto, a corregir su solicitud, indicando con claridad y precisión los términos de su pretensión y explique de qué modo la decisión que adversa es susceptible de ser revisada por esta Sala. (…) Finalmente, luego de una exhaustiva revisión, esta Sala Constitucional constató que, transcurrido el lapso para la corrección de la solicitud de revisión constitucional, el solicitante incumplió con lo ordenado por la Sala en el despacho saneador, por tal motivo y según lo establecido en el artículo 134 de la Ley Orgánica del Tribunal Supremo de Justicia, la solicitud de revisión constitucional se declara **INADMISIBLE**. Así se decide>>. SSC 168/2022, de 14 de junio.

Del auto para mejor proveer

El auto para mejor proveer está previsto en el artículo 145 de la Ley Orgánica del Tribunal Supremo de Justicia para los procedimientos que se sigan ante esa Sala y que no requieren sustanciación, como sería el caso de la revisión constitucional de sentencias. Dicho artículo dispone:

> En las causas en las que no se requiera sustanciación, la Sala decidirá en un lapso de treinta días de despacho contados a partir del día en que se dé cuenta del recibo de las actuaciones, salvo lo que preceptúan la Constitución de la República y leyes especiales. No requerirán sustanciación las causas a que se refieren los numerales 5, 6, 10, 11, 12, 13, 14, y 15 del artículo 25 de esta Ley. Queda a salvo la facultad de la Sala Constitucional de dictar autos para mejor proveer y fijar audiencia si lo estima pertinente.

No establece la norma las pautas para el dictado de dicho auto mejor proveer, por lo que, de conformidad con el artículo 98 de la Ley Orgánica del Tribunal Supremo de Justicia, deberán aplicarse las reglas ordinarias previstas en el Código de Procedimiento Civil[624].

Este mecanismo, en función de promover el acceso a los órganos jurisdiccionales y, especialmente porque la Sala considera que la revisión no es un recurso (sino una solicitud para que se brinde una protección

---

[624] <<Después de presentados los informes dentro del lapso perentorio de quince días, podrá el Tribunal, si lo juzgare procedente, dictar auto para mejor proveer, en el cual podrá acordar: 1° Hacer comparecer a cualquiera de los litigantes para interrogarlos sobre algún hecho importante del proceso que aparezca dudoso u obscuro. 2° La presentación de algún instrumento de cuya existencia haya algún dato en el proceso, y que se juzgue necesario. 3° Que se practique inspección judicial en alguna localidad, y se forme un croquis sobre los puntos que se determinen, o bien, que se tenga a la vista un proceso que exista en algún archivo público, y se ponga certificación de algunas actas, siempre que en el pleito de que se trate haya alguna circunstancia de tal proceso y tengan relación el uno con el otro. 4° Que se practique alguna experticia sobre los puntos que fije el Tribunal, o se amplíe o aclare la que existiere en autos. En el auto para mejor proveer, se señalará término suficiente para cumplirlo. Contra este auto no se oirá recurso alguno; cumplido que sea, las partes podrán hacer al Tribunal, antes del fallo, las observaciones que crean pertinentes respecto de las actuaciones practicadas. Los gastos que ocasionen estas actuaciones serán a cargo de las partes de por mitad, sin perjuicio de lo que se resuelva sobre costas>>. Artículo 514 del Código de Procedimiento Civil ya citado.

objetiva de la Constitución y no del interés particular[625]) debería utilizarse para evitar las inadmisiones que, a fin de cuenta, a quien perjudican es a la propia Constitución, según la visión de la Sala.

Por tanto, si se consigna en copia un poder o la sentencia objeto de revisión (y haciendo abstracción de la posición asumida con anterioridad) la Sala podría solicitar el documento, en aplicación del artículo 514.2 del Código de Procedimiento Civil: <<podrá el Tribunal, si lo juzgare procedente, dictar auto para mejor proveer, en el cual podrá acordar: (...) 2° La presentación de algún instrumento de cuya existencia haya algún dato en el proceso, y que se juzgue necesario>>; con lo cual no se estaría supliendo una carga de la parte, pues, según la visión de la Sala Constitucional no se trata de un recurso en beneficio del justiciable, sino una potestad discrecional destinada a la protección del texto constitucional, sin que el justiciable tenga derecho a él[626].

Con cierta regularidad la Sala Constitucional ha utilizado dicho mecanismo, a tales fines se hará referencia a un par de asuntos de reciente data:

Dado que en la solicitud de revisión que hoy ocupa a esta Sala la parte solicitante sostiene que hubo un error en la forma en que se computaron los términos y lapsos para admitir y formalizar su recurso de casación, lo que conllevó a que en la sentencia objeto de revisión se declarara perecido el recurso de casación que anunciara el hoy solicitante (...) y, visto que no se constata de las actas cursantes en el presente expediente el citado cómputo, aunado al hecho de que la sentencia objeto de revisión tomó como válido que el último día señalado por el *ad quem* para anunciar el recurso, sin que constara en el

---

[625] Sin embargo, en muchos de sus fallos la Sala solicita que se informe sobre la lesión causada por el fallo al solicitante.

[626] Así lo ha hecho la Sala en algunos casos, no se entiende por qué no hacerlo en todos. Ha dicho la Sala: <<Ahora bien, por cuanto no cursa en autos el instrumento poder que acredite en el abogado antes mencionado la facultad para actuar en representación de la ciudadana (...) motivo por el cual, dicho profesional carece de legitimación para actuar y, en consecuencia, desistir en nombre de la citada ciudadana de la solicitud de autos, esta Sala, con el objeto de pronunciarse sobre la homologación que se le solicitó, ordena a el abogado (...) consigne, en un término de cinco (5) días continuos a partir de su notificación, poder suficiente para el desistimiento de la solicitud de revisión o, en su defecto, que la ciudadana (...) ratifique el desistimiento que aquél realizó>>. SSC 104/2004 de 11 de febrero.

auto de admisión el referido cómputo; es por lo que esta Sala estima necesario, con el objeto de formarse un mejor criterio sobre el asunto sometido a su consideración, dictar auto para mejor proveer, de conformidad con lo dispuesto en el artículo 145 de la Ley Orgánica del Tribunal Supremo de Justicia, en el sentido de ordenar al Juzgado Superior Primero en lo Civil, Mercantil y del Tránsito de la Circunscripción Judicial del Estado Bolivariano de Mérida remita, dentro de los cinco (5) días continuos siguientes a su notificación, más siete (7) días que se conceden como término de la distancia, el cómputo de los días de despacho transcurridos por ante ese tribunal desde (...) Asimismo, se advierte que el incumplimiento de lo dispuesto en la presente decisión podrá acarrear la sanción prevista en el artículo 122 de la Ley Orgánica del Tribunal Supremo de Justicia[627].

Examinada como ha sido la solicitud de revisión efectuada en el presente asunto ante esta Sala, en cuyo contenido se hace alusión a una variedad de presuntas irregularidades denunciadas por la parte actuante; cuyo objeto de análisis -en principio- versa sobre el fallo emanado por la Sala de Casación Civil (...) contra el cual se manifiestan tanto infracciones en el proceder de la Sala Civil, como incongruencias del tribunal *ad quem*; aunado a la existencia de un juicio penal conexo a la causa; resulta forzoso para esta Sala dictar auto para mejor proveer, con la finalidad de obtener un conocimiento sustancial de los hechos señalados en el escrito. Ahora bien, ha sido criterio reiterado por la doctrina de esta Sala, que el juez constitucional en uso de la facultad establecida en el artículo 145 de la Ley Orgánica del Tribunal Supremo de Justicia, puede solicitar la información necesaria para decidir la causa sometida a su consideración. En consecuencia, esta Sala, para formarse un mejor criterio y decidir la presente revisión constitucional, en aras de garantizar el derecho a la tutela judicial efectiva y emitir una decisión ajustada a derecho, estima pertinente requerir al Juzgado Superior (...) copia certificada de la decisión dictada el (...) En tal sentido, en virtud de la denuncia interpuesta por la parte accionante, hoy requirente (...) esta Sala requiere también copias certificadas de las decisiones definitivas e interlocutorias (de ser el caso) que se hayan dictado en las distintas etapas del proceso en el expediente *ut supra* señalado, así como una relación sucinta y detallada del estado y grado de la referida causa. Por lo

---

[627]   SSC 88/2022, de 02 de junio.

que se solicita a los órganos jurisdiccionales mencionados *ut supra,* que dentro del lapso de cinco (05) días siguientes a su notificación, más un término de la distancia de seis (6) días, remitan la información requerida[628].

De las medidas cautelares y su procedimiento

Lo relativo al decreto de medidas cautelares está regulado en los artículos 130 y 131 de la Ley Orgánica del Tribunal Supremo de Justicia, que disponen:

Artículo 130. En cualquier estado y grado del proceso las partes podrán solicitar, y la Sala Constitucional podrá acordar, aun de oficio, las medidas cautelares que estime pertinentes. La Sala Constitucional contará con los más amplios poderes cautelares como garantía de la tutela judicial efectiva, para cuyo ejercicio tendrá en cuenta las circunstancias del caso y los intereses públicos en conflicto.

Artículo 131. Cuando se acuerde alguna medida cautelar, transcurrirá un lapso de tres días de despacho para la oposición. Si hubiere oposición, se abrirá cuaderno separado y se entenderá abierta una articulación de tres días de despacho para que los intervinientes promuevan y evacuen pruebas. Dentro de los cinco días de despacho siguientes la Sala sentenciará la incidencia cautelar[629].

Inicialmente la Sala Constitucional había indicado que en los procedimientos de revisión constitucional no era factible dictar medidas cautelares. Sin embargo, como ya es costumbre, la Sala modificó su criterio[630]. Sobre esto ha dicho la Sala:

Ver sentencia n° 885/SC del 13 de mayo de 2004 (Caso: Raúl Estéfano Morillo) en la cual se señaló "... respecto a la medida cautelar solicitada de suspensión de los efectos de la sentencia impugnada, debe esta Sala reiterar el criterio sostenido en sentencia del 9 de marzo de 2004 (Caso: Inés Arminda Rivas) en donde se señaló que en la

---

[628] SSC 212/2022, de 21 de junio.

[629] Ley Orgánica del Tribunal Supremo de Justicia (2022) ya citada.

[630] Con cuanta facilidad la Sala Constitucional exige el respeto a la confianza legítima y el sometimiento de las decisiones judiciales a sus precedentes y a los precedentes de los órganos que dictan los fallos sobre los cuales se pide la revisión; sin embargo, también con cuanta facilidad ella cambia de un criterio a otro.

solicitud de revisión, por tratarse de una potestad estrictamente excepcional, extraordinaria y discrecional para la Sala Constitucional, que debe ser manejada con mucha cautela "no sólo por la protección a la cosa juzgada, sino también por su repercusión determinante en la certidumbre jurídica y el estado de derecho del país", ello hace inadmisible la posibilidad de dictar medidas cautelares en este tipo de solicitudes, "toda vez que se trata de asuntos que han recorrido la doble instancia, y más aún, posiblemente, hayan sido objeto de recurso de casación, como en el presente caso. Por ello, en salvaguarda de la cosa juzgada, es inadmisible cualquier tipo de medida cautelar en las revisiones constitucionales". Hoy este criterio se encuentra desaplicado[631].

Pero, como se ha dicho, este criterio fue modificado por la Sala Constitucional en SSC 2.197/2004 de 17 de septiembre; el cual se ha mantenido hasta el presente. Ha dicho la Sala Constitucional lo siguiente:

Decidido lo anterior, observa esta Sala que consta en el escrito libelar (…) a los fines de asegurar sus derechos constitucionales requeridos con la presente solicitud de revisión y que no quede ilusoria la decisión sobre la misma, [solicitó] se acuerde medida cautelar de suspensión de los efectos de la sentencia dictada (…) por (…) de conformidad con lo previsto en el artículo 130 de la Ley Orgánica del Tribunal Supremo de Justicia, tomando en consideración los vicios y riesgos delatados, que en su criterio hacen presumir la existencia de una situación que amerite la utilización de sus amplios poderes cautelares, al presumir de que dicha decisión puede dejarlas en estado de indefensión. Al respecto, el artículo 130 de la Ley que rige las funciones de este Máximo Tribunal, dispone que: (…) Por otro lado, la decisión n° 2.197 del 17 de septiembre de 2004 (Caso: *República Bolivariana de Venezuela*), estableció la posibilidad de dictar medidas cautelares dentro de los procedimientos de revisión constitucional, tal como se observa en sentencia N° 322 del 10 de mayo de 2019 (caso: *Rafael Ramón Rodríguez Rivero*) la cual estableció: *"Visto que, la representación judicial del ciudadano (…), solicita que se decrete medida cautelar de suspensión de los efectos jurídicos de la sentencia objeto de impugnación, y visto que esta Sala constata que pudieran*

---

[631]   José Macías Cham, *La revisión constitucional de sentencias definitivamente firmes* (Caracas: Ediciones Paredes, 2013), 166.

*resultar afectados los derechos constitucionales del solicitante de defensa, debido proceso y de tutela judicial efectiva, los cuales son de eminente orden público, por cuanto se alega que la Juez (...) omitió pronunciarse sobre los alegatos contenidos en la contestación de la demanda presentada por el hoy solicitante, en el cual se señaló que ostenta el carácter de propietario del local comercial que fue ordenado desalojar libre de bienes y personas; por lo que se **ACUERDA** de conformidad con lo solicitado, a fin de garantizar que la presente revisión no se vea afectada en caso de que la sentencia impugnada sea ejecutada, y sin prejuzgar sobre el fondo del asunto, **MEDIDA CAUTELAR DE SUSPENSIÓN DE EFECTOS** de la sentencia dictada (...)* (Negrillas y mayúsculas del fallo). En atención a lo dispuesto anteriormente y en el citado artículo 130, y revisados *a priori* los hechos sobre los que se fundamentan la solicitud de revisión, la materia sobre la cual versa el asunto sometido a esta instancia constitucional y dado que con la ejecución del fallo objeto de revisión se pondría en peligro la pretensión deducida por la parte solicitante, al conllevar la posible violación de sus derechos constitucionales, se **ACUERDA**, a petición de parte y sin prejuzgar sobre el fondo del asunto, con fundamento en el precitado artículo, **MEDIDA CAUTELAR DE SUSPENSIÓN DE EFECTOS** de la decisión dictada (...) hasta tanto se resuelva la presente solicitud de revisión constitucional. Así se decide[632].

En un fallo más reciente y haciendo referencia a un precedente más antiguo, sostuvo la Sala:

Por tanto, esta Sala atendiendo a que en anteriores oportunidades ha decretado medidas cautelares dentro de los procedimientos de revisión (Cfr. Sentencias de la Sala Constitucional Números. 2275/2001, 2197/2004, 428/2005, 183/2007, entre otros, a fin de garantizar que la presente revisión no se vea afectada en caso de que la sentencia impugnada sea ejecutada, a petición de parte y sin prejuzgar sobre el fondo del asunto, se **ACUERDA MEDIDA CAUTELAR DE SUSPENSIÓN DE EFECTOS**[633].

---

632   SSC 458/2021, de 17 de septiembre.
633   SSC 62/2022, de 08 de marzo.

Sobre la oposición a la medida cautelar prevista en el artículo 131 de la Ley Orgánica del Tribunal Supremo de Justicia para el caso de que se acuerde dicha medida <<transcurrirá un lapso de tres días de despacho para la oposición>> y que si se produce la oposición <<se abrirá cuaderno separado y se entenderá abierta una articulación de tres días de despacho para que los intervinientes promuevan y evacuen pruebas>>[634]; debe decirse que puede resultar extraño este lapso, además bastante corto, para que un sujeto que no fue demandado ni está presente en el procedimiento de revisión realice una oposición.

La explicación a esto es que debe recordarse que, por aplicación de la referida ley, estos artículos no son aplicables a los procedimientos sin sustanciación, esto es, no resultan aplicables a la revisión constitucional de sentencias. Ha sido la Sala Constitucional quien, en su interpretación de la norma, ha dispuesto que tales normas si resultan aplicables a los procedimientos sin sustanciación y con ello a la revisión constitucional de sentencias.

Por tanto, bajo esta visión de la Sala Constitucional, dicho lapso de oposición no debería iniciar sino cuando quede claramente comprobado en actas que la parte contra quien obra la medida tiene conocimiento de ella[635]. Sobre este aspecto se ha pronunciado la doctrina al indicar:

---

[634]   Ley Orgánica del Tribunal Supremo de Justicia (2022) ya citada.

[635]   En auto de 03 de diciembre de 2019, ante la oposición de la parte afectada por la medida, la Sala Constitucional convocó a una audiencia. Dijo la Sala: <<Consta en autos que, (…) esta Sala, (…) se declaró competente para conocer de la presente solicitud de revisión constitucional y decretó la medida cautelar de suspensión de los efectos de la sentencia (…) Asimismo, se decretó medida de prohibición de enajenar y gravar sobre el bien inmueble objeto del juicio originario y se ordenó notificar al Juez a cargo (…) para que, dentro del lapso de cinco (5) días de despacho siguientes, contados a partir de su notificación, remitiese el original del expediente contentivo del juicio (…) Consta en autos que, (…) en su condición de apoderado judicial (…) se opone a la medidas cautelares de suspensión de los efectos de la sentencia objeto de revisión y de prohibición de enajenar y gravar (…) Consta en autos que, (…) en su carácter de apoderada judicial de (…), se opuso igualmente a las medidas cautelares de suspensión de efectos y de prohibición de enajenar y gravar, dictadas por esta Sala (…) Consta en autos que, (…) en su condición de apoderado judicial de (…) ratificó la oposición a la medidas cautelares de suspensión de los efectos de la sentencia objeto de revisión y de prohibición de enajenar y gravar, decretadas por esta Sala (…) Consta en autos que, (…) se recibió en esta Sala, el expediente original contentivo de la causa originaria (…) Consta en autos que, (…) en su carácter de apoderado judicial [parte no solicitante de la revi-

Valdría la pena observar que el artículo siguiente, el 131, eiusdem, indica un lapso de tres días de despacho para que la contraparte realice la oposición y en caso de que la misma se realice prevé una articulación probatoria de tres días para ser dictada la sentencia sobre la solicitud cautelar en el lapso de cinco días. Considerando que en el procedimiento de revisión constitucional de sentencias definitivamente firmes no existe contradictorio y que por lo tanto la contraparte del juicio principal no es citada ni notificada de la solicitud de revisión planteada nos vemos tentados a dudar si esta incidencia cautelar del artículo 131 LOTSJ (2010) sea aplicable al procedimiento de revisión. Duda que alimenta el hecho de que este artículo 131 eiusdem no computa el lapso de oposición refiriéndose al hecho de que la parte contraria se encuentre a derecho o que haya sido citada, a los fines de garantizar su derecho a la defensa como lo prevé el artículo 602 del Código de Procedimiento Civil. Sin embargo, en el supuesto de que la contraparte del juicio principal decida presentarse en el procedimiento de revisión y oponerse a la cautela, consideramos, debería la Sala

---

sión] formuló alegatos a su favor. Consta en autos que, (…) en su carácter de apoderado judicial [parte no solicitante de la revisión] formuló nuevos alegatos. Consta en autos que, (…) el abogado (…) denunció la comisión de "**fraude procesal**" en el presente caso. Ahora bien, esta Sala, observa que en la sentencia N° 93, del 6 de febrero de 2001, (caso: Corpoturismo), dejó sentado que (…) Igualmente, esta Sala, mediante sentencia N° 775, del 18 de mayo de 2001 (caso: Rosana Orlando Valero), precisó que, en las solicitudes de revisión constitucional, se puede celebrar una audiencia oral y pública, con el objeto de ahondar sobre la pretendido y aclarar los alegatos señalados por el solicitante y demás intervinientes afectados por la decisión objeto de la revisión constitucional. A tal efecto, se señaló en el referido pronunciamiento que es aplicable en las solicitudes de revisión el procedimiento de la audiencia pública constitucional correspondiente a los juicios de amparo constitucional definido en la sentencia N° 7, proferida el 1° de febrero de 2000 (caso: *José Amando Mejía Betancourt*). En consideración de lo anterior, esta Sala observa que en el caso bajo estudio reviste de una complejidad que amerita la fijación de una audiencia oral y pública, todo ello con el objeto de que esta Máxima Instancia Constitucional oiga a todas las partes involucradas y se forme un mejor criterio para la resolución sobre el mérito de lo pretendido por el solicitante de autos, así como todos los alegatos esgrimidos por los demás intervinientes en el presente asunto. Por tal motivo, este Alto Tribunal ordena la fijación de una audiencia pública oral y pública, la cual se llevará a cabo ante esta Sala, a la hora que fije la Secretaría, el día de despacho siguiente a la fecha en que conste en el expediente constancia de haberse realizado todas las notificaciones de los sujetos procesales intervinientes el presente caso>>. SSC 476/2019, 03 de diciembre.

Constitucional, en aras de garantizar el derecho a la defensa, admitir dicha oposición y abrir la articulación probatoria allí prevista[636].

De la aclaratoria y ampliación: revocación de su propia decisión

La posibilidad de solicitar la aclaratoria o ampliación de un fallo que resuelva sobre la revisión constitucional de sentencias, no está contemplada en la Ley Orgánica del Tribunal Supremo de Justicia, razón por la cual, en principio, se deberían aplicar las reglas ordinarias previstas en el Código de Procedimiento Civil[637]. No obstante, la Sala ha indicado que tales reglas (lapso) no le resultan aplicables, en virtud de que para la revisión no hay caducidad o preclusión alguna[638].

Sobre esta inaplicación del artículo 252 del Código de Procedimiento Civil y sobre la naturaleza de la ampliación y aclaratoria ha dicho la Sala lo siguiente[639]:

Ahora bien, como punto previo la Sala considera necesario determinar la tempestividad de la ampliación solicitada, para lo cual esta Sala considera pertinente emitir algunas consideraciones en torno a la oportunidad en que debe ser admitida cuando se trata de sentencias dictadas en materia de revisión constitucional. Así, es pertinente acotar que de manera reiterada se ha sostenido que la revisión es una potestad extraordinaria, excepcional y discrecional de esta Sala Constitucional, concebida como un mecanismo para el control, orientación y armonización del sistema de justicia constitucional a cargo de todos

---

[636] Macías Cham, *La revisión…*, 167.

[637] Artículo 252: Después de pronunciada la sentencia definitiva o la interlocutoria sujeta a apelación, no podrá revocarla ni reformarla el Tribunal que la haya pronunciado. Sin embargo, el Tribunal podrá, a solicitud de parte, aclarar los puntos dudosos, salvar las omisiones y rectificar los errores de copia, de referencias o de cálculos numéricos que aparecieren de manifiesto en la misma sentencia, o dictar ampliaciones, dentro de tres días, después de dictada la sentencia, con tal de que dichas aclaraciones y ampliaciones las solicite alguna de las partes en el día de la publicación o en el siguiente. Código de Procedimiento Civil ya citado.

[638] De hecho, la Sala Constitucional admite la posibilidad de revisar sentencias anteriores a la Constitución de 1999. Por otro lado, la única preclusión que deriva de la revisión constitucional, hasta ahora, es la que nace de la cosa juzgada que ella individualmente dicta (individualmente, esto es, no formando parte de la Sala Plena).

[639] Obsérvese además que, en la solicitud de ampliación, la parte solicitó medida cautelar que le fue acordada por la Sala Constitucional, mientras resolvía la solicitud.

los Jueces de la República, implementado con el fin de garantizar la uniformidad en la interpretación de las normas, principios y derechos constitucionales, que bajo ningún concepto puede ser entendida como una tercera instancia ni como un derecho subjetivo a favor de las partes que intervinieron en el juicio primigenio con las garantías propias de un medio de impugnación, en atención a lo cual, por su ejercicio le permite a la Sala Constitucional reservarse las razones por las cuales decide revisar o no un caso en particular; siendo plausible si así lo estima pertinente explicar, el porqué de tal decisión. De manera que, *"la revisión prevista en el numeral 10 del artículo 336 de la Constitución de la República Bolivariana de Venezuela, no permite a las partes una nueva posibilidad de atacar las determinaciones judiciales de primero y segundo grado. Su sentido y razón consisten en asegurar que, por parte del tribunal que tiene a su cargo la guarda de la integridad y supremacía de la Carta Magna, se unifiquen los criterios con base en los cuales ella se interpreta y aplica en materia de derechos, se elabore la doctrina constitucional y se tracen las pautas de la jurisprudencia, a propósito de casos paradigmáticos, sobre el alcance de los principios, postulados, preceptos y reglas de la Constitución, corrigiendo, si hay lugar a ello, las desviaciones y errores de equivocadas interpretaciones y decisiones judiciales"*. (vid. Sentencia 365 del 10 de mayo de 2010). Además, considerando que la potestad de revisión se asemeja al *"right of certiorari"* propio del sistema anglosajón, en cuanto le interesa el conocimiento de aquellos casos de relevancia constitucional y que ello justifica precisamente que no está sometida a lapso preclusivo alguno para su ejercicio, por lo cual puede ser llevada a cabo a solicitud de parte o de oficio, la aclaratoria o ampliación que de la sentencia que la resuelva se solicite puede ser conocida igualmente por la Sala, si así lo amerita; al margen de lo dispuesto en el artículo 252 del Código de Procedimiento Civil que no ataría en ningún caso a la Sala, por referirse dicha norma a procesos de otra naturaleza (contenciosa), que alude a "partes" inexistentes en una solicitud de carácter extraordinaria, excepcional, restringida y discrecional, como la revisión. Ahora bien, el instituto de la ampliación del fallo persigue principalmente la determinación precisa del alcance del dispositivo en aquel contenido, orientada a su correcta ejecución, *por lo que debe acotarse que, la ampliación o la aclaratoria que pronuncie el juez no puede modificar la decisión de fondo emitida, ni puede implicar un nuevo examen de los planteamientos de una u otra parte.* Es, sencillamente un mecanismo que permite determinar el alcance exacto de la voluntad del órgano decisor, a los fines de su correcta comprensión y ejecución, o para salvar omisiones hacer rectificaciones de errores de copia, de referencias o de cálculos numéricos que aparecieren de manifiesto en la sentencia. (Véase sentencia de esta Sala N° 2.025 del 23 de octubre de 2001). Así pues, cuando lo que se procure con la solicitud de aclaratoria o ampliación sea cuestionar la sentencia, argumentándose que la decisión debía dictarse en una forma distinta, aquella resultará no ha lugar, ya que lo que se pretende es obtener la modificación o revocatoria del fallo que estima le resulta lesiva o contraria a sus intereses, en contra de lo dispuesto por el ordenamiento jurídico. En lo que atañe a la solicitud objeto de estos autos, no puede obviarse que lejos de pretender la rectificación, aclaratoria o ampliación de lo resuelto por esta Sala, el análisis del planteamiento efectuado evidencia que éste desborda notablemente la mera función clarificadora de dicha figura procesal. En consecuencia, aprecia esta Sala que en el presente caso no existen errores materiales, dudas ni omisiones, que hayan podido cometerse (…) Por lo que es imperioso ratificar que tal posibilidad de formular aclaratorias o ampliaciones de las decisiones judiciales, está limitada a situaciones en las que sea necesario exponer con mayor precisión algún aspecto del fallo que haya quedado ambiguo u oscuro, o que no esté claro su alcance en un punto determinado de la sentencia; por lo que no comporta en modo alguno la posibilidad de atender las solicitudes que cualquiera de las partes realice al Tribunal. (Véase sentencia de esta Sala N° 0178 del 02 de marzo de 2018), y menos, como ocurre en el presente caso, en el que se reiteran los argumentos expuestos en la solicitud de revisión constitucional (…) dejando de manifiesto que sólo se trata de un mero desacuerdo con la decisión, motivo por el cual, evidentemente, no ha lugar la solicitud de ampliación presentada. Así se declara. Por último, visto que se ha decidido la aclaratoria presentada, esta Sala advierte que [se] *solicitó a esta Sala medida cautelar, mientras se decida sobre la aclaratoria solicitada,* (…) y mediante decisión (…) esta Sala dictó medida cautelar (…) [y] por cuanto esta Sala Constitucional, se ha pronunciado sobre la ampliación solicitada (…) SE ORDENA dejar sin efecto la medida cautelar[640].

---

[640] SSC 237/2021, de 11 de junio.

Como se ha explicado anteriormente, la Sala si bien ha establecido que sus decisiones gozan de la cosa juzgada y, por tanto, es improcedente cualquier revisión en contra de estas; también ha establecido que existe la posibilidad de revocar o modificar su decisión de inadmisibilidad cuando aprecie que ha cometido un error[641]. Ha dicho la Sala:

A los fines de emitir pronunciamiento, esta Sala observa en primer lugar que la abogada (...) pretende que se dicte nueva decisión en el presente caso, por cuanto -a su criterio- se incurrió en un supuesto error material al analizar los instrumentos poder que cursan en la presente causa, de lo que se infiere que el pedimento se trata de una solicitud innominada de rectificación de la sentencia N° 0027 proferida por esta Sala el 9 de marzo de 2021, mediante la cual se declaró inadmisible por falta de representación judicial la solicitud de revisión constitucional presentada. Para pronunciarse sobre el pedimento planteado, esta Sala considera pertinente reiterar su sentencia N° 178/2018 (caso: *"Juan Carlos Lozada"*), conforme a la cual: *"la revisión es una potestad extraordinaria, excepcional y discrecional de esta Sala Constitucional* (...) Además, considerando que la potestad de revisión se asemeja al *"right of certiorari"* propio del sistema anglosajón, en cuanto le interesa el conocimiento de aquellos casos de relevancia constitucional y que ello justifica precisamente que no está sometida a lapso preclusivo alguno para su ejercicio, por lo cual puede ser llevada a cabo a solicitud de parte o de oficio (cfr. sentencias de esta Sala N° 178/2018 y 104/2019, caso: *"Jorge Gómez Mantellini"*). Así, en lo que atañe a la solicitud objeto de estos autos, visto el argumento de la parte solicitante, esta Sala no puede dejar de observar que junto al libelo de demanda fue consignado (...) el poder de representación judicial (...) Partiendo de lo anterior, esta Sala concluye que el mencionado abogado (...) efectivamente tenía poder de representación judicial y (...) por tanto, tenía la representación judicial de la empresa solicitante. Siendo así, esta Sala, de conformidad con lo dispuesto en los artículos 12, 14 y 252 del Código de Procedimiento Civil, articulados con el principio de justicia constitucional contenido de los artículos 26 y 257 de la Constitución, una vez verificado el error material involuntario, reitera el criterio contenido en el

---

[641] Lo cual es cónsono con el antiguo criterio de la Sala Constitucional sobre que el juez puede revocar sus propias decisiones. Ver, SSC 2.231/2003, de 18 de agosto y SSC 1.357/2015, de 09 de noviembre.

fallo N° 2.231/2003, conforme al cual en un caso similar se estableció que *"...mal podría mantenerse un pronunciamiento que tiene una connotación sancionatoria, fundamentada en un falso supuesto (...) por lo que necesariamente y, vista la peculiaridad del caso, constatado que no se analizaron en su totalidad los elementos necesarios para la decisión adoptada, esta Sala, en aras el principio constitucional de la justicia material como valor preeminente sobre el carácter formal normativo, y con fundamento en criterio anterior expuesto en un caso de igual similitud (vid. s. S.C. 115/2003)"*, se revoca el fallo N° 0027 del 9 de marzo de 2021, en el cual se declaró inadmisible la solicitud de revisión constitucional (Cfr. Sentencias Nros. 2231/2003; 1750/2001 y 752/2013). Así se decide[642].

De la perención de instancia en la revisión constitucional

Sobre la perención de instancia debe decirse que esta siempre ha sido aplicada por la Sala Constitucional como mecanismo de política judicial para reducir el número de casos de revisión constitucional, haciendo patente, claro está, la falta de un supuesto impulso de parte que no está previsto para este tipo de procedimientos.

Así, antes de la entrada en vigencia de la Ley Orgánica del Tribunal Supremo de Justicia de 2004 ya la Sala aplicaba la perención de instancia. Ello lo hacía en los términos siguientes:

Luego del análisis de las actas procesales, esta Sala observa que, en la presente causa, desde el 9 de enero de 2001, oportunidad cuando se reasignó la ponencia al Magistrado Pedro Rafael Rondón Haaz, no consta en autos que se realizara alguna otra actuación procesal hasta la presente y que transcurrió mucho más de un (1) año sin que se hubiere realizado acto alguno de procedimiento, lo cual evidencia una absoluta ausencia de actividad procesal durante el período señalado. Ahora bien, el artículo 86 de la Ley Orgánica de la Corte Suprema de Justicia dispone lo siguiente: (...) De acuerdo con lo expuesto, es evidente que la paralización de la presente causa excede el lapso anual a que la norma transcrita se refiere, por lo que resulta forzoso para esta Sala Constitucional la declaración de la consumación de la perención de la instancia. En consecuencia, de conformidad con lo

---

[642] SSC 256/2021, de 02 de julio.

que ordena el artículo 86 de la Ley Orgánica de la Corte Suprema de Justicia, esta Sala Constitucional declara que está consumada la perención y extinguida, por tanto, la instancia en la presente causa. Así se declara[643].

Posteriormente, se dictó la Ley Orgánica del Tribunal Supremo de Justicia de 2004 cuyo artículo 19 preveía, entre otras tantas regulaciones, la perención de instancia[644]. Sin embargo, por lo confusa de su redacción, dicha disposición fue desaplicada y se aplicó por remisión lo establecido en el Código de Procedimiento Civil. Así se dijo:

Determinada la competencia y realizado el estudio exhaustivo del presente expediente, esta Sala observa que, en el presente caso, desde el (…) hasta el (…) transcurrió más de un (1) año sin que se realizara acto alguno de procedimiento, lo cual evidencia, durante ese período, una absoluta ausencia de actividad procesal. Ahora bien, esa inactividad procesal de un (1) año, se corresponde con la figura de la perención de la instancia preceptuada en el artículo 267 del Código de Procedimiento Civil, aplicable supletoriamente en el presente caso por disposición del párrafo segundo del artículo 19 de la Ley Orgánica del Tribunal Supremo de Justicia y de acuerdo a la doctrina asentada en la sentencia N° 1466/04, en la que se desaplica el contenido del

---

[643] SSC 1.407/2002, de 26 de junio.

[644] <<La instancia se extingue de pleno derecho en las causas que hayan estado paralizadas por más de un (1) año, antes de la presentación de los informes. Dicho término empezará a contarse a partir de la fecha en que se haya efectuado el último acto procesal. Transcurrido dicho lapso, el Tribunal Supremo de Justicia deberá declarar consumada la perención de oficio o a instancia de parte, la cual deberá ser notificada a las partes, mediante un cartel publicado en un diario de circulación nacional. Luego de transcurrido un lapso de quince (15) días continuos se declarará la perención de la instancia. La perención de la instancia no se podrá declarar en los procesos que comprenda materia ambiental o penal, cuando se trate de acciones dirigidas a sancionar los delitos contra los derechos humanos, o contra el patrimonio público, o contra el tráfico de estupefacientes o sustancias psicotrópicas. El incumplimiento a la presente obligación será considerado como falta grave de los Magistrados o Magistradas que integran la Sala y que declararon con lugar la perención pudiendo ser sancionados con la remoción del cargo. El desistimiento de la apelación o la perención de la instancia deja firme la sentencia apelada o el acto recurrido, salvo que esto violente normas de orden público y por disposición de la ley; corresponde al Tribunal Supremo de Justicia el control de la legalidad de la decisión o acto impugnado>>. Artículo 19 de la Ley Orgánica del Tribunal Supremo de Justicia (2004), ya citada.

párrafo quince del mencionado artículo 19 de la Ley que rige este Máximo Tribunal. En efecto, el referido artículo 267 del Código de Procedimiento Civil, establece, en su encabezado, lo siguiente: (…) Así pues, de acuerdo con lo expuesto, es evidente que la paralización de la presente causa, durante el período del (…) hasta el (…), excede el lapso anual a que la norma parcialmente transcrita se refiere, por lo que resulta forzoso para esta Sala Constitucional la declaración de la consumación de la perención de la causa. En consecuencia, de conformidad con lo que ordena el artículo 267 del Código de Procedimiento Civil, esta Sala Constitucional declara que está consumada la perención y extinguida, por tanto, la instancia en la presente causa, circunstancia que impide la resolución del fondo de lo solicitado. Así se declara.[645]

Este criterio se ha mantenido en el tiempo por parte de la Sala Constitucional[646]. No obstante, se cree que el mencionado criterio es un poco desacertado, pues, pareciera que una vez más la Sala Constitucional intentara, sin mayor labor judicial, deslastrarse de los casos que le son presentados y que tienen bajo su potestad jurisdiccional.

Se opina esto por cuanto, si aún no se ha dictado la ley que regule la materia y tampoco existe una regulación procesal clara que regule el procedimiento a seguir, y más aún cuando se trata de una facultad totalmente discrecional para la Sala, cómo es posible que se pretenda ahora exigir un impulso procesal de parte de los interesados. Este obrar no es la mejor demostración de la búsqueda o persecución de la justicia sobre las formas. Además, si no es un recurso de la parte, sino prácticamente un favor que ella le hace a la protección objetiva de la Constitución y donde la Sala debería resolver en un plazo de treinta días[647], ¿por qué declarar una perención?

En cualquier caso y, para evitar este tipo de sorpresas, lo recomendable es que antes de seis meses el solicitante insista en la resolución de su caso[648].

---

[645] SSC 1.667/2005, de 13 de julio.

[646] Ver, entre otras, SSC 1.809/2008 del 20 de noviembre.

[647] Artículo 145 de la Ley Orgánica del Tribunal Supremo de Justicia (2022) ya citada.

[648] Se hace esta recomendación, toda vez los constantes cambios de criterio, donde luego pretendan aplicar la caducidad del amparo constitucional.

De los efectos de la decisión

Como se ha explicado, a grandes rasgos, la decisión que dicte la Sala Constitucional adquirirá el carácter de cosa juzgada para el asunto en concreto, pero no la atará para decisiones futuras.

Además, esta decisión, en el caso particular, podrá declarar ha lugar (procedente) la revisión con lo cual se anulará el fallo en cuestión, o bien, podrá declarar improcedente la solicitud de revisión y, ello no significa que la Sala esté asumiendo posición o compartiendo el criterio de la sentencia recurrida (puede que lo haga, pero no lo implica necesariamente) sino que simplemente se está limitando a decir que, de la revisión efectuada, no observa lo denunciado, ni ningún otro supuesto que haga merecer el fallo la nulidad que se solicita.

En el último aparte del artículo 25 y en el artículo 35 de la Ley Orgánica del Tribunal Supremo de Justicia, puede encontrarse una referencia a los efectos de las decisiones que se dictan en este tipo de procedimientos. Establece la referida ley lo siguiente:

Artículo 25: (…) La facultad de la Sala Constitucional en su actividad de conocer y decidir los asuntos de su competencia, no abarca la modificación del contenido de las leyes. En todo caso, en resguardo de la seguridad jurídica, si la interpretación judicial da lugar a una modificación legislativa, la Sala deberá así referirlo para que la Asamblea Nacional, en uso de sus facultades constitucionales realice las modificaciones o reformas a que hubiere lugar.

Artículo 35: Cuando ejerza la revisión de sentencias definitivamente firmes, la Sala Constitucional determinará los efectos inmediatos de su decisión y podrá reenviar la controversia a la Sala o Tribunal respectivo o conocer la causa, siempre que el motivo que haya generado la revisión constitucional sea de mero derecho y no suponga una nueva actividad probatoria; o que la Sala pondere que el reenvío pueda significar una dilación inútil o indebida, cuando se trate de un vicio que pueda subsanarse con la sola decisión que sea dictada[649].

La primera regulación ya fue abordada anteriormente y puede entenderse como una limitación establecida por el legislador. Dicha limitación, tal como indicó el profesor CASAL citado al tratar este aspecto, no es

---

[649] Ley Orgánica del Tribunal Supremo de Justicia (2022) ya citada.

cónsona con la competencia atribuida a la Sala, pues, << no corresponde al esquema constitucional de control de constitucionalidad de las leyes, en el cual la sala Constitucional puede dictar sentencias interpretativas sobre el contenido de las normas>>[650].

Sin embargo, tal como también se dijo, se considera que esta norma debe ser interpretada como un muro de contención a los excesos de la Sala Constitucional, es decir, no se trata de que la Sala no pueda ejercer su función interpretativa con todo lo que ello implica (interpretación correctiva: extensiva, restrictiva), sino, que debe entenderse como la imposibilidad de la Sala de usurpar la función legislativa, lo cual debiera ser obvio. Esto es, evitar los extremos en los que ha incurrido la Sala Constitucional en estas más de dos décadas. Por lo que, habiéndose ya abordado este asunto no se volverá sobre el particular.

Por otro lado, el artículo 35 antes referido, dispone que será la propia Sala Constitucional la que determinará los efectos de su decisión y, adicionalmente, que podrá ordenarse el reenvío de la causa al tribunal de origen o, que podrá la Sala Constitucional decidir sobre el particular cuando se den cualquiera los siguientes supuestos: 1) que el motivo que haya generado la revisión constitucional sea de mero derecho y no suponga una nueva actividad probatoria; 2) que la Sala pondere que el reenvío pueda significar una dilación inútil o indebida o, 3) cuando se trate de un vicio que pueda subsanarse con la sola decisión que sea dictada.

En tales casos, la Sala Constitucional no ordenará el reenvío, sino que entrará a resolver el tema de fondo. Desde hace algún tiempo la idea del reenvío ha ido ganando algunos detractores dentro del poder público. Ya algunas leyes han creado una casación sin reenvío (tercera instancia) como lo fue, entre otras, la Ley Orgánica Procesal del Trabajo y, también, dentro del propio Tribunal Supremo de Justicia se ha desaplicado jurisprudencialmente el reenvío en materia procesal civil[651].

La extinción del reenvío siempre comporta la mayor acumulación de poder para unos tribunales que, en principio, se crearon para juzgar la conducta de otros jueces (peticiones de impugnación) y no así la conducta

---

[650] Consultado en: https://elucabista.com/2022/02/09/jesus-maria-casal-no-puede-haber-reforma-judicial-sin-independencia-del-tsj/

[651] Ver, Barboza Russian, <<La supresión jurisprudencial del reenvío en Venezuela>>.

de las partes (medios de gravamen). Es decir, se desnaturaliza la razón de creación de tales tribunales que, inicialmente nacieron para ser tribunales de derecho.

La cantidad de instancias puede ser tan infinita como ineficiente[652]. Los problemas que pueden surgir en dos instancias surgirán también en tres o cuatro. Sin embargo, la suma de más instancias va en desmedro de la economía procesal y de la seguridad jurídica.

Entonces, posterior a la revisión que realice la Sala esta podrá declarar procedente total o parcialmente la nulidad del fallo y podrá ordenar el reenvío con las precisiones que haya lugar, o bien podrá ordenar reposiciones o simplemente declarar la nulidad o inexistencia del fallo en referencia; todo en atención a lo que la cesación de la lesión constitucional requiera[653].

En el caso del control difuso de la Constitución hay que tener presente lo indicado en el artículo 34 de la mencionada ley del supremo tribunal, esto es, que <<cuando se declare la conformidad a derecho de la desaplicación por control difuso, la Sala Constitucional podrá ordenar el inicio del procedimiento de nulidad que dispone esta Ley[654]>>; por lo que, esta actuación sería también una consecuencia o efecto de la declaratoria de conformidad con el control difuso ejercido.

Como demostración de lo amplio que pueden ser estos efectos, puede verse la siguiente decisión donde, como consecuencia de la declaratoria ha lugar de la revisión solicitada, la Sala Constitucional procedió a

---

[652] <<La cosa juzgada –señala Savigny- no es una consecuencia natural o necesaria deducible del concepto del oficio del juez. Al contrario, cuando se pone en duda la justicia de la sentencia, parece natural emprender un nuevo examen del asunto. La experiencia histórica demuestra cómo, en diversas épocas de la evolución de las instituciones judiciales, se ha considerado conveniente el establecimiento de un régimen jerárquico de instancias sucesivas en busca de la justicia de la decisión; y cómo se ha comprobado en muchos casos, que la decisión del último juez no es siempre la más justa, ni la más conforme con el derecho. Rengel Romberg, *Tratado...*, 464.

[653] Como apunta el profesor Chavero, la Sala <<puede disponer de otras órdenes adicionales, atendiendo a la particularidad del caso>>. Menciona como ejemplos la publicación en Gaceta Oficial, el envío de copia de la decisión a ciertos organismos. Chavero Gazdik, *El control...*, 219-220.

[654] Ley Orgánica del Tribunal Supremo de Justicia (2022) ya citada.

avocarse de oficio; con lo cual mezcló dos instituciones que, como bien ella ha apuntado, son diferentes. Dijo la Sala:

En consecuencia, las razones antes expuestas son suficientes para que esta Sala declare que **HA LUGAR** la presente solicitud de revisión, por lo que se **ANULA** la sentencia objeto de este requerimiento de control constitucional. Así se decide. Ante lo decidido, debe resaltarse los efectos de esta decisión, según lo establecido en el artículo 35 de la Ley Orgánica del Tribunal Supremo de Justicia, en el que se preceptúa que: (…) Siendo esto así, en primer término, se establece que esta Sala Constitucional por efecto de la revisión propuesta recabó todos los expedientes que fueron avocados por la Sala de Casación Social, a raíz de la solicitud de avocamiento propuesta por (…)y de su revisión acuciosa y pormenorizada pudo corroborar que este avocamiento versó sobre: (…) Así, esta Sala estima que estas causas versan sobre materias que están atribuidas ordinariamente por la ley al conocimiento de los tribunales de instancia; sin embargo, evidencia que existen razones de interés público o social que transcienden de la esfera particular de los derechos subjetivos de las partes litigantes. Precisado lo anterior y siendo que el artículo 106 de la Ley Orgánica del Tribunal Supremo de Justicia permite el avocamiento oficioso, habiendo sido debidamente comprobado que en estos asuntos resulta afectado de manera directa el interés público o social, el cual debe prevalecer frente a los intereses de las partes, son razones por la que esta Sala Constitucional **AVOCA DE OFICIO** los asuntos contenidos en (…)[655]

Así, en otros casos, la sentencia dictada por la Sala Constitucional ha resultado suficiente:

PRIMERO: HA LUGAR PARCIALMENTE la revisión constitucional interpuesta por la ciudadana (…) sobre parte de la sentencia emitida (…) mediante la cual declaró: Con lugar la solicitud de adopción plena y conjunta en beneficio de su hija, estableciéndose la filiación de ella con respecto a los ciudadanos (…) **SEGUNDO: ANULA** parcialmente, la sentencia emitida (…) solo con respecto al padre adoptivo (…) **TERCERO:** Se **ORDENA** al Registro Civil (…) invalidar el acta de nacimiento suscrita en beneficio de la hoy adolescente (…) Por efecto de la adopción decretada en su oportunidad, y a su vez

---

[655] SSC 01/2022, de 31 de enero.

deberá suscribir una nueva acta de nacimiento reconociendo la filiación de su madre adoptiva (…) Publíquese y regístrese. Cúmplase lo ordenado[656].

En otros supuestos, ha ordenado que un nuevo juez (que resultare competente atendiendo a los efectos de la nulidad decretada) continúe conociendo del asunto, así lo ha hecho:

En consecuencia, de la anterior declaración de ha lugar de la revisión constitucional de la sentencia efectuada por esta Sala, se **ANULA** la sentencia dictada, el 26 de febrero de 2020, por el Juzgado Superior Décimo en lo Civil, Mercantil, Tránsito y Bancario de la Circunscripción Judicial del Área Metropolitana de Caracas. Por tanto, se **ANULA** la sentencia dictada el 28 de octubre de 2019, por el Juzgado Octavo de Primera Instancia en lo Civil, Mercantil, Tránsito y Bancario de la Circunscripción Judicial del Área Metropolitana de Caracas, que declaró inadmisible *ex oficio* la querella interdictal interpuesta por el ciudadano Roberto Suares Alonso, contra el ciudadano Alí Rafael Araque Jinez. Dados los elementos probatorios aportados por el hoy solicitante en torno a las perturbaciones por el denunciadas y en congruencia con los principios de celeridad y economía procesal previstos en los artículos 26 y 257 de la Constitución de la República Bolivariana de Venezuela, la querella interdictal de obra nueva interpuesta y **ORDENA** que un nuevo Juzgado de Primera Instancia en lo Civil, Mercantil, Tránsito y Bancario de la Circunscripción Judicial del Área Metropolitana de Caracas, que resulte competente, se pronuncie sobre la admisión de la causa y continúe el procedimiento, fijando la oportunidad respectiva a los fines de trasladarse al lugar indicado, asistido de un experto, resuelva la prohibición de continuar la obra nueva o permitirla, de conformidad con el artículo 713 del Código de Procedimiento Civil[657].

En otros casos la Sala ha declarado no ha lugar la revisión y ha mantenido la dispositiva de la sentencia, pero ha sustituido su motiva, así lo hizo:

---

[656] SSC 60/2022, de 8 de marzo.

[657] SSC 70/2022, de 8 de marzo.

Por las razones que antes fueron expuestas, esta Sala Constitucional del Tribunal Supremo de Justicia, administrando justicia en nombre de la República Bolivariana de Venezuela y por autoridad de la ley, declara: **NO HA LUGAR** la solicitud de revisión interpuesta por la ciudadana **DANIELA MARÍA VILORIA GÓMEZ**, de la sentencia del 8 de febrero de 2019 del Tribunal Segundo de Municipio Ordinario y Ejecutor de Medidas de los Municipios Maracaibo, Jesús Enrique Lossada y San Francisco de la Circunscripción Judicial del Estado Zulia, correspondiente a la solicitud N.° 3262, se modifica su motiva y se sustituye la misma con la realizada en el presente fallo por la Sala Constitucional; manteniendo la dispositiva y los efectos de los oficios Nros. 178-2019, 179-2019 y 180-2019, todos del 13 de agosto de 2019, respectivamente, emanados del tribunal previamente mencionado, dirigidos al Registrador Principal del estado Zulia, al Registrador Civil de la Parroquia Chiquinquirá del Municipio Maracaibo del estado Zulia y al Director de la Oficina Regional del estado Zulia del Consejo Nacional Electoral[658].

Claro está que, además de lo comentado, al tratarse de una sentencia emanada de la Sala Constitucional, esta tendrá como efecto su carácter vinculante para el resto del poder público y para todas las personas, en aquellas interpretaciones que realice la Sala con efectos *erga omnes*.

Sobre el desistimiento de la solicitud de revisión

Si la revisión no es un recurso de parte, ni un derecho del solicitante y donde poco importa la lesión de los derechos de quien acude, pues, lo importante es la lesión constitucional, la uniformidad de la jurisprudencia y, en general, garantizar la supremacía y el carácter normativo del texto constitucional[659]; pareciera que no fuera posible desistir de una especie de denuncia que es de orden público. Sin embargo, la Sala no lo ha visto de esta manera y ha permitido los desistimientos de la revisión constitucional. Así lo ha dicho:

Ahora bien, observa la Sala que (…) la abogada (…) actuando en su carácter de apoderada judicial (…) solicitó el desistimiento de la revisión y su respectiva homologación. Al respecto, la Sala advierte

---

[658] SSC 533/2021, de 28 de octubre.

[659] Se trata de una enumeración de los caracteres de la revisión, según la Sala Constitucional.

que en la Ley Orgánica del Tribunal Supremo de Justicia no existen normas especiales sobre desistimiento; no obstante, visto que las reglas del Código de Procedimiento Civil fungen como normas supletorias en los procedimientos que se ventilen ante este máximo Tribunal, en atención a lo dispuesto en el artículo 98 de la Ley Orgánica del Tribunal Supremo de Justicia, resulta pertinente aplicar el contenido de los artículos 263 y 264 del mencionado código adjetivo, que disponen: (…) En relación con las normas transcritas *supra*, es pertinente citar el criterio que esta Sala ha señalado en decisiones anteriores, referido a que "…*el legislador le otorga al demandante la posibilidad de desistir, como mecanismo de autocomposición procesal, siempre que no se trate de la vulneración de un derecho de orden público o que pueda afectar las buenas costumbres, y que quien actúa tenga la facultad para hacerlo*" (*Vid.* –entre otras– sentencias Nros. 1028 y 1460 del 28/06/2011 y 28/10/2013, respectivamente). Así pues, en el caso concreto, esta Sala luego de analizar el escrito presentado, así como el resto de las actas que conforman el presente expediente, ha podido verificar que ciertamente la abogada (…) posee la facultad para desistir de la presente solicitud. Asimismo, con el referido desistimiento, no se advierte violaciones al orden público ni a las buenas costumbres y tampoco verifica que la causa tenga una incidencia de relevancia general, sino que se circunscribe a la esfera particular subjetiva del solicitante. Ello así, visto que la solicitud presentada se encuentra dentro de los supuestos contenidos en los artículos 263 y 264 del Código de Procedimiento Civil, esta Sala acuerda la homologación del desistimiento de la revisión propuesta. Así se decide[660].

De la motivación de la decisión puede apreciarse como si la Sala hubiera básicamente revisado el fallo, esto es, el caso y, hubiera considerado que no era procedente y, por ello, autorizó el desistimiento. Básicamente la Sala dijo que había revisado y que el asunto sometido a su conocimiento era algo perteneciente a la esfera particular del solicitante, lo cual, de ello se infiere que si, a juicio de la Sala, lo denunciado es un tema de orden público constitucional, el desistimiento será declarado improcedente, es decir, no será homologado.

---

[660] SSC 387/2021, de 20 de agosto.

LA FACULTAD REVISORA Y EL CONCEPTO DE COSA JUZGADA

Hasta ahora se ha tratado sobre la finalidad y bondades que puede ofrecer la revisión constitucional de sentencias, pero, es importante también resaltar que para lograr su cometido tiene que despojar a la sentencia de su principal efecto jurídico, como lo es, la cosa juzgada.

No se abordará en este capítulo lo relativo al carácter de cosa juzgada o al efecto de cosa juzgada derivado de la sentencia constitucional de revisión, no, lo que se tratará es el necesario balance que debe existir entre el uso de la revisión constitucional y la cosa juzgada como herramienta para garantizar o, al menos procurar, la seguridad jurídica.

Vale la pena destacar que, si bien la revisión constitucional parece enfrentarse a la cosa juzgada y, con ello a la seguridad jurídica; realmente la Sala Constitucional, como se ha visto, precisamente ha justificado el uso de la revisión constitucional como un mecanismo que, lejos de marcar distancia de la seguridad jurídica, permite lograr esta última[661]. Ha fundamentado la Sala lo siguiente:

Asimismo, debe insistirse en que la revisión no constituye una tercera instancia, ni un medio ordinario que pueda ser intentado bajo cualquier fundamentación, sino una potestad extraordinaria, cuya finalidad es la unificación de criterios de interpretación constitucionales, para la garantía de la supremacía y eficacia de las normas y principios constitucionales, lo cual conduce a la seguridad jurídica[662].

A estas alturas, y conforme a lo comentado en el capítulo anterior, se tiene más o menos claro lo que la cosa juzgada es y lo que hace[663]. En resumen, la cosa juzgada es una condición que adquieren los fallos firmes y que les brinda protección sobre los ataques que pueden sufrir dentro del

---

[661] Una clara manifestación de que la revisión constitucional puede garantizar la seguridad jurídica es cuando mediante ella se anula un fallo por violar la expectativa plausible o confianza legítima a la que todo justiciable tiene derecho.

[662] SSC 224/2022, de 21 de junio.

[663] Siguiendo a Enrico Tulio Liebman puede decirse que la cosa juzgada es: <<la inmutabilidad del mandato que nace de la sentencia>>. Enrico Tulio Liebman, *Eficacia y autoridad de la sentencia*. Trad. por Sentís Melendo (Buenos Aires: Ediar Editores, 1946), 70.

proceso (efecto endo-procesal) o fuera de él (efecto extra-procesal)[664]. Usualmente para distinguir esos dos efectos que adquieren los fallos se habla[665] de cosa juzgada formal (para referirse a aquella inatacabilidad de la sentencia dentro del proceso donde fue dictada) y cosa juzgada material[666] (para referirse a la inmutabilidad o imposibilidad de revisión o modificación del contenido de la sentencia en todo proceso futuro)[667].

---

[664]   <<Asimismo, la eficacia de la autoridad de la cosa juzgada, según lo ha establecido la doctrina de este máximo Tribunal en numerosas oportunidades (véase, entre otras, sentencia de la Sala de Casación Civil del 21 de febrero de 1990), se traduce en tres aspectos: a) inimpugnabilidad, según la cual la sentencia con autoridad de cosa juzgada no puede ser revisada por ningún juez cuando ya se hayan agotado todos los recursos y demás medios de impugnación que confiera la ley, incluso el de invalidación (non bis in eadem). A ello se refiere el artículo 272 del Código de Procedimiento Civil, aplicable por la remisión que hace el artículo 21 de la Ley Orgánica del Tribunal Supremo de Justicia; b) inmutabilidad, según la cual la decisión no es atacable indirectamente, por cuanto no es posible la apertura de un nuevo proceso sobre el mismo tema; no puede ningún otro juez modificar los términos de un acto jurisdiccional pasado con autoridad de cosa juzgada; y, c) coercibilidad, que consiste en la eventualidad de ejecución forzada en los casos de actos decisorios de condena; esto es, *"la fuerza que el derecho atribuye normalmente a los resultados procesales se traduce en un necesario respeto y subordinación a lo dicho y hecho en el proceso"*>>. SSC 91/2021, de 16 de abril.

[665]   Tal como dice Liebman, no se trata de dos cosas juzgadas, porque el concepto de cosa juzgada es uno solo. Rengel Romberg, *Tratado...,* 472.

[666]   Criterio este que la Sala Constitucional aplica a sus propios fallos: <<En este sentido, los pronunciamientos que dicta esta Sala Constitucional adquieren, desde su publicación, el carácter de cosa juzgada formal, a que se refiere el artículo 272 del Código de Procedimiento Civil, lo cual se traduce en que la relación jurídica que genera la sentencia en cuestión no es atacable y al mismo tiempo, se perfecciona el carácter de cosa juzgada material que dispone el artículo 273 *eiusdem*, que impone que se tenga en cuenta el contenido de la decisión en todo proceso futuro entre las mismas partes y sobre el mismo objeto, a lo cual se agrega el carácter vinculante de las mismas>>. SSC 91/2021, de 16 de abril.

[667]   Estas dos caras de la cosa juzgada pueden encontrarse en los artículos 272 y 273 del Código de Procedimiento Civil, en los términos siguientes: (Cosa juzgada formal) Artículo 272. Ningún Juez podrá volver a decidir la controversia ya decidida por una sentencia, a menos que haya recurso contra ella o que la ley expresamente lo permita. (Cosa juzgada material) Artículo 273. La sentencia definitivamente firme es ley de las partes en los límites de la controversia decidida y es vinculante en todo proceso futuro. Código de Procedimiento Civil ya citado.

Ahora, no se trata este capítulo de realizar un estudio detallado o a profundidad de la cosa juzgada, sino, del impacto que la revisión constitucional puede tener sobre esta.

Siendo la cosa juzgada un elemento necesario para alcanzar uno de los valores que persigue el Derecho, como lo es la seguridad jurídica, vale la pena preguntarse ¿podrá la Sala Constitucional, a través de la revisión, vulnerar o trastocar tal presunción absoluta que emana de la cosa juzgada?

La respuesta es simple, si la revisión de sentencias no pudiera afectar la cosa juzgada o, mejor dicho, dejarla sin efecto; para nada serviría la revisión constitucional de sentencias o no se habría creado, pues, precisamente es condición para la revisión constitucional de sentencias la existencia de una sentencia definitivamente firme, esto es, que haya adquirido el carácter de cosa juzgada.

Acá el tema a resolver no es si la revisión de sentencias puede o afectará la cosa juzgada, pues, eso es más que evidente. Aquí se trata es de analizar cuáles presupuestos deben existir para que dicha afectación sea lo más segura o con el menor impacto posible; toda vez que también la cosa juzgada forma parte del debido proceso[668] y tiene una protección legal dentro del ordenamiento jurídico venezolano, en la cual se considera una presunción legal de carácter absoluto[669].

---

[668] Artículo 49.7 de la Constitución nacional: El debido proceso se aplicará a todas las actuaciones judiciales y administrativas; en consecuencia: (…) 7. Ninguna persona podrá ser sometida a juicio por los mismos hechos en virtud de los cuales hubiese sido juzgada anteriormente (…). Constitución de 1999 ya citada.

[669] Artículo 1.395. La presunción legal es la que una disposición especial de la Ley atribuye a ciertos actos o a ciertos hechos. Tales son: (…) 3° La autoridad que da la Ley a la cosa juzgada. Tal como lo explica Rengel Romberg, la condición de presunción legal en el ordenamiento jurídico venezolano deriva de la influencia en el Código Civil venezolano del Código Civil francés o código napoleónico. Expone el autor: <<En el primitivo derecho romano, la eficacia de la decisión se fundaba en el "compromiso" que asumían las partes en la *litis-contestatio*, no en la autoridad del Estado, como se ve del pasaje de Ulpiano: *stari autem debet sententiae arbitri quam de re dixerit, sive aequa, sive iniqua sit; et sibi imputet, qui compromisit* (se debe estar a la sentencia que el árbitro diese sobre la cosa, sea justa o injusta; y cúlpese a sí mismo el que se comprometió). Posteriormente, la evolución del concepto del Estado, la extensión del Imperium y el nuevo concepto de la jurisdicción, que llevaron al Estado a asumir la función pública de administrar justicia mediante los jueces, hicieron inútil el contrato de *litis-contestatio* de las primeras épocas, y bajo

Algunos quizá, con la ya bien conocida expresión "cosa juzgada aparente", parecieran resolver el problema, no obstante, el tema no resulta tan sencillo, por cuanto, si bien es cierto que los órganos jurisdiccionales deben garantizar la aplicación normativa de la Constitución, no menos cierto es, que entre las disposiciones de la misma se consagra a la propia cosa juzgada. Por lo que, puede surgir la inquietud, ¿toda sentencia que viole la Constitución tiene cosa juzgada aparente? ¿Cuáles serían los supuestos para considerar la existencia o inexistencia de una cosa juzgada? ¿Hasta dónde se está dispuesto a perseguir la supuesta verdad en desmedro de la cosa juzgada y de los beneficios que esta aporta al derecho[670]?

No es nuevo para el derecho venezolano el tema de la revisión o afectación de la cosa juzgada. La razón de ello es que la cosa juzgada tampoco es un fin en sí mismo, sino en un instrumento para alcanzar la paz social que persigue el proceso.

Por ello, existen diversos mecanismos destinados a dejar sin efecto la cosa juzgada, algunos de estos son: 1) la declaratoria de cosa juzgada

---

Justiniano, la fuerza de la sentencia se fundó en la cosa juzgada, entendida como presunción de la verdad, según el pasaje de Ulpiano: *ingenuum accipere debemus etiam eum, de quo sententia lata est, quamvis fuerit libertinus*; *quia res iudicata pro veritate accipitur* (debemos también tener por ingenuo aquel que por sentencia se declaró serlo, aunque fuese libertino, porque la cosa juzgada se tiene por verdad). Este fundamento dado a la cosa juzgada en el derecho justinianeo, fue recogido en el Código Civil napoleónico bajo el influjo y la autoridad de Pothier, que hizo de la teoría de la "presunción de verdad", no ya el fundamento político-social de la cosa juzgada, sino su fundamento jurídico y dogmático, incluyéndola entre las presunciones legales; y así ha pasado a los códigos modernos que siguieron el modelo francés, entre ellos el nuestro, que incluye entre las presunciones legales, a "la autoridad que da la ley a la cosa juzgada"; lo que bien entendido significa -como señala Chiovenda- que es ilícito buscar si un hecho es verdadero o no, al objeto de invalidar un acto de tutela jurídica>>. Rengel Romberg, *Tratado...*, 464,465.

[670] <<Esto plantea el *desideratum* entre mantener la vigencia de una sentencia fruto del error o de la prevaricación del juez, o prolongar la incertidumbre en las relaciones jurídicas y patrimoniales, sin límite de tiempo, hasta alcanzar una sentencia justa. Es una cuestión de política del derecho-dice Savigny- establecer cuál de estos dos peligros o daños sea mayor y optar por la solución más conveniente. Son pues -como afirma también Chiovenda- razones de oportunidad, consideraciones de utilidad social, las que hacen poner un término a la investigación judicial, y tratar la sentencia como ley irrevocable para el caso concreto>>. Rengel Romberg, *Tratado...*, 464.

aparente o fraudulenta, en virtud de que esta ha nacido de un proceso (y con él su sentencia) construido sobre un fraude[671]; 2) la invalidación, aquél procedimiento destinado a anular la sentencia derivada de un

---

[671] La Sala Constitucional, acogiendo un criterio de la Sala de Casación Civil sobre la cosa juzgada aparente, indicó, en la sentencia 598/2001, de 02 de mayo, lo siguiente: <<Esta Sala en su decisión número 422 del 19 de mayo de 2000, caso Almacenadora El Progreso, S.A., precisó cuál era el sentido y alcance del término cosa juzgada aparente, para con ello desechar el alegato de la violación de la cosa juzgada y de la inadmisibilidad por consentimiento expreso por el transcurso del tiempo, argumentación que a continuación se transcribe: "Ha sido alegada por la parte apelante la violación de la cosa juzgada, por considerar que la decisión apelada entró a conocer y dejó sin efecto dos (2) decisiones contra las cuales no cabría ejercer recurso ordinario alguno, por haber quedado definitivamente firmes, convirtiéndose en una suerte de tercera instancia. Al respecto cabe observar que frente al principio de seguridad jurídica, generado especialmente por la estabilidad de las decisiones y al derecho de los particulares al no ser juzgado por los mismos hechos por los cuales obtuvieron decisiones, se contrapone el derecho de las partes a intervenir en un proceso justo, transparente y equitativo, donde se le garantice a éstos el acceso a la justicia, el derecho a ser oídos, a intervenir en la defensa de sus derechos y a obtener una decisión oportuna y efectiva. Esta contraposición entre la estabilidad de las decisiones y el derecho de las partes a intervenir en un proceso justo generó que la Sala de Casación Civil de la extinta Corte Suprema de Justicia hiciera referencia a la cosa juzgada aparente, cuando la sentencia proferida no haya sido el resultado de un proceso estable y válido. En efecto, en reciente sentencia, la Sala de Casación Civil, precisó lo siguiente: En principio existen, ciertamente, derechos de origen constitucional respecto de los cuales la sentencia [que quebrante] (…) las reglas del debido proceso y los derechos de defensa y al ser oído, no puede adquirir la convicción de definitivamente firme que produce la autoridad de cosa juzgada. Son de esta especie los fallos sobre derechos de índole patrimonial o vinculados a los concernientes de la persona humana, su vida, su libertad, su salud, etc. Una sentencia en que resulten quebrantadas las reglas de orden público sobre la naturaleza y cuantificación de la pena aplicable por la infracción cometida sirve como ejemplo para evidenciar la existencia de un tipo de reglas de orden público cuya violación en el proceso es siempre susceptible de revisión mediante la acción excepcional de amparo, con objeto de restablecer la situación jurídica infringida. Empero, al lado de esas reglas de orden público protectoras de derechos constitucionales ajenos al comercio y al intercambio, existen otras de idéntico rango constitucional y naturaleza de orden público, cuyo quebranto en la sentencia se hace irrevisable por la definitiva de la cosa juzgada. En esta especie están, igualmente citados a modo de ejemplo, los derechos patrimoniales del trabajador, que sí pueden resultar de algún modo vulnerados por la sentencia, sin que por ello deje de adquirir esta fuerza de definitiva y carácter de cosa juzgada material o sustancial". (Cursivas de esta Sala). El criterio establecido, y que comparte esta Sala, ha sido sentado, entre otras, en decisiones de la Sala de Casación Civil de fechas 24 de mayo de 1995 y 18 de diciembre de 1995…"

proceso en el que se cometió alguno de los supuestos establecidos en el artículo 328[672] del Código de Procedimiento Civil; 3) el amparo contra sentencias[673], esto es, la decisión que ampara a un justiciable que recurrió contra una sentencia que le lesionó sus derechos constitucionales; 4) entre otros[674], dentro de los que debe mencionarse a la revisión constitucional de sentencias.

---

[672] Artículo 328. Son causas de invalidación: 1) La falta de citación, o el error, o fraudes cometidos en la citación para la contestación. 2) La citación para la contestación de la demanda de menor, entredicho o inhabilitado. 3) La falsedad del instrumento en virtud del cual se haya pronunciado la sentencia, declarada dicha falsedad en juicio penal. 4) La retención en poder de la parte contraria de instrumento decisivo en favor de la acción o excepción del recurrente; o acto de la parte contraria que haya impedido la presentación oportuna de tal instrumento decisivo. 5) La colisión de la sentencia con otra pasada en autoridad de cosa juzgada, siempre que, por no haberse tenido conocimiento de la primera, no se hubiere alegado en el juicio la cosa juzgada. 6) La decisión de la causa en última instancia por Juez que no haya tenido nombramiento de tal, o por Juez que haya sabido estar depuesto o suspenso por decreto legal>>.

[673] Ley Orgánica de Amparo sobre Derechos y Garantías Constitucionales ya citada. Artículo 4. Igualmente procede la acción de amparo cuando un Tribunal de la República, actuando fuera de su competencia, dicte una resolución o sentencia u ordene un acto que lesione un derecho constitucional.

[674] Como es el caso de la revisión penal prevista en el Código Orgánico Procesal Penal: <<Artículo 21. Concluido el juicio por sentencia firme no podrá ser reabierto, excepto en el caso de revisión conforme a lo previsto en este Código. Artículo 162. Las decisiones judiciales quedarán firmes y ejecutoriadas sin necesidad de declaración alguna, cuando no procedan o se hayan agotado los recursos en su contra. Contra la sentencia firme sólo procede la revisión, conforme a este Código. Artículo 257. Cuando a causa del recurso de revisión de la sentencia el condenado o condenada sea absuelto o absuelta, será indemnizado o indemnizada en razón del tiempo de privación de libertad. La multa, o su exceso, será devuelta, con la corrección monetaria a que haya lugar, según los índices correspondientes del Banco Central de Venezuela. Artículo 462. La revisión procederá contra la sentencia firme, en todo tiempo y únicamente a favor del imputado o imputada, en los casos siguientes: 1. Cuando en virtud de sentencias contradictorias estén sufriendo condena dos o más personas por un mismo delito, que no pudo ser cometido más que por una sola. 2. Cuando la sentencia dio por probado el homicidio de una persona cuya existencia posterior a la época de su presunta muerte resulte demostrada plenamente. 3. Cuando la prueba en que se basó la condena resulta falsa. 4. Cuando con posterioridad a la sentencia condenatoria, ocurra o se descubra algún hecho o aparezca algún documento desconocido durante el proceso, que sean de tal naturaleza que hagan evidente que el hecho no existió o que el imputado o imputada no lo cometió. 5. Cuando la sentencia condenatoria fue pronunciada a consecuencia de prevaricación o

Sin embargo, antes de ofrecer una posición o comentario sobre el particular, se presentará cuál ha sido el tratamiento que la jurisprudencia le ha dado al tema.

Así, en el tantas veces referido caso Corpoturismo, la Sala Constitucional dijo lo siguiente:

De conformidad con lo anterior, es necesario, a manera de interpretar la norma constitucional, reconocer la naturaleza constitucional de la cosa juzgada, así como su alcance social y político, y su repercusión determinante en la certidumbre jurídica y el estado de derecho del país, y cohesionar dicha garantía constitucional con la potestad extraordinaria que el propio Texto Fundamental otorga a esta Sala para revisar sentencias que han adquirido el carácter de cosa juzgada. Tal como lo ha referido esta Sala en otras oportunidades (sentencia de fecha 24 de octubre de 2000, caso: Nohelia Coromoto Sánchez Bret), las normas constitucionales no pueden analizarse en forma independiente, sino que cada norma forma parte de un todo correlacionado que conforma el Texto Fundamental. Y, asimismo, cada derecho fundamental se encuentra limitado por los demás derechos fundamentales contenidos dentro del conglomerado de normas constitucionales. De conformidad con lo anterior, es función de esta Sala como máximo intérprete de la Constitución determinar los límites y la coherencia entre los diferentes derechos fundamentales consagrados en la Constitución, con el objeto de definir tanto su delimitación como su integración dentro del Texto Fundamental. Específicamente, en el caso que nos ocupa, es necesario definir los límites a la garantía constitucional de la cosa juzgada en cuanto a la potestad de la Sala Constitucional, en ejercicio de un exclusivo y especial control de la constitucionalidad, de revisar una cierta categoría de sentencias definitivamente firmes. Ahora bien, es de notar, que la garantía de la cosa juzgada no sólo se encuentra limitada por la incorporación en la Constitución de la República Bolivariana de Venezuela de la potestad de esta Sala de revisar sentencias definitivamente firmes, sino que igualmente el legislador la ha limitado al establecer, por ejemplo, a

---

corrupción de uno o más jueces o juezas que la hayan dictado, cuya existencia sea declarada por sentencia firme. 6. Cuando se promulgue una ley penal que quite al hecho el carácter de punible o disminuya la pena establecida>>. Código Orgánico Procesal Penal, de 17 de septiembre de 2021 (Gaceta Oficial núm. 6.644 de 17 de septiembre de 2021).

través del recurso de invalidación establecido en el Código de Procedimiento Civil, la posibilidad de los tribunales de invalidar sentencias definitivamente firmes cuando existan causales taxativamente establecidas. Asimismo, implica un límite a la garantía de la cosa juzgada la posibilidad de revisión de sentencias definitivamente firmes establecida en el Código Orgánico Procesal Penal. De la misma manera ocurre con la Ley Orgánica de Amparo sobre Derechos y Garantías Constitucionales, la cual establece expresamente la posibilidad de acudir ante el juez o tribunal superior para solicitar amparo constitucional contra sentencias definitivamente firmes. De acuerdo a lo anterior, la necesidad de certeza jurídica que justifica la cosa juzgada se encuentra limitada por la propia Constitución, ya sea en forma directa o a través de la potestad que ésta otorga al legislador. En un análisis, quizás más sociológico que propiamente jurídico, el autor Eduardo J. Couture es aún más radical en cuanto a que la cosa juzgada no debe ser absoluta y que la misma no debe prevalecer sobre la verdad. Al respecto Couture indica: *"(...). Es verdad que en el sistema del derecho la necesidad de certeza es imperiosa; el tema de la impugnación de la sentencia no es otra cosa, como hemos procurado destacar, que una lucha entre las exigencias de verdad y las exigencias de firmeza. Una manera de no existir el derecho sería la de que no se supiera nunca en qué consiste. Pero la verdad es que aun siendo esto así, la necesidad de firmeza debe ceder, en determinadas condiciones, ante la necesidad de que triunfe la verdad. La cosa juzgada no es la razón natural. Antes bien, la razón natural parecería aconsejar lo contrario: que el escrúpulo de verdad sea más fuerte que el escrúpulo de certeza; y que siempre, en presencia de una nueva prueba o de un nuevo hecho fundamental antes desconocido, pudiera recorrerse de nuevo el camino andado para restablecer el imperio de la justicia.(...)" (V. Eduardo J Couture. <u>Fundamentos del derecho procesal civil</u>. Ediciones Depalma, Buenos Aires 1981. p. 405-406)*[675]. En cier-

---

[675] <<Esta mención y cita del maestro uruguayo -con todo respeto a COUTURE quien no ha elegido estar allí-, la consideramos descontextualizada e inútil en el esquema racional de la sentencia de Corpoturismo, nada aporta al sustento de la respuesta a la interrogante del por qué la Sala Constitucional al desarrollar el uso de una competencia sugerida entre sus atribuciones constitucionales puede dejar sin efecto una sentencia definitivamente firme y pasada en autoridad de cosa juzgada. En primer lugar porque el tema que trata la cita arriba indicada va referido a dos aspectos que el autor llama: a) el escrúpulo de certeza (que es un problema acerca del establecimiento de la verdad); y b) la aparición de un nuevo hecho fundamental antes desco-

ta medida contrario a lo que establece Couture, en el derecho venezolano la inviolabilidad de la cosa juzgada es, en principio, inquebrantable, y es extrema su protección tal como lo expresa nuestra Constitución en su artículo 49, numeral 7. Es por ello que sólo excepcionalmente y por causas específicamente establecidas en la ley o en la propia Constitución, o debido a la existencia de un fraude procesal, como los que a título enunciativo trató esta Sala en fallo de fecha 4 de agosto de 2000 (caso Intana C.A.), es posible revisar sentencias que hayan adquirido carácter de cosa juzgada. Como se indicó anteriormente, el nuevo Texto Fundamental, a través de la norma contenida en el numeral 10 del artículo 336, establece expresamente un límite a la garantía constitucional a la cosa juzgada al otorgar a esta Sala la potestad de revisión, corrección o posible anulación de sentencias definitivamente firmes. No obstante, esta potestad extraordinaria que en este aspecto le otorga el Texto Fundamental a esta Sala no es amplia ni ilimitada, sino que se encuentra restringida, no sólo por cuanto se refiere de una manera taxativa a un determinado tipo de sentencias definitivamente firmes, sino que, igualmente, con base en la unión, integración y coherencia que debe existir en las normas constitucionales como parte de un todo, la propia Constitución, al establecer la garantía de la cosa juzgada en su artículo 49 limita la potestad extraordinaria de revisión. En consecuencia, es restringida la potestad

---

nocido; ambos, si revisamos con detenimiento, encierran una misma idea: la dificultad de sustentar el principio de cosa juzgada en una sentencia que fue decidida previo al conocimiento de un hecho fundamental que debilitaría la 'certeza' del derecho declarado a las normas según las cuales se dictó la decisión. Es un problema que tiene que ver con el orden dispositivo del proceso, con la obtención de la verdad vinculada a los hechos. Pero este, en nuestra opinión, no es el supuesto del cual debemos partir para entender el desarrollo de la doctrina que permitirá a la Sala Constitucional anular sentencias definitivamente firmes por razones de inconstitucionalidad haciendo a un lado la garantía de la cosa juzgada, ya que dichas razones no se obtienen con el manejo de nuevos hechos probados ni la aparición de hechos fundamentales antes desconocidos, sino por la errática aplicación de las normas y principios fundamentales: es un problema más de interpretación y/o aplicación del derecho que de establecimiento de los hechos. Es decir, el tema que coloca en entredicho a la cosa juzgada en el tratamiento de la revisión constitucional de sentencias no es una alteración a la dinámica del esquema alegatorio o probatorio del proceso que condujo a la sentencia, sino un error en la adecuación de dicha sentencia a las normas y principios de rango constitucional es por ello que consideramos que esta cita no concuerda con el cometido o expectativa de su inclusión en el soporte doctrinal de esta emblemática sentencia. Macías Cham, *La revisión...*, 103.

extraordinaria de esta Sala para quebrantar discrecional y extraordinariamente la garantía de la cosa juzgada judicial, por lo que debe interpretarse, entonces, la potestad de revisión extraordinaria de sentencias definitivamente firmes de esta Sala, de una manera estrictamente limitada, y sólo en lo que respecta al tipo de sentencias o a las circunstancias que de forma específica establece la Constitución y que serán indicadas más adelante[676].

Debe tenerse claro que si bien la certeza jurídica, derivada o garantizada a través de la cosa juzgada, es uno de los valores perseguidos por el Estado junto con la justicia, también es cierto que existen algunos casos donde el Estado prefiere declarar la inexistencia de tal cosa juzgada, en virtud de que la misma nunca ha existido, como es el caso, del ejercicio del recurso de invalidación, en el cual se declara la nulidad de una sentencia, en teoría definitivamente firme, bajo ciertas causales, perfectamente determinadas.

Ahora bien, la posibilidad de atacar una cosa juzgada, tal como lo apuntó la Sala, debe ser manejado con extrema cautela; puesto que se trata de uno de los conceptos que garantizan la armonía del Estado, como lo es la seguridad jurídica.

No obstante, lo comentado, parece que el tema de la cosa juzgada tiene mayores implicaciones que las expuestas por el supremo tribunal en el fallo antes referido, pues, la conclusión tiene rasgos que van más allá de un tema de interpretación o ponderación constitucional. Tal como afirma PÉREZ LUÑO:

[L]a seguridad jurídica asume unos perfiles definidos como: **presupuesto** del Derecho, pero no de cualquier forma de legalidad positiva, sino de aquella que dimana de los derechos fundamentales, es decir, los que fundamentan el entero orden constitucional; y **función** del Derecho que 'asegura' la realización de las libertades. Con ello, la seguridad jurídica no sólo se inmuniza frente al riesgo de su manipulación, sino que se convierte en un valor jurídico ineludible para el logro de los restantes valores constitucionales (...) a ello se orienta, por ejemplo, la reivindicación por parte de Josef Isensee de un derecho fundamental a la seguridad (**Das Grundrecht auf Sicherheit**). Este nuevo derecho fundamental no supondría sólo un límite a la ac-

---

[676] SSC 93/2001 de 06 de febrero.

tividad del Estado, una defensa frente a injerencias arbitrarias del poder público, fin prioritario atribuido por Wilhelm von Humboldt a la seguridad, sino que encauzaría la política estatal hacia la obtención de determinados bienes jurídicos directamente vinculados con la libertad y la igualdad de los ciudadanos[677].

Puede verse que lejos quedó ya la consideración de la seguridad como un mero dato fáctico o una mera consecuencia del orden de las relaciones, sino que se ha visto como un valor perseguido por el Derecho (al igual que la justicia) con la consecuencia de ser considerado un bien del justiciable (Derecho Fundamental), muestra de ello es la ubicación en el Título III de la Constitución.

Siendo esto así surge la interrogante, *¿es preferible sacrificar la cosa juzgada, en aras de aplicar una supuesta justicia constitucional?*; se considera que las actuaciones no pueden dirigirse a los extremos, es decir, no puede manejarse ligeramente la posibilidad de revocar la cosa juzgada, pero, tampoco, el sistema de justicia puede quedarse de manos cruzadas ante la expresa violación de las normas constitucionales, tal como lo dice PÉREZ LUÑO[678] <<ninguna seguridad puede asentarse sobre la arena movediza de lo que aparece falso para la consciencia social>>[679]".

El criterio del caso Corpoturismo se ha mantenido en el tiempo luego de más de 20 años, en fallos más recientes, sobre la cosa juzgada, ha comentado la Sala Constitucional lo siguiente:

De tal modo que, se atribuye a esta Sala la competencia para que, a través de un mecanismo extraordinario, pueda revisar las decisiones definitivamente firmes dictadas por los tribunales de la República (artículo 25.10 de la Ley Orgánica del Tribunal Supremo de Justicia), incluyendo la de las demás Salas del Tribunal Supremo de Justicia (artículo 25.11 de la Ley Orgánica del Tribunal Supremo de Justicia), cuya potestad ejerce de forma limitada y restringida, en aras de evitar un arbitrario quebrantamiento de la cosa juzgada[680].

---

[677] Antonio Pérez Luño, *La seguridad jurídica* (Barcelona: Editorial Ariel, 1994), 27-28,67.

[678] Uno de los principales defensores de la seguridad jurídica como valor.

[679] Pérez Luño, *La seguridad...*, 118-119.

[680] SSC 533/2021, de 28 de octubre.

Asumida como fue la competencia de esta Sala Constitucional para conocer la presente solicitud, resulta imperioso indicar que la revisión de sentencias ha sido diseñada como una vía extraordinaria destinada a preservar primordialmente la uniformidad de la interpretación de las normas y principios contenidos en el Texto Fundamental y para corregir graves infracciones a dichas normas o principios, estando la Sala en la obligación de considerar todos y cada uno de los fallos que son remitidos para su revisión, pero no de concederla, por tratarse de una potestad discrecional, por lo que su negativa no puede, en modo alguno, constituir violación del derecho a la defensa y al debido proceso de la parte solicitante. En este sentido, la sentencia número 93 de esta Sala Constitucional, del 6 de febrero de 2001 (caso: "Corpoturismo"), señaló que la facultad de revisión es: (…) Por lo antes señalado, esta Sala estima pertinente advertir que al momento de ejercer su potestad de revisión de sentencias definitivamente firmes, se encuentra obligada, de acuerdo con una interpretación uniforme de la Constitución y, en consideración a la garantía de la cosa juzgada, a guardar la máxima prudencia en cuanto a la admisión y procedencia de solicitudes que pretendan la revisión de actos jurisdiccionales que han adquirido el carácter de cosa juzgada; de allí que esta Sala tenga facultad para la desestimación de cualquier solicitud de revisión, sin ningún tipo de motivación, cuando, en su criterio, se verifique que la revisión que se pretende, en nada contribuye a la uniformidad de la interpretación de normas y principios constitucionales, en virtud, pues, del carácter excepcional y limitado que caracteriza a dicha potestad[681].

Así, si ha habido infracción a principios fundamentales o a interpretaciones vinculantes de esta Sala Constitucional, la revisión posibilita corregir errores, que por estar cubiertos por la cosa juzgada no deben permanecer inmutables, constituyendo un daño social mayor que el principio de inviolabilidad de lo juzgado; pudiendo generar una verdadera injusticia, que no es posible sostener[682].

En cuanto al ejercicio de esta potestad extraordinaria que no es amplia, ni ilimitada, sino que se encuentra restringida, no solo por cuanto se refiere de una manera taxativa a un determinado tipo de

---

[681] SSC 553/2021, de 28 de octubre.

[682] SSC 21/2022, de 11 de febrero.

sentencias, como lo son aquellas definitivamente firmes, sino que, igualmente, con base en la unión, integración y coherencia que debe existir en las normas constitucionales como parte de un todo, la propia Constitución de la República Bolivariana de Venezuela, al establecer la garantía de la cosa juzgada en su artículo 49 constitucional, limita la potestad extraordinaria de revisión, que busca evitar la existencia de criterios dispersos sobre las interpretaciones de normas y principios constitucionales que distorsionen el sistema jurídico, ante la creación de incertidumbre e inseguridad en el mismo, garantizando la unidad del Texto Constitucional y, en fin, la supremacía y efectividad de las normas y principios constitucionales, cometido que tiene asignado este alto órgano jurisdiccional como *"máximo y último intérprete de la Constitución"*. En este sentido, esta Sala ha señalado en reiterada jurisprudencia, entre las referidas limitaciones, (*Vid. sentencia n.° 1.963, del 21 de noviembre de 2006, caso: Mariela Concepción Marín Freites*), lo siguiente: "(…) *no sólo basta con establecer los supuestos en que tal revisión puede proceder, sino también, los requisitos que permitan ordenar la admisibilidad de la revisión en cuanto a las denuncias constitucionales de fondo que sean presentadas, de manera que sea un filtro de recursos de revisión que no puedan prosperar, como aquéllos en los que sólo se procure una nueva instancia o la simple inconformidad con un fallo que desfavorezca a la parte solicitante"*[683].

De manera, que la Sala se encuentra en la obligación de considerar todos y cada uno de los fallos que son remitidos para su revisión, pero no de concederla y proceder a realizarla, por lo que su negativa no puede, en caso alguno, constituir violación del derecho a la defensa y al debido proceso de las partes. En efecto, esta Sala en sentencia del 6 de febrero de 2001, (caso: *Corpoturismo*), sostuvo que la revisión viene a incorporar una facultad que sólo puede ser ejercida de manera extraordinaria, excepcional, restringida y discrecional, a fin de salvaguardar la garantía de la cosa juzgada, cuya inmutabilidad es característica de la sentencia judicial[684].

---

[683]   SSC 135/2022, de 14 de junio.
[684]   SSC 248/2022, de 29 de junio.

Puede observarse como una de las palabras que más repite la Sala, al tratar sobre su competencia para revisar sentencias, es la referida a la prudencia que esta debe mantener para evitar lesionar innecesariamente un derecho constitucional como lo es el debido proceso, dentro del cual se encuentra la cosa juzgada.

Sobre el tema de la cosa juzgada se ofrecen las siguientes consideraciones:

1) Efectivamente tiene que existir prudencia. Se estima que la Sala Constitucional, conforme a lo explicado anteriormente, si puede hacer justicia en el caso concreto, pero esto puede lograrlo siendo prudente.

2) La prudencia no es subjetividad o arbitrariedad. Deben existir reglas claras para todos. Todo justiciable debe conocer hasta dónde una sentencia puede considerarse apegada a la Constitución o al orden constitucional y cuando merece la intervención judicial para corregirla.

3) Lo anterior no comporta convertir la revisión constitucional en un amparo contra sentencias. La prudente intervención judicial debe ocurrir realmente en la cúspide del sistema de control constitucional, y no como si fuera una instancia más. La Sala debe revisar los amparos, no juzgarlos como alzada.

4) Se debe permitir a las partes y al sistema filtrar los casos. La intervención de la Sala Constitucional debe ocurrir solo en los casos del ejercicio del control difuso y en los de la revisión de amparos constitucionales. Si algún justiciable considera que una decisión judicial le lesionó sus derechos constitucionales o se apartó de un criterio vinculante de la Sala Constitucional que ejerza el amparo, sino lo hace, es porque no considera lesivo el asunto y, si lo hace, que resuelvan los jueces constitucionales naturales. Solo como órgano de derecho y después de ese filtro previo es que, a solicitud de parte, podría la Sala intervenir para juzgar la decisión del juez que juzgó el amparo. Es decir, para que intervenga la Sala Constitucional, en primer lugar, la parte debió considerar la existencia de un supuesto inconstitucional, luego, adicionalmente, alguna de las partes considerar que el juez constitucional (que resolvió el amparo en la instancia superior o como única instancia) no resolvió la situación o causó una lesión que no existía y, solo en ese caso, si se acude a la Sala, es cuando intervendrá la justicia constitucional impartida por esta.

5) No puede olvidarse que si todas las personas comprendieran y cumplieran el derecho tal como se ideó, posiblemente no existieran litigios. Por tanto, el litigio es una patología social y, por ello, si bien el fin inmediato del proceso es la satisfacción de pretensiones[685] (tutela de intereses jurídicos), el fin mediato es la paz social, esto es, la recomposición de las heridas de la sociedad. Por ello, sin certeza jurídica (seguridad jurídica-cosa juzgada) esas heridas seguirían abiertas y no se lograría la paz social tanto añorada[686]. Esto extrema la necesidad de la prudencia al dejar sin efecto una herramienta que permite alcanzar este fin, como lo es la cosa juzgada.

6) Si la Sala Constitucional, como se dijo anteriormente, se convierte en el paladín de la justicia y se propone a reabrir casos para reparar 'injusticias' o lesiones al orden constitucional o a buscar la 'verdad' a los ojos de la Sala Constitucional de turno; seguramente se encontrará con la necesidad de anular un número importante de sus propias decisiones y, posiblemente, requerirá más fallos de los que ha dictado en estos 23 años para resolver un quinquenio de errores cometidos por la administración de justicia. Por lo que, allí no está la solución. No puede la Sala hacer todo el trabajo. La solución para que ello no siga ocurriendo pasa por el fortalecimiento real y serio del sistema de justicia, jueces capacitados y honestos al frente de los órganos judiciales. Jueces que ingresen y se mantengan estables en sus cargos por su méritos y eficiencia, que puedan ellos y sus familias contar con un poder judicial que les brinde tranquilidad, futuro y esperanza, pudiendo hacer una carrera real de ascenso en él. De esta manera, se logrará que cada vez existan menos verdades deformadas, menos injusticias y se requerirá poca intervención del control constitucional impartido por la Sala.

---

[685] La satisfacción de la pretensión no significa vencer a la contraparte. La satisfacción de pretensiones está referida a que la parte pudo acceder al órgano y su pretensión fue atendida, tramitada y decidida y, aun cuando no tuvo razón, está conforme con la decisión. Pues, quien cree en la justicia, está conforme cuando se le explica que no tuvo razón y el porqué de ello. ¿Acaso es honesto ganar un juicio sin razón? ¿Es correcto quedarse con unos bienes que no le pertenecen al vencedor?

[686] Piénsese en un juicio que comenzó hace 100 años y que enfrentó a varias familias. Si ese caso no se hubiera cerrado quizá hace 95 años, posiblemente, los bisnietos o tataranietos de esas familias, seguirían enfrentadas, por un juicio cuya satisfacción tampoco obtendrán.

7) Es necesario que, en virtud de garantizar la certeza o tutela jurídica, se establezca un lapso perentorio de caducidad a los fines de que el interesado solicite la revisión de la sentencia que presuntamente viola el orden constitucional. Transcurrido como fuere el referido lapso, sin que se haya solicitado la revisión, se de entonces paso la aplicación constitucional –que es posible que no haya sido transgredida– esto es, al asentamiento de la cosa juzgada que también goza de protección constitucional. Para mantener la armonía con el amparo, podría pensarse en un lapso no mayor a seis meses.

No se considera conveniente que, ante una solicitud presentada o ante una facultad que (a criterio de la Sala) pueda ser ejercida de oficio, se mantenga un estado de incertidumbre que se agravará aún más si se toma en cuenta la posibilidad de cambio de la composición o miembros de la Sala Constitucional.

Es decir, no es posible sostener un Estado de Derecho o un Estado constitucional cuando fallos, de cualquier época puedan ser revisados por la Sala Constitucional. Si pasaron treinta años y ahora un nieto de la parte solicita la revisión, la Sala, según su criterio, puede revisarlo.

Igualmente, supóngase que en ejercicio de su potestad selectiva la Sala no haya escogido un caso para someterlo a revisión o, más grave aún, lo haya declarado no ha lugar; sin embargo, años más tarde (cuando cambia la composición de la Sala o cuando se hace necesario otra forma de interpretar la Constitución) se revise el caso o se revoque el fallo que dijo no ha lugar (pues, los nuevos magistrados no comparten la tesis de que la Sala Constitucional no pueda revisar sus propias decisiones). Ahora, piénsese que eso puede ocurrir con todas y cada una de las decisiones de los tribunales República, ¿qué pasaría entonces? Se trataría de una anarquía jurídica manejada desde la Sala Constitucional, tal como, en menor medida, está ocurriendo actualmente.

Por lo que, más que revocar en el tiempo cualquier sentencia, deben establecerse parámetros para de alguna forma dar certeza jurídica a las decisiones; de lo contrario, nunca existiría el fin de las relaciones jurídicas y los derechos quedarían sin certeza.

En conclusión, no parece sensato permitir la revisión constitucional de los fallos de manera irrestricta en el tiempo.

La seguridad y certeza jurídica es uno de los valores y pilares fundamentales de la sociedad que quiere vivir en orden, por lo que su desaparición conllevaría el caos, al punto de que la cosa juzgada unida al principio 'el mundo del juez se encuentra en las actas', es lo que ha permitido que se aplique la verdad formal o procesal aún sobre la verdad real o material. Pues no es conveniente dejar supeditada en el tiempo la solución de una controversia, en virtud de que puede existir la presunción sobre que la verdad real es distinta a la presentada en actas. Ello es impensable. Se viviría y moriría buscando una verdad que, probablemente, nunca llegue para ambas partes.

Con estas últimas precisiones puede considerarse agotado, a los efectos de esta obra, el análisis del trámite procedimental de la revisión constitucional de sentencias.

CONCLUSIONES

A lo largo del estudio sobre el análisis crítico de la revisión constitucional de sentencias, se fueron presentando conclusiones sobre cada uno de los aspectos tratados, las cuales pueden resumirse de la manera siguiente:

1.-El control de la constitucionalidad abarca tanto el texto de la Constitución como el conocido bloque de la constitucionalidad y de la convencionalidad.

2.- En virtud de la tesis de la unidad de la jurisdicción, se considera conveniente utilizar el término de justicia constitucional y no de jurisdicción constitucional para abordar estos asuntos.

3.- La organización jurídica del Estado venezolano responde a un sistema piramidal, donde la Constitución es la norma suprema, la cual posee carácter normativo y aplicación inmediata.

4.- La justicia constitucional es la garantía de la supremacía y normatividad de la Constitución. A su vez, es el soporte del Estado de Derecho y, en su versión más evolucionada, del Estado constitucional.

5.- La supremacía constitucional es innata a la noción de Constitución aun cuando no esté expresamente establecida. La Constitución o Ley Fundamental debe ser rígida para que exista esta supremacía.

6.- Los excesos de los Tribunales Constitucionales y, en el caso venezolano, de la Sala Constitucional, atentan contra el principio democrático sobre el cual descansa el Estado constitucional. Esta forma de obrar conlleva la pérdida de la legitimidad de ejercicio de quien ejerce la función. Una de las labores más importantes del Tribunal Constitucional (Sala Constitucional) es balanceo de cargas entre la democracia y la justicia constitucional.

7.- En Venezuela se tiene un sistema integral de justicia constitucional, donde la revisión constitucional de sentencias constituye el elemento que permite cohesionar o unificar los criterios derivados del control difuso y el control concentrado.

8.-Todo juez venezolano es juez constitucional. Y sin practicar el activismo judicial, debe ser activo en la defensa de la Constitución.

9.- La Sala Constitucional no es el único intérprete de la Constitución, pero si es el máximo y último intérprete, cuyo rol debe ejercerlo dentro de los parámetros que fija la propia Constitución.

10.- La interpretación constitucionalizante o conforme a la Constitución, es un mecanismo válido de interpretación para preservar, en la medida de lo racionalmente posible, las normas existentes. En ejercicio de esta interpretación, ni en el ejercicio de ninguna otra atribución, se puede invadir la esfera de competencias de los demás órganos del poder público. El activismo judicial no es saludable para un orden jurídico.

11.- La forma en que la Exposición de Motivos de la Constitución fue dictada e incorporada al ordenamiento jurídico, le resta credibilidad y autoridad.

12.- Al incorporarse la revisión constitucional de sentencias al texto constitucional, no se incluyó que fuera una facultad discrecional de la Sala Constitucional. Queda en manos del legislador regular este y otros aspectos sobre este mecanismo.

13.- Haciendo abstracción del alcance que la propia jurisprudencia de la Sala Constitucional le ha dado, la revisión constitucional de sentencias es una competencia que le fue dada a la Sala Constitucional del Tribunal Supremo de Justicia, en aras de garantizar la protección de la carta magna, la cual le permite a dicha Sala revisar aquellos fallos definitivamente firmes que hubieren sido dictados por los tribunales de la república, en ejercicio de una pretensión de amparo constitucional o bien, como manifestación del control difuso de la Constitución.

14.- No existe en el derecho comparado un sistema idéntico a la revisión constitucional de sentencias previsto en la Constitución. Como mecanismo, el más parecido es la revisión de sentencias de tutela colombiano; si bien en este existe una amplia discrecionalidad, la propia Corte Suprema colombiana ha guiado para que esa discrecionalidad esté limitada por principios y criterios orientadores. Existe una inclinación de la Sala Constitucional sobre la aplicabilidad de la discrecionalidad del *writ of certiorari* a la revisión constitucional de sentencias en Venezuela, pero ello carece de fundamento constitucional y legal. Se considera que no existe la madurez suficiente para aplicar tal pragmatismo a un derecho continental como el venezolano. El recurso extraordinario argentino es complejo y responde a un verdadero Estado federal.

El amparo alemán es un sistema con una discrecionalidad atenuada y el español presenta algunas características de coincidencia con el amparo venezolano.

15.- El objeto y finalidad de la revisión constitucional son nociones diferentes. Su objeto es la sentencia a revisar y su finalidad es mantener la coherencia del orden jurídico, esto es, evitar la discrepancia de interpretaciones y aplicaciones de las normas constitucionales a los casos concretos, tratando así de crear criterios uniformes de acuerdo a lo que prescribe la carta magna.

16.- Según la Constitución nacional las sentencias revisables son las definitivamente firmes (no interlocutorias de ninguna clase) que se hayan dictado en casos de control difuso de la constitucionalidad y en amparos constitucionales.

Sin embargo, la Sala Constitucional no ha respetado ese parámetro y ha considerado que ella puede revisar sentencias de cualquier tribunal (incluyendo otras Salas, entre ellas, a la Sala Plena) y materia (no limitada a amparos y control difuso), lo cual puede hacer no solo a instancia de parte, sino también de oficio; llegando a revisar sentencias no solo definitivamente firmes sino también interlocutorias, sean de este régimen constitucional o del anterior.

Lo único que ha considerado como un límite es la cosa juzgada derivada de sus propias decisiones como Sala Constitucional (no así cuando forma parte de la Sala Plena). No obstante, ha establecido que puede revocar decisiones de inadmisibilidad si aprecia que ha incurrido en un error.

Todo lo cual se considera un exceso de la Sala Constitucional.

17.- Las leyes del Tribunal Supremo de Justicia poco han aportado a la solución del problema.

18.- Es discutible la posibilidad de que la Sala Constitucional revise sentencias de otras Salas (no incluyendo a la Sala Plena) lo cual puede derivarse de una interpretación del texto constitucional.

19.- Desde el punto de vista orgánico (o de la Sala Constitucional) no está completamente definida la naturaleza de la revisión de sentencias, en virtud de su tratamiento confuso por parte de esta. Sin embargo, esta ha insistido en que no es un recurso, sino una potestad excepcional, extraordinaria, discrecional y cuyo ejercicio debe ser prudente. También ha sostenido que puede ejercer esta facultad de oficio, pero sin soporte jurídico que lo avale.

20.- Al ser la revisión constitucional una figura creada por la Constitución venezolana y, no habiéndose dictado la ley de la justicia constitucional; las características de este mecanismo son las que ha dictado la Sala Constitucional.

21.- A pesar de lo sostenido por la Sala Constitucional, se considera que la revisión constitucional de sentencias es efectivamente un recurso que tiene una doble finalidad, siendo una de ellas la tutela o protección del derecho del justiciable, lo cual solo se logra si efectivamente existe dicha lesión y si este ejerce el recurso y cumple con las condiciones mínimas para que le sea admitido.

Pensar que la revisión constitucional es un mecanismo puro de protección de la Constitución es una alternativa a todas estas ideas. Sería un camino teóricamente inobjetable, pero que estaría construido sobre la miseria que deja la injusticia. No tiene sentido tener un mecanismo destinado a garantizar la supremacía constitucional, cuando quien debiera ser el beneficiario de todo el sistema (con su supremacía y demás controles) es puesto a un lado para proteger al propio sistema.

La Sala Constitucional desnaturalizó a la revisión constitucional, pues, ella modificó el sistema imperante y, por tanto, la revisión pasó a tratar asuntos para los cuales no fue creada.

Lo más conveniente sería que la Sala Constitucional devuelva las competencias de amparo que asumió, además que limite la revisión a los fallos indicados por el texto constitucional y, considere que se trata de un recurso del justiciable que además de coadyuvar al control de la constitucionalidad y a mantener el orden público constitucional, le permitiría revertir un fallo constitucionalmente lesivo (sin que ello implique que resultará ganancioso en el juicio, pues, necesariamente no existe una relación entre la revisión y la declaratoria con lugar de su pretensión o defensa). Así, la Sala deberá pronunciarse sobre cada una de las solicitudes que reciba y someterlas a un filtro de admisibilidad el cual, de ser superado, conllevará la revisión de la sentencia pudiendo ser declarada la nulidad o no del fallo.

22.- La Sala ha establecido que el procedimiento de la revisión constitucional de sentencias puede ser contencioso o no. Puede fijar discrecionalmente una audiencia, dictar medidas cautelares, autos para mejor proveer o hacer uso del despacho saneador, aclarar el fallo, sancionar con la perención, permitir desistimientos y puede declarar la inadmisibilidad de la solicitud si no se cumple con los supuestos establecidos en la Ley

Orgánica del Tribunal Supremo de Justicia para los procedimientos que requieren sustanciación (a pesar de que la ley dispone que este es un procedimiento sin sustanciación y que debe ser decidido en un lapso de treinta días de despacho contados a partir del día en que se dé cuenta del recibo de las actuaciones).

23.- Para que el impacto sobre la cosa juzgada cause el menor daño posible es conveniente que: a) Exista verdadera prudencia al hacer uso de la revisión de sentencias; b) La prudencia no es subjetividad o arbitrariedad. Deben existir reglas claras para todos; c) Lo anterior no comporta convertir la revisión constitucional en un amparo contra sentencias; d) Se debe permitir a las partes y al sistema filtrar los casos que eventualmente revisará la Sala; e) No puede olvidarse que el fin mediato del proceso es la paz social; f) La solución del problema no es que la Sala Constitucional se proponga a reabrir casos para reparar 'injusticias' o lesiones al orden constitucional o a buscar la 'verdad' a los ojos de ella misma. La solución para que ello no siga ocurriendo pasa por el fortalecimiento real y serio del sistema de justicia; g) Es necesario que, en virtud de garantizar la certeza o tutela jurídica, se establezca un lapso perentorio de caducidad. No es conveniente permitir la revisión constitucional de los fallos de manera irrestricta en el tiempo; h) La seguridad y certeza jurídica es uno de los valores y pilares fundamentales de la sociedad, por lo que su desaparición conllevaría el caos y la anarquía.

ANEXO "A"

PROCEDIMIENTOS DE REVISIÓN CONSTITUCIONAL RESUELTOS EN 2021[687]

#	# Expediente	Fecha solicitud	Fecha decisión	Tiempo
1	17-1222	06/12/2017	08/02/2021	+ 3 años
2	19-0095	21/02/2019	04/03/2021	+ 2 años
3	19-0700	27/11/2019	09/03/2021	+ 1 año
4	18-0006	09/01/2018	09/03/2021	+ 3 años
5	17-0977	20/09/2017	09/03/2021	+ 3 años
6	20-0066	29/01/2020	07/04/2021	+ 1 año
7	16-0413	28/04/2016	07/04/2021	+ 4 años
8	17-0214	20/02/2017	08/04/2021	+ 4 años
9	17-0458	25/04/2017	08/04/2021	+ 3 años
10	17-0730	04/07/2017	09/04/2021	+ 3 años
11	17-1050	11/10/2017	09/04/2021	+ 3 años
12	19-0006	14/01/2019	09/04/2021	+ 2 años
13	18-0721	06/11/2018	09/04/2021	+ 2 años
14	19-0284	18/06/2019	09/04/2021	+ 1 año
15	18-0719	05/11/2018	16/04/2021	+ 2 años
16	19-0534[688]	26/09/2019	16/04/2021	+ 1 año
17	13-0040	14/01/2013	16/04/2021	+ 8 años
18	16-0926	26/09/2016	16/04/2021	+ 4 años
19	18-0808	04/12/2018	16/04/2021	+ 2 años
20	19-0585	11/10/2019	16/04/2021	+ 1 año
21	17-0930	18/08/2017	16/04/2021	+ 3 años
22	18-0739	13/11/2018	16/04/2021	+ 2 años
23	19-0194	06/05/2019	16/04/2021	+ 1 año
24	19-0698	26/06/2019	30/04/2021	+ 1 año

[687] Información obtenida de la página web www.tsj.gov.ve, la cual puede variar en cualquier momento (si se hacen o hicieron modificaciones luego de realizada la consulta aquí mostrada). No están incluidos en esta relación las revisiones de oficio (por ejemplo, amparos inadmisibles pero que se revisó de oficio la sentencia), tampoco están incluidos autos de requerimiento o decreto de medidas cautelares. La totalización resultará imprecisa, por cuanto, algunos fallos no estaban disponibles al momento de la investigación.

[688] Revisión de sentencia de la propia Sala Constitucional.

25	20-0057	29/01/2020	30/04/2021	+ 1 año
26	21-0063	09/02/2021	30/04/2021	- 1 año
27	18-0097	05/02/2018	30/04/2021	+ 3 años
28	15-1368	01/12/2015	30/04/2021	+ 5 años
29	19-0731	09/12/2019	14/05/2021	+ 1 año
30	20-0004	08/01/2020	14/05/2021	+ 1 año
31	16-0196	24/02/2016	14/05/2021	+ 5 años
32	16-1219	08/12/2016	14/05/2021	+ 4 años
33	18-0644	03/10/2018	14/05/2021	+ 2 años
34	18-0809	05/12/2018	14/05/2021	+ 2 años
35	16-0236	07/03/2016	14/05/2021	+ 5 años
36	19-0640	04/11/2019	28/05/2021	+ 1 año
37	20-0074	04/02/2020	28/05/2021	+ 1 año
38	19-0558	03/10/2019	28/05/2021	+ 1 año
39	19-0664	14/11/2019	28/05/2021	+ 1 año
40	17-0675	16/06/2017	28/05/2021	+ 3 años
41	19-0419	07/08/2019	28/05/2021	+ 1 año
42	18-0055	25/01/2018	28/05/2021	+ 3 años
43	19-0061	11/02/2019	28/05/2021	+ 2 años
44	17-1177	21/11/2017	28/05/2021	+ 3 años
45	19-0226	16/05/2019	28/05/2021	+ 2 años
46	20-0402	28/10/2020	28/05/2021	- 1 año
47	16-1096	09/11/2016	11/06/2021	+ 4 años
48	20-0032	16/01/2020	11/06/2021	+ 1 año
49	20-0149	02/03/2020	11/06/2021	+ 1 año
50	19-0694	22/11/2019	11/06/2021	+ 1 año
51	17-0706	28/06/2017	11/06/2021	+ 3 años
52	16-1194	01/12/2016	11/06/2021	+ 4 años
53	18-0506	19/07/2018	09/07/2021	+ 2 años
54	21-0054	01/02/2021	09/07/2021	- 1 año
55	20-0044	22/01/2020	09/07/2021	+ 1 año
56	20-0501	16/12/2020	09/07/2021	- 1 año
57	16-0278	25/05/2015	09/07/2021	+ 6 años
58	17-0904	10/08/2017	09/07/2021	+ 3 años
59	17-0093	19/01/2017	09/07/2021	+ 4 años
60	17-0425	07/04/2017	09/07/2021	+ 4 años
61	18-0573	14/08/2018	09/07/2021	+ 2 años
62	21-0234	14/05/2021	22/07/2021	- 1 año
63	19-0744	12/12/2019	22/07/2021	+ 1 año
64	19-0748	13/12/2019	22/07/2021	+ 1 año
65	17-0309	16/03/2017	22/07/2021	+ 4 años
66	19-0068	13/02/2019	22/07/2021	+ 2 años
67	17-0216	17/02/2017	22/07/2021	+ 4 años
68	21-0164	07/04/2021	22/07/2021	- 1 año

69	17-0269	06/03/2017	05/08/2021	+ 4 años
70	15-1186	22/10/2015	05/08/2021	+ 5 años
71	17-0763	13/07/2017	05/08/2021	+ 4 años
72	19-0438	09/08/2019	20/08/2021	+ 2 años
73	19-0455	14/08/2019	20/08/2021	+ 2 años
74	17-0175	10/02/2017	20/08/2021	+ 4 años
75	17-1224	07/12/2017	20/08/2021	+ 3 años
76	19-0396	31/07/2019	20/08/2021	+ 2 años
77	19-0274	12/06/2019	20/08/2021	+ 2 años
78	21-0138	10/03/2021	03/09/2021	- 1 año
79	17-0616	31/05/2017	16/09/2021	+ 4 años
80	19-0545	27/09/2019	16/09/2021	+ 1 año
81	21-0252	24/05/2021	16/09/2021	- 1 año
82	21-0147	18/03/2021	16/09/2021	- 1 año
83	21-0099	02/03/2021	16/09/2021	- 1 año
84	18-0780	23/11/2018	01/10/2021	+ 2 años
85	20-0393/21-0087	22/10/2020	01/10/2021	- 1 año
86	19-0463	15/08/2019	01/10/2021	+ 2 años
87	16-0708[689]	18/07/2016	01/10/2021	+ 5 años
88	20-0047	23/01/2020	14/10/2021	+ 1 año
89	18-0553	08/08/2018	14/10/2021	+ 3 años
90	19-0631	30/10/2019	14/10/2021	+ 1 año
91	20-0157	03/03/2020	14/10/2021	+ 1 año
92	18-0796	28/11/2018	14/10/2021	+ 2 años
93	19-0428	07/08/2019	14/10/2021	+ 2 años
94	20-0040	21/01/2020	14/10/2021	+ 1 año
95	16-1064	28/10/2016	14/10/2021	+ 4 años
96	16-1199	02/12/2016	14/10/2021	+ 4 años
97	21-0489	03/09/2021	14/10/2021	- 1 año
98	18-0248	10/04/2018	28/10/2021	+ 3 años
99	19-0662	13/11/2019	28/10/2021	+ 1 año
100	21-0401	02/08/2021	28/10/2021	- 1 año
101	19-0288	19/06/2019	28/10/2021	+ 2 años
102	17-0133	03/02/2017	28/10/2021	+ 4 años
103	18-0470	04/07/2018	28/10/2021	+ 3 años
104	20-0068	29/01/2020	28/10/2021	+ 1 año
105	21-0157	05/04/2021	28/10/2021	- 1 año
106	18-0352	18/05/2018	28/10/2021	+ 3 años

---

[689] Acumuló una pretensión posterior.

La referencia del año 2021 es que cada revisión de sentencias tardó más de 02 años para ser resuelta. Si se toma en cuenta la pandemia se podría hacer un ajuste (por demás inexacto) e indicar que el tiempo aproximado para resolver cada solicitud es de 1,5 años (año y medio).

Las solicitudes resueltas en menos de un año representaron el 13% de las decisiones que resolvieron las revisiones constitucionales de sentencias. En total fueron 14 casos de menos de un año de los cuales 03 fueron declarados inadmisibles, 04 declararon ha lugar la revisión y 07 no ha lugar; esto es, de los casos resueltos en menos de 01 año, el 78,57% entró a analizar el fondo de la revisión y el 21,43% no lo hizo.

ANEXO "B"

CONTROL CONSTITUCIONAL DEL ARBITRAJE[690]

Saludos y agradecimientos.

Los árbitros y la Constitución ¿Están los árbitros y el arbitraje sometidos a la Constitución?

1. <u>La litigiosidad como cultura.</u>

Recuerdo que hace como 25 años un profesor (muy querido y preparado), nos dijo en clases, que el abogado que no litiga es como el médico que no opera. En el entendido de que era una especie de médico de segunda clase. Y sabemos, y sabía el profesor también, que la medicina está muy lejos de reducirse a una operación. Pero, esa anécdota solo es una pequeña muestra de cómo nos hemos formado en el ámbito de la justicia y el Derecho en Venezuela.

Para bien o para mal, en las universidades tenemos décadas enseñando distintas facetas del derecho procesal; es decir, formando abogados litigantes. Como diría Savigny, respecto a la naturaleza de la acción, atrincherándonos para la guerra.

Así, esta litigiosidad que forma parte de nuestro ADN cultural es una importante influencia que se hace presente cuando nos corresponde analizar la viabilidad o no de controlar el arbitraje mediante el amplio catálogo de recursos judiciales que tenemos a mano en la jurisdicción y, de los cuales, muchas veces se abusa.

---

[690] Ponencia presentada por el abogado Hernando H. Barboza Russian en el evento denominado "MEDIOS ALTERNOS DE RESOLUCIÓN DE CONFLICTOS" organizado por LA ASOCIACIÓN VENEZOLANA DE ARBITRAJE (AVA), la UNIVERSIDAD RAFAEL URDANETA (URU), el CAPÍTULO VENEZOLANO DEL CLUB ESPAÑOL DE ARBITRAJE (CEIA), el CENTRO DE INVESTIGACIÓN Y ESTUDIOS PARA LA RESOLUCIÓN DE CONTROVERSIAS DE LA UNIVERSIDAD MONTEÁVILA (CIERC), celebrado el 29 de enero de 2024, en el paraninfo de la URU.

Por ello, al analizar este tema los invito a que, al momento de formarse su propia opinión, hagan abstracción de esta cultura del litigio (que muchas veces nubla el entendimiento) y atiendan a las necesidades humanas que subyacen tras todo esto.

2. El arbitraje como derecho constitucional.

Sobre la interrogante, de si el derecho de acceder al arbitraje es un derecho constitucional; debemos decir, que no tenemos la menor duda sobre esto.

El artículo 26 establece el deber toda persona, especialmente del Estado, de garantizar el acceso a los órganos de administración de justicia por parte de los justiciables. Esto no quiere decir que el único acceso sea ante los órganos del Poder Judicial, entendido este como la personificación de la Administración de Justicia. En este caso, del artículo 26 mencionado, debe entenderse que, cuando se refiere a los órganos de administración de justicia, comprende también a quienes, sin pertenecer al Poder Judicial, pueden, en un momento determinado, administrar justicia, tal es el caso de los árbitros quienes forman parte del sistema de justicia conforme lo establece la misma Constitución (artículo 253).

Esta interpretación puede derivarse también de lo establecido en la exposición de motivos de la Constitución, esto es, cuando indica que los órganos a los que se refiere el artículo 26 constitucional están representados por las cortes y tribunales que forman parte del Poder Judicial, así como por los demás órganos del sistema de justicia previsto en la Constitución, entre los cuales se encuentran los ciudadanos que participan en la administración de justicia o que ejercen la función jurisdiccional de conformidad con la ley.

Para ver esto con mayor claridad, debemos recordar que la potestad de administrar justicia emana de los ciudadanos, por lo que, cuando los ciudadanos deciden que la justicia de sus asuntos sea administrada por un tercero ajeno al Poder Judicial, eso es un derecho constitucional, incluso fundamental y así debe tratarse.

Esto ha sido reconocido por la Sala Constitucional quien (desde el fallo 192 del 2008 hasta recientemente en sentencias 107 y 971/2023, del 9 de marzo y 27 de julio) ha venido indicando que: el arbitraje se materializa en "la existencia de un derecho fundamental al arbitraje que está inserto en el derecho a la tutela jurisdiccional eficaz" (…) "el arbitraje trasciende el simple derecho individual de los particulares a someterse al mismo y se erige como una garantía de éstos a someterse a un proceso (arbitral) accesible, imparcial, idóneo, transparente, autónomo, independiente, responsable, equitativo y sin dilaciones indebidas".

En conclusión, el derecho de acceso al arbitraje es más que un derecho constitucional, es un derecho fundamental, que se desprende, entre otros, de los artículos 19, 26, 49 y 253 del texto constitucional.

3. <u>Papel del árbitro y del arbitraje</u>.

Venezuela tiene un sistema de justicia constitucional de avanzada, esto es, pasamos de un sistema mixto de control a un verdadero sistema integral, cuyo elemento cohesionador viene dado por la revisión constitucional de sentencias.

Asimismo, la organización jurídica del Estado venezolano responde a un sistema piramidal, cuya cúspide, es la Constitución nacional (entendida como tal no solo el texto de la Constitución sino todo el bloque de la constitucionalidad).

Por tanto, la Constitución no es cualquier norma, es la primera, es una especie de super ley que ocupa el vértice más alto de la pirámide normativa, que tiene una pluralidad de intérpretes (todos los ciudadanos, el legislador, los tribunales) y debe ser acatada por todos.

Ahora, dicha Constitución goza de dos elementos que son fundamentales en el tema de la justicia constitucional, como lo son su supremacía y su carácter normativo. Como consecuencia de ello, la Constitución tiene aplicación directa, una obligación en la que debemos concurrir todos, y donde los jueces se convierten, por antonomasia, en los defensores de dicha Ley Superior.

Es por ello que, con la intención de mantener la integridad y supremacía constitucional, el juez constitucional fue dotado de diversos instrumentos para lograr este objetivo, unos de estos fueron dados de manera específica a la Sala Constitucional (como el caso de la revisión constitucional, el control concentrado, entre otros) y otros a todos los jueces de la República conforme lo dispone el artículo 334 de la Constitución. Por ello, cuando el juez ordinario, ejerce esa justicia ordinaria, también es garante de la uniformidad y supremacía constitucional, aunque no haga uso de un medio específico como lo sería el control difuso o cuando resuelva un amparo constitucional.

En virtud de lo señalado, podemos afirmar que ni el árbitro ni el arbitraje escapan de lo anterior, esto es, no cabe duda que los árbitros también son jueces constitucionales y, por tanto, guardianes de la Constitución al momento de cumplir la función de tutelar, intereses jurídicos, mediante su función arbitral.

Esta ha sido una posición reconocida tanto por la Sala Constitucional como por el propio arbitraje.

La Sala Constitucional uniformemente ha indicado desde su fallo 1393 del 7 de agosto 2001 (en el caso Fermín Toro) hasta nuestros días (SSC 702/2018 y 842/2023) que a la justicia alternativa y, con ello a los árbitros les corresponde el deber de asegurar la integridad de la Constitución.

Algo similar se ha dicho en algunos laudos, por ejemplo, en el arbitraje de Desarrollos Mercayag (que fue objeto de amparo y anulado 179/2021) se puede apreciar que los árbitros al explicar la distinción entre el arbitraje de derecho y de equidad, igualmente dejan constancia que, aun el arbitraje de equidad se deben respetar las normas de estricto orden público, en especial, sobre la exigencia de la existencia de un procedimiento, que se atenga a ciertas reglas que aseguren las garantías fundamentales como el debido proceso, el derecho a la defensa, entre otros.

En conclusión, sobre el papel de los árbitros dentro del sistema constitucional puede decirse que los árbitros, al igual que los jueces, son también guardianes o defensores de la Constitución y, por tanto, en el ejercicio de sus funciones deben garantizar la supremacía y el carácter normativo de esta.

4. <u>Vía recursiva idónea ante la violación de derechos constitucionales en el arbitraje ¿Son realmente idóneas?</u>

Para referirnos a este aspecto, en primer lugar, abordaremos cuál ha sido la posición de la Sala Constitucional sobre el particular y, de seguidas, presentaremos nuestra opinión a manera de conclusión, para que así pueda cada quien forjarse su propio criterio sobre el tema analizado.

a. Posición de la Sala Constitucional:

En primer lugar, hay que indicar que el criterio de la Sala Constitucional sobre el particular es que, como quiera que los árbitros y la función arbitral son también garantes de la Constitución nacional, sus decisiones y actuaciones, están sometidas al control constitucional que ejerce la Sala. Así tenemos:

i. *Amparo*

Algunas veces se ha afirmado que la Sala Constitucional ha excluido el amparo como actividad recursiva contra el arbitraje, lo cual no es cierto. Una cosa es que declaren inadmisible los amparos por considerar que, en esos casos en concreto, son inadmisibles (tal como puede ocurrir con fallos judiciales) y, otra cosa diferente, es que el amparo en términos generales esté excluido como mecanismo de control constitucional, cuando de laudos arbitrales se trata.

ii. *Revisión constitucional*

Similar situación ocurre con la revisión constitucional, pero esto no debe extrañarnos, pues, si nos detenemos a validar qué es lo único que la Sala Constitucional ha indicado que no es revisable, encontraremos que únicamente no son revisables sus propias decisiones. Es decir, ella puede revisar no solo sentencias de otras Salas, sino también de cualquier tribunal y materia, lo cual puede hacer no solo a instancia de parte, sino también de oficio; llegando a revisar sentencias no solo definitivamente firmes sino también interlocutorias, sean de este régimen constitucional o del anterior y, lo más sorprendente, es que también puede revisar decisiones de un órgano del cual ella forma parte, como lo es la Sala Plena y, por tanto, puede revisar sentencias de la que es coautora. Por lo que, que establezca que el laudo está sometido a la revisión constitucional, no puede sorprender a ninguna persona.

iii. *Avocamiento*

En lo que respecta al avocamiento, tal como se evidencia del caso 151 del 30 de abril de 2021, la Sala no lo rechazó por tratarse de un arbitraje, sino, por dos razones: la primera, que las denuncias le eran imputadas a un borrador de laudo, el cual solo en caso de materializarse, podría atacarse, en su criterio, mediante la vía ordinaria, esto es, mediante el recurso de nulidad y, de manera excepcional, a través del ejercicio de una acción de amparo constitucional o mediante el mecanismo de revisión constitucional, según corresponda y; la segunda, que fue la más importante, por cuanto las denuncias no provenían de un proceso de arbitraje que evidencie un graven desorden procesal o escandalosas violaciones al ordenamiento jurídico que perjudiquen la paz pública o la institucionalidad democrática, sino, como se dijo, en todo caso del laudo. Con lo cual deja abierta la puerta al avocamiento en los casos en que se hubiera tratado de un desorden derivado del procedimiento.

iv. *Conclusión de la posición de la Sala.*

No obstante, lo anterior, es importante tener presente que, para la Sala, tales actuaciones, como el amparo, la revisión, no son intervenciones del poder judicial en el arbitraje, sino una consecuencia natural de su labor como depositario de la justicia constitucional a la cual están sometidos los árbitros y su labor. Expresamente ha dicho la Sala que no pueda considerarse como una intervención del Poder Judicial sobre el reconocido derecho constitucional de acceso a los medios alternos de resolución de controversias, pues no se limita este derecho, sino que se examina su resultado para evitar una posible afectación a los derechos y garantías de índole constitucional que asisten a los justiciables[691].

b. Opinión:

En mi opinión, considero que abrir la posibilidad de ejercer el amparo a todos aquellos casos que, a juicio de la Sala, no están previstos en los supuestos para declarar la nulidad del laudo conforme a la Ley de Arbitraje Comercial, resulta tan peligroso como lo que ha ocurrido con la revisión constitucional que, a la fecha, pareciera no tener ningún tipo de limitación. Ello comporta quitarle sentido y validez al recurso de nulidad y a sus causales, las cuales responden a la necesidad de restringir la impugnación en el caso del arbitraje.

Dado el carácter residual del amparo, este no sería admisible dada la existencia del recurso de nulidad, por cuanto, es a través de estas causales que puede ser confrontado el laudo.

Por ejemplo, admitir un amparo por un tema de recusación (882/2022 dado que este tema no puede esperar al recurso de nulidad), es desconocer que se trata de un asunto que debe resolverse conforme a las normas del respectivo reglamento o la ley, ¿acaso si se tratara de la jurisdicción ordinaria, no se inadmitiría el amparo por cuanto existe un procedimiento legalmente previsto para tramitar las recusaciones? De hecho, en el procedimiento de amparo, por disposición de la ley, lo cual es ratificado por el criterio de la Sala Constitucional, no existe la incidencia de recusación; lo cual es paradójico que se admita un amparo contra un laudo por un tema de recusación, mediante un procedimiento que no permite la recusación. Igualmente, admitir un amparo contra un laudo cautelar cuando están previstos los remedios y las formas de atacarlo dentro de su reglamento, no es conveniente.

---

[691] Entre otras 822/2022, 1191/2022, 107/2023.

Respecto a la revisión constitucional y para no extenderme en ese tema, soy del criterio que debe atenderse a lo que dispone la Constitución nacional, esto es, que la Sala Constitucional solo puede revisar decisiones definitivamente firmes en materia de amparo y control difuso de la constitucionalidad.

No pareciera existir dudas sobre que, en caso de que el laudo desaplique por control difuso una disposición legal, este deba ser revisado por la Sala Constitucional, bien por remisión expresa o bien, ante la solicitud de una revisión constitucional de sentencias, puesto así lo contempla la Constitución nacional. Pero esta revisión solo estará limitada a la conformidad a Derecho o no de la desaplicación de la norma vigente por colidir con la Constitución, para así mantener la uniformidad constitucional.

Sin embargo, cuando no se trata de un control difuso, sino de un laudo común y corriente, se estima que la Sala Constitucional no tiene potestad para revisar cualquier tipo de sentencias y, por ello, no puede revisar un laudo arbitral, especialmente, cuando las partes han acordado su negativa a que su asunto sea ventilado y tramitado ante los órganos públicos de justicia.

Vale acotar sobre el avocamiento que este resulta improcedente en el caso del arbitraje y acá señalo solo algunos aspectos para la consideración de ustedes: i) Si el árbitro no forma parte del poder judicial, ni está subordinado a este (tal como lo ha dicho la Sala Constitucional), al punto que, en caso de existir un asunto ante el Poder Judicial que deba tramitarse por arbitraje, se declara la falta de jurisdicción, ¿cómo es entonces posible que se considere que el árbitro debe entregarla a una Sala del TSJ su expediente para que esta revise si hay desórdenes procesales?, además ¿cómo puede el árbitro con su actuación perjudicar la imagen del poder judicial al cual no pertenece?, ii) Si en el arbitraje se ventilan asuntos transables, cómo puede el árbitro violentar la paz pública o la institucionalidad democrática; iii) acaso si fuera un arbitraje internacional, ¿requerirían del árbitro extranjero el expediente para revisar los desórdenes?; evidentemente que no. Por tanto, el avocamiento no tiene cabida en el arbitraje.

En el caso del avocamiento antes referido podría pensarse que la Sala Constitucional enmendó el error de iniciar los trámites de su eventual avocamiento, pero, si se tiene en cuenta que el 20 de febrero de 2020, mediante medida cautelar dictada por la Sala Constitucional[692], se suspendió el procedimiento arbitral hasta que fue dictada esta decisión que lo rechazó el 30 de abril de 2021, puede apreciarse como la celeridad, que es una de las bondades del arbitraje, quedó pulverizada con el solo hecho de que la administración pública de justicia asomara la posibilidad de poder intervenir en el conocimiento de este asunto. Además, este comportamiento, que se ha repetido en el tiempo (como es el caso de la SSC1239/2023), ha generado que otras Salas se sumen a dicho criterio, como ha ocurrido con la Sala de Casación Civil (SSCC 651/2023, del 26 de octubre)[**].

No pretendemos afirmar que un árbitro no comete errores y menos desconocer que también puede, lamentablemente, incurrir en la violación de derechos constitucionales, sin embargo, somos de la opinión que la solución a ello no pasa porque el poder judicial intervenga durante el procedimiento arbitral ni con un amparo ni un avocamiento. Se trata de que se apliquen los remedios previstos en los reglamentos y demás normativa que pudiera resultar aplicable y, si ello no fuere posible, que el punto se ventile mediante el recurso de nulidad previsto y bajo las causales que este establece, dentro de las cuales se pueden incluir violaciones a derechos fundamentales (como el debido proceso, la defensa, entre otros) cuya trasgresión le haya impedido a la parte ejercer sus derechos (tal como lo establece el artículo 44.b de la Ley de Arbitraje Comercial).

Retos del arbitraje.

Pienso que el principal reto es cultural. No existe duda que se ha avanzado a contrapelo en esta lucha y gran parte de lo avanzado se debe a varias sentencias de la Sala Constitucional.

Sin embargo, el paso final o definitivo no termina de darse, y yo me inclino por rechazar cualquier idea de que se trata de un tema de injerencia intencional, inclinándome más bien, por asumir que se trata del abrazo del poderoso que, queriendo proteger causa más daño del que quiere evitar. Pues, la argumentación ha mostrado que la intención no es inter-

---

[692] SSC 42/2020 de 20 de febrero.

[**] Como nota de actualización (no dicho en la ponencia por ser de fecha posterior) en sentencia de la Sala de Casación Civil SSCC 57/2024, de 23 de febrero, se declaró procedente la segunda fase del avocamiento, cuya primera fase fue acordada en la sentencia 651/2023, del 26 de octubre.

venir, sino, proteger a ultranza derechos fundamentales que se consideran lesionados, pero sin advertir, que el solo intento por intervenir causa más perjuicio que cualquier supuesta lesión que se pudiera estar sufriendo.

No compartimos que la solución a este asunto sea como ha dicho la Sala Constitucional de que ella posee discrecionalmente la potestad coercitiva otorgada por la Constitución para imponer su criterio de interpretación de la Constitución, cuando así lo considere en defensa de una aplicación coherente y unificada de la Carta Magna[693]. Por el contrario, consideramos que la solución pasa por comprender que el arbitraje es un mecanismo en el cual las partes han escogido que un tercero - ajeno al poder judicial estatal- resuelva la controversia que existe entre ellos, por lo que, es lógico pensar que cualquier intento por judicializar su decisión (laudo) será vista con desconfianza y analizada con ponderación. En la misma tendencia se ha movido el Derecho Comparado[694].

Así que el reto será superar ese tema cultural de pretender que el aparataje estatal (la mayoría de las veces pesado y lento) intervenga en estos asuntos, pues, aunque su intención sea loable, no lo es así su intervención.

---

[693] SSC 93/2001, de 06 de febrero.

[694] <<El Tribunal Constitucional ha dado un espaldarazo a la legitimidad de las decisiones tomadas por medio de arbitrajes. Los jueces del Constitucional sentenciaron por unanimidad el pasado 15 de febrero [2021] que los tribunales no pueden revocar los laudos arbitrales entrando en el fondo de la cuestión, y limita su intervención a posibles irregularidades en el proceso, pero no al contenido.

BIBLIOGRAFÍA

ABREU BURELLI, Alirio y MEJÍA ARNAL, Luis Aquiles. *La casación civil*. Ediciones Homero, Caracas: 2014.

AHUMADA RUIZ, Marian. ¿Hay alternativas a la judicial review? en Instrumentos de tutela y justicia constitucional: Memoria del VII congreso Iberoamericano de derecho constitucional, coord. Juan Vega Gómez y Edgar Corzo Sosa. Instituto de Investigaciones Jurídicas, México: 2002.

ALCALÁ-ZAMORA, Niceto. *Proceso autocomposición y autodefensa*. Editorial Jurídica Universitaria, México: 2003.

ALVARADO ANDRADE, Jesús. Sobre el "derecho constitucional" en Venezuela en Anuario de derecho público, n.º 3. Funeda, Caracas: 2011.

ÁLVAREZ CONDE, Enrique. Curso de derecho constitucional: El Estado constitucional, el sistema de fuentes, los derechos y libertades. Editorial Tecnos, Madrid: 1999.

ÁLVAREZ, Tulio. Constituyente, reforma y autoritarismo del siglo XXI. UCAB, Caracas: 2007.

ANDUEZA, José Guillermo. *Apuntes de derecho constitucional*. Editorial Inquietud, Caracas: 1978.

ARAGÓN REYES, Manuel. Constitución y control del poder: Introducción a una teoría constitucional del control. Universidad Externado de Colombia, Bogotá: 1999.

ARGÜELLO LANDAETA, Israel. <<El recurso de revisión constitucional contra sentencias definitivamente firmes de amparo constitucional y de control de constitucionalidad de leyes y normas jurídicas dictadas por los tribunales de la República, en los términos establecidos por la ley orgánica respectiva >>, en *I El estado constitucional y el derecho administrativo en Venezuela libro en homenaje a Tomás Polanco Alcantara*. Universidad Central de Venezuela, Caracas: 2005.

AYALA CORAO, Carlos. <<Comentarios legislativos bases para la elaboración de un anteproyecto de ley orgánica de jurisdicción constitucional>>. *Revista de derecho público*, nº 39. (1989). Edición en pdf. https://revistadederechopublico.com/wp-content/uploads/2022/11/39-Bases_elaboracion_Anteproyecto_Ley_Organica_Jurisdiccion_Constitucional_Carlos_Ayala.pdf.

BADELL MADRID, Rafael. <<El recurso de revisión constitucional en el arbitraje>>, *Revista comité de arbitraje*, n.º 2 (2010-2011): 17. Consultado en https://cedca.org.ve/revista-marc/ o bien en: https://dokumen.tips/documents/el-recurso-de-revision-constitucional-en-el-revista-comité-de-arbitraje-2010.html?page=1

__________. *Derecho procesal constitucional.* Academia de Ciencias Políticas y Sociales, Caracas: 2020.

BARBOZA RUSSIAN, Hernando H.*:* <<La supresión jurisprudencial del reenvío en Venezuela>>. *Revista cuestiones jurídicas*, vol. XIII nº 2. (2019).

BELLO LOZANO Márquez, Antonio. *Lecciones de derecho procesal constitucional*. Mobilibros, Caracas: 2012.

BERNAL, Carlos. <<Derechos fundamentales e inteligencia artificial>>. Consultado en: en https://academic.oup.com/icon/advance-article/doi/10.1093/icon/moac099/7109154

BERRÍOS ORTIGOZA, Juan. <<El control concentrado de oficio de la constitucionalidad en Venezuela>>. *Revista cuestiones jurídicas*, vol. V nº 2. (2011).

BIDART CAMPOS, Germán. *Manual de la Constitución reformada*. EDIAR, Buenos Aires: 1998/2003.

BURGOS, Benjamín. *Curso de derecho constitucional*. Virtudes Editorial Universitaria, Buenos Aires: 2005.

BLUME FORTINI, Ernesto. I Congreso internacional de derecho procesal constitucional: Los retos del derecho procesal constitucional en Latinoamérica en homenaje al Dr. Román Duque Corredor: El derecho procesal constitucional. vol. II, Coord. Gonzalo Pérez Salazar y Luis Petit Guerra. Ediciones Funeda, Caracas: 2011.

BREWER-CARÍAS, Allan. *El sistema de justicia constitucional en la Constitución de 1999: Comentarios sobre su desarrollo jurisprudencial y su explicación, a veces errada, en la exposición de motivos*. Editorial Jurídica Venezolana, Caracas: 2000.

__________. *La Constitución de 1999: Derecho constitucional venezolano*. Editorial Jurídica Venezolana, Caracas: 2004.

__________. *Historia constitucional de Venezuela*. Editorial Alfa, Caracas: 2008.

__________. Prólogo a *La Sala Constitucional del Tribunal Supremo de Justicia como Legislador Positivo*, de Daniela Urosa Maggi. Academia de Ciencias Políticas y Sociales, Caracas: 2011.

__________. <<La metamorfosis jurisprudencial y legal del recurso extraordinario de revisión constitucional de sentencias en Venezuela>> en *Derecho procesal constitucional*, Director. Eduardo Velandia Canosa. Editores Ltda., Bogotá: 2012.

BRICEÑO LEÓN, Humberto. II Congreso internacional de derecho procesal constitucional. La justicia constitucional en el estado social de derecho en homenaje al Dr. Néstor Pedro Sagües: El precedente judicial y el *writ of certiorari* en Venezuela y en los Estados Unidos de América. Coord. Gonzalo Pérez Salazar. Ediciones Funeda, Caracas: 2012.

BRUNET, José María. Reportaje consúltese en: https://elpais.com/economia/2021-02-19/el-tribunal-constitucional-blinda-el-sistema-de-arbi traje.html?event=go&event_log=go&prod=REGCRART&o=cerradoam

CALAMANDREI, Piero. *Casación civil*. Ediciones Jurídicas Europa-América, Buenos Aires: 1959.

CALCAÑO DE TEMELTAS, Josefina. *El control de la Constitucionalidad en La Constitución de 1999*. Academia de Ciencias Políticas y Sociales, Caracas: 2000.

CANOVA GONZÁLEZ, Antonio. <<La "supersala" (constitucional) del Tribunal Supremo de Justicia>>. *Revista de Derecho Constitucional*, nº 3. 2000.

__________. <<El preámbulo de la constitución venezolana de 1999>>. *Revista de Derecho Constitucional*, nº 3. (2000).

__________. <<Rasgos generales de los modelos de justicia constitucional en el Derecho Comparado>>: (3) Europa Actual. *Revista de Derecho Constitucional*, nº 7. (2003).

________. *El modelo iberoamericano de justicia constitucional: Características y originalidad*. Ediciones Paredes, Caracas: 2012.

CASAL HERNÁNDEZ, Jesús María. *Constitución y justicia constitucional*. Universidad Católica Andrés Bello, Caracas: 2004.

________. *Estudios de derecho público: El control difuso de la constitucionalidad y sus perspectivas en el derecho venezolano*. Coord. Román Duque Corredor y Jesús María Casal. Caracas: Universidad Católica Andrés Bello, 2004.

________. XXX jornadas "J.M Domínguez Escovar. Estado de derecho, administración de justicia y derechos humanos en homenaje a la memoria de Luis Oscar Giménez y Manuel Torres Godoy: Los actuales desafíos de la justicia constitucional en Venezuela. Instituto de Estudios Jurídicos de Lara, Barquisimeto: 2005.

________. *Acceso a la Justicia: La universidad por la vigencia efectiva de los Derechos Humanos: Aspectos conceptuales del Acceso a la Justicia*. Fundación Konrad Adenauer Stiftung; Universidad Católica Andrés Bello, Caracas, 2006.

________. *El derecho público a los 100 números de la revista de derecho público: La facultad de revisión de sentencias después de la Ley Orgánica del Tribunal Supremo de Justicia*. Editorial Jurídica Venezolana, Caracas: 2006.

________. *Jurisdicción constitucional, democracia y estado de derecho: Algunos cometidos de la jurisdicción constitucional en la democracia*. Universidad Católica Andrés Bello, Caracas: 2009.

________. *Jurisdicción constitucional, democracia y estado de derecho: Los actuales desafíos de la justicia constitucional en Venezuela*. Universidad Católica Andrés Bello, Caracas: 2009.

________. *Constitución y justicia constitucional*. Caracas: Universidad Católica Andrés Bello, 2014.

________. *La justicia constitucional y las transformaciones del constitucionalismo*. Universidad Católica Andrés Bello, Fundación Konrad Adenauer, Caracas, 2015.

CASTILLO PÉREZ, María. <<La revisión constitucional de sentencias: ¿debería establecerse un lapso de caducidad para su ejercicio?>>. Tesis especialista. Universidad Monteávila, 2010.

CNN en español, acceso el 10 de marzo de 2023, https://cnnespanol.cnn.com/2017/02/01/como-esta-compuesta-y-como-funciona-la-corte-suprema-de-estados-unidos/

COMBELLAS, Ricardo. Derecho constitucional: Una introducción al estudio de la constitución de la República Bolivariana de Venezuela. McGraw-Hill, Caracas: 2001.

Corte Constitucional de Colombia: www.corteconstitucional.gov.co/secretaria, Videos institucionales de la Corte Constitucional: https://www.youtube.com/ watch?v=QUK1Pxl9rBk https://www.youtube.com/watch?v=QUK1Pxl9rBk

COUTURE, Eduardo. *Fundamentos del Derecho Procesal Civil*. Ediciones Depalma, 3ra. Edición, Buenos Aires, 1981.

CUENCA ESPINOZA, Leoncio. Revisión de las decisiones judiciales como mecanismo de control de constitucionalidad en Venezuela. San Cristóbal: Ediciones Paredes, 2007.

CRAZUT JIMÉNEZ, Carla. <<Progreso de la protección constitucional en Venezuela>>, en *Libro homenaje a Enrique Tejera París: Temas sobre la Constitución de 1999*. Centro de Investigaciones Jurídicas, Caracas: 2001.

CHAVERO GAZDIK, Rafael. *El control constitucional de las decisiones judiciales*. Editorial Jurídica Venezolana, Caracas: 2018.

DE BALBÍN, Rafael María. *La concreción del poder político*. Ediciones Rialp, Madrid: 1964.

DE LÁZZARI, Eduardo. <<Qué características debe contener un sistema procesal civil para ser compatible con el derecho al debido proceso>>, en *Debido proceso: Realidad y debido proceso. El debido proceso y la prueba*. Rubinzal-Culzoni, Santa Fe: 2003.

DE OTTO, Ignacio. *Derecho constitucional: Sistema de fuentes*. Editorial Ariel, Barcelona: 2001.

DEVIS ECHANDÍA, Hernando. *Compendio de derecho procesal*. Editorial ABC, Bogotá: 1985.

DUQUE CORREDOR, Román. *Temas constitucionales: Temario de derecho constitucional y de derecho público*. Legislación Económica, Bogotá: 2008.

________. *Desafíos de la democracia en Venezuela, Libro homenaje a la Academia de Ciencias Políticas y Sociales en el centenario de su fundación 1915-2015*: (el derecho de resistir la violación del estado de derecho): Legitimidad democrática y jurisdicción constitucional. Academia de Ciencias Políticas y Sociales, Caracas: 2015.

________. *Curso de derecho procesal constitucional: Técnica de interpretación constitucional*. Fundación Alberto Adriani, Caracas: 2020.

DWORKIN, Ronald. *El imperio de la justicia: De la teoría general del derecho, de las decisiones e interpretaciones de los jueces y de la integridad política y legal como clave de la teoría y práctica*. Editorial Gedisa, Barcelona: 2008.

ESCARRÁ, Carlos. *Estudios de derecho público: ¿Existe en Venezuela un recurso de certiorari?* Coord.: Román Duque Corredor y Jesús María Casal. Universidad Católica Andrés Bello, Caracas: 2004.

ESCOVAR LEÓN, Ramón. XXX jornadas "J.M Domínguez Escovar: Estado de derecho, administración de justicia y derechos humanos en homenaje a la memoria de Luis Oscar Giménez y Manuel Torres Godoy: Interpretación y revisión a la manera constitucional venezolana. Instituto de Estudios Jurídicos de Lara, Barquisimeto: 2005.

ESCUDERO LEÓN, Margarita. Novedades jurisprudenciales del Tribunal Supremo de Justicia: El mecanismo de revisión de sentencias por parte de la Sala Constitucional del Tribunal Supremo de Justicia. Vadell Hermanos, Caracas: 2002.

FERRAJOLI, LUIGI y RUIZ MANERO, Juan. *Dos modelos de constitucionalismo: Una conversación*. Editorial Trotta, Madrid: 2012.

FERRERES COMELLA, Víctor. *Justicia constitucional y democracia*. Centro de Estudios Políticos y Constitucionales, Madrid: 2012.

GARCÍA BELAÚNDE, Domingo. Simposio internacional sobre derecho del estado en homenaje a Carlos Restrepo Piedrahita: La interpretación constitucional como problema. Universidad Externado de Colombia, Bogotá: 1993.

GARCÍA MORILLO, Joaquín. Derecho constitucional: El ordenamiento constitucional: Derechos y deberes de los ciudadanos: Las garantías de los derechos fundamentales ii: Las garantías jurisdiccionales. Rev. por Pablo Pérez Tremps. Tirant Lo Blanch, Valencia: 2010.

GOZAÍNI, Osvaldo. *Introducción al derecho procesal constitucional.* Rubinzal–Culzoni Editores, Santa Fe: 2006.

HÄBERLE, Peter. *El Estado constitucional*, intro. Diego Valadés, Trad. Héctor Fix Fierro. Universidad Autónoma de México, México: 2003.

HARO, José. <<La justicia constitucional en Venezuela y la constitución de 1999>>. *Revista de Derecho Constitucional*, n° 1. (1999).

________. <<El mecanismo extraordinario de revisión de sentencias definitivamente firmes de amparo y control difuso de la constitucionalidad previsto en el artículo 336, numeral 10, de la constitución>>. *Revista de Derecho Constitucional*, n° 3. (2000).

________. IV congreso de derecho constitucional: El nuevo derecho constitucional venezolano en homenaje a Humberto J. La Roche: La jurisdicción constitucional en la constitución de 1999. Coord.: Jesús María Casal y Alma Chacón Hanson. Universidad Católica Andrés Bello, Caracas: 2000.

HERNÁNDEZ-BRETÓN, Eugenio. *Una Constitución incómoda en Temas constitucionales: Planteamientos ante una reforma.* Funeda, Caracas: 2007.

HERNÁNDEZ RAMOS, Mario. «La paulatina discrecionalidad y objetivación de la jurisdicción del Tribunal Supremo Federal de los Estados Unidos de América: El criterio de la importancia en la apelación y en el *writ of certiorari». Cuadernos de derecho público*, n.° 33 (2008), acceso en marzo 2023, https://revistasonline.inap.es/index.php/CDP/article/view /9513.

KELSEN, Hans. *Teoría pura del derecho: Introducción a la ciencia del derecho.* Editorial Reflexión. s/f.

KIRIAKIDIS, Jorge. <<Sobre la facultad de control que la Sala Constitucional puede ejercer sobre las sentencias de las restantes salas del Tribunal Supremo de Justicia >>, *Revista de Derecho Constitucional*, n° 3 (2000).

LIEBMAN, Enrico Tulio. *Eficacia y autoridad de la sentencia.* Trad. por Sentís Melendo. Ediar Editores, Buenos Aires: 1946.

LÖSING, Norbert. Jurisdicción constitucional, democracia y estado de derecho: La jurisdicción constitucional como contribución al estado de derecho. Universidad Católica Andrés Bello, Caracas: 2009.

MACÍAS CHAM, José. *La revisión constitucional de sentencias definitivamente firmes*. Ediciones Paredes, Caracas: 2013.

MACHADO, Antonio. Acceso el 02 de marzo de 2023, https://www.espoesia.com/poesia/antonio-machado/caminante-no-hay-camino-antonio-machado/

MADURO LUYANDO, Eloy. *Derecho civil iii: obligaciones.* Universidad Católica Andrés Bello, Caracas: 1997.

MELÉNDEZ GARCÍA, Luis. *La revisión constitucional según la doctrina y la jurisprudencia venezolana.* Vadell Hermanos, Caracas: 2008.

MOLINA GALICIA, René. *Reflexiones sobre una nueva visión constitucional del proceso, y su tendencia jurisprudencia: ¿Hacia un gobierno judicial?* Ediciones Paredes, Caracas: 2008.

MONROY CABRA, Marco, *La interpretación constitucional.* Ediciones Librería del Profesional, Bogotá: 2002

MORELLO, Augusto. *El recurso extraordinario*. Librería Editorial Platense, Buenos Aires: 2006.

NARANJO MESA, Vladimiro. *Teoría constitucional e instituciones políticas*. Editorial Temis, Bogotá: 2014.

NIKKEN, Claudia. *Consideraciones sobre las fuentes del derecho constitucional y la interpretación de la Constitución*. Editorial Jurídica Venezolana, Caracas: 2018.

Oficina Administrativa de los Tribunales de los Estados Unidos, El sistema federal judicial en los Estados Unidos: Presentación para jueces y personal administrativo del ramo judicial en países extranjeros (Washington: División de los Jueces del Título III, 2000), acceso el 10 de febrero de 2023, https://apmnacional.es/wp-content/uploads/2016/09/Spanish-Fed-Court-System.pdf.

ORTIZ-ORTIZ, Rafael. *Teoría general del proceso*. Caracas: Editorial Frónesis, 2004.

PALACIO, Lino Enrique. *El recurso extraordinario federal: Teoría y técnica*. Buenos Aires: Abeledo – Perrot, 2001.

PEÑA SOLÍS, José. Curso de capacitación sobre razonamiento judicial y argumentación jurídica: La interpretación conforme a la constitución. Coord. Levis Ignacio Zerpa y José M. Delgado. Tribunal Supremo de Justicia, Caracas: 2002.

PÉREZ LUÑO, Antonio. *La seguridad jurídica*. Editorial Ariel, Barcelona: 1994.

PÉREZ TREMPS, Pablo. *Derecho constitucional: Los poderes del estado. La organización territorial del Estado: El Tribunal Constitucional ii: Procedimientos*. Tirant Lo Blanch, Valencia: 2010.

PESCI FELTRI, Flavia. *La revisión constitucional de sentencias definitivamente firmes*. Funeda, Caracas: 2011.

Pesci Feltri, Mario. *La constitución y el proceso*. Editorial Jurídica Venezolana, Caracas: 2011.

PORTOCARRERO, Zhaydee. *La revisión de sentencias: Mecanismos de control de constitucionalidad, creado en la constitución de 1999*. Tribunal Supremo de Justicia, Caracas: 2006.

PLANCHART MANRIQUE, Gustavo. Trabajo de incorporación a la Academia de Ciencias Políticas y Sociales: Reflexiones sobre el control de la constitucionalidad y la interpretación constitucional. Caracas.

PRIETO SANCHÍS. Luis. *Justicia constitucional y derechos fundamentales*. Editorial Trotta, Madrid: 2003.

RAWLS, John. *Teoría de la justicia*. Fondo de Cultura Económica, México: 2006.

RENGEL NUÑEZ Pedro, <<Artículo 44>> en *Comentarios a la ley de arbitraje comercial venezolana,* coord., Caterina Jordan Procopio y Fernando Sanquírico Pittevil. Cierc, Caracas: 2023, 1.402-1.403. Consultado en https://www.cierc.com/_files/ugd/d2f4e0_38d0421a9d304d8fab1a74b4e6bb5ab9.pdf?index=true

RENGEL ROMBERG, Arístides. *Tratado de derecho procesal civil venezolano: ii. teoría general del proceso*. Organización Gráfica Capriles, Caracas: 2001.

RENGIFO CAMACARO, Rafael. <<Tribunales constitucionales ii: Naturaleza jurídica de la Sala Constitucional del Tribunal Supremo de Justicia >> *Revista de Derecho*, n° 16. (2005).

REYES MOLINA, Sebastián <<Releyendo a… Jerome Frank: Realismo jurídico estadounidense y los hechos en el derecho>>, *Revista Eunomía* revista en cultura de la legalidad, n° 10 (2016). Consultado en https://e-revistas.uc3m.es › index.php › EUNOM › article › download

RIVAS QUINTERO, Alfonso. *El Estado: Estructura y valor de sus instituciones*. Valencia: 2008.

RODRÍGUEZ GARCÍA, Nelson. "Breves observaciones sobre el valor normativo de la Constitución y sus reflejos en el derecho administrativo" en *Libro homenaje a Nectario Andrade Labarca*, ed. por Fernando Parra Aranguren. Tribunal Supremo de Justicia, Caracas: 2004.

RODNER, James O. <<La anulación del laudo arbitral>> consultado en: http://rvlj.com.ve/wp-content/uploads/2021/05/La-anulacion-del-laudo-arbitral.pdf, 844-845.

RONDÓN DE SANSÓ, Hildegard. *Análisis de la Ley Orgánica del Tribunal Supremo de Justicia: Una ley fuera del contexto*. Editorial Ex libris, Caracas: 2006.

_________. *Ab imis fundamentis (ii): garantías y deberes en la constitución venezolana de 1999*. Graficas Lauki, Caracas: 2011.

SAGÜÉS, Néstor Pedro. *Compendio de derecho procesal constitucional*. Editorial Astrea, Buenos Aires: 2009.

SARTORI, Giovanni. *¿Qué es la democracia?* trad. por Tribunal Federal Electoral. Alfaguara, Buenos Aires: 2003.

SASTRE ARIZA, Santiago. Ciencia jurídica positivista y neoconstitucionalismo. McGraw-Hill, Madrid, 1999.

SPOTA, Alberto. Recurso extraordinario: Estado y evolución actual de la jurisprudencia arbitrariedad –certiorari. Fondo Editorial de Derecho y Economía, Buenos Aires: 2001.

TORO, María Elena. I Congreso internacional de derecho procesal constitucional: Los retos del derecho procesal constitucional en Latinoamérica en homenaje al Dr. Román Duque Corredor, vol. I: Los procesos de la jurisdicción constitucional: Comentarios acerca de la Ley Orgánica del Tribunal Supremo de Justicia. Coord. Gonzalo Pérez Salazar y Luis Petit Guerra. Ediciones Funeda, Caracas: 2011.

TOVAR TAMAYO, Orlando. *La jurisdicción constitucional*. Academia de Ciencias Políticas y Sociales, Caracas: 1983.

UROSA MAGGI, Daniela. *La Sala Constitucional del Tribunal Supremo de Justicia como legislador positivo*. Academia de Ciencias Políticas y Sociales, Caracas: 2011.

VÉSCOVI, Enrique. Los recursos judiciales y demás medios impugnativos en Iberoamérica. Ediciones Depalma, Buenos Aires: 1988.

VON IHERING, Rudolf. *La lucha por el derecho.* Editorial Heliasta, Buenos Aires: 1993.